主 编 李忠杰 陈尔建 姜 晓
副主编 王九福 范彩荣 孙寿尧
        杨婷婷 郭丽华 李伟欣
        闫从蓉 张 雨

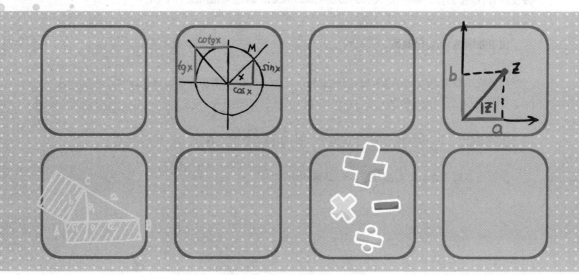

经济应用数学

（第五版）

U0422143

清华大学出版社
北京

内 容 简 介

本书的主要内容有极限与连续、导数和微分、导数的应用、不定积分、定积分和多元函数微积分。每章开始有本章导读和学习目标,结束有本章典型方法与范例、本章知识结构、复习题和阅读材料,每节有思考题和习题,书末附有习题和复习题答案。

本书可作为高职高专院校、成人高等学校和民办高校财经类专业教材。

本书封面贴有清华大学出版社防伪标签,无标签者不得销售。
版权所有,侵权必究。举报:010-62782989,beiqinquan@tup.tsinghua.edu.cn。

图书在版编目(CIP)数据

经济应用数学/李忠杰,陈尔建,姜晓主编. —5 版. —北京:清华大学出版社,2022.6
ISBN 978-7-302-60988-9

Ⅰ.①经… Ⅱ.①李… ②陈… ③姜… Ⅲ.①经济数学—教材 Ⅳ.①F224.0

中国版本图书馆 CIP 数据核字(2022)第 089607 号

责任编辑:杜春杰
封面设计:刘　超
版式设计:楠竹文化
责任校对:马军令
责任印制:曹婉颖

出版发行:清华大学出版社
　　　　网　　址:http://www.tup.com.cn,http://www.wqbook.com
　　　　地　　址:北京清华大学学研大厦 A 座　　　邮　编:100084
　　　　社 总 机:010-83470000　　　邮　购:010-62786544
　　　　投稿与读者服务:010-62776969,c-service@tup.tsinghua.edu.cn
　　　　质量反馈:010-62772015,zhiliang@tup.tsinghua.edu.cn
印　装　者:北京嘉实印刷有限公司
经　　　销:全国新华书店
开　　　本:185mm×260mm　　　印　张:14.5　　　字　数:390 千字
版　　　次:2010 年 9 月第 1 版　2022 年 7 月第 5 版　印　次:2022 年 7 月第 1 次印刷
定　　　价:49.00 元

产品编号:097224-01

第五版前言

《经济应用数学》自出版以来,受到了广大读者的关注,得到了兄弟院校的大力支持,在此我们表示诚挚的感谢。

为进一步提高教材质量,更好地适应高职高专的需要,进一步落实"以应用为目的,以必须够用为度"的编写原则,并兼顾专升本考试需要,我们在前三次修订的基础上进行了第四次修订。在修订过程中,认真总结了第四版教材使用过程中存在的问题,同时听取了部分院校使用第四版教材的意见,结合《教育部关于全面提高高等职业教育教学质量的若干意见》(教高〔2006〕16号)文件精神,使教材更符合高职高专培养目标和要求,更具有高职高专的特色。

第五版教材主要从以下几个方面进行了修订。

1. 根据高职高专的实际情况,对教材内容进行了调整,保留第一~六章的内容,删除了第七章"线性代数"和第八章"概率与数理统计初步"。

2. 每章增加了对本章知识的应用部分,不仅限于经济方面的应用,还有其他方面的应用,以激发学生的学习兴趣,开阔学生的视野。

3. 每章后面增加了阅读材料,不仅有助于学生接受更多的数学文化的熏陶,更有助于学生更好地了解其中蕴含的数学思想。

本书由李忠杰、陈尔建、姜晓任主编,王九福、范彩荣、孙寿尧、杨婷婷、郭丽华、赵明才、李伟欣、闫从蓉、张雨任副主编。

本书修订过程中,广大读者和兄弟院校给予了大力支持和帮助,并提出了许多宝贵意见和有益建议,在此一并表示感谢。

由于编者水平有限,若有不妥之处,敬请广大读者批评指正。

编 者
2022年4月

目 录

第一章 极限与连续 ... 1

第一节 初等函数 ... 1
思考题 ... 8
习题 1-1 ... 8

第二节 数列的极限 ... 9
思考题 ... 11
习题 1-2 ... 12

第三节 函数的极限 ... 12
思考题 ... 15
习题 1-3 ... 15

第四节 极限的运算 ... 15
思考题 ... 17
习题 1-4 ... 17

第五节 无穷小与无穷大 ... 18
思考题 ... 21
习题 1-5 ... 21

第六节 两个重要极限 ... 22
思考题 ... 25
习题 1-6 ... 25

第七节 函数的连续性 ... 25
思考题 ... 31
习题 1-7 ... 31

第八节 应用 ... 32
习题 1-8 ... 36

【本章典型方法与范例】 ... 36
本章知识结构 ... 38
复习题一 ... 39
阅读材料一 ... 41

第二章 导数和微分 ... 43

第一节 导数的概念 ... 43
思考题 ... 47
习题 2-1 ... 47

第二节 函数的和、差、积、商的求导法则 ... 48
思考题 ... 49

习题 2-2 49
　第三节　反函数与复合函数的导数 50
　　思考题 52
　　习题 2-3 52
　第四节　隐函数和参数方程所确定的函数的导数及初等函数的导数 53
　　思考题 56
　　习题 2-4 56
　第五节　高阶导数 56
　　思考题 58
　　习题 2-5 58
　第六节　微分 58
　　思考题 63
　　习题 2-6 63
　第七节　应用 64
　　习题 2-7 66
　【本章典型方法与范例】 66
　本章知识结构 69
　　复习题二 69
　　阅读材料二 71

第三章　导数的应用 73
　第一节　微分中值定理 73
　　思考题 75
　　习题 3-1 75
　第二节　洛必达法则 76
　　思考题 78
　　习题 3-2 79
　第三节　函数单调性的判定 79
　　思考题 81
　　习题 3-3 81
　第四节　函数的极值及求法 82
　　思考题 85
　　习题 3-4 85
　第五节　函数的最大值和最小值 85
　　思考题 87
　　习题 3-5 87
　第六节　曲线的凹凸性和拐点 88
　　思考题 90
　　习题 3-6 90
　第七节　函数图像的描绘 91
　　思考题 94

习题 3-7 ·· 94
　第八节　应用 ·· 94
　　习题 3-8 ·· 102
【本章典型方法与范例】 ·· 103
本章知识结构 ·· 108
　复习题三 ·· 108
　阅读材料三 ·· 110

第四章　不定积分

　第一节　不定积分的概念 ·· 113
　　思考题 ·· 115
　　习题 4-1 ·· 115
　第二节　积分的基本公式和运算法则、直接积分法 ··············· 116
　　思考题 ·· 119
　　习题 4-2 ·· 119
　第三节　换元积分法 ·· 120
　　思考题 ·· 127
　　习题 4-3 ·· 128
　第四节　分部积分法 ·· 129
　　思考题 ·· 131
　　习题 4-4 ·· 131
　第五节　应用 ·· 131
　　习题 4-5 ·· 138
【本章典型方法与范例】 ·· 138
本章知识结构 ·· 142
　复习题四 ·· 142
　阅读材料四 ·· 144

第五章　定积分

　第一节　定积分的概念 ·· 146
　　思考题 ·· 149
　　习题 5-1 ·· 149
　第二节　定积分的性质 ·· 150
　　思考题 ·· 152
　　习题 5-2 ·· 152
　第三节　积分上限函数和牛顿-莱布尼茨公式 ····················· 153
　　思考题 ·· 156
　　习题 5-3 ·· 156
　第四节　定积分的换元法与分部积分法 ··························· 157
　　思考题 ·· 160
　　习题 5-4 ·· 160
　第五节　应用 ·· 161

習題 5-5 ·· 171
*第六节 广义积分 ·· 173
　　思考题 ·· 175
　　习题 5-6 ·· 175
　【本章典型方法与范例】·· 175
　　本章知识结构 ·· 181
　　复习题五 ·· 181
　　阅读材料五 ·· 184

第六章 多元函数微积分 ·· 185
　第一节 多元函数的概念 ·· 185
　　思考题 ·· 189
　　习题 6-1 ·· 189
　第二节 偏导数 ·· 190
　　思考题 ·· 193
　　习题 6-2 ·· 193
　第三节 全微分 ·· 194
　　思考题 ·· 196
　　习题 6-3 ·· 196
　第四节 复合函数的求导法则 ·· 196
　　思考题 ·· 198
　　习题 6-4 ·· 198
　第五节 二元函数的极值与最值 ······································ 199
　　思考题 ·· 202
　　习题 6-5 ·· 202
　第六节 二元函数积分学 ·· 203
　　思考题 ·· 209
　　习题 6-6 ·· 210
　第七节 应用 ·· 211
　　习题 6-7 ·· 213
　【本章典型方法与范例】·· 214
　　本章知识结构 ·· 216
　　复习题六 ·· 217
　　阅读材料六 ·· 219

参考文献 ·· 221

第一章 极限与连续

【本章导读】

初等数学是用有限的方法研究常量的数学,高等数学是用极限的方法研究函数的数学。因此,极限是高等数学区别于初等数学的一个标志,是初等数学向高等数学飞跃的阶梯。极限的概念以及极限的思想方法将贯穿高等数学的始终。微积分学中的其他几个重要概念,如连续、导数、定积分等,都是用极限表述的,并且微积分学中的很多定理也是用极限方法推导出来的,所以准确理解极限的概念、熟练掌握极限的计算方法是学好高等数学的基础。本章在对函数概念进行复习的基础上介绍数列与函数极限的概念、求极限的方法及函数的连续性。

【学习目标】

- 了解反函数、函数的单调性、奇偶性、有界性、周期性的概念,左、右极限的概念,无穷小、无穷大的概念,闭区间上连续函数的性质。
- 理解函数、基本初等函数、复合函数、初等函数、分段函数的概念,函数极限的定义,无穷小的性质,函数在一点连续的概念,初等函数的连续性。
- 掌握复合函数的复合过程和极限四则运算法则。
- 会对无穷小进行比较;用两个重要极限求极限;判断间断点的类型;求连续函数和分段函数的极限;用极限解决经济中的问题。

第一节 初等函数

一、函数的有关概念

1. 函数的定义

定义1 设 D 是一个数集。如果对属于 D 的每一个数 x,按照某种对应关系 f,都有确定的数值 y 和它对应,那么 y 就叫作定义在数集 D 上的 x 的**函数**,记为 $y=f(x)$。x 叫作**自变量**,数集 D 叫作函数的**定义域**,当 x 取数值 $x_0 \in D$ 时,与 x_0 对应的 y 的数值称为函数在点 x_0 处的函数值,记为 $f(x_0)$;当 x 取遍 D 中的一切实数值时,与它对应的函数值的集合 $M=\{y|y=f(x),x \in D\}$ 叫作函数值的**值域**。

在函数的定义中,如对于每一个 $x \in D$,都有唯一确定的 y 与它对应,那么这种函数称为单值函数,否则称为多值函数。如无特别说明,本书研究的函数都指单值函数。

2. 函数的定义域

研究函数时,必须注意函数的定义域。在实际问题中,应根据问题的实际意义来确定定义域。对于用数学式子表示的函数,它的定义域可由函数表达式本身来确定,即要使运算有意义,一般应考虑以下几点。

(1) 在分式中,分母不能为 0。

(2) 在根式中,负数不能开偶次方根。

(3) 在对数式中,真数不能取 0 和负数,底数大于 0 且不等于 1。

(4) 在三角函数式中,$k\pi+\dfrac{\pi}{2}(k\in \mathbf{Z})$ 不能取正切,$k\pi(k\in \mathbf{Z})$ 不能取余切。

(5) 在反三角函数式中,要符合反三角函数的定义域。

(6) 如函数表达式中含有分式、根式、对数式或反三角函数式,则应取各部分定义域的交集。

例 1 求下列函数的定义域。

(1) $y=\dfrac{1}{4-x^2}+\sqrt{x+2}$;　(2) $y=\lg\dfrac{x}{x-1}$;　(3) $y=\arcsin\dfrac{x+1}{3}$;　(4) $y=\ln\cos x$。

解 (1) 要使函数有意义,必须满足 $\begin{cases}4-x^2\neq 0\\ x+2\geqslant 0\end{cases}$,解得 $x>-2$ 且 $x\neq 2$,所以函数的定义域为 $(-2,2)\cup(2,+\infty)$。

(2) 要使函数有意义,必须满足 $\dfrac{x}{x-1}>0$,解得 $x>1$ 或 $x<0$,所以函数的定义域为 $(-\infty,0)\cup(1,+\infty)$。

(3) 要使函数有意义,必须满足 $-1\leqslant\dfrac{x+1}{3}\leqslant 1$,解得 $-3\leqslant x+1\leqslant 3$,即 $-4\leqslant x\leqslant 2$,所以函数的定义域为 $[-4,2]$。

(4) 要使函数有意义,必须满足 $\cos x>0$,所以 $-\dfrac{\pi}{2}+2k\pi<x<\dfrac{\pi}{2}+2k\pi(k\in \mathbf{Z})$,故函数的定义域为

$$\left(-\dfrac{\pi}{2}+2k\pi,\dfrac{\pi}{2}+2k\pi\right)(k\in \mathbf{Z})$$

只有当两个函数的定义域和对应关系完全相同时,这两个函数才被认为是相同的。

例如,函数 $y=\sin^2 x+\cos^2 x$ 与 $y=1$ 是两个相同的函数;函数 $y=\dfrac{x^2-1}{x-1}$ 与 $y=x+1$ 是两个不同的函数。

3. 邻域

定义 2 设 $a\in\mathbf{R},\delta>0$,称开区间 $(a-\delta,a+\delta)$ 为点 a 的 δ **邻域**,记为 $U(a,\delta)$,即 $U(a,\delta)=(a-\delta,a+\delta)=\{x\mid |x-a|<\delta\}$,称 a 为邻域的中心,δ 为邻域的半径;将 a 的 δ 邻域中心 a 去掉后得 a 的 δ **空心邻域**,记为 $\overset{\circ}{U}(a,\delta)$,即 $\overset{\circ}{U}(a,\delta)=(a-\delta,a)\cup(a,a+\delta)=\{x\mid 0<|x-a|<\delta\}$。点 a 的 δ 邻域及点 a 的 δ 空心邻域有时又分别简记为 $U(a)$ 与 $\overset{\circ}{U}(a)$。

4. 函数的表示法

常用的函数表示法有公式法(解析法)、表格法和图像法三种。有时,会遇到一个函数在自变量不同的取值范围内用不同的式子来表示。例如,函数

$$f(x)=\begin{cases}\sqrt{x},&x\geqslant 0\\ -x,&x<0\end{cases}$$

是定义在区间 $(-\infty,+\infty)$ 内的一个函数。在定义域的不同范围内用不同的式子来表示的函数称为**分段函数**。

5. 函数的特性

函数具有奇偶性、单调性、有界性、周期性等特性,如表 1-1 所示。

表 1-1

特 性	定 义	几 何 特 性
奇偶性	如函数 $f(x)$ 的定义域关于原点对称,且对任意的 x,如果 $f(-x)=-f(x)$,那么 $f(x)$ 为奇函数;如果 $f(-x)=f(x)$,那么 $f(x)$ 为偶函数	奇函数的图像关于原点对称;偶函数的图像关于 y 轴对称
单调性	对于任意的 $x_1,x_2\in(a,b)$,且 $x_1<x_2$,如果 $f(x_1)<f(x_2)$,那么 $f(x)$ 在 (a,b) 内单调增加;如果 $f(x_1)>f(x_2)$,那么 $f(x)$ 在 (a,b) 内单调减少	单调增函数的图像沿 x 轴正向上升;单调减函数的图像沿 x 轴正向下降
有界性	对于任意的 $x\in(a,b)$,存在 $M>0$,有 $|f(x)|\leqslant M$,那么 $f(x)$ 在 (a,b) 内有界;如果这样的数 M 不存在,那么 $f(x)$ 在区间 (a,b) 内无界	区间 (a,b) 内的有界函数的图像全部夹在直线 $y=M$ 与 $y=-M$ 之间
周期性	对于任意的 $x\in D$,存在正数 l,使 $f(x+l)=f(x)$,那么 $f(x)$ 为 D 上的周期函数,l 叫作这个函数的周期	一个以 l 为周期的周期函数的图像在定义域内每隔长度为 l 的区间上有相同的形状

二、反函数

定义 3 设函数 $y=f(x)$,它的定义域是 D,值域为 M,如果对值域 M 中任意一个值 y,都能由 $y=f(x)$ 确定 D 中唯一的 x 值与之对应,由此得到以 y 为自变量的函数叫作 $y=f(x)$ 的**反函数**,记为 $x=f^{-1}(y),y\in M$。

在习惯上,自变量用 x 表示,函数用 y 表示,所以可将反函数改写成 $y=f^{-1}(x)$,$x\in M$。

由定义可知,函数 $y=f(x)$ 的定义域和值域分别是其反函数 $y=f^{-1}(x)$ 的值域和定义域。函数 $y=f(x)$ 和 $y=f^{-1}(x)$ 互为反函数。

例2 求函数 $y=3x-2$ 的反函数。

解 由 $y=3x-2$ 解得 $x=\dfrac{y+2}{3}$，将 x 与 y 互换，得 $y=\dfrac{x+2}{3}$，所以 $y=3x-2(x\in\mathbf{R})$ 的反函数是 $y=\dfrac{x+2}{3}(x\in\mathbf{R})$。

另外，函数 $y=f(x)$ 和它的反函数 $y=f^{-1}(x)$ 的图像关于直线 $y=x$ 对称。

三、基本初等函数

幂函数($y=x^a, a\in\mathbf{R}$)、指数函数($y=a^x, a>0$ 且 $a\neq 1$)、对数函数($y=\log_a x, a>0$ 且 $a\neq 1$)、三角函数和反三角函数统称为**基本初等函数**。

一些常用的基本初等函数的定义域与值域、图像和特性如表 1-2 所示。

表 1-2

函数		定义域与值域	图像	特性
幂函数	$y=x$	$x\in(-\infty,+\infty)$ $y\in(-\infty,+\infty)$		奇函数 单调增加
	$y=x^2$	$x\in(-\infty,+\infty)$ $y\in[0,+\infty)$		偶函数，在$(-\infty,0)$内单调减少；在$(0,+\infty)$内单调增加
	$y=x^3$	$x\in(-\infty,+\infty)$ $y\in(-\infty,+\infty)$		奇函数 单调增加
	$y=x^{-1}$	$x\in(-\infty,0)\cup(0,+\infty)$ $y\in(-\infty,0)\cup(0,+\infty)$		奇函数，在$(-\infty,0)$内单调减少；在$(0,+\infty)$内单调减少
	$y=x^{\frac{1}{2}}$	$x\in[0,+\infty)$ $y\in[0,+\infty)$		单调增加

续表

函数		定义域与值域	图像	特性
指数函数	$y=a^x$ $(a>1)$	$x\in(-\infty,+\infty)$ $y\in(0,+\infty)$		单调增加
	$y=a^x$ $(0<a<1)$	$x\in(-\infty,+\infty)$ $y\in(0,+\infty)$		单调减少
对数函数	$y=\log_a x$ $(a>1)$	$x\in(0,+\infty)$ $y\in(-\infty,+\infty)$		单调增加
	$y=\log_a x$ $(0<a<1)$	$x\in(0,+\infty)$ $y\in(-\infty,+\infty)$		单调减少
三角函数	$y=\sin x$	$x\in(-\infty,+\infty)$ $y\in[-1,1]$		奇函数,周期为 2π,有界,在 $\left(2k\pi-\dfrac{\pi}{2},2k\pi+\dfrac{\pi}{2}\right)$ 内单调增加,在 $\left(2k\pi+\dfrac{\pi}{2},2k\pi+\dfrac{3\pi}{2}\right)$ 内单调减少 $(k\in\mathbf{Z})$
	$y=\cos x$	$x\in(-\infty,+\infty)$ $y\in[-1,1]$		偶函数,周期为 2π,有界,在 $(2k\pi,2k\pi+\pi)$ 内单调减少,在 $(2k\pi+\pi,2k\pi+2\pi)$ 内单调增加 $(k\in\mathbf{Z})$
	$y=\tan x$	$x\neq k\pi+\dfrac{\pi}{2}(k\in\mathbf{Z})$ $y\in(-\infty,+\infty)$		奇函数,周期为 π,在 $\left(k\pi-\dfrac{\pi}{2},k\pi+\dfrac{\pi}{2}\right)$ 内单调增加 $(k\in\mathbf{Z})$
	$y=\cot x$	$x\neq k\pi(k\in\mathbf{Z})$ $y\in(-\infty,+\infty)$		奇函数,周期为 π,在 $(k\pi,k\pi+\pi)$ 内单调减少 $(k\in\mathbf{Z})$

续表

函　　数	定义域与值域	图　　像	特　　性
反三角函数　$y=\arcsin x$	$x\in[-1,1]$ $y\in\left[-\dfrac{\pi}{2},\dfrac{\pi}{2}\right]$		奇函数,单调增加,有界
$y=\arccos x$	$x\in[-1,1]$ $y\in[0,\pi]$		单调减少,有界
$y=\arctan x$	$x\in(-\infty,+\infty)$ $y\in\left(-\dfrac{\pi}{2},\dfrac{\pi}{2}\right)$		奇函数,单调增加,有界
$y=\operatorname{arccot} x$	$x\in(-\infty,+\infty)$ $y\in(0,\pi)$		单调减少,有界

四、复合函数和初等函数

1. 复合函数

定义 4　设 y 是 u 的函数,$y=f(u)$;而 u 又是 x 的函数,$u=\varphi(x)$,其定义域为数集 A。如果在数集 A 或 A 的子集上,x 的每一个值所对应的 u 值都能使函数 $y=f(u)$ 有定义,那么 y 就是 x 的函数。这个函数叫作函数 $y=f(u)$ 与 $u=\varphi(x)$ 复合而成的函数,简称为 x 的**复合函数**,记为 $y=f[\varphi(x)]$,其中 u 叫作中间变量,其定义域为数集 A 或 A 的子集。

例如,$y=\tan^2 x$ 是由 $y=u^2$ 与 $u=\tan x$ 复合而成的函数;$y=\ln(x-1)$ 是由 $y=\ln u$ 与 $u=x-1$ 复合而成的函数,它们都是 x 的复合函数。

注意　(1) 不是任何两个函数都可以复合成一个函数。例如,$y=\arcsin u$ 与 $u=2+x^2$ 就不能复合成一个函数。

(2) 复合函数也可以由两个以上的函数复合而成。例如,由 $y=2^u$,$u=\sin v$,$v=\dfrac{1}{x}$ 这三个函数可得复合函数 $y=2^{\sin\frac{1}{x}}$,这里 u 和 v 都是中间变量。

例 3　指出下列各复合函数的复合过程。

(1) $y=\sqrt{1+x^2}$;　　(2) $y=\arcsin(\ln x)$;　　(3) $y=e^{\sin x^2}$。

解 (1) $y=\sqrt{1+x^2}$ 是由 $y=\sqrt{u}$ 与 $u=1+x^2$ 复合而成。

(2) $y=\arcsin(\ln x)$ 是由 $y=\arcsin u$ 与 $u=\ln x$ 复合而成。

(3) $y=e^{\sin x^2}$ 是由 $y=e^u$, $u=\sin v$, $v=x^2$ 复合而成。

2. 初等函数

定义 5 由基本初等函数和常数经过有限次四则运算以及有限次的复合步骤所构成的,并能用一个式子表示的函数称为初等函数。

例如,$y=\ln\cos^2 x$, $y=\sqrt[3]{\tan x}$, $y=\dfrac{2x^3-1}{x^2+1}$, $y=e^{2x}\sin(2x+1)$ 都是初等函数。

在初等函数的定义中,明确指出是用一个式子表示的函数,如果一个函数必须用几个式子表示,它就不是初等函数。例如,$g(x)=\begin{cases} 2\sqrt{x}, & 0\leqslant x\leqslant 1 \\ 1+x, & x>1 \end{cases}$ 就不是初等函数,而称为非初等函数。

五、建立函数关系举例

在解决实际问题时,通常要先建立问题中的函数关系,然后进行分析和计算。下面举一些简单的实际问题,说明建立函数关系的过程。

例 4 某工厂生产人造钻石,年生产量为 x kg,其固定成本为 312 万元,每生产 1 kg 人造钻石,可变成本均匀地增加 50 元,试将总成本 $C_{总}$(单位:元)和平均单位成本 $C_{均}$(单位:元/kg)表示成产量 x(单位:kg)的函数。

解 由于总成本=固定成本+可变成本,平均成本=总成本/产量,所以

$$C_{总}=3\,120\,000+50x, \quad C_{均}=\dfrac{3\,120\,000+50x}{x}=\dfrac{3\,120\,000}{x}+50$$

例 5 某运输公司规定货物的吨千米运价为:在 a km 以内,k 元/km;超过 a km 时,超过部分 $\dfrac{4}{5}k$ 元/km。求运价 m 与里程 s 之间的函数关系。

解 根据题意可列出如下函数关系

$$m=\begin{cases} ks, & 0<s\leqslant a \\ ka+\dfrac{4}{5}k(s-a), & s>a \end{cases}$$

这里运价 m 和里程 s 的函数关系是用分段函数表示的,定义域为 $(0,+\infty)$。

例 6 将直径为 d 的圆木料锯成截面为矩形的木材(见图 1-1),列出矩形截面两条边长之间的函数关系。

解 设矩形截面的一条边长为 x,另一条边长为 y,由勾股定理得 $x^2+y^2=d^2$。解出 $y=\pm\sqrt{d^2-x^2}$,由于 y 只能取正值,所以 $y=\sqrt{d^2-x^2}$,这就是矩形截面的两条边长之间的函数关系,它的定义域为 $(0,d)$。

图 1-1

一般地,建立函数关系式应根据题意,先分析问题中哪些是变量,哪些是常量;在变量中,哪个是自变量,哪个是函数,并用不同的字母表示;再根据问题中给出的条件,运用数学、物理等方面的知识,确定等量关系;必要时,还要根据所给条件,确定关系式中需要

确定的常数或消去式中出现的多余变量,从而得出函数关系式,并根据题意写出函数的定义域。如果变量之间的关系式在自变量的各个取值范围内各不相同,则需进行分段考察,并将结果写成分段函数。

思 考 题

1. 如何作分段函数的图像? 作出分段函数 $f(x)=\begin{cases} x+1, & x<0 \\ 2^x, & x\geq 0 \end{cases}$ 的图像。

2. 几个函数能复合成一个函数的条件是什么? $y=\ln u, u=\cos x, x\in\left(\dfrac{\pi}{2},\pi\right)$ 能否复合成一个函数? 为什么?

3. 基本初等函数的特点是什么?

习题 1-1

1. 下列各题中所给的两个函数是否相同? 为什么?

(1) $y=x$ 和 $y=\sqrt{x^2}$;

(2) $y=x$ 和 $y=(\sqrt{x})^2$;

(3) $y=(1-\cos^2 x)^{\frac{1}{2}}$ 和 $y=\sin x$;

(4) $y=\lg x^3$ 和 $y=3\lg x$。

2. 求下列函数的定义域。

(1) $y=\sqrt{3x+4}$;   (2) $y=\sqrt{1-|x|}$;   (3) $y=\dfrac{2}{x^2-3x+2}$;

(4) $y=\sqrt{5-x}+\lg(x-1)$;   (5) $y=\sqrt{2+x}+\dfrac{1}{\lg(1+x)}$;   (6) $y=\arccos\sqrt{2x}$。

3. 设 $f(x)=ax+b, f(0)=-2, f(3)=5$, 求 $f(1)$ 和 $f(2)$。

4. 已知 $f(x+1)=x^2+3x+5$, 求 $f(x)$。

5. 判断下列函数的奇偶性。

(1) $f(x)=x^4-2x^2+3$;   (2) $g(x)=x^2\cos x$;

(3) $f(x)=\dfrac{1}{2}(e^x+e^{-x})$;   (4) $f(x)=\ln(x+\sqrt{1+x^2})$。

6. 证明函数 $y=\dfrac{1}{x}$ 在区间 $(-1,0)$ 内单调减少。

7. 将下列各题中的 y 表示为 x 的函数。

(1) $y=\sqrt{u}, u=x^2-1$;   (2) $y=\sqrt{u}, u=1+\sin x$。

8. 指出下列函数的复合过程。

(1) $y=\cos 5x$;   (2) $y=(2-3x)^{\frac{1}{2}}$;   (3) $y=\ln(\sin e^{x+1})$;

(4) $y=5^{\cot\frac{1}{x}}$;   (5) $y=\sin^2 x$;   (6) $y=\sin x^2$;

(7) $y=\sqrt{\ln x}$;   (8) $y=\ln\tan\dfrac{1}{x^2}$;   (9) $y=\sin^2(\ln x)$;

(10) $y=\sin\sqrt[3]{x^2+1}$;   (11) $y=\lg\arcsin(x+1)$;   (12) $y=\sqrt[3]{\tan^2\left(x+\dfrac{1}{6}\right)}$;

(13) $y=\arctan e^{\sqrt{x}}$; (14) $y=\ln\cos\sqrt{x^2+1}$; (15) $y=\sin^2\sqrt{1-x-x^2}$;

(16) $y=\arcsin^2\left(\dfrac{2x}{1-x^2}\right)$。

9. 国际航空信件的邮资标准是 10g 以内邮资 4 元,超过 10g 时超过的部分每克收取 0.3 元,且信件重量不能超过 200g,试求邮资 y 与信件重量 x 的函数关系式。

10. 用铁皮做一个容积为 V 的圆柱形罐头筒(带盖),试将它的表面积 s 表示为底半径 r 的函数,并求其定义域。

第二节　数列的极限

一、数列极限的定义

前面已经学过数列的概念,现在进一步考察当 n 无限增大时,数列 $x_n=f(n)$ 的变化趋势,先看下面两个数列:

(1) $\dfrac{1}{2},\dfrac{1}{4},\dfrac{1}{8},\dfrac{1}{16},\cdots,\dfrac{1}{2^n},\cdots$; (2) $2,\dfrac{1}{2},\dfrac{4}{3},\dfrac{3}{4},\cdots,\dfrac{n+(-1)^{n-1}}{n},\cdots$。

为清楚起见,把这两个数列的前几项在数轴上表示出来,分别如图 1-2 和图 1-3 所示。

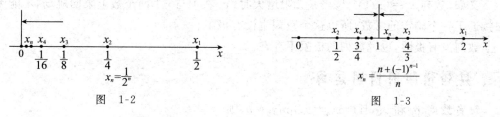

图　1-2　　　　　　　　　　　　　图　1-3

由图 1-2 可以看出,当 n 无限增大时,表示数列 $x_n=\dfrac{1}{2^n}$ 的点逐渐密集在 $x=0$ 的右侧,即数列 x_n 无限接近于 0;由图 1-3 可以看出,当 n 无限增大时,表示数列 $x_n=\dfrac{n+(-1)^{n-1}}{n}$ 的点逐渐密集在 $x=1$ 的附近,即数列 x_n 无限接近于 1。

归纳这两个数列的变化趋势,可知当 n 无限增大时,x_n 都分别无限接近于一个确定的常数。一般地,有如下定义。

定义 6　如果当 n 无限增大时,数列 $\{x_n\}$ 无限接近于一个确定的常数 a,那么 a 就叫作当 n 趋向无穷大时,数列 $\{x_n\}$ 的**极限**,记为

$$\lim_{n\to\infty}x_n=a \quad 或 \quad 当\ n\to\infty\ 时, x_n\to a$$

因此,数列(1)和数列(2)的极限分别记为 $\lim\limits_{n\to\infty}\dfrac{1}{2^n}=0$;$\lim\limits_{n\to\infty}\dfrac{n+(-1)^{n-1}}{n}=1$。

例 7　观察下列数列的变化趋势,写出它们的极限。

(1) $x_n=\dfrac{1}{n}$; (2) $x_n=2-\dfrac{1}{n^2}$; (3) $x_n=(-1)^n\dfrac{1}{3^n}$; (4) $x_n=-3$。

解　列表考察这四个数列的前几项,当 $n\to\infty$ 时,它们的变化趋势如表 1-3 所示。

表 1-3

n	1	2	3	4	5	...	$\to \infty$
(1) $x_n = \dfrac{1}{n}$	1	$\dfrac{1}{2}$	$\dfrac{1}{3}$	$\dfrac{1}{4}$	$\dfrac{1}{5}$	...	$\to 0$
(2) $x_n = 2 - \dfrac{1}{n^2}$	$2 - \dfrac{1}{1}$	$2 - \dfrac{1}{4}$	$2 - \dfrac{1}{9}$	$2 - \dfrac{1}{16}$	$2 - \dfrac{1}{25}$	...	$\to 2$
(3) $x_n = (-1)^n \dfrac{1}{3^n}$	$-\dfrac{1}{3}$	$\dfrac{1}{9}$	$-\dfrac{1}{27}$	$\dfrac{1}{81}$	$-\dfrac{1}{243}$	...	$\to 0$
(4) $x_n = -3$	-3	-3	-3	-3	-3	...	$\to -3$

由表 1-3 中各数列的变化趋势，根据数列极限的定义可知：

(1) $\lim\limits_{n\to\infty} x_n = \lim\limits_{n\to\infty} \dfrac{1}{n} = 0$； (2) $\lim\limits_{n\to\infty} x_n = \lim\limits_{n\to\infty} \left(2 - \dfrac{1}{n^2}\right) = 2$；

(3) $\lim\limits_{n\to\infty} x_n = \lim\limits_{n\to\infty} (-1)^n \dfrac{1}{3^n} = 0$； (4) $\lim\limits_{n\to\infty} x_n = \lim\limits_{n\to\infty} (-3) = -3$。

注意 并不是任何数列都有极限。

例如，数列 $x_n = 2^n$，当 n 无限增大时，x_n 也无限增大，但不能无限接近于一个确定的常数，所以这个数列没有极限。

又如，数列 $x_n = (-1)^{n+1}$，当 n 无限增大时，x_n 在 1 与 -1 两个数上来回跳动，不能无限接近于一个确定的常数，所以这个数列也没有极限。

数列没有极限，也说数列的极限不存在。

二、数列极限的四则运算

设有数列 x_n 和 y_n，且 $\lim\limits_{n\to\infty} x_n = a$，$\lim\limits_{n\to\infty} y_n = b$，则

(1) $\lim\limits_{n\to\infty}(x_n \pm y_n) = \lim\limits_{n\to\infty} x_n \pm \lim\limits_{n\to\infty} y_n = a \pm b$。

(2) $\lim\limits_{n\to\infty}(x_n \cdot y_n) = \lim\limits_{n\to\infty} x_n \cdot \lim\limits_{n\to\infty} y_n = a \cdot b$。

(3) $\lim\limits_{n\to\infty} \dfrac{x_n}{y_n} = \dfrac{\lim\limits_{n\to\infty} x_n}{\lim\limits_{n\to\infty} y_n} = \dfrac{a}{b} \ (b \neq 0)$。

这里(1)和(2)可推广到有限个数列的情形。

推论 若 $\lim\limits_{n\to\infty} x_n$ 存在，c 为常数，$k \in \mathbf{N}^+$，则

(1) $\lim\limits_{n\to\infty}(c \cdot x_n) = c \cdot \lim\limits_{n\to\infty} x_n$； (2) $\lim\limits_{n\to\infty}(x_n)^k = (\lim\limits_{n\to\infty} x_n)^k$。

例 8 已知 $\lim\limits_{n\to\infty} x_n = 5$，$\lim\limits_{n\to\infty} y_n = 2$，求：

(1) $\lim\limits_{n\to\infty}(3 x_n)$； (2) $\lim\limits_{n\to\infty} \dfrac{y_n}{5}$； (3) $\lim\limits_{n\to\infty}\left(3 x_n - \dfrac{y_n}{5}\right)$。

解 (1) $\lim\limits_{n\to\infty}(3 x_n) = 3 \lim\limits_{n\to\infty} x_n = 3 \times 5 = 15$

(2) $\lim\limits_{n\to\infty} \dfrac{y_n}{5} = \dfrac{1}{5} \lim\limits_{n\to\infty} y_n = \dfrac{2}{5}$

(3) $\lim\limits_{n\to\infty}\left(3 x_n - \dfrac{y_n}{5}\right) = \lim\limits_{n\to\infty}(3 x_n) - \lim\limits_{n\to\infty} \dfrac{y_n}{5} = 15 - \dfrac{2}{5} = 14 \dfrac{3}{5}$

例9 求下列各极限。

(1) $\lim\limits_{n\to\infty}\left(4-\dfrac{1}{n}+\dfrac{3}{n^2}\right)$；

(2) $\lim\limits_{n\to\infty}\dfrac{3n^2-n+1}{1+n^2}$；

(3) $\lim\limits_{n\to\infty}\left(1+\dfrac{1}{2}+\dfrac{1}{4}+\cdots+\dfrac{1}{2^n}\right)$；

(4) $\lim\limits_{n\to\infty}(\sqrt{n+1}-\sqrt{n})$。

解 (1) $\lim\limits_{n\to\infty}\left(4-\dfrac{1}{n}+\dfrac{3}{n^2}\right)=\lim\limits_{n\to\infty}4-\lim\limits_{n\to\infty}\dfrac{1}{n}+3\lim\limits_{n\to\infty}\dfrac{1}{n^2}=4-0+3\times 0=4$

(2) $\lim\limits_{n\to\infty}\dfrac{3n^2-n+1}{1+n^2}=\lim\limits_{n\to\infty}\dfrac{3-\dfrac{1}{n}+\dfrac{1}{n^2}}{\dfrac{1}{n^2}+1}=\dfrac{\lim\limits_{n\to\infty}3-\lim\limits_{n\to\infty}\dfrac{1}{n}+\lim\limits_{n\to\infty}\dfrac{1}{n^2}}{\lim\limits_{n\to\infty}\dfrac{1}{n^2}+\lim\limits_{n\to\infty}1}=\dfrac{3-0+0}{0+1}=3$

(3) $\lim\limits_{n\to\infty}\left(1+\dfrac{1}{2}+\dfrac{1}{4}+\cdots+\dfrac{1}{2^n}\right)=\lim\limits_{n\to\infty}\dfrac{1-\left(\dfrac{1}{2}\right)^{n+1}}{1-\dfrac{1}{2}}=2\lim\limits_{n\to\infty}\left(1-\dfrac{1}{2^{n+1}}\right)=2$

(4) $\lim\limits_{n\to\infty}(\sqrt{n+1}-\sqrt{n})=\lim\limits_{n\to\infty}\dfrac{(\sqrt{n+1}-\sqrt{n})(\sqrt{n+1}+\sqrt{n})}{\sqrt{n+1}+\sqrt{n}}$

$=\lim\limits_{n\to\infty}\dfrac{1}{\sqrt{n+1}+\sqrt{n}}=0$

三、无穷递缩等比数列的求和公式

等比数列 $a_1,a_1q,a_1q^2,\cdots,a_1q^{n-1},\cdots$，当 $|q|<1$ 时，称为无穷递缩等比数列。现在来求它的前 n 项的和 S_n 当 $n\to\infty$ 时的极限。

由于 $S_n=\dfrac{a_1(1-q^n)}{1-q}$，则 $\lim\limits_{n\to\infty}S_n=\lim\limits_{n\to\infty}\dfrac{a_1(1-q^n)}{1-q}=\lim\limits_{n\to\infty}\dfrac{a_1}{1-q}\cdot\lim\limits_{n\to\infty}(1-q^n)=\dfrac{a_1}{1-q}(\lim\limits_{n\to\infty}1-\lim\limits_{n\to\infty}q^n)$。

当 $|q|<1$ 时，$\lim\limits_{n\to\infty}q^n=0$，所以 $\lim\limits_{n\to\infty}S_n=\dfrac{a_1}{1-q}(1-0)=\dfrac{a_1}{1-q}$。

我们把无穷递缩等比数列前 n 项的和当 $n\to\infty$ 时的极限叫作这个无穷递缩等比数列的和，并用符号 S 表示，从而有公式

$$S=\dfrac{a_1}{1-q}$$

这个公式叫作无穷递缩等比数列的**求和公式**。

例10 求数列 $\dfrac{1}{2},\dfrac{1}{4},\dfrac{1}{8},\cdots,\dfrac{1}{2^n},\cdots$ 各项的和。

解 因为 $|q|=\dfrac{1}{2}<1$，所以它是无穷递缩等比数列，因此有 $S=\dfrac{\dfrac{1}{2}}{1-\dfrac{1}{2}}=1$。

思 考 题

1. "对数列 $\{x_n\}$，如果当 n 无限增大时，x_n 越来越接近于常数 A，则称数列 $\{x_n\}$ 以 A 为极限"，这种说法正确吗？

2. 数列 $1,2,\dfrac{1}{2},\dfrac{3}{2},\dfrac{1}{3},\dfrac{4}{3},\cdots,\dfrac{1}{n},\dfrac{n+1}{n},\cdots$ 是否有极限？

习题 1-2

1. 观察下列数列当 $n\to\infty$ 时的变化趋势，写出极限。

(1) $x_n=\dfrac{1}{2^n}$；　　(2) $x_n=(-1)^n\dfrac{1}{n}$；　　(3) $x_n=2-\dfrac{1}{n^2}$；

(4) $x_n=\dfrac{n-1}{n+1}$；　　(5) $x_n=1-\dfrac{1}{5^n}$；　　(6) $x_n=-5$；

(7) $x_n=(-1)^n n$；　　(8) $x_n=\dfrac{1+(-1)^n}{2}$。

2. 已知 $\lim\limits_{n\to\infty}x_n=\dfrac{1}{2}$，$\lim\limits_{n\to\infty}y_n=-\dfrac{1}{2}$，求下列各极限。

(1) $\lim\limits_{n\to\infty}(2x_n+3y_n)$；　　(2) $\lim\limits_{n\to\infty}\dfrac{x_n-y_n}{x_n}$。

3. 求下列各极限。

(1) $\lim\limits_{n\to\infty}\left(3-\dfrac{1}{n^2}\right)$；　　(2) $\lim\limits_{n\to\infty}\dfrac{2n-1}{3n}$；　　(3) $\lim\limits_{n\to\infty}\dfrac{7n^2+1}{7n^2-3}$；

(4) $\lim\limits_{n\to\infty}\dfrac{-3n^3+n-5}{3+n^3}$；　　(5) $\lim\limits_{n\to\infty}\left(3-\dfrac{3}{2^n}+\dfrac{1}{n^2}\right)$；　　(6) $\lim\limits_{n\to\infty}\left(1-\dfrac{3}{2^n}\right)\left(6-\dfrac{7}{n}\right)$；

(7) $\lim\limits_{n\to\infty}\dfrac{4n^2+5}{3-2n^2}$；　　(8) $\lim\limits_{n\to\infty}\left(\dfrac{n^2-3}{n+1}-n\right)$；　　(9) $\lim\limits_{n\to\infty}\dfrac{2^n-1}{1+2^n}$；

(10) $\lim\limits_{n\to\infty}\left(\dfrac{1+2+3+\cdots+n}{n+2}-\dfrac{n}{2}\right)$；　(11) $\lim\limits_{n\to\infty}(\sqrt{n-1}-\sqrt{n})$；　(12) $\lim\limits_{n\to\infty}\dfrac{\sqrt{9n^2+n}}{2n+5}$；

(13) $\lim\limits_{n\to\infty}\sqrt{n}(\sqrt{n-1}-\sqrt{n+2})$。

4. 求下列无穷递缩等比数列的和。

(1) $3,1,\dfrac{1}{3},\dfrac{1}{9},\cdots$；　　(2) $1,-\dfrac{1}{3},\dfrac{1}{3^2},-\dfrac{1}{3^3},\cdots$；　　(3) $1,-x,x^2,-x^3,\cdots(|x|<1)$。

第三节　函数的极限

本节将讨论一般函数 $y=f(x)$ 的极限，主要研究以下两种情形：

(1) 当自变量 x 的绝对值 $|x|$ 无限增大，即 x 趋向无穷大(记为 $x\to\infty$)时，函数 $f(x)$ 的极限；

(2) 当自变量 x 任意接近于 x_0，即 x 趋向于定值 x_0(记为 $x\to x_0$)时，函数 $f(x)$ 的极限。

一、当 $x\to\infty$ 时，函数 $f(x)$ 的极限

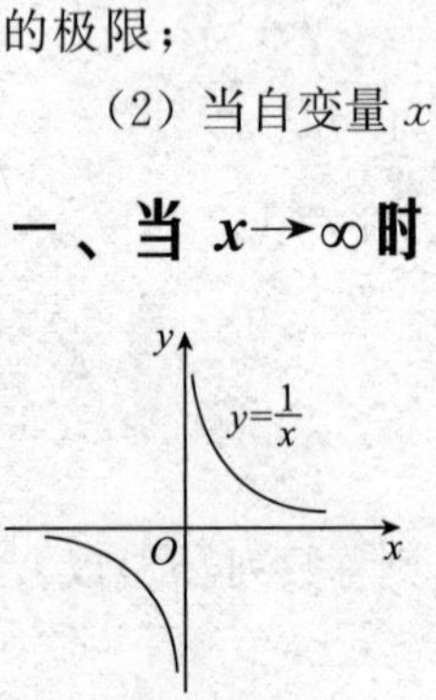

先看下面的例子：

考察当 $x\to\infty$ 时，函数 $f(x)=\dfrac{1}{x}$ 的变化趋势。由图 1-4 可以看出，当 x 的绝对值无限增大时，$f(x)$ 的值无限接近于 0，即当 $x\to\infty$ 时，$f(x)\to 0$。

图 1-4

对于这种当 $x\to\infty$ 时，函数 $f(x)$ 的变化趋势，给出下面的定义。

定义 7 如果当 x 的绝对值无限增大（即 $x\to\infty$）时，函数 $f(x)$ 无限接近于一个确定的常数 A，那么 A 就叫作函数 $f(x)$ 当 $x\to\infty$ 时的**极限**，记为

$$\lim_{x\to\infty}f(x)=A \quad \text{或} \quad \text{当} x\to\infty \text{时}, f(x)\to A$$

根据上述定义可知，当 $x\to\infty$ 时，$f(x)=\dfrac{1}{x}$ 的极限是 0，可记为

$$\lim_{x\to\infty}f(x)=\lim_{x\to\infty}\dfrac{1}{x}=0$$

注意 自变量 x 的绝对值无限增大指的是 x 既取正值而无限增大（记为 $x\to+\infty$），也取负值而绝对值无限增大（记为 $x\to-\infty$），但有时 x 的变化趋势只能或只需取这两种变化中的一种情形。下面给出当 $x\to+\infty$ 或 $x\to-\infty$ 时函数极限的定义。

定义 8 如果当 $x\to+\infty$（或 $x\to-\infty$）时，函数 $f(x)$ 无限接近于一个确定的常数 A，那么 A 就叫作函数 $f(x)$ 当 $x\to+\infty$（或 $x\to-\infty$）时的**极限**，记为

$$\lim_{\substack{x\to+\infty \\ (x\to-\infty)}}f(x)=A \quad \text{或} \quad \text{当} x\to+\infty(x\to-\infty)\text{时}, f(x)\to A$$

例如，如图 1-5 所示，$\lim\limits_{x\to+\infty}\arctan x=\dfrac{\pi}{2}$ 及 $\lim\limits_{x\to-\infty}\arctan x=-\dfrac{\pi}{2}$。

由于当 $x\to+\infty$ 和 $x\to-\infty$ 时，函数 $y=\arctan x$ 不是无限接近于同一个确定的常数，所以 $\lim\limits_{x\to\infty}\arctan x$ 不存在。

一般地，$\lim\limits_{x\to\infty}f(x)=A$ 的充分必要条件是 $\lim\limits_{x\to+\infty}f(x)=\lim\limits_{x\to-\infty}f(x)=A$。

例 11 求 $\lim\limits_{x\to-\infty}\mathrm{e}^x$ 和 $\lim\limits_{x\to+\infty}\mathrm{e}^{-x}$。

解 如图 1-6 所示，可知 $\lim\limits_{x\to-\infty}\mathrm{e}^x=0$，$\lim\limits_{x\to+\infty}\mathrm{e}^{-x}=0$。

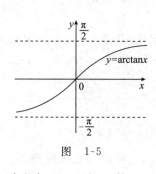

图 1-5

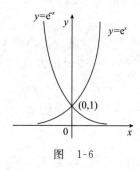

图 1-6

例 12 讨论当 $x\to\infty$ 时，函数 $y=\operatorname{arccot} x$ 的极限。

解 因为 $\lim\limits_{x\to+\infty}\operatorname{arccot} x=0$，$\lim\limits_{x\to-\infty}\operatorname{arccot} x=\pi$，虽然 $\lim\limits_{x\to+\infty}\operatorname{arccot} x$ 和 $\lim\limits_{x\to-\infty}\operatorname{arccot} x$ 都存在，但是不相等，所以 $\lim\limits_{x\to\infty}\operatorname{arccot} x$ 不存在。

二、当 $x\to x_0$ 时，函数 $f(x)$ 的极限

定义 9 如果当 x 无限接近于定值 x_0，即 $x\to x_0$（x 可以不等于 x_0）时，函数 $f(x)$ 无限接近于一个确定的常数 A，那么 A 就叫作函数 $f(x)$ 当 $x\to x_0$ 时的**极限**，记为

$$\lim_{x\to x_0}f(x)=A \quad \text{或} \quad \text{当} x\to x_0 \text{时}, f(x)\to A$$

注意 (1) 在上面的定义中，$x\to x_0$ 表示既从 x_0 的左侧也从 x_0 的右侧趋近于 x_0。

(2) 定义中考虑的是当 $x\to x_0$ 时，$f(x)$ 的变化趋势，并不考虑 $f(x)$ 在点 x_0 是否有

定义。

例 13 考察极限 $\lim\limits_{x\to x_0}c$(c 为常数)和 $\lim\limits_{x\to x_0}x$。

解 设 $f(x)=c, \varphi(x)=x$。

当 $x\to x_0$ 时，$f(x)$ 的值恒等于 c，则 $\lim\limits_{x\to x_0}f(x)=\lim\limits_{x\to x_0}c=c$。

当 $x\to x_0$ 时，$\varphi(x)$ 的值无限接近于 x_0，则 $\lim\limits_{x\to x_0}\varphi(x)=\lim\limits_{x\to x_0}x=x_0$。

三、当 $x\to x_0$ 时，$f(x)$ 的左极限与右极限

前面讨论的当 $x\to x_0$ 时函数的极限中，x 既从 x_0 的左侧无限接近于 x_0(记为 $x\to x_0-0$ 或 x_0^-)，也从 x_0 的右侧无限接近于 x_0(记为 $x\to x_0+0$ 或 x_0^+)。下面再给出当 $x\to x_0^-$ 或 $x\to x_0^+$ 时函数极限的定义。

定义 10 如果当 $x\to x_0^-$ 时，函数 $f(x)$ 无限接近于一个确定的常数 A，那么 A 就叫作函数 $f(x)$ 当 $x\to x_0$ 时的**左极限**，记为

$$\lim_{x\to x_0^-}f(x)=A \quad \text{或} \quad f(x_0-0)=A$$

如果当 $x\to x_0^+$ 时，函数 $f(x)$ 无限接近于一个确定的常数 A，那么 A 就叫作函数 $f(x)$ 当 $x\to x_0$ 时的**右极限**，记为

$$\lim_{x\to x_0^+}f(x)=A \quad \text{或} \quad f(x_0+0)=A$$

一般地，$\lim\limits_{x\to x_0}f(x)=A$ 的充分必要条件是 $\lim\limits_{x\to x_0^-}f(x)=\lim\limits_{x\to x_0^+}f(x)=A$。

例 14 讨论函数 $f(x)=\begin{cases} x-1, & x<0 \\ 0, & x=0 \\ x+1, & x>0 \end{cases}$ 当 $x\to 0$ 时的极限。

图 1-7

解 作出这个分段函数的图像(见图 1-7)，由图可知函数 $f(x)$ 当 $x\to 0$ 时的左极限为

$$\lim_{x\to 0^-}f(x)=\lim_{x\to 0^-}(x-1)=-1$$

右极限为

$$\lim_{x\to 0^+}f(x)=\lim_{x\to 0^+}(x+1)=1$$

因为当 $x\to 0$ 时，函数 $f(x)$ 的左极限与右极限虽各自存在但不相等，所以极限 $\lim\limits_{x\to 0}f(x)$ 不存在。

例 15 讨论函数 $y=\dfrac{x^2-1}{x+1}$ 当 $x\to -1$ 时的极限。

解 函数的定义域为 $(-\infty,-1)\cup(-1,+\infty)$；因为 $x\neq -1$，所以 $y=\dfrac{x^2-1}{x+1}=x-1$。作出这个函数的图像(见图 1-8)，由图 1-8 可知

$$\lim_{x\to -1^-}\frac{x^2-1}{x+1}=\lim_{x\to -1^-}(x-1)=-2;\quad \lim_{x\to -1^+}\frac{x^2-1}{x+1}=\lim_{x\to -1^+}(x-1)=-2$$

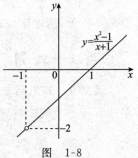

图 1-8

由于 $\lim\limits_{x\to -1^-}\dfrac{x^2-1}{x+1}=\lim\limits_{x\to -1^+}\dfrac{x^2-1}{x+1}=-2$，所以 $\lim\limits_{x\to -1}\dfrac{x^2-1}{x+1}=-2$。

思 考 题

1. 若 $\lim\limits_{x\to x_0}f(x)$ 存在，则 $f(x_0)$ 必存在，对吗？二者之间是否有关系？

2. 由 $\lim\limits_{x\to +\infty}f(x)=1$，画图说明曲线 $y=f(x)$ 的几何特征。

习题 1-3

习题讲解视频 1-3

1. 观察并写出下列极限。

(1) $\lim\limits_{x\to\infty}\dfrac{2}{x^3}$； (2) $\lim\limits_{x\to -\infty}3^x$； (3) $\lim\limits_{x\to -\infty}100^x$；

(4) $\lim\limits_{x\to +\infty}\left(\dfrac{1}{2}\right)^x$； (5) $\lim\limits_{x\to +\infty}\left(\dfrac{1}{30}\right)^x$； (6) $\lim\limits_{x\to\infty}\left(2-\dfrac{1}{x^2}\right)$。

2. 观察并写出下列极限。

(1) $\lim\limits_{x\to\frac{\pi}{2}}\cot x$； (2) $\lim\limits_{x\to\frac{\pi}{2}}\sin x$； (3) $\lim\limits_{x\to 1}\ln(2-x)$； (4) $\lim\limits_{x\to 1}3^{x-1}$；

(5) $\lim\limits_{x\to -3}\dfrac{x^2-9}{x+3}$； (6) $\lim\limits_{x\to 2}(2x^2-6)$； (7) $\lim\limits_{x\to\frac{\pi}{4}}\cot x$； (8) $\lim\limits_{x\to 3}(x^2-6x+8)$。

3. 设 $f(x)=\begin{cases}x^2, & x>0\\ x, & x\leqslant 0\end{cases}$，画出图像，并求当 $x\to 0$ 时 $f(x)$ 的左右极限，从而说明当 $x\to 0$ 时 $f(x)$ 的极限是否存在。

4. 设 $f(x)=\begin{cases}x+1, & x<0\\ 2^x, & x\geqslant 0\end{cases}$，求当 $x\to 0$ 时 $f(x)$ 的左右极限，并指出当 $x\to 0$ 时 $f(x)$ 的极限是否存在。

5. 讨论函数 $f(x)=\begin{cases}2^x, & x<0\\ 2, & 0\leqslant x<1\\ -x+3, & x\geqslant 1\end{cases}$，当 $x\to 0$ 和 $x\to 1$ 时是否有极限。

6. 证明函数 $f(x)=\begin{cases}x^2+1, & x<1\\ 1, & x=1\\ -1, & x>1\end{cases}$，当 $x\to 1$ 时极限不存在。

7. 设函数 $f(x)=\begin{cases}x+1, & x\geqslant 1\\ ax^2, & x<1\end{cases}$，当 $x\to 1$ 时极限存在，求常数 a 的值。

第四节 极限的运算

与数列极限相仿，比较复杂的函数极限也需要用到极限的运算法则来进行计算。下面给出函数极限的四则运算法则（证明从略）。

设 $\lim\limits_{x\to x_0}f(x)=A,\lim\limits_{x\to x_0}g(x)=B$，则

(1) $\lim\limits_{x\to x_0}[f(x)\pm g(x)]=\lim\limits_{x\to x_0}f(x)\pm\lim\limits_{x\to x_0}g(x)=A\pm B$。

(2) $\lim\limits_{x\to x_0}[f(x)\cdot g(x)]=\lim\limits_{x\to x_0}f(x)\cdot\lim\limits_{x\to x_0}g(x)=A\cdot B$。

特别地，有$\lim\limits_{x\to x_0}cf(x)=c\cdot\lim\limits_{x\to x_0}f(x)=cA$($c$ 为常数)；$\lim\limits_{x\to x_0}[f(x)]^n=[\lim\limits_{x\to x_0}f(x)]^n=A^n$（$n$ 是正整数）。

(3) $\lim\limits_{x\to x_0}\dfrac{f(x)}{g(x)}=\dfrac{\lim\limits_{x\to x_0}f(x)}{\lim\limits_{x\to x_0}g(x)}=\dfrac{A}{B}(B\neq 0)$。

上述极限运算法则对于 $x\to x_0^-, x\to x_0^+, x\to\infty, x\to+\infty, x\to-\infty$ 的情形也是成立的，而且法则(1)和法则(2)可以推广到有限个具有极限的函数的情形。

例 16 求 $\lim\limits_{x\to 2}(3x^2-2x+6)$。

解 $\lim\limits_{x\to 2}(3x^2-2x+6)=3(\lim\limits_{x\to 2}x)^2-2\lim\limits_{x\to 2}x+\lim\limits_{x\to 2}6=3\times 2^2-2\times 2+6=14$

例 17 求 $\lim\limits_{x\to 1}\dfrac{x^2-2x+5}{x^2+7}$。

解 当 $x\to 1$ 时，分母的极限不为 0，因此应用法则(3)，得

$$\lim\limits_{x\to 1}\dfrac{x^2-2x+5}{x^2+7}=\dfrac{\lim\limits_{x\to 1}(x^2-2x+5)}{\lim\limits_{x\to 1}(x^2+7)}=\dfrac{\lim\limits_{x\to 1}x^2-\lim\limits_{x\to 1}2x+\lim\limits_{x\to 1}5}{\lim\limits_{x\to 1}x^2+\lim\limits_{x\to 1}7}=\dfrac{1-2+5}{1+7}=\dfrac{1}{2}$$

例 18 求 $\lim\limits_{x\to 3}\dfrac{x-3}{x^2-9}$。

解 当 $x\to 3$ 时，分母极限为 0，不能应用法则(3)，在分式中约去极限为 0 的公因式 $x-3$，所以

$$\lim\limits_{x\to 3}\dfrac{x-3}{x^2-9}=\lim\limits_{x\to 3}\dfrac{1}{x+3}=\dfrac{\lim\limits_{x\to 3}1}{\lim\limits_{x\to 3}x+\lim\limits_{x\to 3}3}=\dfrac{1}{6}$$

例 19 求 $\lim\limits_{x\to 3}\dfrac{\sqrt{x+1}-2}{x-3}$。

解 分子及分母的极限都是 0，进行分子有理化。

$$\lim\limits_{x\to 3}\dfrac{\sqrt{x+1}-2}{x-3}=\lim\limits_{x\to 3}\dfrac{(\sqrt{x+1}-2)(\sqrt{x+1}+2)}{(x-3)(\sqrt{x+1}+2)}$$
$$=\lim\limits_{x\to 3}\dfrac{(x+1-2^2)}{(x-3)(\sqrt{x+1}+2)}=\lim\limits_{x\to 3}\dfrac{1}{\sqrt{x+1}+2}=\dfrac{1}{4}$$

例 20 求 $\lim\limits_{x\to 2}\left(\dfrac{1}{2-x}-\dfrac{4}{4-x^2}\right)$。

解 $\lim\limits_{x\to 2}\left(\dfrac{1}{2-x}-\dfrac{4}{4-x^2}\right)=\lim\limits_{x\to 2}\dfrac{2+x-4}{4-x^2}=\lim\limits_{x\to 2}\dfrac{x-2}{(2-x)(2+x)}=\lim\limits_{x\to 2}\dfrac{-1}{2+x}=-\dfrac{1}{4}$

例 21 求 $\lim\limits_{x\to\infty}\left[\left(1+\dfrac{1}{x}\right)\left(2-\dfrac{1}{x^2}\right)\right]$。

解 $\lim\limits_{x\to\infty}\left[\left(1+\dfrac{1}{x}\right)\left(2-\dfrac{1}{x^2}\right)\right]=\lim\limits_{x\to\infty}\left(1+\dfrac{1}{x}\right)\cdot\lim\limits_{x\to\infty}\left(2-\dfrac{1}{x^2}\right)$
$$=\left(\lim\limits_{x\to\infty}1+\lim\limits_{x\to\infty}\dfrac{1}{x}\right)\cdot\left(\lim\limits_{x\to\infty}2-\lim\limits_{x\to\infty}\dfrac{1}{x^2}\right)=(1+0)\times(2-0)=2$$

例 22 求 $\lim\limits_{x\to\infty}\dfrac{3x^3-4x^2+2}{7x^3+5x^2-3}$。

解 先用 x^3 同除分子及分母，然后取极限，得

$$\lim_{x\to\infty}\frac{3x^3-4x^2+2}{7x^3+5x^2-3}=\lim_{x\to\infty}\frac{3-\frac{4}{x}+\frac{2}{x^3}}{7+\frac{5}{x}-\frac{3}{x^3}}=\frac{\lim\limits_{x\to\infty}3-\lim\limits_{x\to\infty}\frac{4}{x}+\lim\limits_{x\to\infty}\frac{2}{x^3}}{\lim\limits_{x\to\infty}7+\lim\limits_{x\to\infty}\frac{5}{x}-\lim\limits_{x\to\infty}\frac{3}{x^3}}=\frac{3-4\times0+2\times0}{7+5\times0-3\times0}=\frac{3}{7}$$

例 23 求 $\lim\limits_{x\to\infty}\dfrac{3x^2-2x-1}{2x^3-x^2+5}$。

解 先用 x^3 同除分子及分母,然后取极限,得

$$\lim_{x\to\infty}\frac{3x^2-2x-1}{2x^3-x^2+5}=\lim_{x\to\infty}\frac{\frac{3}{x}-\frac{2}{x^2}-\frac{1}{x^3}}{2-\frac{1}{x}+\frac{5}{x^3}}=\frac{3\lim\limits_{x\to\infty}\frac{1}{x}-2\lim\limits_{x\to\infty}\frac{1}{x^2}-\lim\limits_{x\to\infty}\frac{1}{x^3}}{\lim\limits_{x\to\infty}2-\lim\limits_{x\to\infty}\frac{1}{x}+5\lim\limits_{x\to\infty}\frac{1}{x^3}}=\frac{0}{2}=0$$

例 24 求 $\lim\limits_{n\to\infty}\dfrac{1+2+3+\cdots+(n-1)}{n^2}$。

解 因为 $1+2+3+\cdots+(n-1)=\dfrac{n}{2}(n-1)$,所以

$$\lim_{n\to\infty}\frac{1+2+3+\cdots+(n-1)}{n^2}=\lim_{n\to\infty}\frac{\frac{n}{2}(n-1)}{n^2}=\frac{1}{2}\lim_{n\to\infty}\frac{n-1}{n}=\frac{1}{2}\lim_{n\to\infty}\left(1-\frac{1}{n}\right)=\frac{1}{2}$$

例 25 求 $\lim\limits_{n\to\infty}\dfrac{2^n-1}{4^n+1}$。

解
$$\lim_{n\to\infty}\frac{2^n-1}{4^n+1}=\lim_{n\to\infty}\frac{2^n-1}{2^{2n}+1}=\lim_{n\to\infty}\frac{\frac{2^n-1}{2^{2n}}}{\frac{2^{2n}+1}{2^{2n}}}=\lim_{n\to\infty}\frac{\frac{1}{2^n}-\frac{1}{2^{2n}}}{1+\frac{1}{2^{2n}}}=\frac{\lim\limits_{n\to\infty}\frac{1}{2^n}-\left(\lim\limits_{n\to\infty}\frac{1}{2^n}\right)^2}{1+\left(\lim\limits_{n\to\infty}\frac{1}{2^n}\right)^2}=\frac{0}{1}=0$$

思 考 题

1. $\lim\limits_{x\to\infty}(x^2-3x)=\lim\limits_{x\to\infty}x^2-3\lim\limits_{x\to\infty}x=\infty-\infty=0$,计算是否正确?

2. 为什么说 $\lim\limits_{x\to2}\dfrac{x^2}{2-x}=\dfrac{\lim\limits_{x\to2}x^2}{\lim\limits_{x\to2}(2-x)}=\dfrac{4}{0}=\infty$ 是错误的?

习题 1-4

习题讲解视频 1-4

1. 求下列各极限。

(1) $\lim\limits_{x\to1}(2x^2+4x-4)$; (2) $\lim\limits_{x\to2}\dfrac{x^2+x-6}{x^2-4}$; (3) $\lim\limits_{x\to2}\dfrac{x+2}{x-1}$;

(4) $\lim\limits_{x\to\sqrt{3}}\dfrac{x^2-3}{x^4+x^2+1}$; (5) $\lim\limits_{x\to-2}\dfrac{x-2}{x^2-1}$; (6) $\lim\limits_{x\to0}\left(1-\dfrac{2}{x-3}\right)$;

(7) $\lim\limits_{x\to1}\dfrac{\sqrt{x}-1}{x-1}$; (8) $\lim\limits_{x\to1}\dfrac{x^2-2x+1}{x^2-1}$。

2. 求下列各极限。

(1) $\lim\limits_{x\to\infty}\dfrac{2x^3+3}{4x^3+x-1}$; (2) $\lim\limits_{x\to\infty}\dfrac{3x^4+2x+1}{x^4+2x^2+5}$;

(3) $\lim\limits_{x\to\infty}\dfrac{2x^3-x^2}{x^5-3x^4+1}$; (4) $\lim\limits_{x\to\infty}\dfrac{2x^3+3x^2-x}{3x^4+2x^2-5}$。

3. 求下列各极限。

(1) $\lim\limits_{x \to -2} \dfrac{x^2-4}{x+2}$;

(2) $\lim\limits_{x \to 5} \dfrac{x^2-6x+5}{x-5}$;

(3) $\lim\limits_{x \to 4} \dfrac{x^2-6x+8}{x^2-5x+4}$;

(4) $\lim\limits_{x \to 1} \dfrac{x^2-2x+1}{x^3-x}$;

(5) $\lim\limits_{x \to 0} \dfrac{4x^3-2x^2+x}{3x^2+2x}$;

(6) $\lim\limits_{h \to 0} \dfrac{(x+h)^3-x^3}{h}$;

(7) $\lim\limits_{x \to 3} \left(\dfrac{1}{x-3} - \dfrac{6}{x^2-9}\right)$;

(8) $\lim\limits_{x \to 0} \dfrac{\sqrt{1+3x^2}-1}{x^2}$。

4. 求下列各极限。

(1) $\lim\limits_{x \to \infty} \dfrac{2x^2-4x+8}{x^3+2x^2-1}$;

(2) $\lim\limits_{x \to \infty} \dfrac{8x^3-1}{6x^3-5x+1}$;

(3) $\lim\limits_{x \to +\infty} \dfrac{5^{x+1}+2}{5^x+1}$;

(4) $\lim\limits_{n \to \infty} \left(1 + \dfrac{1}{3} + \dfrac{1}{9} + \cdots + \dfrac{1}{3^n}\right)$;

(5) $\lim\limits_{n \to \infty} \dfrac{n(n+1)}{(n+2)(n+3)}$;

(6) $\lim\limits_{x \to \infty} \dfrac{x^4+3x^2+5}{(x+2)^5}$。

第五节 无穷小与无穷大

研究函数的变化趋势时,经常遇到两种情形:一是函数的绝对值"无限变小";二是函数的绝对值"无限变大"。下面分别介绍这两种情形。

一、无穷小

1. 无穷小的定义

定义 11 如果当 $x \to x_0$(或 $x \to \infty$)时,函数 $f(x)$ 的极限为 0,那么函数 $f(x)$ 叫作当 $x \to x_0$(或 $x \to \infty$)时的**无穷小量**,简称无穷小。

例如,因为 $\lim\limits_{x \to 1}(x-1)=0$,所以函数 $x-1$ 是当 $x \to 1$ 时的无穷小。又如,因为 $\lim\limits_{x \to \infty}\dfrac{1}{x}=0$,所以函数 $\dfrac{1}{x}$ 是当 $x \to \infty$ 时的无穷小。

注意 (1) 说一个函数 $f(x)$ 是无穷小,必须指明自变量 x 的变化趋势,如函数 $x-1$ 是当 $x \to 1$ 时的无穷小,而当 x 趋向其他数值时,$x-1$ 就不是无穷小。

(2) 不要把绝对值很小的常数(如 $0.000\,01^{100\,000}$ 或 $-0.000\,01^{100\,000}$)说成是无穷小。

(3) 常数中只有 0 可以看成是无穷小,因为 $\lim\limits_{\substack{x \to x_0 \\ (x \to \infty)}} 0 = 0$。

2. 无穷小的性质

无穷小运算时除了可以应用极限运算法则外,还可以应用以下一些性质进行运算。

性质 1 有限个无穷小的代数和是无穷小。

性质 2 有界函数与无穷小的乘积是无穷小。

性质 3 有限个无穷小的乘积是无穷小。

以上各性质证明从略。

例 26 求 $\lim\limits_{x \to 0} x \sin \dfrac{1}{x}$。

解 因为 $\lim\limits_{x \to 0} x = 0$,所以 x 是当 $x \to 0$ 时的无穷小。而 $\left|\sin \dfrac{1}{x}\right| \leqslant 1$,所以 $\sin \dfrac{1}{x}$ 是有界函数。由无穷小的性质 2,可知

$$\lim_{x\to 0} x\sin\frac{1}{x}=0$$

3. 函数极限与无穷小的关系

下面的定理将说明函数、函数的极限与无穷小三者之间的重要关系。

定理 1 在自变量的同一变化过程 $x\to x_0$（或 $x\to\infty$）中，$\lim f(x)=A$ 的充分必要条件是：$f(x)=A+\alpha$，其中 A 为常数，α 为无穷小（证明从略）。

这里 lim 符号的下标为 $x\to x_0$ 或 $x\to\infty$，表示所述结果对两者都适用，以后不再说明。

二、无穷大

1. 无穷大的定义

定义 12 如果当 $x\to x_0$（或 $x\to\infty$）时，函数 $f(x)$ 的绝对值无限增大，那么函数 $f(x)$ 叫作当 $x\to x_0$（或 $x\to\infty$）时的**无穷大量**，简称**无穷大**。

如果函数 $f(x)$ 当 $x\to x_0$（或 $x\to\infty$）时为无穷大，那么它的极限是不存在的。但为了描述函数的这种变化趋势，也说函数的极限是无穷大，并记为

$$\lim_{\substack{x\to x_0\\(x\to\infty)}} f(x)=\infty$$

如果在无穷大的定义中，x_0 左右近旁的 x（或绝对值相当大的 x）所对应的函数值都是正的或都是负的，就分别记为

$$\lim_{\substack{x\to x_0\\(x\to\infty)}} f(x)=+\infty, \quad \lim_{\substack{x\to x_0\\(x\to\infty)}} f(x)=-\infty$$

例如，$\lim\limits_{x\to +\infty} e^x=+\infty$，$\lim\limits_{x\to 0^+}\ln x=-\infty$。

注意 (1) 说一个函数 $f(x)$ 是无穷大，必须指明自变量的变化趋势，如函数 $\dfrac{1}{x}$ 是当 $x\to 0$ 时的无穷大。

(2) 无穷大是变量，不要把绝对值很大的常数（如 $100\,000\,000^{1\,000\,000}$ 或 $-100\,000\,000^{1\,000\,000}$）说成是无穷大。

2. 无穷大与无穷小的关系

一般地，无穷大与无穷小之间有以下倒数关系。

在自变量的同一变化过程中，如果 $f(x)$ 为无穷大，则 $\dfrac{1}{f(x)}$ 是无穷小；反之，如果 $f(x)$ 为无穷小，且 $f(x)\neq 0$，则 $\dfrac{1}{f(x)}$ 为无穷大。

下面利用无穷大与无穷小的关系来求一些函数的极限。

例 27 求 $\lim\limits_{x\to 1}\dfrac{x+4}{x-1}$。

解 当 $x\to 1$ 时，分母的极限为 0，所以不能应用极限运算法则(3)，但因为 $\lim\limits_{x\to 1}\dfrac{x-1}{x+4}=0$，所以

$$\lim_{x\to 1}\frac{x+4}{x-1}=\infty$$

例 28 求 $\lim\limits_{x\to\infty}(x^2-3x+2)$。

解 因为 $\lim\limits_{x\to\infty}x^2$ 和 $\lim\limits_{x\to\infty}3x$ 都不存在,所以不能应用极限的运算法则,但因为

$$\lim_{x\to\infty}\frac{1}{x^2-3x+2}=\lim_{x\to\infty}\frac{\frac{1}{x^2}}{1-\frac{3}{x}+\frac{2}{x^2}}=0,\text{所以}\lim_{x\to\infty}(x^2-3x+2)=\infty。$$

例 29 求 $\lim\limits_{x\to\infty}\dfrac{2x^3-x^2+5}{x^2+7}$。

解 因为分子及分母的极限都不存在,所以不能应用极限运算法则,但因为

$$\lim_{x\to\infty}\frac{x^2+7}{2x^3-x^2+5}=\lim_{x\to\infty}\frac{\frac{x^2+7}{x^3}}{\frac{2x^3-x^2+5}{x^3}}=\lim_{x\to\infty}\frac{\frac{1}{x}+\frac{7}{x^3}}{2-\frac{1}{x}+\frac{5}{x^3}}=0$$

所以

$$\lim_{x\to\infty}\frac{2x^3-x^2+5}{x^2+7}=\infty$$

归纳上节的例 22、例 23 及本节的例 29,可得出一般结论,即当 $a_0\neq 0, b_0\neq 0$ 时有

$$\lim_{x\to\infty}\frac{a_0 x^m+a_1 x^{m-1}+a_2 x^{m-2}+\cdots+a_m}{b_0 x^n+b_1 x^{n-1}+b_2 x^{n-2}+\cdots+b_n}=\begin{cases}\dfrac{a_0}{b_0},&\text{当 }n=m\text{ 时}\\0,&\text{当 }n>m\text{ 时}\\\infty,&\text{当 }n<m\text{ 时}\end{cases}$$

例 30 求 $\lim\limits_{x\to -2}\left(\dfrac{1}{x+2}-\dfrac{12}{x^3+8}\right)$。

解 因为 $\dfrac{1}{x+2}-\dfrac{12}{x^3+8}=\dfrac{(x^2-2x+4)-12}{(x+2)(x^2-2x+4)}=\dfrac{(x+2)(x-4)}{(x+2)(x^2-2x+4)}=\dfrac{x-4}{x^2-2x+4}$

所以

$$\lim_{x\to -2}\left(\frac{1}{x+2}-\frac{12}{x^3+8}\right)=\lim_{x\to -2}\frac{x-4}{x^2-2x+4}=\frac{-6}{4+4+4}=-\frac{1}{2}$$

例 31 求 $\lim\limits_{x\to\infty}\dfrac{x^2+x}{x^3-7}\cos(5x^2+1)$。

解 因为 $\lim\limits_{x\to\infty}\dfrac{x^2+x}{x^3-7}=0$,而 $|\cos(5x^2+1)|\leqslant 1$ 为**有界函数**,故

$$\lim_{x\to\infty}\frac{x^2+x}{x^3-7}\cos(5x^2+1)=0$$

三、无穷小的比较

我们已经知道,两个无穷小的代数和及乘积仍然是无穷小,但是两个无穷小的商却会出现不同的情况,例如,当 $x\to 0$ 时,$x,3x,x^2$ 都是无穷小,而

$$\lim_{x\to 0}\frac{x^2}{3x}=0,\quad \lim_{x\to 0}\frac{3x}{x^2}=\infty,\quad \lim_{x\to 0}\frac{3x}{x}=3$$

两个无穷小之比的极限的各种情况,反映了不同的无穷小趋向 0 的快慢程度。当 $x\to 0$ 时,x^2 比 $3x$ 更快地趋向 0,反过来,$3x$ 比 x^2 较慢地趋向 0,而 $3x$ 与 x 趋向 0 的快慢相仿。

下面就以两个无穷小之商的极限所出现的各种情况来说明两个无穷小之间的比较。

定义 13 设 α 和 β 都是在同一个自变量的变化过程中的无穷小且 $\alpha\neq 0$,又 $\lim\dfrac{\beta}{\alpha}$ 也

是在这个变化过程中的极限。

(1) 如果 $\lim \frac{\beta}{\alpha} = 0$,就说 β 是比 α 较**高阶的无穷小**,记作 $\beta = 0(\alpha)$。

(2) 如果 $\lim \frac{\beta}{\alpha} = \infty$,就说 β 是比 α 较**低阶的无穷小**。

(3) 如果 $\lim \frac{\beta}{\alpha} = c$ (c 为不等于 0 的常数),就说 β 与 α 是**同阶无穷小**。

(4) 如果 $\lim \frac{\beta}{\alpha} = 1$,就说 β 与 α 是**等价无穷小**,记为 $\alpha \sim \beta$。

显然,等价无穷小是同阶无穷小的特例,即 $c = 1$ 的情形。

以上定义对于数列的极限也同样适用。

根据以上定义可知,当 $x \to 0$ 时,x^2 是比 $3x$ 较高阶的无穷小,$3x$ 是比 x^2 较低阶的无穷小,$3x$ 与 x 是同阶无穷小。

例 32 比较当 $x \to 0$ 时,无穷小 $\frac{1}{1-x} - 1 - x$ 与 x^2 阶数的高低。

解 因为 $\lim\limits_{x \to 0} \frac{\frac{1}{1-x} - 1 - x}{x^2} = \lim\limits_{x \to 0} \frac{1 - (1+x)(1-x)}{x^2(1-x)} = \lim\limits_{x \to 0} \frac{x^2}{x^2(1-x)} = \lim\limits_{x \to 0} \frac{1}{1-x} = 1$,所以 $\frac{1}{1-x} - 1 - x \sim x^2$,即 $\frac{1}{1-x} - 1 - x$ 与 x^2 是等价无穷小。

思 考 题

1. 指出函数 $f(x) = \dfrac{x}{\sqrt{x+1}}$ 是无穷小或无穷大的变化过程。

2. 为什么说 $\lim\limits_{x \to 0} e^{\frac{1}{x}} = +\infty$ 是错误的?请予以验证。

习题 1-5

习题讲解视频 1-5

1. 下列变量在给定的变化过程中,哪些是无穷小?哪些是无穷大?

(1) $x\sin\dfrac{1}{x}$ ($x \to 0$); (2) $\ln x$ ($x \to 0^+$); (3) $\dfrac{1}{x+1}$ ($x \to 0$);

(4) $e^x - 1$ ($x \to \infty$); (5) $\cot 4x$ ($x \to 0$); (6) $\tan x$ ($x \to 0$);

(7) 2^{-x} ($x \to +\infty$)。

2. 下列函数在自变量怎样变化时是无穷小、无穷大?

(1) $y = \dfrac{1}{x}$; (2) $y = \dfrac{1}{x+1}$; (3) $y = \tan x$; (4) $y = \ln x$。

3. 求下列各极限。

(1) $\lim\limits_{x \to 0}(2x^2 - \sin x)$; (2) $\lim\limits_{x \to 0}(\cos x - 4\sin x)$; (3) $\lim\limits_{x \to 1}(x-1)\cos x$;

(4) $\lim\limits_{x \to \infty} \dfrac{\sin x}{x^2}$; (5) $\lim\limits_{x \to 1} \dfrac{x}{x-1}$; (6) $\lim\limits_{x \to 2} \dfrac{x^3 + 2x^2}{(x-2)^2}$。

4. 当 $x \to \infty$ 时,$\dfrac{1}{x}$ 和 $\dfrac{1}{x^2}$ 相比,哪一个是较高阶的无穷小?

5. 求下列各极限。

(1) $\lim\limits_{x\to\infty}\dfrac{x^2}{2x^3-x+1}$;　　(2) $\lim\limits_{x\to\infty}\dfrac{4x^3-2x+8}{3x^2+1}$;

(3) $\lim\limits_{x\to\infty}\dfrac{2x^3+x+1}{5x^3-x-2}$;　　(4) $\lim\limits_{x\to\frac{\pi}{2}}\left(\dfrac{\pi}{2}-x\right)\cos\left(\dfrac{\pi}{2}-x\right)$;

(5) $\lim\limits_{x\to 0}x^2\sin\dfrac{1}{x}$;　　(6) $\lim\limits_{x\to\infty}\dfrac{(3x+1)^{30}(x-9)^{20}}{(2x+5)^{50}}$;

(7) $\lim\limits_{x\to\infty}\dfrac{2x+\cos x}{3x-\sin x}$。

6. 当 $x\to 1$ 时,无穷小 $1-x$ 和 $\dfrac{1}{2}(1-x^2)$ 是否同阶?是否等价?

7. 当 $x\to 0$ 时,x 与 $2(\sqrt{1+x}-\sqrt{1-x})$ 是否同阶?

第六节　两个重要极限

一、极限 $\lim\limits_{x\to 0}\dfrac{\sin x}{x}=1$

我们先列表考察当 $|x|\to 0$ 时,函数 $\dfrac{\sin x}{x}$ 的变化趋势,如表 1-4 所示。

表　1-4

x	±0.5	±0.1	±0.01	±0.001	±0.000 1	…	→0
$\dfrac{\sin x}{x}$	0.958 851	0.998 334	0.999 833	0.999 999	0.999 999	…	→1

由表 1-4 可见,当 $|x|\to 0$ 时,$\dfrac{\sin x}{x}\to 1$。

可以证明,$\lim\limits_{x\to 0^+}\dfrac{\sin x}{x}=\lim\limits_{x\to 0^-}\dfrac{\sin x}{x}=1$;所以 $\lim\limits_{x\to 0}\dfrac{\sin x}{x}=1$。

例 33　求:(1) $\lim\limits_{x\to 0}\dfrac{\sin 2x}{x}$;　(2) $\lim\limits_{x\to 0}\dfrac{\tan x}{x}$;　(3) $\lim\limits_{x\to 0}\dfrac{\sin 3x}{\sin 4x}$。

解 (1) $\lim\limits_{x\to 0}\dfrac{\sin 2x}{x}=\lim\limits_{x\to 0}\left(\dfrac{\sin 2x}{2x}\cdot 2\right)=2\lim\limits_{x\to 0}\dfrac{\sin 2x}{2x}=2\lim\limits_{2x\to 0}\dfrac{\sin 2x}{2x}=2\times 1=2$

(2) $\lim\limits_{x\to 0}\dfrac{\tan x}{x}=\lim\limits_{x\to 0}\left(\dfrac{\sin x}{x}\cdot\dfrac{1}{\cos x}\right)=\lim\limits_{x\to 0}\dfrac{\sin x}{x}\cdot\lim\limits_{x\to 0}\dfrac{1}{\cos x}=1\times 1=1$

(3) $\lim\limits_{x\to 0}\dfrac{\sin 3x}{\sin 4x}=\lim\limits_{x\to 0}\dfrac{\sin 3x}{3x}\cdot\dfrac{4x}{\sin 4x}\cdot\dfrac{3}{4}=\dfrac{3}{4}\lim\limits_{x\to 0}\dfrac{\sin 3x}{3x}\cdot\lim\limits_{x\to 0}\dfrac{4x}{\sin 4x}=\dfrac{3}{4}\times 1\times 1=\dfrac{3}{4}$

例 34　求 $\lim\limits_{x\to 0}\dfrac{1-\cos x}{x^2}$。

解　$\lim\limits_{x\to 0}\dfrac{1-\cos x}{x^2}=\lim\limits_{x\to 0}\dfrac{2\sin^2\dfrac{x}{2}}{x^2}=\lim\limits_{x\to 0}\dfrac{1}{2}\cdot\dfrac{\sin^2\dfrac{x}{2}}{\left(\dfrac{x}{2}\right)^2}=\lim\limits_{x\to 0}\dfrac{1}{2}\left[\dfrac{\sin\dfrac{x}{2}}{\dfrac{x}{2}}\right]^2=\dfrac{1}{2}\times 1=\dfrac{1}{2}$

例 35 求 $\lim\limits_{\alpha \to \frac{\pi}{2}} \dfrac{\cos\alpha}{\frac{\pi}{2}-\alpha}$。

解 因为 $\cos\alpha = \sin\left(\dfrac{\pi}{2}-\alpha\right)$，所以 $\lim\limits_{\alpha \to \frac{\pi}{2}} \dfrac{\cos\alpha}{\frac{\pi}{2}-\alpha} = \lim\limits_{\alpha \to \frac{\pi}{2}} \dfrac{\sin\left(\frac{\pi}{2}-\alpha\right)}{\frac{\pi}{2}-\alpha} = 1$

例 36 求：(1) $\lim\limits_{x \to 2} \dfrac{\sin^2(x-2)}{x-2}$； (2) $\lim\limits_{x \to 0} \dfrac{\sqrt{1+x+x^2}-1}{\sin 2x}$。

解 (1) $\lim\limits_{x \to 2} \dfrac{\sin^2(x-2)}{x-2} = \lim\limits_{x \to 2} \sin(x-2) \dfrac{\sin(x-2)}{x-2} = \lim\limits_{x \to 2} \sin(x-2) \cdot \lim\limits_{x \to 2} \dfrac{\sin(x-2)}{x-2} = 0 \times 1 = 0$

(2) $\lim\limits_{x \to 0} \dfrac{\sqrt{1+x+x^2}-1}{\sin 2x} = \lim\limits_{x \to 0} \dfrac{x+x^2}{(\sqrt{1+x+x^2}+1)\sin 2x} = \lim\limits_{x \to 0} \dfrac{x(1+x)}{(\sqrt{1+x+x^2}+1)\sin 2x}$

$= \lim\limits_{x \to 0} \dfrac{2x}{2\sin 2x} \cdot \dfrac{1+x}{\sqrt{1+x+x^2}+1} = \dfrac{1}{2} \times 1 \times \dfrac{1}{2} = \dfrac{1}{4}$

二、极限 $\lim\limits_{x \to \infty}\left(1+\dfrac{1}{x}\right)^x = e$

先列表考察当 $x \to +\infty$ 及 $x \to -\infty$ 时，函数 $\left(1+\dfrac{1}{x}\right)^x$ 的变化趋势，分别如表 1-5 和表 1-6 所示。

表 1-5

x	1	2	5	10	100	1 000	10 000	100 000	$\cdots \to +\infty$
$\left(1+\dfrac{1}{x}\right)^x$	2	2.25	2.49	2.59	2.705	2.717	2.718	2.718 27	$\cdots$

表 1-6

x	-10	-100	$-1\,000$	$-10\,000$	$-100\,000$	$\cdots \to -\infty$
$\left(1+\dfrac{1}{x}\right)^x$	2.87	2.732	2.720	2.718 4	2.718 30	$\cdots$

从表 1-5 和表 1-6 可以看出，当 $x \to +\infty$ 或 $x \to -\infty$ 时，函数 $\left(1+\dfrac{1}{x}\right)^x$ 的对应值无限地趋近于一个确定的数 $2.718\cdots$。

可以证明，当 $x \to +\infty$ 及 $x \to -\infty$ 时，函数 $\left(1+\dfrac{1}{x}\right)^x$ 的极限都存在而且相等，我们用 e 表示这个极限值，即

$$\lim\limits_{x \to \infty}\left(1+\dfrac{1}{x}\right)^x = e \qquad (1.1)$$

e 是一个无理数，$e = 2.718\,281\,828\,459\,045\cdots$。

在式 (1.1) 中，设 $z = \dfrac{1}{x}$，则当 $x \to \infty$ 时，$z \to 0$，于是式 (1.1) 又可以写成

$$\lim\limits_{z \to 0}(1+z)^{\frac{1}{z}} = e \qquad (1.2)$$

式(1.1)和式(1.2)可以看成一个重要极限的两种不同形式。

例37 求：(1) $\lim\limits_{x\to\infty}\left(1+\dfrac{2}{x}\right)^x$；(2) $\lim\limits_{x\to\infty}\left(1-\dfrac{1}{x}\right)^x$；(3) $\lim\limits_{x\to\infty}\left(1-\dfrac{2}{x}\right)^x$。

解 (1) $\lim\limits_{x\to\infty}\left(1+\dfrac{2}{x}\right)^x = \lim\limits_{x\to\infty}\left(1+\dfrac{1}{\frac{x}{2}}\right)^x = \lim\limits_{x\to\infty}\left[\left(1+\dfrac{1}{\frac{x}{2}}\right)^{\frac{x}{2}}\right]^2 = \left[\lim\limits_{\frac{x}{2}\to\infty}\left(1+\dfrac{1}{\frac{x}{2}}\right)^{\frac{x}{2}}\right]^2 = e^2$

(2) $\lim\limits_{x\to\infty}\left(1-\dfrac{1}{x}\right)^x = \lim\limits_{x\to\infty}\left(1+\dfrac{1}{-x}\right)^x = \lim\limits_{x\to\infty}\left[\left(1+\dfrac{1}{-x}\right)^{-x}\right]^{-1}$

$= \lim\limits_{-x\to\infty}\left[\left(1+\dfrac{1}{-x}\right)^{-x}\right]^{-1} = \left[\lim\limits_{-x\to\infty}\left(1+\dfrac{1}{-x}\right)^{-x}\right]^{-1} = e^{-1} = \dfrac{1}{e}$

(3) $\lim\limits_{x\to\infty}\left(1-\dfrac{2}{x}\right)^x = \lim\limits_{x\to\infty}\left(1+\dfrac{1}{-\frac{x}{2}}\right)^x = \lim\limits_{x\to\infty}\left[\left(1+\dfrac{1}{-\frac{x}{2}}\right)^{-\frac{x}{2}}\right]^{-2} = e^{-2}$

例38 求 $\lim\limits_{x\to 0}(1+\tan x)^{\cot x}$。

解 $\lim\limits_{x\to 0}(1+\tan x)^{\cot x} = \lim\limits_{x\to 0}(1+\tan x)^{\frac{1}{\tan x}} = \lim\limits_{\tan x\to 0}(1+\tan x)^{\frac{1}{\tan x}} = e$

例39 求：(1) $\lim\limits_{x\to 1} x^{\frac{1}{x-1}}$；(2) $\lim\limits_{x\to 0}\left(\dfrac{1-x}{1+x}\right)^{\frac{1}{x}}$。

解 (1) $\lim\limits_{x\to 1} x^{\frac{1}{x-1}} = \lim\limits_{x\to 1}[1+(x-1)]^{\frac{1}{x-1}} = e$

(2) $\lim\limits_{x\to 0}\left(\dfrac{1-x}{1+x}\right)^{\frac{1}{x}} = \lim\limits_{x\to 0}\dfrac{(1-x)^{\frac{1}{x}}}{(1+x)^{\frac{1}{x}}} = \dfrac{\lim\limits_{x\to 0}\left[(1-x)^{-\frac{1}{x}}\right]^{-1}}{\lim\limits_{x\to 0}(1+x)^{\frac{1}{x}}} = \dfrac{e^{-1}}{e} = \dfrac{1}{e^2}$

例40 求 $\lim\limits_{x\to\infty}\left(\dfrac{2x-1}{2x+1}\right)^{x+\frac{1}{2}}$。

解 $\lim\limits_{x\to\infty}\left(\dfrac{2x-1}{2x+1}\right)^{x+\frac{1}{2}} = \lim\limits_{x\to\infty}\left(1-\dfrac{2}{2x+1}\right)^{x+\frac{1}{2}} = \lim\limits_{x\to\infty}\left(1+\dfrac{1}{-\dfrac{2x+1}{2}}\right)^{x+\frac{1}{2}}$

$= \lim\limits_{x\to\infty}\left(1+\dfrac{1}{-x-\dfrac{1}{2}}\right)^{x+\frac{1}{2}} = \lim\limits_{x\to\infty}\left[\left(1+\dfrac{1}{-x-\dfrac{1}{2}}\right)^{-x-\frac{1}{2}}\right]^{-1}$

$= \left[\lim\limits_{x\to\infty}\left(1+\dfrac{1}{-x-\dfrac{1}{2}}\right)^{-x-\frac{1}{2}}\right]^{-1}$

$= \left[\lim\limits_{(-x-\frac{1}{2})\to\infty}\left(1+\dfrac{1}{-x-\dfrac{1}{2}}\right)^{-x-\frac{1}{2}}\right]^{-1} = e^{-1} = \dfrac{1}{e}$

一般地，在自变量 x 的某个变化过程中，如果 $\varphi(x)\to\infty$，那么 $\left[1+\dfrac{1}{\varphi(x)}\right]^{\varphi(x)}$ 的极限便是 e；如果 $\varphi(x)\to 0$，那么 $[1+\varphi(x)]^{\frac{1}{\varphi(x)}}$ 的极限便是 e。

思 考 题

1. 极限 $\lim\limits_{x\to 0}\dfrac{\sin\frac{1}{x}}{\frac{1}{x}}=1$ 是否正确？为什么？

2. 极限 $\lim\limits_{x\to+\infty}\left(-1+\dfrac{1}{x}\right)^x=e$ 是否正确？为什么？

习题 1-6

习题讲解视频 1-6

1. 求下列各极限。

(1) $\lim\limits_{x\to 0}\dfrac{\sin 5x}{3x}$；　　(2) $\lim\limits_{x\to\pi}\dfrac{\sin x}{\pi-x}$；　　(3) $\lim\limits_{x\to 0}\dfrac{\sin 3x}{\sin 2x}$；

(4) $\lim\limits_{x\to 0}x\cot x$；　　(5) $\lim\limits_{x\to 1}\dfrac{\sin(1-x)}{x^2-1}$；　　(6) $\lim\limits_{x\to 0}\dfrac{\sin(\sin x)}{\sin x}$；

(7) $\lim\limits_{x\to 0}\dfrac{x(x+3)}{\sin x}$。

2. 求下列各极限。

(1) $\lim\limits_{x\to\infty}\left(1+\dfrac{1}{2x}\right)^x$；　　(2) $\lim\limits_{x\to\infty}\left(1+\dfrac{1}{x}\right)^{-x}$；　　(3) $\lim\limits_{x\to\infty}\left(1+\dfrac{1}{x}\right)^{\frac{x}{3}}$；

(4) $\lim\limits_{x\to 0}(1-x)^{\frac{1}{x}}$；　　(5) $\lim\limits_{x\to 0}(1+2x)^{\frac{1}{x}}$；　　(6) $\lim\limits_{x\to 0}(1-3x)^{\frac{2}{x}}$；

(7) $\lim\limits_{x\to\infty}\left(\dfrac{1+x}{x}\right)^{2x}$；　　(8) $\lim\limits_{x\to\infty}\left(1+\dfrac{4}{x}\right)^{x+4}$；　　(9) $\lim\limits_{n\to\infty}\left(1+\dfrac{1}{n+2}\right)^n$。

3. 求下列各极限。

(1) $\lim\limits_{x\to 0}\dfrac{1-\cos 2x}{x\sin x}$；　　(2) $\lim\limits_{x\to 0}\dfrac{x-\sin x}{x+\sin x}$；　　(3) $\lim\limits_{x\to 0}\dfrac{\sin 3x}{1-\sqrt{x+1}}$；

(4) $\lim\limits_{x\to 0}\dfrac{x^2}{\sin^2\left(\dfrac{x}{3}\right)}$；　　(5) $\lim\limits_{x\to 0}\dfrac{\tan 5x-\sin 2x}{x}$；　　(6) $\lim\limits_{x\to 0}\dfrac{\sin 3x-\sin x}{\sin 5x+\sin 3x}$；

(7) $\lim\limits_{x\to\frac{\pi}{2}}(1+\cos x)^{3\sec x}$；　　(8) $\lim\limits_{x\to\infty}\left(\dfrac{2x+3}{2x+1}\right)^x$；　　(9) $\lim\limits_{x\to\infty}\left(\dfrac{x-1}{x+2}\right)^{x+1}$。

4. 当 $x\to 0$ 时，x 与 $\ln(1+x)$ 是否等价？

第七节　函数的连续性

一、函数连续性的概念

1. 函数的增量

设变量 x 从它的一个初值 x_0 变到终值 x_1，则终值与初值的差 x_1-x_0 就称为变量 x 的**增量**或**改变量**，记为 Δx，即 $\Delta x=x_1-x_0$。

为了叙述方便，有时也说，自变量 x 在 x_0 处有增量 Δx。这里 Δx 可以是正的，也可以是负的。当 $\Delta x>0$ 时，变量 x 从 x_0 变到 x_1 时是增大的；当 $\Delta x<0$ 时，变量 x 从 x_0 变

到 x_1 时是减少的。

注意 记号 Δx 并不表示 Δ 与 x 的乘积,而是一个不可分割的整体符号。

设函数 $y=f(x)$ 在点 x_0 及其近旁有定义。当自变量 x 从 x_0 变到 $x_0+\Delta x$,即 x 在点 x_0 有增量 Δx 时,函数 $y=f(x)$ 相应地从 $f(x_0)$ 变到 $f(x_0+\Delta x)$,那么将 $\Delta y=f(x_0+\Delta x)-f(x_0)$ 称为函数 $y=f(x)$ 在 x_0 处的增量。

例 41 设 $y=f(x)=3x^2-1$,求适合下列条件的自变量的增量 Δx 和函数的增量 Δy:

(1) 当 x 由 1 变到 1.5; (2) 当 x 由 1 变到 0.5; (3) 当 x 由 1 变到 $1+\Delta x$。

解 (1) $\Delta x=1.5-1=0.5, \Delta y=f(1.5)-f(1)=5.75-2=3.75$

(2) $\Delta x=0.5-1=-0.5, \Delta y=f(0.5)-f(1)=-0.25-2=-2.25$

(3) $\Delta x=(1+\Delta x)-1=\Delta x, \Delta y=f(1+\Delta x)-f(1)=[3(1+\Delta x)^2-1]-2=6\Delta x+3(\Delta x)^2$

2. 函数 $y=f(x)$ 在点 x_0 处的连续性

由图 1-9(a)可以看出,如果函数 $y=f(x)$ 的图像在点 x_0 及其近旁没有断开,那么当 x_0 保持不变而让 Δx 趋近于 0 时,曲线上的点 N 就沿着曲线趋近于点 M,这时 Δy 也趋近于 0;而在图 1-9(b)中,如果函数 $y=f(x)$ 的图像在点 x_0 断开了,那么当 x_0 保持不变而让 Δx 趋近于 0 时,曲线上的点 N 就沿着曲线趋近于点 M,并不趋近于点 M_0,显然,这时 Δy 不能趋近于 0。

下面给出函数在点 x_0 处连续的定义。

定义 14 设函数 $y=f(x)$ 在点 x_0 及其近旁有定义,如果当自变量 x 在点 x_0 处的增量 Δx 趋近于 0 时,函数 $y=f(x)$ 相应的增量 $\Delta y=f(x_0+\Delta x)-f(x_0)$ 也趋近于 0,那么就叫作函数 $y=f(x)$ 在点 x_0 处**连续**,x_0 称为函数 $f(x)$ 的**连续点**,用极限来表示,就是

$$\lim_{\Delta x \to 0}\Delta y=0 \quad 或 \quad \lim_{\Delta x \to 0}[f(x_0+\Delta x)-f(x_0)]=0$$

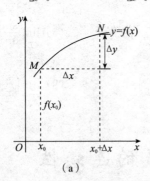 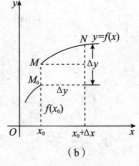

(a) (b)

图 1-9

例 42 证明函数 $y=3x^2-1$ 在点 $x=1$ 处连续。

证 因为函数 $y=3x^2-1$ 的定义域为 $(-\infty,+\infty)$,所以函数在 $x=1$ 及其近旁有定义。

设自变量在点 $x=1$ 处有增量 Δx,则函数相应的增量为 $\Delta y=6\Delta x+3(\Delta x)^2$。

因为 $\lim\limits_{\Delta x \to 0}\Delta y=\lim\limits_{\Delta x \to 0}[6\Delta x+3(\Delta x)^2]=0$,所以根据定义 14 可知函数 $y=3x^2-1$ 在点 $x=1$ 处连续。

在定义 14 中,设 $x=x_0+\Delta x$,则 $\Delta x \to 0$ 就是 $x \to x_0$,$\Delta y \to 0$ 就是 $f(x) \to f(x_0)$,$\lim\limits_{\Delta x \to 0}\Delta y=0$ 就是 $\lim\limits_{x \to x_0}f(x)=f(x_0)$。

因此,函数 $y=f(x)$ 在点 x_0 处连续的定义又可叙述如下。

定义 15 设函数 $y=f(x)$ 在点 x_0 及其近旁有定义,如果函数 $f(x)$ 当 $x \to x_0$ 时的极限存在,且等于它在点 x_0 处的函数值 $f(x_0)$,即 $\lim\limits_{x \to x_0}f(x)=f(x_0)$,就叫作函数 $f(x)$ 在点 x_0 处**连续**,x_0 称为函数 $f(x)$ 的**连续点**。

这个定义指出了函数 $y=f(x)$ 在点 x_0 处连续要满足三个条件:

(1) 函数 $f(x)$ 在点 x_0 及其近旁有定义;

(2) $\lim\limits_{x \to x_0}f(x)$ 存在;

(3) 函数 $f(x)$ 在 $x \to x_0$ 时的极限值等于在点 $x=x_0$ 的函数值,即 $\lim\limits_{x \to x_0}f(x)=f(x_0)$。

例 43 根据定义 15 证明函数 $f(x)=3x^2-1$ 在点 $x=1$ 处连续。

证 (1) 函数 $f(x)=3x^2-1$ 的定义域为 $(-\infty,+\infty)$,故函数在点 $x=1$ 及其近旁有定义,且 $f(1)=2$;

(2) $\lim\limits_{x \to 1}f(x)=\lim\limits_{x \to 1}(3x^2-1)=2$;

(3) $\lim\limits_{x \to 1}f(x)=2=f(1)$。

根据定义 15 可知函数 $f(x)=3x^2-1$ 在点 $x=1$ 处连续。

3. 函数 $y=f(x)$ 在区间上的连续性

(1) 函数的左连续、右连续。

设函数 $y=f(x)$ 在点 x_0 处及其左(或右)近旁有定义,如果 $\lim\limits_{x \to x_0^-}f(x)=f(x_0)$ 或 $\lim\limits_{x \to x_0^+}f(x)=f(x_0)$,称函数 $f(x)$ 在点 x_0 处**左连续**(或**右连续**)。

(2) 函数在区间上的连续性。

如果函数 $f(x)$ 在开区间 (a,b) 内每一点都连续,称函数 $f(x)$ 在**区间 (a,b) 内连续**,或称函数 $f(x)$ 为区间 (a,b) 内的**连续函数**,区间 (a,b) 称为函数 $f(x)$ 的**连续区间**。

如果函数 $f(x)$ 在闭区间 $[a,b]$ 上有定义,在开区间 (a,b) 内连续,且在右端点 b 处左连续,在左端点 a 处右连续,即 $\lim\limits_{x \to b^-}f(x)=f(b)$,$\lim\limits_{x \to a^+}f(x)=f(a)$,则称函数 $f(x)$ 在**闭区间 $[a,b]$ 上连续**。

二、函数的间断点

如果函数 $y=f(x)$ 在点 x_0 处不连续,那么称函数 $f(x)$ 在点 x_0 处是间断的,并将点 x_0 称为函数 $f(x)$ 的**间断点**或**不连续点**。

由函数 $y=f(x)$ 在点 x_0 处连续的定义 15 可知,若函数 $f(x)$ 有下列三种情形之一,那么函数 $f(x)$ 在点 x_0 处是间断的:

(1) 在 $x=x_0$ 近旁有定义,但在点 x_0 处没有定义;

(2) 虽在点 x_0 处有定义,但 $\lim\limits_{x \to x_0}f(x)$ 不存在;

(3) 虽在点 x_0 处有定义,且 $\lim\limits_{x \to x_0}f(x)$ 存在,但 $\lim\limits_{x \to x_0}f(x) \neq f(x_0)$。

例 44 函数 $f(x)=\dfrac{x^2-1}{x-1}$,由于在 $x=1$ 处没有定义,故 $f(x)$ 在 $x=1$ 处不连续,如图 1-10 所示。

例 45 函数 $f(x)=\begin{cases} x+1, & x>1 \\ 0, & x=1 \\ x-1, & x<1 \end{cases}$ 虽在 $x=1$ 处有定义,但由于 $\lim\limits_{x\to 1}f(x)$ 不存在,故 $f(x)$ 在 $x=1$ 处不连续,如图 1-11 所示。

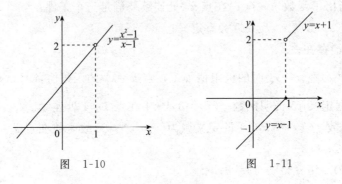

图 1-10   图 1-11

例 46 函数 $f(x)=\begin{cases} x+1, & x\neq 1 \\ 0, & x=1 \end{cases}$ 虽在 $x=1$ 处有定义,且 $\lim\limits_{x\to 1}f(x)=2$ 存在,但 $\lim\limits_{x\to 1}f(x)\neq f(1)$,故 $f(x)$ 在 $x=1$ 处不连续。

函数的间断点按其单侧极限是否存在,分为第一类间断点与第二类间断点。

定义 16 若 x_0 为函数 $y=f(x)$ 的间断点,且 $\lim\limits_{x\to x_0^-}f(x)$ 和 $\lim\limits_{x\to x_0^+}f(x)$ 都存在,则称点 x_0 为 $f(x)$ 的第一类间断点;如果 $\lim\limits_{x\to x_0^-}f(x)$ 和 $\lim\limits_{x\to x_0^+}f(x)$ 至少有一个不存在,则称点 x_0 为 $f(x)$ 的第二类间断点。

例 47 证明 $x=0$ 为函数 $f(x)=\dfrac{-x}{|x|}$ 的第一类间断点。

证 $f(x)$ 在 $x=0$ 处无定义,又因为 $\lim\limits_{x\to 0^-}\dfrac{-x}{|x|}=\lim\limits_{x\to 0^-}\dfrac{-x}{-x}=1$,$\lim\limits_{x\to 0^+}\dfrac{-x}{|x|}=\lim\limits_{x\to 0^+}\dfrac{-x}{x}=-1$,所以 $x=0$ 为函数的第一类间断点。函数在 $x=0$ 处的左、右极限不相等,函数图形在 $x=0$ 处产生跳跃现象,因而这类间断点又称为**跳跃间断点**。

例 48 证明 $f(x)=\begin{cases} \dfrac{\sin x}{x}, & x\neq 0 \\ 0, & x=0 \end{cases}$ 在 $x=0$ 处是第一类间断点。

证 $\lim\limits_{x\to 0}\dfrac{\sin x}{x}=1$ 即函数在 $x=0$ 处的左、右极限存在,但是由于 $\lim\limits_{x\to 0}f(x)\neq f(0)$,所以 $x=0$ 为函数的第一类间断点,这类间断点又称为**可去间断点**。

例 49 $y=\tan x$ 在 $x=\dfrac{\pi}{2}$ 处无定义,且 $\lim\limits_{x\to \frac{\pi}{2}}\tan x=\infty$,知左、右极限都不存在,所以 $x=\dfrac{\pi}{2}$ 是函数的第二类间断点。

三、连续性

1. 基本初等函数的连续性

在几何上,连续函数的图像是一条连续不间断的曲线,因为基本初等函数的图像在其定义域内是连续不间断的曲线,所以有如下结论。

定理 2 基本初等函数在其定义域内是连续的。

2. 连续函数的和、差、积、商的连续性

定理 3 如果函数 $f(x)$ 和 $g(x)$ 都在点 x_0 处连续,那么它们的和、差、积、商(分母不等于零)也都在点 x_0 处连续,即

$$\lim_{x \to x_0}[f(x) \pm g(x)] = f(x_0) \pm g(x_0)$$

$$\lim_{x \to x_0}[f(x) \cdot g(x)] = f(x_0) \cdot g(x_0)$$

$$\lim_{x \to x_0}\frac{f(x)}{g(x)} = \frac{f(x_0)}{g(x_0)} \quad (g(x_0) \neq 0)$$

例如,函数 $y = \sin x$ 和 $y = \cos x$ 在点 $x = \frac{\pi}{4}$ 处是连续的,显然它们的和、差、积、商 $\left(\sin x \pm \cos x, \sin x \cdot \cos x, \frac{\sin x}{\cos x}\right)$,在 $x = \frac{\pi}{4}$ 处也是连续的。

3. 复合函数的连续性

如果函数 $u = \varphi(x)$ 在点 x_0 处连续,且 $\varphi(x_0) = u_0$,而函数 $y = f(u)$ 在点 u_0 处连续,那么复合函数 $y = f[\varphi(x)]$ 在点 x_0 处也是连续的。

例如,函数 $u = 2x$ 在点 $x = \frac{\pi}{4}$ 处连续,当 $x = \frac{\pi}{4}$ 时,$u = \frac{\pi}{2}$,函数 $y = \sin u$ 在点 $u = \frac{\pi}{2}$ 处连续;显然,复合函数 $y = \sin 2x$ 在点 $\frac{\pi}{4}$ 处也是连续的。

4. 初等函数的连续性

由基本初等函数的连续性,连续函数和、差、积、商的连续性以及复合函数的连续性可得如下结论。

定理 4 初等函数在其定义区间内都是连续的。

根据函数 $f(x)$ 在点 x_0 处连续的定义,如果 $f(x)$ 是初等函数,且 x_0 是 $f(x)$ 定义区间内的点,那么求 $f(x)$ 当 $x \to x_0$ 时的极限,只要求 $f(x)$ 在点 x_0 的函数值即可,即 $\lim_{x \to x_0} f(x) = f(x_0)$。

例 50 求 $\lim_{x \to 0}\sqrt{1-x^2}$。

解 设 $f(x) = \sqrt{1-x^2}$,这是一个初等函数,它的定义域是 $[-1, 1]$,而 $x = 0$ 在该区间内,所以

$$\lim_{x \to 0}\sqrt{1-x^2} = f(0) = 1$$

例 51 求 $\lim_{x \to 4}\frac{\sqrt{x+5}-3}{x-4}$。

解 $\lim_{x \to 4}\frac{\sqrt{x+5}-3}{x-4} = \lim_{x \to 4}\frac{(\sqrt{x+5}-3)(\sqrt{x+5}+3)}{(x-4)(\sqrt{x+5}+3)} = \lim_{x \to 4}\frac{1}{\sqrt{x+5}+3} = \frac{1}{\sqrt{4+5}+3} = \frac{1}{6}$

四、闭区间上连续函数的性质

1. 函数最大值和最小值的概念

定义 17 设 $f(x)$ 在区间 I 上有定义,如果至少存在一点 $x_0 \in I$,使得每一个 $x \in I$,都有 $f(x) \leq f(x_0)$(或 $f(x) \geq f(x_0)$),则称 $f(x_0)$ 是函数 $f(x)$ 在区间 I 上的最大值(或最小值)。

例如,函数 $f(x) = \sin x + 1$ 在区间 $[0, 2\pi]$ 上有最大值 2 及最小值 0。

2. 最大值与最小值定理

定理 5 如果函数 $f(x)$ 在闭区间 $[a,b]$ 上连续,那么函数 $f(x)$ 在 $[a,b]$ 上一定有最大值与最小值。

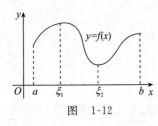

图 1-12

如图 1-12 所示,设函数 $f(x)$ 在闭区间 $[a,b]$ 上连续,那么在 $[a,b]$ 上至少有一点 $\xi_1(a \leq \xi_1 \leq b)$,使得函数值 $f(\xi_1)$ 最大,即 $f(\xi_1) \geq f(x)(a \leq x \leq b)$;又至少有一点 $\xi_2(a \leq \xi_2 \leq b)$,使得函数值 $f(\xi_2)$ 最小,即 $f(\xi_2) \leq f(x)(a \leq x \leq b)$。这样的函数值 $f(\xi_1)$ 和 $f(\xi_2)$ 分别叫作函数 $f(x)$ 在区间 $[a,b]$ 上的最大值和最小值。

例如,函数 $y = \sin x$ 在闭区间 $[0, 2\pi]$ 上是连续的,在 $\xi_1 = \dfrac{\pi}{2}$ 处,它的函数值 $\sin \dfrac{\pi}{2} = 1$ 为最大值;在 $\xi_2 = \dfrac{3\pi}{2}$ 处,它的函数值 $\sin \dfrac{3\pi}{2} = -1$ 为最小值。

注意 如果函数在开区间 (a,b) 内连续,或函数在闭区间上有间断点,那么函数在该区间上就不一定有最大值或最小值。

例如,函数 $y = x$ 在开区间 (a,b) 内是连续的,而这个函数在开区间 (a,b) 既无最大值又无最小值,如图 1-13 所示。

又如,函数 $f(x) = \begin{cases} -x+1, & 0 \leq x < 1 \\ 1, & x = 1 \\ -x+3, & 1 < x \leq 2 \end{cases}$ 在闭区间 $[0,2]$ 上有间断点 $x = 1$,这时函数在闭区间 $[0,2]$ 上既无最大值又无最小值,如图 1-14 所示。

3. 根的存在性质

定理 6 设函数 $f(x)$ 在闭区间 $[a,b]$ 上连续,且 $f(a)$ 和 $f(b)$ 异号,那么在开区间 (a,b) 内至少有一点 ξ,使得 $f(\xi) = 0(a < \xi < b)$。由图 1-15 可以看出,如果 $f(a)$ 与 $f(b)$ 异号,那么在 $[a,b]$ 上连续的曲线 $y = f(x)$ 与 x 轴至少有一个交点,交点的坐标为 $(\xi, 0)$。

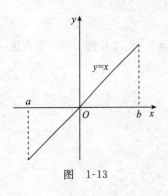

图 1-13

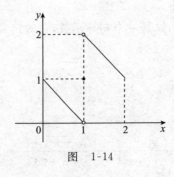

图 1-14

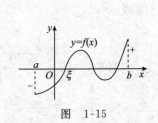

图 1-15

由上述定理可知，$x=\xi$ 是方程 $f(x)=0$ 的一个根，且 ξ 位于开区间 (a,b) 内，因而，利用这个定理可判断方程 $f(x)=0$ 在某个开区间内的实根的存在。

例 52 证明方程 $x^3+3x^2-1=0$ 在区间 $(0,1)$ 内至少有一个根。

证 设 $f(x)=x^3+3x^2-1$，它在闭区间 $[0,1]$ 上是连续的，并且在区间端点的函数值为 $f(0)=-1<0$ 与 $f(1)=3>0$。

由根的存在性质可知，在 $(0,1)$ 内至少有一点 $\xi(0<\xi<1)$，使得 $f(\xi)=0$，即 $\xi^3+3\xi^2-1=0(0<\xi<1)$。

这个等式说明方程 $x^3+3x^2-1=0$ 在 $(0,1)$ 内至少有一个根 ξ。

思 考 题

1. 试说明函数 $f(x)$ 在点 x_0 处有定义、有极限和连续这三个概念间的区别与联系。

2. 若函数 $f(x)$ 在点 $x=a$ 处连续，试问当 $x\to a$ 时，函数是否有极限？若有极限，它的值是什么？

习题 1-7

习题讲解视频 1-7

1. 设函数 $y=f(x)=x^2+1$，求适合下列条件的自变量的增量和对应的函数的增量。

   (1) 当 x 由 1 变到 2； (2) 当 x 由 2 变到 1；
   (3) 当 x 由 1 变到 $1+\Delta x$； (4) 当 x 由 x_0 变到 x。

2. 利用定义 14 证明函数 $y=x^2-1$ 在 $x=1$ 处连续。

3. 利用定义 15 讨论函数 $y=f(x)=3x-2$ 在 $x=0$ 处的连续性。

4. 利用定义 15 证明 $f(x)=\begin{cases}x^2\sin\dfrac{1}{x}, & x\neq 0\\ 0, & x=0\end{cases}$ 在 $x=0$ 处连续。

5. 讨论函数 $f(x)=\begin{cases}x^2-1, & 0\leqslant x\leqslant 1\\ x+3, & x>1\end{cases}$ 在 $x=1,x=2$ 处的连续性。

6. 求下列函数的间断点。

   (1) $f(x)=\dfrac{x}{x+2}$； (2) $f(x)=\dfrac{x^2-1}{x^2-3x+2}$；
   (3) $f(x)=\cos\dfrac{1}{x}$； (4) $y=\begin{cases}x-1, & x\leqslant 1\\ 2-x, & x>1\end{cases}$。

7. 求下列函数的极限。

   (1) $\lim\limits_{x\to 2}(3x^2-2x+3)$； (2) $\lim\limits_{x\to 2}\dfrac{x^2-9}{x^2-x-6}$； (3) $\lim\limits_{x\to 0}\dfrac{e^{-x}+1}{1+\cos x}$；
   (4) $\lim\limits_{x\to 0}\dfrac{\sqrt{x+4}-2}{\sin 5x}$； (5) $\lim\limits_{x\to 1}\dfrac{e^{x^2}}{1+x}$； (6) $\lim\limits_{x\to 0}\dfrac{\sqrt{1+x}-1}{x}$；
   (7) $\lim\limits_{x\to 2}\left[x\ln\left(1+\dfrac{2}{x}\right)\right]$。

8. 求函数 $f(x)=\dfrac{x^3+3x^2-x-3}{x^2+x-6}$ 的连续区间。

9. 若函数 $f(x)=\begin{cases}\dfrac{1}{x}\sin x, & x<0 \\ k, & x=0 \\ \dfrac{x}{\sin x}, & x>0\end{cases}$ 在 $x=0$ 处连续，求 k 的值。

10. 若函数 $f(x)=\begin{cases}e^x+1, & x<0 \\ k, & x=0 \\ \dfrac{\ln(1+2x)}{x}, & x>0\end{cases}$ 在 $x=0$ 处连续，求 k 的值。

11. 证明方程 $x \cdot 2^x=1$ 至少有一个小于 1 的正实根。

第八节 应 用

在日常生活工作中，特别是在经济领域，企业或个人在进行经济管理决策或经营决策时，经常需要对贷款或投资的可行性进行分析。

一、复利问题

复利是计算利息的一种方法。复利是指不仅对本金计算利息，还要计算利息的利息。也就是说，本期的本金加上利息作为下期计算利息的基数，俗称"利滚利"。

设 A_0 是本金，r 是计息期的利率，A 是本利和，则

第一个计息期末本利和为 $A=A_0(1+r)$；

第二个计息期末本利和为 $A=A_0(1+r)+[A_0(1+r)]r=A_0(1+r)^2$；

……

第 t 个计息期末本利和为 $A=A_0(1+r)^t$。

因此，本金为 A_0，计息期利率为 r，计息期数为 t 的本利和为

$$A=A_0(1+r)^t \tag{1.3}$$

若每期结算 m 次，则此时每期的利率可认为是 $\dfrac{r}{m}$，容易推得 t 期末本利和为

$$A=A_0\left(1+\dfrac{r}{m}\right)^{mt} \tag{1.4}$$

若每期结算次数 $m\to\infty$（即每时每刻结算），t 期末本利和为

$$A=\lim_{m\to\infty}A_0\left(1+\dfrac{r}{m}\right)^{mt}=A_0\lim_{m\to\infty}\left[\left(1+\dfrac{r}{m}\right)^{mt}\right]=A_0 e^{rt}$$

即

$$A=A_0 e^{rt} \tag{1.5}$$

式(1.3)和式(1.4)称为离散复利公式，式(1.5)称为连续复利公式，其中 A_0 称为现值（或初值），A 称为终值（或未来值）。显然利用式(1.5)计算的结果比用式(1.3)和式(1.4)计算的结果要大些。

同理，若用 r 表示人口的年平均增长率，A_0 表示原有人口数，则 $A_0 e^{rt}$ 表示 t 年末的人口数。

例 53 现将 100 元现金投入银行，年利率为 1.98%，分别用离散性和连续性的复利

公式计算 10 年末的本利和(不扣利息税)。

解 若一年结算一次,10 年末的本利和为
$$A = 100(1+0.0198)^{10} \approx 121.66(元)$$
由连续复利公式计算,10 年末的本利和为
$$A = 100e^{0.0198 \times 10} \approx 121.90(元)$$

例 54 某厂 1980 年的产值为 1 000 万元,到 2000 年年末产值翻两番,利用连续复利公式求出每年的平均增长率。

解 已知 $A=4\,000, A_0=1\,000, t=20$,将它们代入公式 $A=A_0 e^{rt}$,得
$$4\,000 = 1\,000 e^{20r}, \quad e^{20r} = 4, \quad 20r = \ln 4 = 2\ln 2$$
解得 $r = 6.93\%$,即为所求增长率。

若已知未来值 A,求现值 A_0,称为现值问题。由式(1.3)和式(1.4),得离散现值公式为
$$A_0 = A(1+r)^{-t} \tag{1.6}$$
$$A_0 = A\left(1+\frac{r}{m}\right)^{-mt} \tag{1.7}$$
连续现值公式为
$$A_0 = Ae^{-rt} \tag{1.8}$$

例 55 设年投资收益率为 9%,按连续复利计算,现投资多少元,10 年末可达 200 万元?

解 $A_0 = Ae^{-rt}$,又 $A=200, r=0.09, t=10$,因此 $A_0 = 200e^{-0.9} \approx 81.314$(万元)。

二、抵押贷款问题

设两室一厅商品房价值 100 000 元,王某自筹了 40 000 元,要购房还需贷款 60 000 元,贷款月利率为 1%,条件是每月还一些,25 年内还清,假如还不起,房子归债权人。问王某具有什么能力才能贷款购房?

分析 起始贷款 60 000 元,贷款月利率 $r=0.01$,贷款期 n(月) = 25(年) × 12(月/年) = 300(月),每月还 x 元,y_n 表示第 n 个月仍欠债主的钱。

建立模型:

$y_0 = 60\,000$

$y_1 = y_0(1+r) - x$

$y_2 = y_1(1+r) - x = y_0(1+r)^2 - x[(1+r)+1]$

$y_3 = y_2(1+r) - x = y_0(1+r)^3 - x[(1+r)^2+(1+r)+1]$

……

$y_n = y_0(1+r)^n - x[(1+r)^{n-1}+(1+r)^{n-2}+\cdots+(1+r)+1] = y_0(1+r)^n - \dfrac{x[(1+r)^n-1]}{r}$

当贷款还清时,$y_n=0$,可得 $x = \dfrac{y_0 r(1+r)^n}{(1+r)^n-1}$。

把 $n=300, r=0.01, y_0=60\,000$ 代入得 $x \approx 631.93$(元),即王某具备每月还贷 632 元的能力才能贷款购房。

三、融资问题

某企业获投资 50 万元,该企业将投资作为抵押品向银行贷款,得到相当于抵押品价值的 0.75 倍的贷款,该企业将此贷款再进行投资,并将再投资作为抵押品又向银行贷款,仍得到相当于抵押品价值的 0.75 倍的贷款,企业又将此贷款进行投资,这样贷款—投资—再贷款—再投资,如此反复进行扩大再生产。问该企业共可获得投资多少万元?

分析 设企业获得投资本金为 A,贷款额占抵押品价值的百分比为 $r(0<r<1)$,第 n 次投资或再投资(贷款)额为 a_n,n 次投资与再投资的资金总和为 S_n,投资与再投资的资金总和为 S。$a_1=A, a_2=Ar, a_3=Ar^2, \cdots, a_n=Ar^{n-1}$,则

$$S_n = a_1 + a_2 + a_3 + \cdots + a_n = A + Ar + Ar^2 + \cdots + Ar^{n-1} = \frac{A(1-r^n)}{1-r}$$

$$S = \lim_{n \to \infty} S_n = \lim_{n \to \infty} \frac{A(1-r^n)}{1-r} = \frac{A}{1-r} \quad (\lim_{n \to \infty} r^n = 0)$$

在本题中,$A=50, r=0.75$,代入上式得 $S = \dfrac{50}{1-0.75} = 200$(万元)

四、城市垃圾的处理问题

根据某城市某一年年末的统计资料显示,到该年年末,该城市已堆积垃圾达到 100 万吨。根据预测,从该年起该城市还将以每年 5 万吨的速度产生新的垃圾。如果从第二年起该城市每年处理上一年堆积垃圾的 20%,那么长此以往,该城市的垃圾能否被全部处理完成?

分析 设该年以后的每年的垃圾数量分别为 $a_1, a_2, a_3, \cdots$,根据题意,有

$$a_1 = 100(1-20\%) + 5 = 100 \times \left(\frac{4}{5}\right)^1 + 5$$

$$a_2 = a_1 \times 80\% + 5 = 100 \times \left(\frac{4}{5}\right)^2 + 5 \times \frac{4}{5} + 5$$

$$a_3 = a_2 \times 80\% + 5 = 100 \times \left(\frac{4}{5}\right)^3 + 5 \times \left(\frac{4}{5}\right)^2 + 5 \times \frac{4}{5} + 5$$

以此类推,$n(n \to \infty)$ 年后的垃圾数量为

$$a_n = 100 \times \left(\frac{4}{5}\right)^n + 5 \times \left(\frac{4}{5}\right)^{n-1} + 5 \times \left(\frac{4}{5}\right)^{n-2} + \cdots + 5 \times \frac{4}{5} + 5$$

根据数列求和即极限知识可知

$$a_n = 100 \times \left(\frac{4}{5}\right)^n + 5 \times \frac{1-\left(\frac{4}{5}\right)^n}{1-\frac{4}{5}} = 100 \times \left(\frac{4}{5}\right)^n + 25 \times \left[1 - \left(\frac{4}{5}\right)^n\right]$$

所以 $\lim\limits_{n \to \infty} a_n = 25$(万吨)。

随着时间的推移,按照这种计算方法并不能将所有的垃圾处理完,剩余的垃圾将会维持在某一个固定的水平。

五、细菌繁殖问题

由实验知,在培养液充足等条件满足时某种细菌繁殖的速度与当时已有的数量 A_0

成正比,即 $v=kA_0(k>0,k$ 为比例常数),问经过时间 t 以后,细菌的数量是多少?

分析 由于细菌的繁殖可看作连续变化的,为了计算出 t 时刻的细菌数量,我们将时间间隔 $[0,t]$ 分成 n 等份,在很短的一段时间内,细菌数量的变化很小,繁殖的速度可近似地看作不变。因此,在第一个时间段 $\left[0,\dfrac{t}{n}\right]$ 内,细菌繁殖的数量近似为 $kA_0\dfrac{t}{n}$,第一个时间段段末细菌的数量近似为 $A_0\left(1+k\dfrac{t}{n}\right)$;类似地可得,第二个时间段段末细菌的数量近似为 $A_0\left(1+k\dfrac{t}{n}\right)^2$;依此类推,到最后一个时间段段末,即 t 时刻的细菌总数近似为

$$A_0\left(1+k\dfrac{t}{n}\right)^n$$

由于我们假设每一个时间段上细菌的繁殖速度不变,并且在各时间段上只繁殖一次,因此我们得到 t 时刻的细菌数量为近似值。但不难看出,n 越大(时间段分得越细),这个近似值越接近精确值。如果对时间段进行无限细分,即令 $n\to\infty$,此时近似值的极限值就是细菌总数的精确值,即

$$\lim_{n\to\infty}A_0\left(1+k\dfrac{t}{n}\right)^n=A_0\lim_{n\to\infty}\left(1+\dfrac{kt}{n}\right)^{\frac{n}{kt}\cdot kt}=A_0\mathrm{e}^{kt}$$

这就是说 t 时刻的细菌总数为 $A_0\mathrm{e}^{kt}$,也说明细菌个数按指数函数的规律增长。现实世界中不少事物的生长规律都服从这个模型,如计算连续复利时银行存款的本利和。我们称函数 $y=A\mathrm{e}^{kt}$ 为生长函数,k 为生长率。

下面看一个具体例子。

已知一种细菌的个数按指数函数规律增长,表 1-7 是收集到的一些数据。

表 1-7

天数	细菌个数
5	936
10	2 190

问:(1) 开始时细菌个数是多少?(2) 如果继续以现在的速度增长,60 天后细菌个数是多少?

解 细菌繁殖服从生长函数 $y=A\mathrm{e}^{kt}$。由收集到的数据可得

$$\begin{cases}936=A_0\mathrm{e}^{5k}\\ 2190=A_0\mathrm{e}^{10k}\end{cases}$$

解得 $\quad A_0=400, k=0.17$

按此速度增长,60 天后细菌个数为

$$y(60)=400\mathrm{e}^{60\times 0.17}=10\ 761\ 200$$

注意 这里仅用两组数据确定 A_0、k 必有较大误差。为了得到较准确的 A_0、k 的估计值,应多收集一些数据,然后用最小二乘法来确定。

习题 1-8

1. 试完成表 1-8(按连续复利计算)。

表 1-8

起初账户资金/元	利息率/%	翻一番时间/年	5 年后的总量/元
35 000	6.2		
5 000			7 130.90
	8.4		11 414.71

2. 若按复利计算,200 元在 10 年后得到的本利和为 500 元,那么年利率是多少?

3. 某企业计划发行公司债券,若以年利率 8.5% 的连续复利计息,发行时每份债券的面值是 500 元,问 5 年后每份债券一次偿还本息是多少元?

4. 一台机器的原价为 26 000 元,因逐年变旧,每年价值减少 6%,问 5 年后机器的价值是多少元?

【本章典型方法与范例】

例 1-1 函数 $y=\dfrac{\sqrt{x-3}}{\sqrt{x-2}}$ 与函数 $y=\sqrt{\dfrac{x-3}{x-2}}$ 是否表示同一函数?

解 要使 $y=\dfrac{\sqrt{x-3}}{\sqrt{x-2}}$ 有意义,则 $\begin{cases} x-3\geqslant 0 \\ x-2>0 \end{cases}$,即定义域为 $[3,+\infty)$;要使 $y=\sqrt{\dfrac{x-3}{x-2}}$ 有意义,则

$$\begin{cases} \dfrac{x-3}{x-2}\geqslant 0 \\ x-2\neq 0 \end{cases}$$

即定义域为 $(-\infty,2)\cup[3,+\infty)$。两函数的定义域不同,故不是同一函数。

例 1-2 判断函数 $f(x)=x\dfrac{a^x-1}{a^x+1}$ 的奇偶性。

解 (1) 函数的定义域为 $(-\infty,+\infty)$,关于原点对称。

(2) $f(-x)=(-x)\dfrac{a^{-x}-1}{a^{-x}+1}=(-x)\dfrac{1-a^x}{1+a^x}=x\dfrac{a^x-1}{a^x+1}=f(x)$,所以 $f(x)$ 为偶函数。

例 1-3 求下列各极限。

(1) $\lim\limits_{x\to 0}\dfrac{\ln(1+x)}{x}$;

(2) $\lim\limits_{x\to 1}\dfrac{\sqrt[4]{x}-1}{\sqrt[3]{x}-1}$;

(3) $\lim\limits_{x\to 1}\sqrt[x-1]{x}$;

(4) $\lim\limits_{x\to 0}(1-3x)^{x-\frac{2}{x}}$;

(5) $\lim\limits_{x\to 3}\left(\dfrac{x}{3}\right)^{\frac{1}{x-3}}$;

(6) $\lim\limits_{x\to 0}\dfrac{\ln(1+2x)}{\sin 3x}$。

解 (1) $\lim\limits_{x\to 0}\dfrac{\ln(1+x)}{x}=\lim\ln(1+x)^{\frac{1}{x}}=\ln\lim\limits_{x\to 0}(1+x)^{\frac{1}{x}}=\ln e=1$

(2) 进行变量替换。设 $\sqrt[12]{x}=t$,则有 $\sqrt[4]{x}=t^3,\sqrt[3]{x}=t^4$,且 $\lim\limits_{x\to 1}t=\lim\limits_{x\to 1}\sqrt[12]{x}=1$,所以

$$\lim_{x\to 1}\frac{\sqrt[4]{x}-1}{\sqrt[3]{x}-1}=\lim_{t\to 1}\frac{t^3-1}{t^4-1}=\lim_{t\to 1}\frac{(t-1)(t^2+t+1)}{(t^2+1)(t+1)(t-1)}=\lim_{t\to 1}\frac{t^2+t+1}{(t^2+1)(t+1)}=\frac{3}{4}$$

(3) $\lim_{x\to 1}\sqrt[x-1]{x}=\lim_{x\to 1}x^{\frac{1}{x-1}}=\lim_{x\to 1}(1+x-1)^{\frac{1}{x-1}}=\lim_{x\to 1}[1+(x-1)]^{\frac{1}{x-1}}=e$

(4) $\lim_{x\to 0}(1-3x)^{x-\frac{2}{x}}=\lim_{x\to 0}(1-3x)^{\frac{x^2-2}{x}}=\lim_{x\to 0}(1-3x)^{-\frac{1}{3x}(-3x^2+6)}$

$$=\lim_{x\to 0}[1+(-3x)]^{-\frac{1}{3x}\cdot\lim_{x\to 0}(-3x^2+6)}$$

$$=\{\lim_{x\to 0}[1+(-3x)]^{-\frac{1}{3x}}\}^{\lim_{x\to 0}(-3x^2+6)}=e^6$$

(5) $\lim_{x\to 3}\left(\frac{x}{3}\right)^{\frac{1}{x-3}}=\lim_{x\to 3}\left[1+\left(\frac{x}{3}-1\right)\right]^{\frac{1}{x-3}}=\lim_{x\to 3}\left[1+\left(\frac{x-3}{3}\right)\right]^{\frac{3}{x-3}\cdot\frac{1}{3}}=e^{\frac{1}{3}}$

(6) $\lim_{x\to 0}\frac{\ln(1+2x)}{\sin 3x}=\lim_{x\to 0}\ln(1+2x)^{\frac{1}{\sin 3x}}=\lim_{x\to 0}\ln(1+2x)^{\frac{1}{2x}\cdot\frac{2x}{\sin 3x}}$

$$=\lim_{x\to 0}\ln(1+2x)^{\frac{1}{2x}\cdot\frac{2}{3}\cdot\frac{3x}{\sin 3x}}=\frac{2}{3}$$

例 1-4 若 $\lim_{x\to 3}\frac{x^2-2x+k}{x-3}=4$，求 k 的值。

解 因为 $x\to 3$ 时，分母的极限为 0，$\lim_{x\to 3}(x-3)=0$，所以分子的极限必为 0，即

$$\lim_{x\to 3}(x^2-2x+k)=0,\text{所以 }\lim_{x\to 3}(x^2-2x+k)=3^2-2\times 3+k=0$$

解得 $k=-3$

例 1-5 若 $\lim_{x\to 2}\frac{x^2+ax+b}{x^2-3x+2}=8$，求 a,b 的值。

解 因为分母的极限为 0，而分式的极限为一个非零数，所以分子的极限必为 0。因为若 $\lim_{x\to 2}(x^2-3x+2)=\lim_{x\to 2}(x-2)(x-1)=0$，所以一定有 $\lim_{x\to 2}(x^2+ax+b)=0$。且 x^2+ax+b 一定含有 $x-2$，故

$$\lim_{x\to 2}\frac{x^2+ax+b}{x^2-3x+2}=\lim_{x\to 2}\frac{(x-2)(x+k)}{(x-2)(x-1)}=\lim_{x\to 2}\frac{x+k}{x-1}=2+k=8$$

因此 $k=6$，所以 $\lim_{x\to 2}(x^2+ax+b)=\lim_{x\to 2}(x+6)(x-2)$，解得 $a=4,b=-12$。

例 1-6 若 $\lim_{x\to\infty}\left(\frac{x^2}{1+x}-ax+b\right)=1$，求 a,b 的值。

解 若 $\lim_{x\to\infty}\left(\frac{x^2}{1+x}-ax+b\right)=1$，$\lim_{x\to\infty}\left(\frac{x^2}{1+x}-ax+b\right)=\lim_{x\to\infty}\frac{(1-a)x^2+(b-a)x+b}{1+x}=1$，

因为这是一个有理分式的极限，分子及分母的极限均为无穷大，且分式极限为 1，故 x^2 的系数必为 0，x 的系数必为 1，解得 $a=1,b-a=1$，得 $b=2$。

例 1-7 讨论函数 $f(x)=\begin{cases}1-e^{\frac{1}{x-1}}, & x<1\\ \sin\frac{\pi}{2x}, & x\geqslant 1\end{cases}$ 的连续性。

解 $f(x)=1-e^{\frac{1}{x-1}}$ 在 $(-\infty,1)$ 内连续，$f(x)=\sin\frac{\pi}{2x}$ 在 $(1,+\infty)$ 内连续，故 $f(x)$ 在 $(-\infty,1)\cup(1,+\infty)$ 内连续，在分界点 $x=1$ 处，有

$$f(1)=\sin\frac{\pi}{2}=1$$

$$\lim_{x\to 1^-}f(x)=\lim_{x\to 1^-}(1-e^{\frac{1}{x-1}})=1$$

$$\lim_{x\to 1^+}f(x)=\lim_{x\to 1^+}\sin\frac{\pi}{2x}=1,\text{所以}\lim_{x\to 1}f(x)=1$$

因为$\lim_{x\to 1}f(x)=1=f(1)$，故$f(x)$在分界点$x=1$处连续。

综上所述，$f(x)$在定义域$(-\infty,+\infty)$内连续。

例 1-8 确定常数a,b，使函数$f(x)=\begin{cases}\dfrac{\sin ax}{x}, & x<0\\ 2, & x=0\\ (1+bx)^{\frac{1}{x}}, & x>0\end{cases}$在$x=0$处连续。

解 因为$f(0)=2$，$\lim_{x\to 0^-}f(x)=\lim_{x\to 0^-}\dfrac{\sin ax}{x}=a\lim_{x\to 0^-}\dfrac{\sin ax}{ax}=a$，$\lim_{x\to 0^+}f(x)=\lim_{x\to 0^+}(1+bx)^{\frac{1}{x}}=\lim_{x\to 0^+}(1+bx)^{\frac{1}{bx}\cdot b}=e^b$，要使函数$f(x)$在$x=0$处连续，必须满足$\lim_{x\to 0^-}f(x)=\lim_{x\to 0^+}f(x)=f(0)$，即$a=e^b=2$，解得$a=2,b=\ln 2$。

本章知识结构

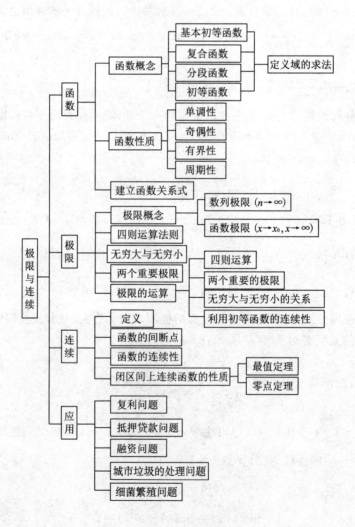

复习题一

1. 判断题。

(1) $f(x)=\sin x$ 与 $g(x)=\sqrt{1-\cos^2 x}$ 是同一函数。 ( )

(2) $f(x)=x^2$ 是单调函数。 ( )

(3) $f(x)=x^3\cos x$ 是奇函数。 ( )

(4) $y=\sin^2 x$ 由 $y=\sin u, u=\sin x$ 复合而成。 ( )

(5) 0 是无穷小量。 ( )

(6) $f(x)=\dfrac{1}{\sqrt{1-x^2}}$ 的定义域是 $[-1,1]$。 ( )

(7) $f(x)$ 在 x_0 处无定义,则 $\lim\limits_{x\to x_0}f(x)$ 不存在。 ( )

(8) $f(x)$ 当 $x\to x_0$ 时有极限,则 $f(x)$ 在 x_0 处一定连续。 ( )

(9) $f(x)$ 在区间 (a,b) 内连续,则对区间 (a,b) 内的每一点 x_0,当 $x\to x_0$ 时 $f(x)$ 都有极限。 ( )

(10) 在 (a,b) 内的连续函数 $f(x)$ 一定有最大值和最小值。 ( )

2. 填空题。

(1) 函数 $f(x)=\ln(4x-3)-\arcsin(2x-1)$ 的定义域是_____。

(2) 若 $f(x)=\begin{cases}x+1, & x>0 \\ \pi, & x=0 \\ 0, & x<0\end{cases}$,则 $f\{f[f(-1)]\}=$_____。

(3) 函数 $f(x)=x^2+a$,当 $x\to 2$ 时极限为 1,则 $a=$_____。

(4) $\lim\limits_{\varphi(x)\to 0}\dfrac{\sin[2\varphi(x)]}{\varphi(x)}=$_____。

(5) 函数 $f(x)=\dfrac{x-3}{x^2-9}$ 的间断点有_____个。

(6) 函数 $y=(\arcsin\sqrt{x})^2$ 是由_____复合而成的复合函数。

(7) $\lim\limits_{x\to 0}\left(x\sin\dfrac{1}{x}+\dfrac{1}{x}\sin x\right)=$_____。

(8) $\lim\limits_{x\to\infty}\left(1-\dfrac{1}{x}\right)^{x+1}=$_____。

(9) 当 $x\to$_____时,$f(x)=\dfrac{1}{(x-1)^2}$ 是无穷大。

(10) $f(x)=\begin{cases}x^2+1, & x\leq 0 \\ \cos x, & x>0\end{cases}$,则 $\lim\limits_{x\to 0}f(x)=$_____。

3. 选择题。

(1) 下列函数中,为偶函数的是( )。

A. $f(x)=e^x$ B. $f(x)=x^3\sin x$

C. $f(x)=x^3+1$ D. $f(x)=x^3\cos x$

(2) 下列 y 能成为 x 的复合函数的是( )。

A. $y=\ln u, u=-x^2$ B. $y=\dfrac{1}{\sqrt{u}}, u=2x-x^2-1$

C. $y=\sin u, u=-x^2$ D. $y=\arccos u, u=3+x^2$

(3) 若 $\lim\limits_{x\to x_0^-}f(x)=A$，$\lim\limits_{x\to x_0^+}f(x)=A$，则下列说法正确的是（　　）。

A. $f(x_0)=A$ B. $\lim\limits_{x\to x_0}f(x)=A$

C. $f(x)$ 在点 x_0 处有定义 D. $f(x)$ 在点 x_0 处连续

(4) 下列极限值等于1的是（　　）。

A. $\lim\limits_{x\to\infty}\dfrac{\sin x}{x}$ B. $\lim\limits_{x\to 0}\dfrac{\sin 2x}{x}$

C. $\lim\limits_{x\to 2\pi}\dfrac{\sin x}{x}$ D. $\lim\limits_{x\to\pi}\dfrac{\sin x}{\pi-x}$

(5) 设 $f(x)=\dfrac{|x|}{x}$，则 $\lim\limits_{x\to 0}f(x)$ 是（　　）。

A. 1 B. -1

C. 0 D. 不存在

(6) 函数 $f(x)=\dfrac{x-2}{x^2-4}$ 在点 $x=2$ 处（　　）。

A. 有定义 B. 有极限

C. 没有极限 D. 连续

(7) 当 $x\to 1$ 时，下列变量中不是无穷小的是（　　）。

A. x^2-1 B. $\sin(x^2-1)$

C. e^{x-1} D. $\ln x$

(8) 当 $x\to 0$ 时，$\sin\dfrac{1}{x}$（　　）。

A. 极限为 0 B. 极限为无穷大

C. 有界变量 D. 无界变量

(9) $\lim\limits_{x\to\infty}\dfrac{x^2-1}{3x^2-2x+1}=$（　　）。

A. $\dfrac{1}{3}$ B. 3

C. 0 D. ∞

(10) $\lim\limits_{n\to\infty}\left(1-\dfrac{4}{n}\right)^{2n}=$（　　）。

A. e^4 B. e^{-8}

C. e^{-4} D. e^8

4. 求下列各极限。

(1) $\lim\limits_{x\to 2}\dfrac{x^2+2x-4}{x-1}$；

(2) $\lim\limits_{x\to 5}\dfrac{x^2-7x+10}{x^2-25}$；

(3) $\lim\limits_{x\to 0}\dfrac{\sqrt{x+4}-2}{\sin 5x}$；

(4) $\lim\limits_{x\to\infty}\dfrac{3x^2+2}{1-4x^3}$；

(5) $\lim\limits_{x\to 0}\dfrac{\sin^2\sqrt{x}}{x}$；

(6) $\lim\limits_{x\to 0}\dfrac{\sqrt{1+x^2}-1}{x}$；

(7) $\lim\limits_{x\to 0}\dfrac{\ln(1+3x)}{2x}$；

(8) $\lim\limits_{x\to 0}\dfrac{\sqrt{1+x}-\sqrt{1-x}}{x}$；

(9) $\lim\limits_{x\to -1}\dfrac{\sin(x+1)}{2(x+1)}$；

(10) $\lim\limits_{x\to 0}x\sqrt{\left|\sin\dfrac{1}{x^2}\right|}$；

(11) $\lim\limits_{x\to\infty}\left(\dfrac{2x-1}{2x+1}\right)^x$；

(12) $\lim\limits_{x\to\infty}\left(1-\dfrac{1}{x}\right)^{kx}$。

5. 设 $f(x)=\begin{cases} 2x+1, & x<0 \\ 0, & x=0 \\ x^2-x+1, & x>0 \end{cases}$，讨论 $f(x)$ 在 $x=0$ 处是否连续。请写出连续区间。

6. 确定常数 a,b，使函数 $f(x)=\begin{cases} a+x^2, & x<0 \\ 1, & x=0 \\ \ln(b+x+x^2), & x>0 \end{cases}$ 在 $x=0$ 处连续。

7. 确定常数 a,b，使函数 $f(x)=\begin{cases} \dfrac{1}{x}\sin x, & x<0 \\ a-1, & x=0 \\ x\sin\dfrac{1}{x}+b, & x>0 \end{cases}$ 在 $x=0$ 处连续。

8. 设 $f(x)=\begin{cases} \left(\dfrac{1-x}{1+x}\right)^{\frac{1}{x}}, & x>0 \\ a, & x=0 \\ \dfrac{\sin kx}{x}, & x<0 \end{cases}$，若 $f(x)$ 在点 $x=0$ 处连续，求 a 与 k。

9. 一种商品，进价为每件 8 元，卖出价为每件 10 元时，每天可卖出 120 件，今想提高售价来增加利润，已知每升高 0.5 元，每天少卖 10 件，求：
(1) 这种商品每天利润 y 与售价 x 之间的函数关系。
(2) 当售价为 12 元时，商家每天获利多少元？

阅读材料一

有趣的"∞"量

1665 年，J. 瓦里斯(J. Wallis)发明了一个符号"∞"，用以表示一个无界的数量，就是我们现在所说的无穷大。这是一个重要的概念，倘若没有这个无穷的概念，许多数学思想将失去意义，许多数学方法将无从谈起，极限理论与微积分的思想、方法也与无穷的概念紧密相连。

从 16 世纪下半叶开始，随着生产力的发展，对力学的研究越加突出，以力学的需要为中心，引出了大量的数学新问题，包括寻求长度、面积、体积计算的一般方法。这一工作开始于德国的天文学家开普勒(J. Kepler)，据说开普勒对体积问题的兴趣缘于怀疑啤酒的酒桶体积。1615 年，开普勒发表了一篇文章——《酒桶的新立体几何学》，研究求旋转体体积的问题，其基本思想是把曲线看成边数无限增大时的折线。把曲线转化为直线，这个看起来不够严格的方法，在当时极富启发性。开普勒方法的核心就是用无限个无限小元素之和，来确定曲边形的面积和体积，这也是开普勒对积分学的最大贡献。

当人们注意到无穷的出现和考虑它的性质时，发现无穷这个特别的量具有有趣的特性。无穷个数的和未必是一个无限的量，例如 $\dfrac{1}{3}+\dfrac{1}{9}+\dfrac{1}{27}+\cdots+\left(\dfrac{1}{3}\right)^n+\cdots=\dfrac{1}{2}$。

无穷多的数量无须占有一个无限的地方，例如线段 AB 上有无穷多个点，但线段 AB 的长度是有限的。

包含无穷多个元素的两个集合，只要元素之间存在一一对应关系，那么就称这两个集合的元素个数相等。例如，自然数集{0，1，2，3，4，…}与自然数平方的集合{0，1，4，9，…}的元素个数就是相等的。

无穷也产生了一些令人困惑的悖论。公元前5世纪，芝诺(Zeno)用无限、连续及部分和等知识创造了许多著名的悖论，以下便是其中的两个。

二分法悖论：一位旅行者步行前往一个目的地，他必须先走完一半的路程，然后走剩下的一半的路程，再走剩下的一半路程，这样永远有剩下部分的一半路程要走，因而这位旅行者永远走不到目的地。

阿基里斯和乌龟悖论：在阿基里斯和乌龟之间展开一场比赛，乌龟在阿基里斯前1 000m处开始爬行，阿基里斯跑的速度是乌龟速度的10倍。比赛开始，当阿基里斯跑了1 000m时，乌龟仍然在他前面100m，而当阿基里斯又跑了100m到达刚才的地方时，乌龟又向前爬了10m。芝诺争辩说，阿基里斯在不断地逼近乌龟，但他永远无法赶上乌龟，芝诺的理由正确吗？

奇妙的数学，有无穷的未知等待我们去发现、去探索，也有无穷的快乐在其中。

第二章 导数和微分

【本章导读】

微积分是在 17 世纪末由英国物理学家、数学家牛顿和德国数学家莱布尼茨建立起来的。微积分由微分学和积分学两部分组成。微分学从 20 世纪初开始有了非常广泛的应用,基本概念是导数和微分,核心概念是导数。导数反映了函数相对于自变量变化而变化的快慢程度,即函数的变化率,它使得人们能够用数学工具描述事物变化的快慢及解决一系列与之相关的问题。例如,物体运动的速度、国民经济发展的速度、劳动生产率等。微分学中另一个基本概念是微分。微分反映了当自变量有微小改变时,函数变化的线性近似。本章将用极限方法来研究导数和微分这两个概念并给出它们的计算公式及运算法则,导数的应用将在第三章中讨论。

【学习目标】

- 理解导数和微分的概念。
- 了解导数、微分的几何意义;函数可导、可微、连续之间的关系;高阶导数的概念。
- 掌握导数、微分的运算法则;导数的基本公式;复合函数的求导法则。

第一节 导数的概念

一、问题的引入

1. 变速直线运动的速度

物体做匀速直线运动时,它在任何时刻的速度可由公式 $v=\dfrac{s}{t}$ 来计算,其中 s 为物体经过的路程,t 为时间。但物体所做的运动往往是变速的。如果物体做变速直线运动,其运动规律,即位移函数是 $s=s(t)$,如何求物体在时刻 t_0 的速度 $v(t_0)$?考虑 $[t_0, t_0+\Delta t]$ 时间段内,物体移动了 $\Delta s = s(t_0+\Delta t) - s(t_0)$(见图 2-1),则物体在这段时间的平均速度为

$$\bar{v} = \frac{\Delta s}{\Delta t} = \frac{s(t_0+\Delta t) - s(t_0)}{\Delta t}$$

当 $|\Delta t| \to 0$ 时,$\bar{v} \to v(t_0)$,即

$$v(t_0) = \lim_{\Delta t \to 0} \bar{v} = \lim_{\Delta t \to 0} \frac{s(t_0+\Delta t) - s(t_0)}{\Delta t}$$

2. 曲线的切线斜率

定义 1 点 $M_0(x_0, y_0)$ 是曲线 $L: y=f(x), x \in D$ 上的一个定点,点 $N(x, y)$ 是曲线上的一个动点,当点 N 沿着曲线 L 趋向于点 M_0 时,如果割线 NM_0 的极限位置 M_0T 存在,则称直线 M_0T 为曲线 L 在点 M_0 处的**切线**。

如图 2-2 所示,由于切线是割线的极限位置,为此,在点 $M_0(x_0, y_0)$ 近旁取动点 $N(x_0+\Delta x, y_0+\Delta y)$,当 $N \to M_0$ 时,$\Delta x \to 0$,$NM_0 \to M_0T$,$\tan\beta \to \tan\alpha$,所以切线斜率是割

线斜率的极限,即

$$\tan\alpha = \lim_{\Delta x \to 0}\tan\beta = \lim_{\Delta x \to 0}\frac{NP}{M_0 P} = \lim_{\Delta x \to 0}\frac{\Delta y}{\Delta x} = \lim_{\Delta x \to 0}\frac{f(x_0+\Delta x)-f(x_0)}{\Delta x}$$

以上两个不同问题的解决,无论是从思想方法上还是从数量关系上分析,都是相同的,都是求当自变量的增量趋于 0 时,某个函数的增量与自变量的增量之比 $\frac{\Delta y}{\Delta x}$(称为函数 y 关于自变量 x 的平均变化率)的极限 $\lim\limits_{\Delta x \to 0}\frac{\Delta y}{\Delta x}$(称为函数的变化率)。我们把这类极限问题抽象为导数。

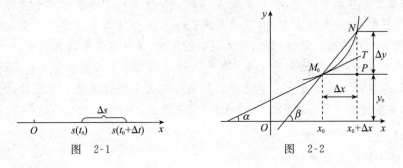

图 2-1　　　　　　　　　　图 2-2

二、导数的定义

1. 函数在一点处的导数

定义 2　设函数 $y=f(x)$ 在点 x_0 及其近旁有定义,如果极限 $\lim\limits_{\Delta x \to 0}\frac{f(x_0+\Delta x)-f(x_0)}{\Delta x}$ 存在,则称函数 $y=f(x)$ 在点 x_0 处是可导的,称此极限值为函数 $y=f(x)$ 在点 x_0 处的**导数**,记为 $f'(x_0)$,即

$$f'(x_0) = \lim_{\Delta x \to 0}\frac{\Delta y}{\Delta x} = \lim_{\Delta x \to 0}\frac{f(x_0+\Delta x)-f(x_0)}{\Delta x}$$

或

$$f'(x_0) = \lim_{x \to 0}\frac{f(x_0+x)-f(x_0)}{x}$$

否则,称函数 $y=f(x)$ 在点 x_0 处不可导。函数 $y=f(x)$ 在点 x_0 处的导数也可记为

$$y'\big|_{x=x_0},\ \frac{\mathrm{d}y}{\mathrm{d}x}\bigg|_{x=x_0}\quad \text{或}\quad \frac{\mathrm{d}}{\mathrm{d}x}f(x)\bigg|_{x=x_0}$$

2. 函数在区间内可导

(1) 开区间 (a,b) 内的导数。

如果函数 $y=f(x)$ 在区间 (a,b) 内的每一点都可导,就称函数 $y=f(x)$ 在区间 (a,b) 内可导。这时,对于 (a,b) 内的每一个 x 值,都有唯一确定的导数值与之对应,这就构成了 x 的一个新函数,这个新函数叫作函数 $y=f(x)$ 的**导函数**,记为

$$y',\ f'(x),\ \frac{\mathrm{d}y}{\mathrm{d}x}\quad \text{或}\quad \frac{\mathrm{d}}{\mathrm{d}x}f(x)$$

由导函数的定义可知,对于任意 $x \in (a,b)$ 有

$$f'(x) = \lim_{\Delta x \to 0}\frac{\Delta y}{\Delta x} = \lim_{\Delta x \to 0}\frac{f(x+\Delta x)-f(x)}{\Delta x},\quad x \in (a,b)$$

显然,函数 $y=f(x)$ 在点 x_0 处的导数 $f'(x_0)$ 就是导函数 $f'(x)$ 在点 x_0 处的导数

值,即
$$f'(x_0) = f'(x)\big|_{x=x_0}$$

为方便起见,导数和导函数统称为导数,但不要混淆这两个概念。

(2) 闭区间 $[a,b]$ 上的导数。

函数 $y=f(x)$ 在点 x_0 处的导数 $f'(x_0) = \lim\limits_{\Delta x \to 0} \dfrac{f(x_0+\Delta x)-f(x_0)}{\Delta x}$ 存在的充要条件是 $\lim\limits_{\Delta x \to 0^-} \dfrac{f(x_0+\Delta x)-f(x_0)}{\Delta x} = f'_-(x_0) = f'_+(x_0) = \lim\limits_{\Delta x \to 0^+} \dfrac{f(x_0+\Delta x)-f(x_0)}{\Delta x}$ 存在。把 $f'_-(x_0) = \lim\limits_{\Delta x \to 0^-} \dfrac{f(x_0+\Delta x)-f(x_0)}{\Delta x}$ 与 $f'_+(x_0) = \lim\limits_{\Delta x \to 0^+} \dfrac{f(x_0+\Delta x)-f(x_0)}{\Delta x}$ 分别叫作函数 $y=f(x)$ 在点 x_0 处的**左导数**与**右导数**。

如果 $y=f(x)$ 在开区间 (a,b) 内可导且在端点 a,b 处的右导数 $f'_+(a)$ 与左导数 $f'_-(b)$ 都存在,那么称函数 $y=f(x)$ 在闭区间 $[a,b]$ 上可导。

3. 求导举例

根据定义可以把函数的导数求出来。利用定义求导数一般有三个步骤:

(1) 求函数增量 Δy;　　(2) 算比值 $\dfrac{\Delta y}{\Delta x}$;　　(3) 求极限 $\lim\limits_{\Delta x \to 0} \dfrac{\Delta y}{\Delta x}$。

例 1　求常量函数 $y=c$ (c 为常数)的导数。

解　由题意知,所求为 $y=c$ 在任意一点处的导数,任取 $x \in (-\infty, +\infty)$,因为
$$\Delta y = f(x+\Delta x) - f(x) = c - c = 0, \quad \dfrac{\Delta y}{\Delta x} = 0, \quad \lim\limits_{\Delta x \to 0} \dfrac{\Delta y}{\Delta x} = 0$$

所以
$$(c)' = 0$$

例 2　求函数 $y = x^2$ 的导数。

解　(1) 求增量:$\Delta y = f(x+\Delta x) - f(x) = (x+\Delta x)^2 - x^2$
$$= 2x\Delta x + (\Delta x)^2$$

(2) 算比值:$\dfrac{\Delta y}{\Delta x} = \dfrac{2x\Delta x + (\Delta x)^2}{\Delta x} = 2x + \Delta x$

(3) 求极限:$y' = \lim\limits_{\Delta x \to 0} \dfrac{\Delta y}{\Delta x} = \lim\limits_{\Delta x \to 0} [2x + (\Delta x)] = 2x$

所以
$$(x^2)' = 2x$$

一般地,可以证明,对于任意非零实数 α,幂函数 $y = x^\alpha$ 的导数公式是
$$(x^\alpha)' = \alpha x^{\alpha-1} \quad (\alpha \in \mathbf{R})$$

例 3　求 $f(x) = \dfrac{1}{x}$ 在 $x=2$ 处的导数。

解　(1) 求增量:$\Delta y = f(2+\Delta x) - f(2) = \dfrac{1}{2+\Delta x} - \dfrac{1}{2} = \dfrac{-\Delta x}{2(2+\Delta x)}$

(2) 算比值:$\dfrac{\Delta y}{\Delta x} = \dfrac{-1}{4+2\Delta x}$

(3) 求极限:$f'(2) = \lim\limits_{\Delta x \to 0} \dfrac{\Delta y}{\Delta x} = \lim\limits_{\Delta x \to 0} \dfrac{-1}{4+2\Delta x} = -\dfrac{1}{4}$

所以
$$f'(2) = -\dfrac{1}{4}$$

例 4 求正弦函数 $y=\sin x$ 的导数。

解 (1) 求增量：$\Delta y=\sin(x+\Delta x)-\sin(x)=2\cos\left(x+\dfrac{\Delta x}{2}\right)\sin\left(\dfrac{\Delta x}{2}\right)$

(2) 算比值：$\dfrac{\Delta y}{\Delta x}=\cos\left(x+\dfrac{\Delta x}{2}\right)\cdot\dfrac{\sin\left(\dfrac{\Delta x}{2}\right)}{\dfrac{\Delta x}{2}}$

(3) 求极限：$y'=\lim\limits_{\Delta x\to 0}\dfrac{\Delta y}{\Delta x}=\lim\limits_{\Delta x\to 0}\cos\left(x+\dfrac{\Delta x}{2}\right)\cdot\dfrac{\sin\left(\dfrac{\Delta x}{2}\right)}{\dfrac{\Delta x}{2}}=\cos x$

即
$$(\sin x)'=\cos x$$

用类似的方法可求得余弦函数 $y=\cos x$ 的导数为
$$(\cos x)'=-\sin x$$

例 5 求函数 $y=a^x(a>0,a\neq 1)$ 的导数。

解 (1) 求增量：$\Delta y=a^{x+\Delta x}-a^x$

(2) 算比值：$\dfrac{\Delta y}{\Delta x}=\dfrac{a^{x+\Delta x}-a^x}{\Delta x}$

(3) 求极限：$f'(x)=\lim\limits_{\Delta x\to 0}\dfrac{\Delta y}{\Delta x}=\lim\limits_{\Delta x\to 0}\dfrac{a^{x+\Delta x}-a^x}{\Delta x}=a^x\lim\limits_{\Delta x\to 0}\dfrac{a^{\Delta x}-1}{\Delta x}$

$=a^x\lim\limits_{\Delta x\to 0}\dfrac{e^{\Delta x\ln a}-1}{\Delta x}\xlongequal{\text{无穷小替换}}a^x\lim\limits_{\Delta x\to 0}\dfrac{\Delta x\ln a}{\Delta x}=a^x\ln a$

所以
$$(a^x)'=a^x\ln a$$

特别地
$$(e^x)'=e^x$$

例 6 求对数函数 $y=\log_a x(a>0,$ 且 $a\neq 1)$ 的导数。

解 (1) 求增量：$\Delta y=\log_a(x+\Delta x)-\log_a x=\log_a\left(1+\dfrac{\Delta x}{x}\right)$

(2) 算比值：$\dfrac{\Delta y}{\Delta x}=\dfrac{\log_a\left(1+\dfrac{\Delta x}{x}\right)}{\Delta x}=\dfrac{1}{x}\log_a\left(1+\dfrac{\Delta x}{x}\right)^{\frac{x}{\Delta x}}$

(3) 求极限：$y'=\lim\limits_{\Delta x\to 0}\dfrac{\Delta y}{\Delta x}=\lim\limits_{\Delta x\to 0}\dfrac{1}{x}\log_a\left(1+\dfrac{\Delta x}{x}\right)^{\frac{x}{\Delta x}}=\dfrac{1}{x}\lim\limits_{\Delta x\to 0}\log_a\left(1+\dfrac{\Delta x}{x}\right)^{\frac{x}{\Delta x}}$

$=\dfrac{1}{x}\log_a\lim\limits_{\Delta x\to 0}\left(1+\dfrac{\Delta x}{x}\right)^{\frac{x}{\Delta x}}=\dfrac{1}{x}\log_a e=\dfrac{1}{x\ln a}$

即
$$(\log_a x)'=\dfrac{1}{x\ln a}$$

特别地，当 $a=e$ 时，有
$$(\ln x)'=\dfrac{1}{x}$$

三、导数的几何意义

根据前面讲的曲线的切线斜率的求法与导数的定义，导数的几何意义为：函数 $y=f(x)$ 在点 x_0 处的导数表示曲线 $y=f(x)$ 在点 $M_0(x_0,y_0)$ 处的切线斜率。因此，曲线 $y=f(x)$ 在点 $M_0(x_0,y_0)$ 处的切线方程为 $y-y_0=f'(x_0)(x-x_0)$。

过切点 M_0 且与该切线垂直的直线叫作曲线 $y=f(x)$ 在点 M_0 处的法线。如果

$f'(x_0) \neq 0$,那么相应法线方程为

$$y - y_0 = -\frac{1}{f'(x_0)}(x - x_0)$$

例 7　求曲线 $y = \sqrt{x}$ 在点 $(4, 2)$ 处的切线方程和法线方程。

解　因为 $y' = (\sqrt{x})' = \frac{1}{2\sqrt{x}}$,所求切线的斜率 $k_1 = y'|_{x=4} = \frac{1}{2\sqrt{4}} = \frac{1}{4}$,法线斜率 $k_2 = -\frac{1}{k_1} = -4$。

所以所求切线的方程为 $y - 2 = \frac{1}{4}(x - 4)$,法线方程为 $y - 2 = -4(x - 4)$。

四、可导与连续的关系

设函数 $y = f(x)$ 在点 x_0 处可导,则极限 $\lim\limits_{\Delta x \to 0} \frac{\Delta y}{\Delta x} = f'(x_0)$ 存在,由函数极限与无穷小的关系知 $\frac{\Delta y}{\Delta x} = f'(x_0) + \alpha$($\alpha$ 是当 $\Delta x \to 0$ 时的无穷小量),所以 $\Delta y = f'(x_0)\Delta x + \alpha \Delta x$。当 $\Delta x \to 0$ 时,$\Delta y \to 0$,即 $\lim\limits_{\Delta x \to 0} \Delta y = 0$,因此,函数 $y = f(x)$ 在点 x_0 处是连续的。

结论:如果函数 $y = f(x)$ 在点 x_0 处可导,则函数在点 x_0 处必连续;反之,函数 $y = f(x)$ 在点 x_0 处连续,函数在点 x_0 处却不一定可导。

例如,函数 $y = |x|$ 在点 $x = 0$ 处连续,但在 $x = 0$ 处不可导。这是因为 $\Delta y = |\Delta x + 0| - |0| = |\Delta x|$,$\lim\limits_{\Delta x \to 0} \Delta y = 0$,所以函数在点 x_0 处连续。又因为

$$\frac{\Delta y}{\Delta x} = \frac{|\Delta x|}{\Delta x} = \begin{cases} -1, & \Delta x < 0 \\ 1, & \Delta x > 0 \end{cases}$$

$$f'_-(0) = \lim\limits_{\Delta x \to 0^-} \frac{\Delta y}{\Delta x} = \lim\limits_{\Delta x \to 0^-} \frac{|\Delta x|}{\Delta x} = -1 \neq f'_+(0) = \lim\limits_{\Delta x \to 0^+} \frac{\Delta y}{\Delta x} = \lim\limits_{\Delta x \to 0^+} \frac{|\Delta x|}{\Delta x} = 1$$

所以,函数在点 x_0 处不可导。

因此,可导仅是函数在这点连续的充分条件,而非必要条件。

思 考 题

1. 曲线上导数不存在的点是否不存在切线?
2. 思考下列命题是否正确。如不正确,举出反例。
   (1) 若函数 $y = f(x)$ 在点 x_0 处不可导,则在点 x_0 处一定不连续。
   (2) 若函数 $y = f(x)$ 处处有切线,则函数 $y = f(x)$ 必处处可导。

习题 2-1

习题讲解视频 2-1

1. 什么是函数 $f(x)$ 在 $(x, x + \Delta x)$ 上的平均变化率?什么是函数 $f(x)$ 在点 x 处的变化率?
2. 已知函数 $f(x) = 5 - 3x$,根据导数的定义求 $f'(x)$,$f'(5)$。
3. 用导数公式求下列函数的导数。

   (1) $y = x^3 \sqrt[3]{x^2}$;　(2) $y = \frac{x\sqrt[3]{x^2}}{\sqrt{x}}$;　(3) $y = \left(\frac{1}{2}\right)^x \cdot \left(\frac{1}{3}\right)^x$;　(4) $y = 2\sin\frac{x}{2}\cos\frac{x}{2}$。

4. 求函数 $y=x^3$ 在点 $(2,8)$ 处的切线斜率，并问在曲线上哪一点的切线平行于直线 $y=3x-1$？

5. 求曲线 $y=\ln x$ 在点 $x=e$ 处的切线方程和法线方程。

6. 求曲线 $y=\sin x$ 在 $x=\dfrac{\pi}{3}$ 处的切线方程和法线方程。

7. 求曲线 $y=x-\dfrac{1}{x}$ 与 x 轴交点处的切线方程。

8. 若曲线 $y=\ln ax(a>0)$ 与曲线 $y=x^2$ 相切，求常数 a 的值。

第二节　函数的和、差、积、商的求导法则

本章第一节利用导数定义求出了一些简单函数的导数公式，本节介绍函数的一些求导法则，并继续介绍初等函数的求导公式。

法则 1　设 $u(x)$、$v(x)$ 在点 x 处可导，则它们的和、差在点 x 处也可导，且
$$[u(x)\pm v(x)]'=u'(x)\pm v'(x)$$
上式简记为 $(u\pm v)'=u'\pm v'$，该法则可以推广到有限个可导函数的和、差的导数
$$(u_1\pm u_2\pm\cdots\pm u_n)'=u_1'\pm u_2'\pm\cdots\pm u_n'$$

法则 2　设 $u(x)$、$v(x)$ 在点 x 处可导，则它们的积在点 x 处也可导，且
$$[u(x)\cdot v(x)]'=u'(x)v(x)+u(x)v'(x)$$
上式简记为 $(uv)'=u'v+uv'$。对于多个可导函数积的导数可以多次使用法则 2，有
$$(uvw)'=u'vw+uv'w+uvw'$$

特别地　　　　　　　　$[cu(x)]'=cu'(x)$　（c 是常数）

法则 3　设 $u(x)$、$v(x)$ 在点 x 处可导，且 $v(x)\neq 0$，则它们的商在点 x 处也可导，且
$$\left(\dfrac{u(x)}{v(x)}\right)'=\dfrac{u'(x)v(x)-u(x)v'(x)}{v^2(x)}$$
上式简记为　　　　　　$\left(\dfrac{u}{v}\right)'=\dfrac{u'v-uv'}{v^2}$

由法则 3 得　　　　　　$\left[\dfrac{1}{u(x)}\right]'=-\dfrac{u'(x)}{u^2(x)}$

上述法则证明略。

例 8　设 $y=\sqrt{x}+\ln x-3$，求 y'。

解　$y'=(\sqrt{x}+\ln x-3)'=(\sqrt{x})'+(\ln x)'-(3)'=\dfrac{1}{2\sqrt{x}}+\dfrac{1}{x}=\dfrac{\sqrt{x}+2}{2x}$

例 9　设 $f(x)=(x^2-2\ln x)\sin x$，求 $f'(x)$。

解　$y'=(x^2-2\ln x)'\sin x+(x^2-2\ln x)(\sin x)'$
$$=\left(2x-\dfrac{2}{x}\right)\sin x+(x^2-2\ln x)\cos x$$

例 10　求正切函数 $y=\tan x$ 的导数。

解　$y'=(\tan x)'=\left(\dfrac{\sin x}{\cos x}\right)'=\dfrac{\cos x\,(\sin x)'-(\cos x)'\sin x}{\cos^2 x}$
$$=\dfrac{\cos^2 x+\sin^2 x}{\cos^2 x}=\dfrac{1}{\cos^2 x}=\sec^2 x$$

即 $(\tan x)' = \sec^2 x$

同样方法可得 $(\cot x)' = -\csc^2 x$

例 11 求正割函数 $y = \sec x$ 的导数。

解 $y' = (\sec x)' = \left(\dfrac{1}{\cos x}\right)' = -\dfrac{(\cos x)'}{\cos^2 x} = \dfrac{\sin x}{\cos^2 x} = \dfrac{\sin x}{\cos x} \cdot \dfrac{1}{\cos x} = \sec x \tan x$

即 $(\sec x)' = \sec x \tan x$

同样方法可得 $(\csc x)' = -\csc x \cot x$

例 12 设 $y = x \sin x \tan x$，求 y'。

解 $y' = (x)' \sin x \tan x + x(\sin x \tan x)' = (x)' \sin x \tan x + x(\sin x)' \tan x + x \sin x (\tan x)'$
$= \sin x \tan x + x \cos x \tan x + x \sin x \sec^2 x$

例 13 设 $y = \dfrac{5 \sin x}{1 + \cos x}$，求 y'。

解 $y' = \left(\dfrac{5 \sin x}{1 + \cos x}\right)' = \dfrac{(5 \sin x)'(1 + \cos x) - 5 \sin x (1 + \cos x)'}{(1 + \cos x)^2}$
$= \dfrac{5 \cos x (1 + \cos x) - 5 \sin x (-\sin x)}{(1 + \cos x)^2} = \dfrac{5 \cos x + 5(\cos^2 x + \sin^2 x)}{(1 + \cos x)^2}$
$= \dfrac{5(1 + \cos x)}{(1 + \cos x)^2} = \dfrac{5}{1 + \cos x}$

思 考 题

1. 已知 $y = \dfrac{x \sin x}{1 + \cos x}$，则 $y' = \dfrac{(x \sin x)'}{(1 + \cos x)'} = \dfrac{1 + \cos x}{-\cos x}$ 是否正确？

2. 已知 $y = 2^x + \ln \pi$，则 $y' = (2^x)' + (\ln \pi)' = 2^x \ln 2 + \dfrac{1}{\pi}$ 是否正确？

习题 2-2

习题讲解视频 2-2

1. 证明导数基本公式。

   (1) $(\cot x)' = -\csc^2 x$；　　　　(2) $(\csc x)' = -\csc x \cot x$。

2. 求下列函数的导数。

   (1) $y = 3x^2 - \dfrac{2}{x^2} + 5$；　　(2) $y = 3 \sec x + \cot x$；　　(3) $y = e^x \sin x$；

   (4) $y = x^2 e^x \cos x$；　　(5) $y = x^2(2 + \sqrt{x})$；　　(6) $y = x^2 \cos x$；

   (7) $y = x \tan x - 2 \sec x$；　　(8) $y = x \sin x \ln x$；　　(9) $y = \dfrac{\cos x}{x^2}$；

   (10) $y = a^x e^x \ (a > 0, a \neq 1)$；　(11) $y = 2^x \sqrt{x} \cos x$；　(12) $y = \dfrac{\ln x}{x^2}$；

   (13) $y = \dfrac{\sin x}{x} + \dfrac{x}{\sin x}$；　　(14) $y = \dfrac{x + \ln x}{x + e^x}$。

3. 求下列函数在指定点的导数。

   (1) $f(x) = 2x^2 + 3x + 1$，求 $f'(0), f'(1)$；　(2) $f(x) = (2x-1)(3-x)$，求 $f'(0)$；

   (3) $f(x) = x^5 + 3 \sin x$，求 $f'(0), f'\left(\dfrac{\pi}{2}\right)$；　(4) $y = \cos x \sin x$，求 $y'|_{x=\frac{\pi}{6}}, y'|_{x=\frac{\pi}{4}}$。

4. 求曲线 $y=\tan x$ 在点 $M\left(\dfrac{\pi}{4},1\right)$ 处的切线方程和法线方程。

5. 正弦曲线 $y=\sin x$ 在 $[0,\pi]$ 上哪一点处的切线与 x 轴成 $\dfrac{\pi}{4}$ 的角？哪一点处的切线与 $A(-2,0)$ 和 $B(0,1)$ 的连线平行？

第三节 反函数与复合函数的导数

一、反函数的求导法则

由于反三角函数是三角函数的反函数，为得到它们的求导公式，下面给出反函数求导法则。

定理 1 在区间 I 内严格单调的可导函数 $x=\varphi(y)$，如果 $\varphi'(y)\neq 0$，则其反函数 $y=f(x)$ 在对应区间内可导，且有

$$f'(x)=\frac{1}{\varphi'(y)} \quad \text{或} \quad \frac{\mathrm{d}y}{\mathrm{d}x}=\frac{1}{\dfrac{\mathrm{d}x}{\mathrm{d}y}}$$

证 对于函数 $y=f(x)$，给自变量 x 以改变量 Δx，对应函数的改变量为 Δy，由于直接函数 $x=\varphi(y)$ 严格单调，所以当 $\Delta x\neq 0$ 时，必有 $\Delta y\neq 0$，从而 $\dfrac{\Delta y}{\Delta x}=\dfrac{1}{\dfrac{\Delta x}{\Delta y}}$。又因为 $x=\varphi(y)$ 可导（必连续）且严格单调，所以其反函数 $y=f(x)$ 连续。因此，当 $\Delta x\to 0$ 时，有 $\Delta y\to 0$。于是，$\lim\limits_{\Delta x\to 0}\dfrac{\Delta y}{\Delta x}=\lim\limits_{\Delta x\to 0}\dfrac{1}{\dfrac{\Delta x}{\Delta y}}=\dfrac{1}{\lim\limits_{\Delta x\to 0}\dfrac{\Delta x}{\Delta y}}=\dfrac{1}{\varphi'(y)}$，即 $f'(x)=\dfrac{1}{\varphi'(y)}$。简言之，反函数的导数等于直接函数的导数的倒数。

例 14 求反正弦函数 $y=\arcsin x(-1<x<1)$ 的导数。

解 函数 $y=\arcsin x$ 是函数 $x=\sin y$ 的反三角函数，而 $x=\sin y\left(-\dfrac{\pi}{2}<y<\dfrac{\pi}{2}\right)$ 严格单调、可导，所以

$$\frac{\mathrm{d}y}{\mathrm{d}x}=\frac{1}{\dfrac{\mathrm{d}x}{\mathrm{d}y}}=\frac{1}{(\sin y)'}=\frac{1}{\cos y}=\frac{1}{\sqrt{1-\sin^2 y}}=\frac{1}{\sqrt{1-x^2}}$$

即

$$(\arcsin x)'=\frac{1}{\sqrt{1-x^2}}$$

用类似的方法可得下列公式

$$(\arccos x)'=-\frac{1}{\sqrt{1-x^2}}$$

$$(\arctan x)'=\frac{1}{1+x^2}$$

$$(\operatorname{arccot} x)'=-\frac{1}{1+x^2}$$

二、复合函数的求导法则

法则 4 设函数 $u=\varphi(x)$ 在点 x 处可导,函数 $y=f(u)$ 在点 u 处可导,则复合函数 $y=f[\varphi(x)]$ 在点 x 处可导,且 $\dfrac{dy}{dx}=\dfrac{dy}{du}\cdot\dfrac{du}{dx}=f'(u)\cdot\varphi'(x)=f'[\varphi(x)]\cdot\varphi'(x)$,或记为 $y'_x=y'_u\cdot u'_x$。

证 当自变量 x 有增量 Δx 时,函数 $u=\varphi(x)$ 的增量为 Δu,函数 $y=f(u)$ 相应的增量为 Δy,因为 $u=\varphi(x)$ 可导,所以连续,于是 $\lim\limits_{\Delta x\to 0}\Delta u=0$。设 $\Delta u\neq 0$,则

$$\frac{dy}{dx}=\lim_{\Delta x\to 0}\frac{\Delta y}{\Delta x}=\lim_{\Delta x\to 0}\left(\frac{\Delta y}{\Delta u}\cdot\frac{\Delta u}{\Delta x}\right)=\lim_{\Delta u\to 0}\frac{\Delta y}{\Delta u}\cdot\lim_{\Delta x\to 0}\frac{\Delta u}{\Delta x}=\frac{dy}{du}\cdot\frac{du}{dx}$$

即

$$\frac{dy}{dx}=\frac{dy}{du}\cdot\frac{du}{dx}$$

该式称为复合函数的**链式求导法则**。该法则表明:函数 y 对自变量 x 的导数等于 y 对内层(中间变量 u)的导数乘以内层(中间变量 u)对自变量 x 的导数。

例 15 $y=\ln\tan x$,求 $\dfrac{dy}{dx}$。

解 复合函数 $y=\ln\tan x$ 的外层,可以看成是关于内层(中间变量 $u=\tan x$)的对数函数 $y=\ln u$;复合函数的求导法则 $\dfrac{dy}{dx}=\dfrac{dy}{du}\cdot\dfrac{du}{dx}$ 可以理解为:y 对自变量的导数等于 y 对内层的导数乘以内层对自变量的导数,则

$$\frac{dy}{dx}=\frac{dy}{du}\cdot\frac{du}{dx}=\frac{1}{\tan x}\cdot(\tan x)'=\frac{1}{\tan x}\cdot\sec^2 x=\frac{1}{\sin x\cos x}=\frac{2}{\sin 2x}$$

例 16 $y=\tan^3(\ln x)$,求 $\dfrac{dy}{dx}$。

解 函数 $y=\tan^3(\ln x)$ 的外层是幂函数 $y=u^3$,内层是 $u=\tan(\ln x)$,y 对内层的导数 $\dfrac{dy}{du}=3u^2=3\tan^2(\ln x)$,内层对自变量的导数 $\dfrac{du}{dx}=[\tan(\ln x)]'$;对于 $\tan(\ln x)$ 求导时,再分外层和内层,如此层层推进。于是有

$$\frac{dy}{dx}=\frac{dy}{du}\cdot\frac{du}{dx}=3\tan^2(\ln x)[\tan(\ln x)]'=3\tan^2(\ln x)\sec^2(\ln x)(\ln x)'$$

$$=3\tan^2(\ln x)\sec^2(\ln x)\frac{1}{x}=\frac{3}{x}\tan^2(\ln x)\sec^2(\ln x)$$

说明 复合函数的求导,关键是分清外层和内层,利用链式求导法则层层推进。口诀为"分清内外,层层推进"。

例 17 求 $y=\tan^2\dfrac{x}{2}$ 的导数。

解 $\dfrac{dy}{dx}=2\tan\dfrac{x}{2}\left(\tan\dfrac{x}{2}\right)'=2\tan\dfrac{x}{2}\sec^2\left(\dfrac{x}{2}\right)\left(\dfrac{x}{2}\right)'=\tan\dfrac{x}{2}\sec^2\left(\dfrac{x}{2}\right)$

求函数的导数时,有时需要同时运用函数的和、差、积、商的求导法则和复合函数的求导法则。

例 18 求函数 $y=\ln\sqrt{\dfrac{1+x}{1-x}}$ 的导数。

解 由 $y=\ln\sqrt{\dfrac{1+x}{1-x}}=\dfrac{1}{2}[\ln(1+x)-\ln(1-x)]$

得 $y'=\dfrac{1}{2}\left[\dfrac{1}{1+x}(1+x)'-\dfrac{1}{1-x}(1-x)'\right]=\dfrac{1}{2}\left(\dfrac{1}{1+x}-\dfrac{-1}{1-x}\right)=\dfrac{1}{1-x^2}$

例 19 求函数 $y=e^{\sin\frac{1}{x}}$ 的导数。

解 $y'=e^{\sin\frac{1}{x}}\left(\sin\dfrac{1}{x}\right)'=e^{\sin\frac{1}{x}}\cos\dfrac{1}{x}\left(\dfrac{1}{x}\right)'=-\dfrac{1}{x^2}e^{\sin\frac{1}{x}}\cos\dfrac{1}{x}$

例 20 求下列函数的导数。

(1) $y=\sin^2(2-3x)$； (2) $y=\log_3\cos\sqrt{x^2+1}$。

解 (1) $y'=2\sin(2-3x)[\sin(2-3x)]'=2\sin(2-3x)\cos(2-3x)(2-3x)'$
$=2\sin(2-3x)\cos(2-3x)\times(-3)=-3\sin(4-6x)$

(2) $y'=\dfrac{1}{\cos\sqrt{x^2+1}\cdot\ln3}(\cos\sqrt{x^2+1})'=\dfrac{1}{\cos\sqrt{x^2+1}\cdot\ln3}(-\sin\sqrt{x^2+1})\cdot(\sqrt{x^2+1})'$

$=-\dfrac{\sin\sqrt{x^2+1}}{\cos\sqrt{x^2+1}\cdot\ln3}\cdot\dfrac{(x^2+1)'}{2\sqrt{x^2+1}}=-\dfrac{\sin\sqrt{x^2+1}}{\cos\sqrt{x^2+1}\cdot\ln3}\cdot\dfrac{2x}{2\sqrt{x^2+1}}$

$=-\dfrac{x}{\ln3\sqrt{x^2+1}}\tan\sqrt{x^2+1}$

思 考 题

1. 由复合函数的求导法则和基本初等函数的求导公式可以求出任一初等函数的导数吗？
2. 已知 $y=\ln^3 2x$，则 $y'=3\ln^2 2x$，是否正确？

习题 2-3

1. 求下列函数的导数。

(1) $y=(3x+1)^5$； (2) $y=\sin\left(5t+\dfrac{\pi}{4}\right)$； (3) $y=\cos\sqrt{x}$；

(4) $y=\sqrt{x^2-4}$； (5) $y=\log_a(1+x^2)$； (6) $y=\ln\ln x$；

(7) $y=\sqrt{1+e^x}$； (8) $y=4\cos^2\dfrac{x}{3}$； (9) $y=\sin(1-2x)$；

(10) $y=\ln\sqrt{x}-\sqrt{\ln x}$； (11) $y=(x+\sin x)^3$； (12) $y=e^{-3x^2}$；

(13) $y=\arctan e^x$； (14) $y=\arcsin(1-2x)$； (15) $y=(\arccos x)^3$；

(16) $y=\left(\arcsin\dfrac{x}{2}\right)^2$； (17) $y=10^{x\tan x}$。

2. 求下列函数的导数。

(1) $y=(1-x)^{100}$； (2) $y=(\ln x)^3$； (3) $y=\sec^2(\ln x)$；

(4) $y=\left(\dfrac{1+x^2}{1-x}\right)^3$； (5) $y=\dfrac{\sin 2x}{1-\cos 2x}$； (6) $y=\ln\cos(\sec^2 x)$；

(7) $y=\ln\tan\dfrac{x}{2}$； (8) $y=\ln(x+\sqrt{x^2+a^2})$； (9) $y=\ln[\ln(\ln x)]$。

(10) $y=2^{\frac{x}{\ln x}}$;　　　　　(11) $y=x\arcsin(\ln x)$;　　　　(12) $y=\operatorname{arccot}(1-x^2)$;

(13) $y=e^{\arctan\sqrt{x}}$;　　　　(14) $y=x\arccos x-\sqrt{1-x^2}$。

3. 曲线 $y=x\ln x^2$ 的切线垂直于直线 $2x+6y+3=0$，求这条切线的方程。

第四节　隐函数和参数方程所确定的函数的导数及初等函数的导数

一、隐函数的导数

我们以前所遇到的函数大多是一个变量明显是另一个变量的函数，形如 $y=f(x)$，称为显函数。如果一个函数的自变量 x 和变量 y 之间的对应关系是由一个二元方程所确定的，那么这样的函数称为隐函数。例如方程 $x^3-2y+1=0$，$x+y-e^y=0$ 都是隐函数，前者能化成显函数，而后者不能。

隐函数的求导法则：方程两边对 x 求导，变量 y 是 x 的函数，y 视为中间变量，运用求导法则（和、差、积、商及复合函数的导数）求导，然后解出 y'。

注意　隐函数求导的本质是利用复合函数求导法则。

例 21　求隐函数 $x+y-e^y=0$ 的导数。

解　方程两边对 x 求导：$1+y'-e^y\cdot y'=0$

解得
$$y'=\frac{1}{e^y-1}$$

例 22　求由方程 $x^2+y^2=R^2$ 所确定的隐函数的导数。

解　方程两边同时对 x 求导，y 是 x 的函数。

$$(x^2)'+(y^2)'=(R^2)',\quad 2x+2y\frac{dy}{dx}=0$$

解得
$$\frac{dy}{dx}=-\frac{x}{y}$$

例 23　设 $y=x\ln y$，求 y'。

解　方程两边同时对 x 求导，得

$$y'=\ln y+x\cdot\frac{1}{y}\cdot y',\text{所以}\left(1-\frac{x}{y}\right)y'=\ln y$$

故
$$y'=\frac{y\ln y}{y-x}$$

例 24　求由方程 $\sin(x+y)+y^2-x^2=0$ 所确定的隐函数 $y=y(x)$ 的导数 y'。

解　方程两边同时对 x 求导，得

$$\cos(x+y)\cdot(x+y)'+2yy'-2x=0$$

解得
$$y'=\frac{2x-\cos(x+y)}{2y+\cos(x+y)}$$

例 25　求曲线 $x^2+y^2=2$ 在点 $(1,1)$ 的切线方程。

解　方程两端同时对 x 求导，得

$$2x+2yy'=0$$

解得
$$y'=-\frac{x}{y},\text{因此}, k=y'\big|_{(1,1)}=-\frac{x}{y}\bigg|_{(1,1)}=-1$$

所以,曲线过点(1,1)的切线方程为
$$y-1=-(x-1)$$

例 26 求指数函数 $y=a^x(a>0,a\neq 1)$ 的导数。

解 指数函数 $y=a^x$ 的对数形式为 $x=\log_a y$。

方程两边对 x 求导,$1=\dfrac{1}{y\ln a}\cdot y'$,则 $y'=y\ln a=a^x\ln a$

即
$$(a^x)'=a^x\ln a$$

特别地,当 $a=\mathrm{e}$ 时,$(\mathrm{e}^x)'=\mathrm{e}^x$。

注意 有时,一些显函数不易直接求导,化成隐函数求导比较方便。例如,幂指函数 $y=u^v$,其中 $u=u(x),v=v(x)$,二者都是 x 的函数,且 $u>0$;又如,由多次乘除运算与乘方、开方运算得到的函数。对这样的函数求导,可先对等式两边取对数,化成隐函数的形式,再用隐函数的求导方法求导数,这种求导方法叫**对数求导法**。

例 27 求导数:(1) $y=x^x(x>0)$; (2) $y^x=x^y$。

解 (1) **方法 1** 两边取对数 $\ln y=x\ln x$,两边对 x 求导
$$\dfrac{1}{y}\cdot y'=\ln x+1;y'=y(1+\ln x)=x^x(1+\ln x)$$

方法 2 用对数恒等式把函数做恒等变形
$$y'=(x^x)'=(\mathrm{e}^{x\ln x})'=\mathrm{e}^{x\ln x}\cdot(x\ln x)'=x^x\cdot\left(1\cdot\ln x+x\cdot\dfrac{1}{x}\right)=x^x(1+\ln x)$$

(2) 等式两边取对数,得 $x\ln y=y\ln x$,两边同时对 x 求导,得
$$\ln y+\dfrac{x}{y}y'=y'\ln x+\dfrac{y}{x},\dfrac{x}{y}y'-y'\ln x=\dfrac{y}{x}-\ln y,y'\left(\dfrac{x}{y}-\ln x\right)=\dfrac{y}{x}-\ln y$$

解得
$$y'=\dfrac{\dfrac{y}{x}-\ln y}{\dfrac{x}{y}-\ln x}=\dfrac{y^2-xy\ln y}{x^2-xy\ln x}$$

例 28 求 $y=\sqrt{\dfrac{(x-4)(x-3)}{(x-2)(x-1)}}$ 的导数。

解 先两边取对数 $\ln y=\dfrac{1}{2}[\ln(x-4)+\ln(x-3)-\ln(x-2)-\ln(x-1)]$,然后方程两边对 x 求导
$$\dfrac{1}{y}\cdot y'=\dfrac{1}{2}\left(\dfrac{1}{x-4}+\dfrac{1}{x-3}-\dfrac{1}{x-2}-\dfrac{1}{x-1}\right)$$

解得
$$y'=\dfrac{1}{2}\sqrt{\dfrac{(x-4)(x-3)}{(x-2)(x-1)}}\left(\dfrac{1}{x-4}+\dfrac{1}{x-3}-\dfrac{1}{x-2}-\dfrac{1}{x-1}\right)$$

二、参数方程所确定的函数的导数

对于平面曲线的描述,除了已经介绍的显函数 $y=f(x)$ 和隐函数 $F(x,y)=0$,还可以用曲线的参数方程。例如参数方程 $\begin{cases}x=a\cos\theta\\y=a\sin\theta\end{cases}(0\leqslant\theta\leqslant 2\pi)$ 表示中心在原点、半径为 a 的圆。

一般地,如果参数方程 $\begin{cases}x=\varphi(t)\\y=\psi(t)\end{cases}(t\in T)$ 确定 y 与 x 之间的函数关系,则称此函数关

系所表达的函数为该参数方程所确定的函数。

当 $x=\varphi(t)$, $y=\psi(t)$ 可导，且 $\varphi(t)\neq 0$ 时，$x=\varphi(t)$ 有反函数 $t=\varphi^{-1}(x)$，代入 y 中得 $y=\psi[\varphi^{-1}(x)]$ 为 x 的复合函数，视 t 为中间变量，利用复合函数和反函数的求导法则，有 $\dfrac{\mathrm{d}y}{\mathrm{d}x}=\dfrac{\mathrm{d}y}{\mathrm{d}t}\cdot\dfrac{\mathrm{d}t}{\mathrm{d}x}=\dfrac{\mathrm{d}y/\mathrm{d}t}{\mathrm{d}x/\mathrm{d}t}=\dfrac{\psi'(x)}{\varphi'(x)}$，这就是由参方程所确定的函数的导数。

例 29 求由参数方程 $\begin{cases}x=a(t-\sin t)\\y=a(1-\cos t)\end{cases}$ 确定的函数 $y=f(x)$ 的导数 $\dfrac{\mathrm{d}y}{\mathrm{d}x}$。

解 $\dfrac{\mathrm{d}y}{\mathrm{d}x}=\dfrac{\mathrm{d}y/\mathrm{d}t}{\mathrm{d}x/\mathrm{d}t}=\dfrac{[a(1-\cos t)]'}{[a(t-\sin t)]'}=\dfrac{a\sin t}{a(1-\cos t)}=\dfrac{\sin t}{1-\cos t}$

三、初等函数的导数

前面给出了所有基本初等函数的导数公式，函数的和、差、积、商的求导法则，复合函数的求导法则，至此，我们完全解决了任意初等函数的求导问题。为便于查阅，列表如表 2-1 和表 2-2 所示。

表 2-1

序 号	基本初等函数的导数公式	序 号	基本初等函数的导数公式
(1)	$(C)'=0$	(9)	$(a^x)'=a^x\ln a$
(2)	$(x^\alpha)'=\alpha x^{\alpha-1}$	(10)	$(\mathrm{e}^x)'=\mathrm{e}^x$
(3)	$(\sin x)'=\cos x$	(11)	$(\log_a x)'=\dfrac{1}{x\ln a}$
(4)	$(\cos x)'=-\sin x$	(12)	$(\ln|x|)'=\dfrac{1}{x}\;(x\neq 0)$
(5)	$(\tan x)'=\sec^2 x$	(13)	$(\arcsin x)'=\dfrac{1}{\sqrt{1-x^2}}$
(6)	$(\cot x)'=-\csc^2 x$	(14)	$(\arccos x)'=-\dfrac{1}{\sqrt{1-x^2}}$
(7)	$(\sec x)'=\sec x\tan x$	(15)	$(\arctan x)'=\dfrac{1}{1+x^2}$
(8)	$(\csc x)'=-\csc x\cot x$	(16)	$(\mathrm{arccot}\,x)'=-\dfrac{1}{1+x^2}$

表 2-2

序 号	求 导 法 则
(1)	$[u(x)\pm v(x)]'=u'(x)\pm v'(x)$
(2)	$[u(x)v(x)]'=u'(x)v(x)+u(x)v'(x)$
(3)	$[cu(x)]'=c[u(x)]'$
(4)	$\left[\dfrac{u(x)}{v(x)}\right]'=\dfrac{u'(x)v(x)-u(x)v'(x)}{v^2(x)}$
(5)	设 $y=f(u)$, $u=\varphi(x)$，则复合函数 $y=f[\varphi(x)]$ 的求导法则为 $\dfrac{\mathrm{d}y}{\mathrm{d}x}=\dfrac{\mathrm{d}y}{\mathrm{d}u}\cdot\dfrac{\mathrm{d}u}{\mathrm{d}x}$
(6)	反函数的求导法：设 $y=f(x)$ 是 $x=\varphi(y)$ 的反函数，则 $f'(x)=\dfrac{1}{\varphi'(y)}\;(\varphi'(y)\neq 0)$ 或 $\dfrac{\mathrm{d}y}{\mathrm{d}x}=\dfrac{1}{\dfrac{\mathrm{d}x}{\mathrm{d}y}}\;\left(\dfrac{\mathrm{d}x}{\mathrm{d}y}\neq 0\right)$
(7)	隐函数的导数：方程两边同时对自变量求导，y 视为中间变量，是 x 的函数

续表

序 号	求 导 法 则
(8)	对数求导法：求由多次乘除运算与乘方、开方运算得到的函数的导数，可先对等式两边取对数，化为隐函数求导
(9)	幂指函数的导数求法有两种方法：①对数求导法；②利用对数恒等式变形求导

思 考 题

1. 用隐函数的求导法则求导时，应注意什么？
2. 已知 $\sin y + y = e^x$，两边同时对 x 求导数，得 $\cos y + y' = e^x$，则 $y' = e^x - \cos y$，计算是否正确？
3. 哪些函数适合用对数求导法求导？

习题 2-4

1. 求下列函数的导数。

(1) $y^2 - 2xy + 3 = 0$；　(2) $y = x + \ln y$；　(3) $\sin(xy) = x - e^2$；

(4) $xy - e^x - e^y = 0$；　(5) $\ln\sqrt{x^2+y^2} = \arctan\dfrac{x}{y}$；　(6) $x\cos y = \sin(x+y)$；

(7) $ye^x + \ln y = 1$；　(8) $y = 1 - xe^y$；　(9) $xy = e^{x+y} - 2$；

(10) $y = x^{\sin x} (x>0)$；　(11) $y = \left(\dfrac{x}{1+x}\right)^x$；　(12) $y = (\sin x)^{ax}$；

(13) $y = \dfrac{\sqrt{x+2}(3-x)^4}{x+1}$　(14) $y = \sqrt{(x^2+1)(x^2-2)}$；　(15) $y = \dfrac{\sqrt{x+1}}{\sqrt[3]{x-2}(x+3)^3}$；

(16) $y = \sqrt[5]{\dfrac{x-5}{\sqrt[5]{x^2+2}}}$。

2. 求下列隐函数在指定点的导数。

(1) $e^y - xy = e$，点 $(0,1)$；　(2) $y = \cos x + \dfrac{1}{2}\sin y$，点 $\left(\dfrac{\pi}{2}, 0\right)$。

3. 设曲线方程为 $e^{xy} - 2x - y = 3$，求此曲线在纵坐标 $y = 0$ 的点处的切线方程。

4. 求曲线 $\begin{cases} x = \cos t \\ y = \sin\dfrac{t}{2} \end{cases}$ 上 $t = \dfrac{\pi}{3}$ 处的切线方程与法线方程。

第五节　高阶导数

一、高阶导数的概念

一般地，函数的导数 $y' = f'(x)$ 仍是 x 的函数，如果函数 $y' = f'(x)$ 仍是可导的，则把一阶导数 $y' = f'(x)$ 的导数叫作函数 $y = f(x)$ 的**二阶导数**，记为 $y'' = [f'(x)]' = f''(x)$ 或 $\dfrac{d^2 y}{dx^2}$。

依此类推，把函数 $y = f(x)$ 的二阶导数的导数叫作函数 $y = f(x)$ 的三阶导数，三阶

导数的导数叫作 $y=f(x)$ 的四阶导数……一般地，我们把 $f(x)$ 的 $n-1$ 阶导数的导数叫作函数 $y=f(x)$ 的 n 阶导数，分别记为

$$y'',y''',y^{(4)},\cdots,y^{(n)}$$

或
$$f''(x),f'''(x),f^{(4)}(x),\cdots,f^{(n)}(x)$$

或
$$\frac{\mathrm{d}^2 y}{\mathrm{d}x^2},\frac{\mathrm{d}^3 y}{\mathrm{d}x^3},\frac{\mathrm{d}^4 y}{\mathrm{d}x^4},\cdots,\frac{\mathrm{d}^n y}{\mathrm{d}x^n}$$

二阶及二阶以上的导数统称为高阶导数。

例 30 求函数 $y=a^x$ 的 n 阶导数。

解 $y'=a^x \ln a, y''=a^x (\ln a)^2, y'''=a^x(\ln a)^3,\cdots,y^{(n)}=a^x(\ln a)^n$

特别地 $y=\mathrm{e}^x$，有 $y^{(n)}=\mathrm{e}^x$，即 $(\mathrm{e}^x)^{(n)}=\mathrm{e}^x$

例 31 已知 $f(x)=\mathrm{e}^{2x-1}$，求 $f''(0)$。

解 因为 $f'(x)=\mathrm{e}^{2x-1}(2x-1)'=2\mathrm{e}^{2x-1}$，$f''(x)=4\mathrm{e}^{2x-1}$，所以 $f''(0)=\dfrac{4}{\mathrm{e}}$

例 32 求函数 $y=\cos^2 x - \ln x$ 的二阶导数。

解 $y'=2\cos x(-\sin x)-\dfrac{1}{x}=-\sin 2x-\dfrac{1}{x}$，$y''=-2\cos 2x+\dfrac{1}{x^2}$

例 33 已知 $y=a_0 x^n + a_1 x^{n-1}+\cdots+a_{n-1} x + a_n$，其中 $a_0,a_1,\cdots,a_{n-1},a_n$ 是常数，求 $y',y'',\cdots,y^{(n)}$。

解 $y'=na_0 x^{n-1}+a_1(n-1)x^{n-2}+\cdots+2a_{n-2}x+a_{n-1}$

$y''=n(n-1)a_0 x^{n-2}+a_1(n-1)(n-2)x^{n-3}+\cdots+2a_{n-2}$

…

$y^{(n)}=n!a_0$

例 34 求正弦函数 $y=\sin x$ 的 n 阶导数。

解
$$y'=\cos x=\sin\left(x+\frac{\pi}{2}\right)$$
$$y''=\cos\left(x+\frac{\pi}{2}\right)=\sin\left(x+2\cdot\frac{\pi}{2}\right)$$
$$y'''=\cos\left(x+2\cdot\frac{\pi}{2}\right)=\sin\left(x+3\cdot\frac{\pi}{2}\right)$$

…

$$y^{(n)}=(\sin x)^{(n)}=\sin\left(x+n\cdot\frac{\pi}{2}\right)\quad(n=1,2,\cdots)$$

用类似的方法可得

$$(\cos x)^{(n)}=\cos\left(x+n\cdot\frac{\pi}{2}\right)\quad(n=1,2,\cdots)$$

例 35 求对数函数 $y=\ln(1+x)(x>-1)$ 的 n 阶导数。

解
$$y'=\frac{1}{1+x}=(1+x)^{-1}$$
$$y''=-(1+x)^{-2}$$
$$y'''=(-1)\times(-2)\times(1+x)^{-3}$$
$$y^{(4)}=(-1)\times(-2)\times(-3)\times(1+x)^{-4}$$

…

$$y^{(n)} = (-1)^n \frac{(n-1)!}{(1+x)^n} \quad (x > -1)$$

例 36 求由方程 $xe^y - y + e = 0$ 所确定的隐函数 $y = y(x)$ 的二阶导数 y''。

解 $e^y + xe^y y' - y' = 0$，解得

$$y' = \frac{e^y}{1 - xe^y}, \quad e^y y' + e^y y' + xe^y (y')^2 + xe^y y'' - y'' = 0$$

所以
$$y'' = \frac{e^y y'(2 + xy')}{1 - xe^y} = \frac{e^{2y}(2 - xe^y)}{(1 - xe^y)^3}$$

二、二阶导数的力学意义

在力学中，设物体做变速直线运动，其运动方程为 $s = s(t)$，则物体运动的速度 v 为位移 s 对时间 t 的导数：$v = s'(t) = \frac{ds}{dt}$；另外，物体运动的加速度 a 为速度 v 对时间 t 的导数：$a = v'(t) = [s'(t)]' = s''(t) = \frac{d^2 s}{dt^2}$。

例 37 设物体的运动方程为 $s = A\cos(\omega t + \varphi)$（$A, \omega, \varphi$ 是常数），求物体运动的速度和加速度。

解 $v = s'(t) = -A\omega\sin(\omega t + \varphi)$，$a = s''(t) = -A\omega^2 \cos(\omega t + \varphi)$

思 考 题

1. 隐函数如何求高阶导数？
2. 已知 $y = \ln x$，求 $y^{(n)}$。

习题 2-5

习题讲解视频 2-5

1. 求下列函数的二阶导数。

   (1) $y = e^x + x^2$；　　(2) $s = 10t - \frac{1}{2}gt^2$；　　(3) $y = \cos^2 x - \ln x$；

   (4) $y = 2x^2 + \ln x$；　(5) $y = e^{-x}\sin 2x$；　　(6) $y = \tan x - 2$。

2. 已知 $y = (1+x)^5$，求 $f''(2)$。
3. 函数 $y = e^x \cos x$，验证方程 $y'' - 2y' + 2y = 0$ 成立。
4. $y = (2x-1)^{10}$，求 $y^{(10)}$。
5. $f(x) = e^x + e^{-x}$，求 $f^{(n)}(0)$。
6. 设函数 $y = x^3 \ln x$，求 $y^{(4)}$。
7. 设函数 $y = x\arcsin x$，求 $y''(0)$。
8. 设函数 $y = 2^x$，求 $y^{(n)}$。

第六节 微 分

一、微分的概念

微分的概念是在函数增量的研究中提出来的，下面看一个函数增量的实例。

1. 引例

一块正方形的金属薄片因受温度影响,其边长由 x_0 变到 $x_0+\Delta x$(见图 2-3),问薄片面积的改变量是多少?

正方形的面积 y 与边长 x 的关系为 $y=f(x)=x^2$。边长由 x_0 变到 $x_0+\Delta x$ 时,面积的改变量为

$$\Delta y=(x_0+\Delta x)^2-x_0^2=2x_0\Delta x+(\Delta x)^2$$

Δy 由两部分组成:一部分是 Δy 的主要部分(两个矩形面积);另一部分为 $(\Delta x)^2$(一个小正方形面积)。当 $|\Delta x|$ 很小时,$(\Delta x)^2$ 是 Δx 的高阶无穷小量,在 Δy 中所起的作用可以忽略,于是有

$$\Delta y\approx 2x_0\Delta x=f'(x_0)\Delta x$$

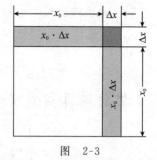

图 2-3

这个例子具有一般性:

设函数 $y=f(x)$ 在点 x_0 处可导,则 $f'(x_0)=\lim\limits_{\Delta x\to 0}\dfrac{\Delta y}{\Delta x}$,根据无穷小量和函数极限的关系有 $\dfrac{\Delta y}{\Delta x}=f'(x_0)+\alpha$($\alpha$ 是 $\Delta x\to 0$ 时的无穷小量)。于是有

$$\Delta y=f'(x_0)\Delta x+\alpha\Delta x$$

当 $f'(x_0)\neq 0$ 时,函数的改变量可以分成两个部分:一部分是 Δy 的主要部分 $f'(x_0)\Delta x$,它是 Δx 的线性函数,叫作 Δy 的线性主部;另一部分是 $\alpha\Delta x$,它在 $\Delta x\to 0$ 时是比 Δx 更高阶的无穷小量,可以忽略不计,所以,$\Delta y\approx f'(x_0)\Delta x$。

2. 概念

定义 3 如果函数 $y=f(x)$ 在点 x_0 处具有导数 $f'(x_0)$,则 $f'(x_0)\Delta x$(Δy 的线性主部)叫作函数 $y=f(x)$ 在点 x_0 处的**微分**,记为 $\mathrm{d}y|_{x=x_0}$,即 $\mathrm{d}y|_{x=x_0}=f'(x_0)\Delta x$。

一般地,函数 $y=f(x)$ 在点 x 处的微分称为函数的微分,记为 $\mathrm{d}y$ 或 $\mathrm{d}f(x)$,即 $\mathrm{d}y=f'(x)\Delta x$,而把自变量的微分定义为自变量增量,记为 $\mathrm{d}x$,即 $\mathrm{d}x=\Delta x$,于是函数 $y=f(x)$ 的微分为 $\mathrm{d}y=f'(x)\mathrm{d}x$。该式又可写成 $f'(x)=\dfrac{\mathrm{d}y}{\mathrm{d}x}$。由此可知,函数的导数等于函数的微分与自变量的微分之商。因而,导数也称微商。这样,求一个函数的微分,只要求出这个函数的导数,再乘以自变量的微分即可。

例 38 求下列函数的微分。

(1) $y=\cos x$; (2) $y=2^x+x\mathrm{e}^x$;

(3) $y=\dfrac{\sin x}{x}$; (4) $y=\sin \mathrm{e}^x$。

解 (1) 因为 $y'=-\sin x$,所以 $\mathrm{d}y=-\sin x\mathrm{d}x$

(2) 因为 $y'=(2^x+x\mathrm{e}^x)'=2+\mathrm{e}^x+x\mathrm{e}^x$,所以 $\mathrm{d}y=(2+\mathrm{e}^x+x\mathrm{e}^x)\mathrm{d}x$

(3) 因为 $y'=\left(\dfrac{\sin x}{x}\right)'=\dfrac{x\cos x-\sin x}{x^2}$

所以 $\mathrm{d}y=y'\mathrm{d}x=\dfrac{x\cos x-\sin x}{x^2}\mathrm{d}x$

(4) 因为 $y'=(\sin \mathrm{e}^x)'=\cos \mathrm{e}^x(\mathrm{e}^x)'=\mathrm{e}^x\cos \mathrm{e}^x$

所以 $\mathrm{d}y=y'\mathrm{d}x=\mathrm{e}^x\cos \mathrm{e}^x\mathrm{d}x$

从上例可以看出,求导数和求微分在本质上没有什么区别,但不要把导数和微分的概念混淆。

例39 已知隐函数 $xy=e^{x+y}$,求 dy。

解 方程两边对 x 求导

$$(xy)'=(e^{x+y})', \quad y+xy'=e^{x+y}(1+y'), \quad (x-e^{x+y})y'=e^{x+y}-y$$

$$y'=\frac{e^{x+y}-y}{x-e^{x+y}}, \quad dy=y'dx=\frac{e^{x+y}-y}{x-e^{x+y}}dx$$

二、微分的几何意义

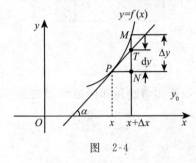

图 2-4

如图 2-4 所示,在曲线 $y=f(x)$ 上取一点 $P(x,y)$,作切线 PT,则切线的斜率为 $\tan\alpha=f'(x)$,自变量 x 处有增量 Δx,则 $PN=\Delta x=dx$,$MN=\Delta y$,而 $NT=PN\tan\alpha=f'(x)dx=dy$。因此,微分的几何意义为:函数 $y=f(x)$ 的微分 dy 等于曲线 $y=f(x)$ 在点 $P(x,y)$ 处的切线的纵坐标的增量。

三、微分公式及运算法则

根据导数与微分的关系,可从导数的基本公式和运算法则推出微分的基本公式和运算法则。

1. 微分公式(见表 2-3)

表 2-3

序 号	导数的基本公式	微分的基本公式
(1)	$(C)'=0$	$d(C)=0$
(2)	$(x^a)'=ax^{a-1}$	$d(x^a)=ax^{a-1}dx$
(3)	$(\sin x)'=\cos x$	$d(\sin x)=\cos x dx$
(4)	$(\cos x)'=-\sin x$	$d(\cos x)=-\sin x dx$
(5)	$(\tan x)'=\sec^2 x$	$d(\tan x)=\sec^2 x dx$
(6)	$(\cot x)'=-\csc^2 x$	$d(\cot x)=-\csc^2 x dx$
(7)	$(\sec x)'=\sec x \tan x$	$d(\sec x)=\sec x \tan x dx$
(8)	$(\csc x)'=-\csc x \cot x$	$d(\csc x)=-\csc x \cot x dx$
(9)	$(a^x)'=a^x \ln a$	$d(a^x)=a^x \ln a dx$
(10)	$(e^x)'=e^x$	$d(e^x)=e^x dx$
(11)	$(\log_a x)'=\dfrac{1}{x\ln a}$	$d(\log_a x)=\dfrac{1}{x\ln a}dx$
(12)	$(\ln\|x\|)'=\dfrac{1}{x}(x\neq 0)$	$d(\ln\|x\|)=\dfrac{1}{x}dx(x\neq 0)$
(13)	$(\arcsin x)'=\dfrac{1}{\sqrt{1-x^2}}$	$d(\arcsin x)=\dfrac{1}{\sqrt{1-x^2}}dx$
(14)	$(\arccos x)'=-\dfrac{1}{\sqrt{1-x^2}}$	$d(\arccos x)=-\dfrac{1}{\sqrt{1-x^2}}dx$

续表

序 号	导数的基本公式	微分的基本公式
(15)	$(\arctan x)' = \dfrac{1}{1+x^2}$	$d(\arctan x) = \dfrac{1}{1+x^2}dx$
(16)	$(\text{arccot}\,x)' = -\dfrac{1}{1+x^2}$	$d(\text{arccot}\,x) = -\dfrac{1}{1+x^2}dx$

2. 微分法则(见表 2-4)

表 2-4

序 号	导数的运算法则	微分的运算法则
(1)	$(u \pm v)' = u' \pm v'$	$d(u \pm v) = du \pm dv$
(2)	$[uv]' = u'v + uv'$	$d(uv) = vdu + udv$
(3)	$(cu)' = cu'$	$d(cu) = cdu$
(4)	$\left(\dfrac{u}{v}\right)' = \dfrac{u'v - uv'}{v^2}$	$d\left(\dfrac{u}{v}\right) = \dfrac{vdu - udv}{v^2}$
(5)	设 $y = f(u), u = \varphi(x)$,则复合函数 $y = f[\varphi(x)]$ 的求导法则为 $\dfrac{dy}{dx} = \dfrac{dy}{du} \cdot \dfrac{du}{dx} = f'(u)u'$	设 $y = f(u), u = \varphi(x)$,则复合函数 $y = f[\varphi(x)]$ 的微分法则为 $dy = \dfrac{dy}{du} \cdot \dfrac{du}{dx} \cdot dx = f'(u)du = f'(u)u'dx$

3. 复合函数的微分法则(一阶微分形式的不变性)

当 u 是自变量时,函数 $y = f(u)$ 的微分为 $dy = f'(u)du$。

当 u 不是自变量,而是 x 的函数 $u = \varphi(x)$ 时,复合函数 $y = f[\varphi(x)]$ 的导数为 $y'_x = f'(u)\varphi'(x)$,于是复合函数 $y = f[\varphi(x)]$ 的微分为 $dy = y'_x dx = f'(u)\varphi'(x)dx = f'(u)du$。因此,从形式上看,不论 u 是自变量还是中间变量,函数 $y = f(u)$ 的微分总保持同一形式,即 $dy = f'(u)du$。微分的这一性质称为微分一阶形式的不变性。因此,在求复合函数的微分时,可以根据微分定义求,也可以利用微分形式的不变性来求。

例 40 求函数 $y = \ln\sin x$ 的微分。

解 方法 1 求导数 $y' = \dfrac{1}{\sin x}\cos x$,则 $dy = \dfrac{1}{\sin x}\cos x\, dx = \cot x\, dx$

方法 2 $dy = d(\ln\sin x) = \dfrac{1}{\sin x}d(\sin x) = \dfrac{1}{\sin x}\cos x\, dx = \cot x\, dx$

例 41 在下列括号中填上适当的函数,使等式成立。

(1) $d(\quad) = x^2 dx$; (2) $d(\quad) = \sin\omega x\, dx$。

解 (1) 因为 $(x^3)' = 3x^2$,所以 $\left(\dfrac{1}{3}x^3\right)' = x^2$,显然,对任意常数 C 有 $d\left(\dfrac{1}{3}x^3 + C\right) = x^2 dx$。

(2) 因为 $\left(-\dfrac{1}{\omega}\cos\omega x + C\right)' = \sin\omega x$,所以 $d\left(-\dfrac{1}{\omega}\cos\omega x + C\right) = \sin\omega x\, dx$。

四、微分的应用

我们主要从近似计算与误差估计两个方面介绍微分的应用。

设函数 $y = f(x)$ 在 x_0 处可导,当 $|\Delta x| \to 0$ 时,有 $\Delta y \approx f'(x_0)\Delta x$,即

$$f(x_0 + \Delta x) - f(x_0) \approx f'(x_0)\Delta x$$

得计算函数值的近似公式
$$f(x)=f(x_0+\Delta x)\approx f(x_0)+f'(x_0)\Delta x$$

1. 近似计算

(1) 求函数在某点附近函数值的近似值。

当 $|\Delta x|$ 很小时,$f(x)=f(x_0+\Delta x)\approx f(x_0)+f'(x_0)\Delta x$;

当 $x_0=0$ 且 $|x|$ 很小时,$f(x)\approx f(0)+f'(0)x$。

当 $|x|$ 很小时,可推得下面一些常用近似公式:

$\sqrt[n]{1+x}\approx 1+\dfrac{x}{n}$; $e^x\approx 1+x$; $\ln(1+x)\approx x$;

$\sin x\approx x$; $\tan x\approx x$; $1-\cos x\approx \dfrac{x^2}{2}$。

利用公式 $f(x)=f(x_0+\Delta x)\approx f(x_0)+f'(x_0)\Delta x$ 计算在点 x_0 附近的点 $x=x_0+\Delta x$ 处的近似值的一般方法如下:

① 选择合适的函数;取点 x_0 及 Δx,点 x_0 应使 $f(x_0)$ 及 $f'(x_0)$ 易于计算,且使 $|\Delta x|$ 充分小。

② 求出 $f(x_0)$ 及 $f'(x_0)$。

③ 代入公式计算。

例42 求 $\sqrt[3]{7.988}$ 的近似值。

解 ① 设 $f(x)=\sqrt[3]{x}$,由 $x=7.988$,取 $x_0=8$,$\Delta x=x-x_0=-0.012$

② $f(8)=2$,$f'(8)=\dfrac{1}{3}x^{-\frac{2}{3}}|_{x=8}=\dfrac{1}{12}$

③ 因为 $f(x)=f(x_0+\Delta x)\approx f(x_0)+f'(x_0)\Delta x$

所以 $f(7.988)=f[8+(-0.012)]\approx f(8)+f'(8)(-0.012)$

$$=2+\dfrac{1}{12}\times(-0.012)=1.999$$

所以 $\sqrt[3]{7.988}\approx 1.999$

例43 求 $\sqrt{4.20}$ 的值。

解 ① 因为 $\sqrt{4.20}=\sqrt{4\times(1.05)}=2\sqrt{1+0.05}$,所以可设函数 $f(x)=2\sqrt{x}$,取 $x=1.05$,$x_0=1$,$\Delta x=0.05$

② $f'(x)=x^{-\frac{1}{2}}$,$f(1)=2$,$f'(1)=1$

③ $\sqrt{4.20}=f(x)=f(x_0+\Delta x)\approx f(1)+f'(1)\Delta x=2+1\times 0.05=2.05$

例44 求 $e^{-0.03}$ 的值。

解 令 $f(x)=e^x$,$f'(x)=e^x$,取 $x_0=0$,$\Delta x=-0.03$,那么

$e^{-0.03}=f(x_0+\Delta x)\approx f(x_0)+f'(x_0)\Delta x=f(0)+f'(0)\Delta x=e^0+e^0(-0.03)=0.97$

所以 $e^{-0.03}\approx 0.97$

例45 求 $\sin 33°$ 的近似值。

解 由于 $\sin 33°=\sin\left(\dfrac{\pi}{6}+\dfrac{\pi}{60}\right)$,因此取 $f(x)=\sin x$,$x_0=\dfrac{\pi}{6}$,$\Delta x=\dfrac{\pi}{60}$,所以

$$\sin 33°=\sin\left(\dfrac{\pi}{6}+\dfrac{\pi}{60}\right)\approx f\left(\dfrac{\pi}{6}\right)+f'\left(\dfrac{\pi}{6}\right)\Delta x$$

$$= \sin\left(\frac{\pi}{6}\right) + \cos\frac{\pi}{6} \cdot \frac{\pi}{60} = \frac{1}{2} + \frac{\sqrt{3}}{2} \cdot \frac{\pi}{60} \approx 0.545$$

即 $\sin 33° \approx 0.545$

(2) 求函数改变量的近似值。

例 46 半径为 10cm 的金属圆片受热膨胀,半径伸长了 0.05cm,问面积大约扩大了多少?

解 ① 设半径为 r,圆面积为 S,则 $S(r) = \pi r^2$。由题意知 $r_0 = 10\text{cm}, \Delta r = 0.05\text{cm}$

② $S'(r) = 2\pi r, S'(10) = 2\pi \cdot 10\text{cm} = 20\pi\text{cm}$

③ $\Delta S \approx dS = S'(10) \Delta r = 20\pi\text{cm} \cdot 0.05\text{cm} = \pi\text{cm}^2 \approx 3.14(\text{cm}^2)$

2. 误差估计

(1) 设某量真值(即真实值)为 x,其测量值为 x_0,则称 $\Delta x = x - x_0$ 为 x 的测量误差或度量误差,$|\Delta x| = |x - x_0|$ 为 x 的绝对误差,$\left|\dfrac{\Delta x}{x_0}\right|$ 为 x 的相对误差。

(2) 设某量 y 由函数 $y = f(x)$ 确定,如果 x 有度量误差 Δx,则相应的 y 也有度量误差 $\Delta y = f(x_0 + \Delta x) - f(x_0)$、绝对误差 $|\Delta y|$ 及相对误差 $\left|\dfrac{\Delta y}{y}\right|$。

(3) 设函数 $y = f(x)$ 可微,以 dy 代替 Δy,则绝对误差估计公式和相对误差估计公式分别为

$$|\Delta y| \approx |dy| = |f'(x)||\Delta x|, \quad \left|\frac{\Delta y}{y}\right| \approx \left|\frac{dy}{y}\right| = \left|\frac{f'(x)}{f(x)}\right||\Delta x|$$

例 47 有一立方体水箱,测得它的边长为 70cm,度量误差为 ±0.1cm。试估计:用此测量数据计算水箱的体积时,产生的绝对误差与相对误差。

解 设立方体边长为 x,体积为 V,则 $V = x^3$。

(1) 由题意知 $x_0 = 70\text{cm}, \Delta x = \pm 0.1\text{cm}$

(2) $V'(70) = (x^3)'|_{x=70} = 14\ 700\text{cm}^2$

(3) 由误差估计公式,体积的绝对值误差为

$$|\Delta V| \approx |dV| = |V'(70)||\Delta x| = 14\ 700 \times 0.1 = 1\ 470(\text{cm}^3)$$

体积的相对误差为

$$\left|\frac{\Delta V}{V}\right| \approx \left|\frac{dV}{V}\right| = \left|\frac{V'(70)}{V(70)}\right| \cdot |\Delta x| = \left|\frac{14\ 700}{343\ 000}\right| \times 0.1 = \frac{0.3}{70} \approx 0.43\%$$

思 考 题

1. 试说明函数可导、可微、连续之间的关系。

2. $\ln 11 = \ln(10 + 1) \approx \ln 10$ 是否正确?

习题讲解视频 2-6

习题 2-6

1. 设函数 $y = x^2 - 1$,当自变量从 1 改变到 1.02 时,求函数的增量与函数的微分。

2. 求下列函数在指定点处的微分。

(1) $y = \sqrt{x+1}, x = 0$; (2) $y = \arcsin\sqrt{x}, x = \dfrac{1}{2}$;

(3) $y = \dfrac{x}{1+x^2}, x = 0$; (4) $y = (x^2+5)^3, x = 1$。

3. 将适当的函数填入括号内，使等式成立。

(1) d( ) = $\dfrac{1}{1+x^2}dx$；　　　　(2) d( ) = $\dfrac{1}{\sqrt{1-x^2}}dx$；

(3) d( ) = $e^x dx$；　　　　(4) d( ) = $\dfrac{1}{x}dx$；

(5) d( ) = $\dfrac{1}{x^2}dx$；　　　　(6) d( ) = $\sqrt{x}\,dx$；

(7) d( ) = $\dfrac{1}{\sqrt{x}}dx$；　　　　(8) d( ) = $\sec^2 x\,dx$；

(9) $d(\cos 2x) = ($ $)dx$；　　　　(10) $d(e^{-\frac{1}{2}x}) = ($ $)dx$；

(11) $x\,dx = ($ $)d(1-x^2)$；　　　　(12) $\cos\dfrac{x}{3}dx = ($ $)d\left(\sin\dfrac{x}{3}\right)$；

(13) $e^{3x}dx = ($ $)d(e^{3x})$；　　　　(14) $\dfrac{1}{x^2}dx = ($ $)d\left(\dfrac{1}{x}\right)$。

4. 求下列函数的微分 dy。

(1) $y = e^{\sin 3x}$；　　　　(2) $y = \tan x + 2^x - \dfrac{1}{\sqrt{x}}$；

(3) $y = e^{-x}\cos(3-x)$；　　　　(4) $y = \ln\sqrt{1-\ln x}$；

(5) $y = (e^x + e^{-x})^{\sin x}$；　　　　(6) $xy = a^2$；

(7) $y = \dfrac{\cos x}{1-x^2}$；　　　　(8) $y = [\ln(1-x)]^2$；

(9) $y = \arctan e^{2x}$；　　　　(10) $y = \tan^2(1+2x^2)$；

(11) $y = \ln\sqrt{1-x^2}$；　　　　(12) $y = e^{-2x}\cos 3x$；

(13) $y = e^x \arctan x$；　　　　(14) $y = \tan(1+x^2)$。

5. 一平面圆环形，其内半径为 10cm，宽为 0.1cm，求其面积的精确值与近似值。

6. 一个半径为 10cm 的金属球外表镀一层厚度为 0.01cm 的铜，求所用铜的体积的近似值。

7. 利用微分求下列函数的近似值。

(1) $\cos 59°$；　　(2) $\sqrt{0.97}$；　　(3) $\ln 0.98$；　　(4) $e^{0.04}$。

8. 已知一正方体的棱长为 10m，如果它的棱长增加 0.1m，求体积的绝对误差与相对误差。

第七节　应　用

1. 求距离

如图 2-5 所示，一只苍蝇从抛物线 $y = 7 - x^2$ 的顶点出发，沿着抛物线自左向右爬行，一只蜘蛛在点 (4,0) 处守候，在蜘蛛最初发现苍蝇的时刻，它们之间的距离是多少？

解　从点 (4,0) 作抛物线的切线，则切点就是蜘蛛最初发现苍蝇的点。设切点为 (x_0, y_0)，则 $y_0 = 7 - x_0^2$。又 $y' = -2x$，

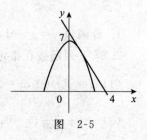

图 2-5

所以切线的斜率为$-2x_0$,切线方程为
$$y=-2x_0(x-x_0)+7-x_0^2$$
由切线过点$(4,0)$,代入切线方程得
$$0=-2x_0(4-x_0)+7-x_0^2$$
即
$$x_0^2-8x_0+7=0$$
解出
$$x_0=1,x_0=7(舍)$$
于是$y_0=6$,切点$(1,6)$到点$(4,0)$的距离为
$$\sqrt{(4-1)^2+(0-6)^2}=3\sqrt{5}$$
即在蜘蛛最初发现苍蝇的时刻,它们之间的距离是$3\sqrt{5}$。

2. 行人的影子

一位身高 1.8m 的行人以 0.9m/s 的速率向一个路灯的灯柱走去,灯柱的高度是 5.4m。问:

(1) 行人的影长以怎样的速率减小?

(2) 行人影子的顶端以怎样的速率前进?

解 如图 2-6 所示,设 x_1 为行人与灯柱的距离,x_2 为影子的长度,则由题设知 $\dfrac{\mathrm{d}x_1}{\mathrm{d}t}=-0.9$。又由相似三角形易得 $x_2=\dfrac{x_1}{2}$。

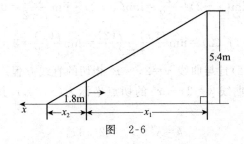

图 2-6

(1) 行人的影长变化的速率为
$$\frac{\mathrm{d}x_2}{\mathrm{d}t}=\frac{1}{2}\frac{\mathrm{d}x_1}{\mathrm{d}t}=-0.45$$
即行人的影长以 0.45m/s 的速率减小。

(2) 行人影子的顶端变化的速率为
$$\frac{\mathrm{d}(x_1+x_2)}{\mathrm{d}t}=\frac{\mathrm{d}x_1}{\mathrm{d}t}+\frac{\mathrm{d}x_2}{\mathrm{d}t}=-0.45-0.9=-1.35$$
即行人影子的顶端以 1.35m/s 的速率前进。

3. "70 年规则"问题

"70 年规则"是一笔在银行的存款翻倍所需时间的经验说法:如果存入银行的钱为 P_0,银行的年复利率为 $i\%$,则当 i 很小时,大约需要 $\dfrac{70}{i}$ 年才能将这笔钱翻一番,变成 $2P_0$。

下面,我们用函数微分做近似验证这个事实。

证 令 $r=i\%$,则 t 年以后这笔存数变成
$$P(t)=P_0(1+r)^t$$
由 $P(t)=2P_0$,得到 $2=(1+r)^t$,即 $\ln 2=t\ln(1+r)$,由此解出

$$t = \frac{\ln 2}{\ln(1+r)}$$

由于 r 很小，所以 $\ln(1+r) \approx r$（函数微分近似表示函数增量），于是有

$$t = \frac{\ln 2}{\ln(1+r)} \approx \frac{\ln 2}{r} = \frac{100 \cdot \ln 2}{i} \approx \frac{69.3}{i} \approx \frac{70}{i}$$

因此，在银行年利率很低的情况下，经过大约 $\frac{70}{i}$ 年，银行中的一笔存款就会变成原来的两倍。实际上，如果年利率在 10% 之内，这种近似结果是非常精确的。

习题 2-7

有一个高 4m、底面半径 2m 的圆锥形容器，假设以 $2m^3/min$ 的速度将水注入该容器，求水深 3m 时水面的上升速率。

【本章典型方法与范例】

例 2-1 设函数 $f(x)$ 在 $x=2$ 处连续，且 $\lim\limits_{x \to 2} \frac{f(x)}{x-2} = 2$，求 $f'(2)$。

解 利用连续定义转换成导数定义形式。

$f(2) = \lim\limits_{x \to 2} f(x) = \lim\limits_{x \to 2} (x-2) \frac{f(x)}{x-2} = \lim\limits_{x \to 2} (x-2) \cdot \lim\limits_{x \to 2} \frac{f(x)}{x-2} = 0 \times 2 = 0$，所以有

$$f'(2) = \lim\limits_{x \to 2} \frac{f(x) - f(2)}{x-2} = \lim\limits_{x \to 2} \frac{f(x)}{x-2} = 2$$

例 2-2 求过点 $(0,2)$ 且与曲线 $y = 2x - x^3$ 相切的直线方程。

解 设所求直线与曲线 $y = 2x - x^3$ 的切点坐标为 (x_0, y_0)，其中 $y_0 = 2x_0 - x_0^3$，则所求直线方程的斜率为

$$k = y' \big|_{x=x_0} = 2 - 3x_0^2$$

所以，通过点 (x_0, y_0) 的曲线的切线斜率方程为

$$y - (2x_0 - x_0^3) = (2 - 3x_0^2)(x - x_0)$$

已知切线通过点 $(0,2)$，故将点 $(0,2)$ 代入切线方程得

$$0 - (2x_0 - x_0^3) = (2 - 3x_0^2)(2 - x_0)$$

解得

$$x_0 = 1, y_0 = 1, k = -1$$

故所求切线方程为

$$y = -x + 2$$

例 2-3 求 a，使得直线 $y = ax$ 成为曲线 $y = -x^2 + 3x - 2$ 的切线。

解 设切线 $y = ax$ 与直线 $y = -x^2 + 3x - 2$ 都经过同一点 $(x_0, f(x_0))$，且切线的斜率就是导数

$$a = f'(x_0) = -2x_0 + 3$$

另外

$$-x_0^2 + 3x_0 - 2 = (-2x_0 + 3)x_0$$

解得

$$x_0 = \pm\sqrt{2}$$

斜率
$$\alpha = f'(x_0) = 3 \pm 2\sqrt{2}$$
这样的切线有两条。

例 2-4 求下列函数在点 $x=0$ 处的导数。

(1) $f(x) = \arctan \dfrac{x}{x^2-1}$；   (2) $f(x) = x(x+1)(x+2)\cdots(x+n)$。

解 (1) $f'(x) = \left(\arctan \dfrac{x}{x^2-1}\right)' = \dfrac{1}{1+\left(\dfrac{x}{x^2-1}\right)^2} \left(\dfrac{x}{x^2-1}\right)'$

$$= \dfrac{(x^2-1)^2}{(x^2-1)^2+x^2} \cdot \dfrac{(x^2-1)-2x^2}{(x^2-1)^2} = \dfrac{-1-x^2}{(x^2-1)^2+x^2}$$

所以
$$f'(0) = f'(x)\big|_{x=0} = \dfrac{-1-x^2}{(x^2-1)^2+x^2}\bigg|_{x=0} = -1$$

(2) **方法 1** 利用导数的定义。

因为 $f(0)=0$，则
$$f'(0) = \lim_{x \to 0} \dfrac{f(x)-f(0)}{x-0} = \lim_{x \to 0} \dfrac{x(x+1)(x+2)\cdots(x+n)}{x} = \lim_{x \to 0}(x+1)(x+2)\cdots(x+n)$$
$$= 1 \times 2 \cdots \times n = n!$$

方法 2 直接利用积的求导法则。
$$f'(x) = (x)'(x+1)(x+2)\cdots(x+n) + x\left[(x+1(x+2)\cdots(x+n)\right]'$$
$$= (x+1)(x+2)\cdots(x+n) + x\left[(x+1(x+2)\cdots(x+n)\right]'$$

所以
$$f'(0) = \{(x+1)(x+2)\cdots(x+n) + x\left[(x+1(x+2)\cdots(x+n)\right]'\}\big|_{x=0}$$
$$= 1 \times 2 \times 3 \times \cdots \times n + 0 = n!$$

方法 3 因为函数为多个因子幂的连乘积，所以可以采用对数求导法。

两端同时取对数
$$\ln f(x) = \ln x + \ln(x+1) + \cdots + \ln(x+n)$$

两端同时求导
$$\dfrac{f'(x)}{f(x)} = \dfrac{1}{x} + \dfrac{1}{x+1} + \cdots + \dfrac{1}{x+n}$$

整理得
$$f'(x) = [(x+1)(x+2)\cdots(x+n)] + [x(x+2)\cdots(x+n)] + \cdots + [x(x+1)\cdots(x+n-2)(x+n-1)]$$

所以
$$f'(0) = 1 \times 2 \times 3 \times \cdots \times n + 0 + \cdots + 0 = n!$$

例 2-5 求下列函数的导数。

(1) $y = e^{\tan x} \sin \dfrac{1}{x}$；   (2) $y = \ln \dfrac{a+x}{a-x}$。

解 (1) 按照乘积的求导法则和复合函数的求导法则。
$$y' = \left(e^{\tan x} \sin \dfrac{1}{x}\right)' = (e^{\tan x})' \sin \dfrac{1}{x} + e^{\tan x} \left(\sin \dfrac{1}{x}\right)'$$
$$= e^{\tan x}(\tan x)' \sin \dfrac{1}{x} + e^{\tan x} \cos \dfrac{1}{x} \left(\dfrac{1}{x}\right)'$$

$$= e^{\tan x}\sec^2 x\sin\frac{1}{x} - \frac{1}{x^2}e^{\tan x}\cos\frac{1}{x}$$

$$= e^{\tan x}\left(\sec^2 x\sin\frac{1}{x} - \frac{1}{x^2}\cos\frac{1}{x}\right)$$

（2）按照复合函数的求导法则。

$$y' = \left(\ln\frac{a+x}{a-x}\right)' = \frac{1}{\frac{a+x}{a-x}} \cdot \left(\frac{a+x}{a-x}\right)' = \frac{a-x}{a+x} \cdot \frac{(a-x)+(a+x)}{(a-x)^2} = \frac{2a}{a^2-x^2}$$

例 2-6 求下列函数的导数。

(1) $\sqrt{x^2+y^2} = e^{\arctan\frac{y}{x}}$；　　(2) $y = \sqrt{x\sin x\sqrt{1-e^x}}$；

(3) $y = (\tan x)^{\sin x} + x^x$。

解 （1）方程两端先取对数，然后两端同时求导

$$\frac{1}{2}\ln(x^2+y^2) = \arctan\frac{y}{x}$$

两边同时求导

$$\frac{1}{2} \cdot \frac{(x^2+y^2)'}{x^2+y^2} = \frac{1}{1+\left(\frac{y}{x}\right)^2} \cdot \left(\frac{y}{x}\right)'$$

$$\frac{x+yy'}{x^2+y^2} = \frac{1}{1+\left(\frac{y}{x}\right)^2} \cdot \frac{y'x-y}{x^2}$$

解得

$$y' = \frac{x+y}{x-y}$$

（2）利用对数求导法，两边取对数

$$\ln y = \frac{1}{2}\left[\ln x + \ln\sin x + \frac{1}{2}\ln(1-e^x)\right]$$

两边同时对 x 求导

$$\frac{y'}{y} = \frac{1}{2}\left[\frac{1}{x} + \frac{(\sin x)'}{\sin x} + \frac{1}{2} \cdot \frac{(1-e^x)'}{1-e^x}\right] = \frac{1}{2}\left[\frac{1}{x} + \frac{\cos x}{\sin x} - \frac{1}{2} \cdot \frac{e^x}{1-e^x}\right]$$

解得

$$y' = \frac{1}{2}\left[\frac{1}{x} + \cot x - \frac{e^x}{2(1-e^x)}\right]\sqrt{x\sin x\sqrt{1-e^x}}$$

（3）设 $u = (\tan x)^{\sin x}$，$v = x^x$，分别取对数，得

$$\ln u = \sin x\ln\tan x, \quad \ln v = x\ln x$$

分别求导数

$$\frac{u'}{u} = (\sin x)'\ln\tan x + \sin x(\ln\tan x)', \quad \frac{v'}{v} = (x)'\ln x + x(\ln x)'$$

解得

$$u' = (\tan x)^{\sin x}(\cos x\ln\tan x + \sec x), \quad v' = x^x(\ln x + 1)$$

所以

$$y' = u' + v' = (\tan x)^{\sin x}(\cos x\ln\tan x + \sec x) + x^x(\ln x + 1)$$

本章知识结构

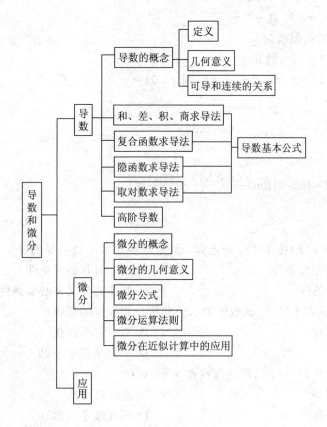

复习题二

1. 判断题。

(1) 若 $f'(x)=g'(x)$，则 $f(x)=g(x)+C$。 (   )

(2) 若 $f(x)$ 在点 x_0 处连续，则 $f(x)$ 在点 x_0 处可导。 (   )

(3) $(x^x)'=x \cdot x^{x-1}$。 (   )

(4) $f'(x_0)=[f(x_0)]'$。 (   )

(5) 若 $f(x)$ 在点 x_0 处可导，则 $f(x)$ 在点 x_0 处必有定义。 (   )

(6) 如果 $f(x)$ 在点 x_0 处不可导，则 $f(x)$ 的图像在点 $(x_0,f(x_0))$ 处没有切线。

(   )

(7) 导函数简称导数，而导数就是导函数。 (   )

(8) 显函数可以化为隐函数，隐函数也可化为显函数。 (   )

(9) 导数和微分是没有区别的。 (   )

(10) 基本初等函数和初等函数在其定义域内都是连续函数。 (   )

2. 填空题。

(1) 已知函数 $f(x)=2x^2-2x+5$，则 $\Delta y=$ _____，$dy=$ _____。

(2) 已知曲线 $y=f(x)$ 在点 $x=2$ 处的切线倾斜角为 $\dfrac{5\pi}{6}$，则 $f'(2)=$ _____。

(3) 过曲线 $y=x^2$ 上点 $A(2,4)$ 的切线方程为_____,法线方程为_____。

(4) d_____ $=x^2 dx$; d_____ $=\frac{1}{x^2}dx$。

(5) 设函数 $y=e^{-x}$,则 $y^{(n)}=$_____。

(6) ln1.01 的近似值为_____。

(7) 设 $xy=1+xe^y$,则 $dy=$_____。

(8) 已知 $f(x)=x^4-2x^2+3x+8$,则 $f'(0)=$_____,$f''(0)=$_____。

(9) $d[\ln(2x+1)]=$_____。

(10) $\left(\cos\frac{1}{x}\right)'=$_____,$(\arctan 2x^2)'=$_____。

3. 选择题。

(1) 设 $f(x)=\ln 2$,则 $\lim\limits_{\Delta x\to 0}\frac{f(x+\Delta x)-f(x)}{\Delta x}=($)。

A. 2   B. $\frac{1}{2}$ C. ∞ D. 0

(2) 函数 $y=f(x)$ 在 $x=x_0$ 处连续,是 $f(x)$ 在 $x=x_0$ 处可导的(   )。

A. 必要但非充分条件   B. 充分但非必要条件

C. 充分必要条件   D. 既非充分又非必要条件

(3) 函数在某点不可导,函数所表示的曲线在相应点的切线(   )。

A. 一定不存在   B. 不一定不存在

C. 一定存在   D. 一定平行于 y 轴

(4) 设函数 $f(x)=|x|$,则函数在点 $x=0$ 处(   )。

A. 连续且可导   B. 连续且可微

C. 连续不可导   D. 不连续不可微

(5) 半径为 R 的金属圆片加热后半径伸长了 ΔR,则面积 S 的微分 dS 是(   )。

A. $\pi R dR$ B. $2\pi R\Delta R$ C. πdR D. $2\pi dR$

(6) 设函数 $f(x)=x(x-1)(x-2)\cdots(x-99)$,则 $f'(0)=($)。

A. 99   B. -99 C. 99!   D. $-99!$

(7) 导数等于 $\frac{1}{2}\sin 2x$ 的函数是(   )。

A. $\frac{1}{2}\sin^2 x$ B. $\frac{1}{4}\cos 2x$

C. $\frac{1}{2}\cos^2 x$ D. $1-\frac{1}{2}\cos 2x$

(8) 设函数 $y=\sin\sqrt{x}$,则 $dy=($)。

A. $\cos\sqrt{x}\,dx$ B. $-\cos\sqrt{x}\,dx$

C. $\cos\sqrt{x}\,d\sqrt{x}$ D. $\cos x\,dx$

(9) 若 $y=\ln\sqrt{x}$,则 $dy=($)。

A. $\frac{1}{\sqrt{x}}dx$ B. $\frac{1}{2x}$

C. $\frac{1}{2x}dx$ D. $\frac{2}{\sqrt{x}}dx$

(10) 若 $(\sin 2x)' = f(x)$，则 $f'(x) = ($)。

A. $\sin 2x$ B. $-4\sin 2x$ C. $-2\sin 2x$ D. $-\sin 2x$

4. 求函数 $y = \dfrac{1}{x^2}$ 的导数，以及函数 $y = \dfrac{1}{x^2}$ 在 $x = -\dfrac{1}{2}$ 处的导数，这两个概念有什么不同？

5. 求下列函数的二阶导数。

(1) $y = \ln(1 + x^2)$；   (2) $y = x^2 + \dfrac{1}{x}$；

(3) $y = \sin^5 x$；   (4) $e^y + xy = e$，求 $y''(0)$。

6. 已知 $f(x) = ax^2 + bx + 2$，且 $f(2) = f'(2) = f''(2)$，求 $f(3), f'(3), f''(3)$。

7. 求下列函数的导数。

(1) $y = a^x + x^a$；   (2) $y = xe^{\frac{1}{x}}$；   (3) $y = 2^{\ln x} + (\ln x)^2$；

(4) $y = \arctan\dfrac{1}{1+x}$；   (5) $y = \ln\sqrt{\dfrac{1-\sin x}{1+\sin x}}$；   (6) $y = \ln\left[\tan\left(\dfrac{x}{2} + \dfrac{\pi}{4}\right)\right]$；

(7) $y = x^{\frac{1}{x}}(x > 0)$；   (8) $y = \ln^3(\ln x^2)$；   (9) $y = \dfrac{\sin^2 x}{\sin x^2}$；

(10) $y = \dfrac{\arccos x}{x}$；   (11) $y = (2x^4 - x^2 + 3)\left(\sqrt{x} - \dfrac{1}{x}\right)$；   (12) $y = 5^{\ln\tan x}$；

(13) $y = \arctan e^{2x-1}$；   (14) $y = 2^{-\frac{1}{\cos x}}$。

8. 求下列函数的微分。

(1) $y = \sin(3x - 5)$；   (2) $y = e^{x^2}$；

(3) $y = e^{2x} \cdot \sin\dfrac{x}{3}$；   (4) $y = \arcsin\sqrt{x}$。

9. 求下列方程所确定的隐函数的导数。

(1) $\cos(xy) = x$；   (2) $\dfrac{x^2}{a^2} + \dfrac{y^2}{b^2} = 1$ (a, b 为常数)；

(3) $x^y = y^x$ ($x > 0, y > 0$)；   (4) $y\sin x - \cos(x - y) = 0$。

阅读材料二

微积分学的奠基人

微积分的奠基人是英国的牛顿（Newton，1643—1727）和德国的莱布尼茨（Leibniz，1646—1716）。

1687 年，牛顿出版了《自然哲学的数学原理》。此前，牛顿提出了正流数（微分）术与反流数（积分）术。

在欧洲大陆的另一边，比牛顿更年轻的莱布尼茨才华横溢，于 1684 年发表了第一篇微分学的论文——《一种求极大、极小值与切线的新方法》。两年后，他又发表了另一篇关于积分学的论文。

《自然哲学的数学原理》这部科学巨著以严密的数学原理和精细的天文观察相结合的方法，把牛顿创造的方法与自然科学的研究紧密地结合在一起，从而使微积分学在实践中深深地扎下了根。

莱布尼茨的微分学与牛顿的微分学有着明显的不同，牛顿用几何形式来表达他的成果,而莱布尼茨则用代数形式来阐述他的思想,尽管在与物理的结合上不如牛顿,但他的想象力之丰富,符号之先进,都是牛顿无法比拟的,他创立的微分符号、积分符号以及法则,如 $d(uv) = udv + vdu$ 等一直沿用至今,而牛顿使用的微积分符号现在多数已被淘汰。

牛顿提出"流数"的时间虽然比莱布尼茨早十几年,但他仅在英国同事间散发了手稿,而莱布尼茨公开发表论文比牛顿早了三年。因此,围绕微积分的发明权,英、德两国及其双方的追随者各执己见,争论了整整一个世纪。这种争论虽然从感情上可以理解,但实在是很无聊。后人很公正,认为他们两人各自独立地创立了微积分学,他们都是微积分学的奠基人。

在争论喋喋不休的时候,其实微积分面临着严峻的挑战,由于微积分刚刚创立,很多理论很不严谨,有些人就借机大做文章,问题主要集中在极限理论上,体现在对无穷小量的理解上。在一些推导中,除以无穷小量,在另一些推导中,又把无穷小量看成 0 而去掉,从而得到有关公式。这里就产生了"无穷小量是 0 还是非 0"的问题。如果是 0,怎么可以作为除数呢?如果不是 0,又怎么可以去掉呢?牛顿与莱布尼茨的理论都存在这样的问题,这就是数学史上的"无穷小悖论"。1734 年,英国神学家 G. 贝克莱(G. Berkeley, 1685—1753)著书攻击微积分,他在《分析学家》中将推导过程中对无穷小量的忽略说成是"分明的诡辩","把人引入歧途的招摇撞骗",说无穷小量是"逝去的鬼魂"等。一些颇有成就的数学家也说了一些缺乏考虑的话,这就造成了数学史上的"第二次危机"。

面对严峻的挑战,一大批数学家站了出来,奋起回击。他们对微积分的基础理论做了大量的工作,建立了 $\varepsilon-\delta$ 描述方式的严格的极限理论,以"求增量、算比值、取极限"的三部曲方式作为求导法则,从而在数学推理的形式上驳斥了贝克莱的无穷小悖论。另一方面,微积分在实践应用中的节节胜利也证明了微积分的强大生命力。这里,可以列出一长串数学家的名单,正是经过他们一个多世纪的努力,微积分才成为数学领域的伟大成就。由于微积分的创立而产生了很多分支:微分方程、无穷级数、微分几何学、变分学等。今天谁也不会再怀疑微积分了。可以这样说,如果没有微积分,很多学科将寸步难行。

第三章 导数的应用

【本章导读】

第二章介绍了微分学中的两个基本概念——导数与微分,并介绍了其计算方法。本章以微分学基本定理——微分中值定理为基础,进一步介绍如何利用导数研究函数的性态,例如判断函数的单调性和曲线的凹凸性,求函数的极值、最值和作函数图像,进一步讨论导数在经济问题中的应用。

【学习目标】

- 了解罗尔中值定理和拉格朗日中值定理。
- 理解函数极值的概念。
- 掌握求函数的极值、判断函数的增减性与曲线的凹凸性、求函数图形的拐点等方法。
- 会用洛必达法则求未定式的极限。
- 会用导数解决经济问题。

第一节 微分中值定理

一、极值定义和费马定理

1. 极值定义

定义 1 若函数 $y=f(x)$ 在点 x_0 的某邻域内有定义,如果对该邻域内任意点 $x(x\neq x_0)$,恒有 $f(x_0)>f(x)(f(x_0)<f(x))$,则称函数 $y=f(x)$ 在点 x_0 取得**极大(小)值**,称点 x_0 为**极大(小)点**。

函数的极大值、极小值统称为极值,极大值点、极小值点统称为极值点。

2. 费马定理

定理 1 函数 $y=f(x)$ 在点 x_0 的某邻域 $U(x_0)$ 内有定义,且在点 x_0 可导。若点 x_0 为 $y=f(x)$ 的极值点,则必有 $f'(x_0)=0$(证明略)。

费马定理的几何意义非常明确:若函数 $f(x)$ 在极值点 x_0 可导,则曲线在该点的切线平行于 x 轴。

二、罗尔中值定理

定理 2 若函数 $y=f(x)$ 满足:

(1) 在闭区间 $[a,b]$ 上连续;

(2) 在开区间 (a,b) 内可导;

(3) 在区间端点的函数值相等,即 $f(a)=f(b)$,

则在开区间 (a,b) 内至少存在一点 $\xi(a<\xi<b)$,使得 $f'(\xi)=0$。

罗尔(Rolle)中值定理的几何意义是:在每一点都可导的一段连续曲线上,如果曲线的

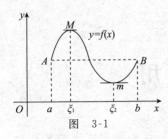

图 3-1

两端点高度相等，则至少存在一条水平切线，如图 3-1 所示。

证 因为 $f(x)$ 在 $[a,b]$ 上连续，所以有最大值与最小值，分别用 M 与 m 表示，现分两种情况讨论：

(1) 若 $M=m$，则 $f(x)$ 在 $[a,b]$ 上必为常数，从而结论成立。

(2) 若 $m<M$，则因 $f(a)=f(b)$，使得最大值 M 与最小值 m 至少有一个在 (a,b) 内某点 ξ 处取得，从而 ξ 是 $f(x)$ 的极值点。由条件(2)可知，$f(x)$ 在点 ξ 处可导，故由费马定理知 $f'(\xi)=0$。

注意 定理中的三个条件缺少任何一个，结论将不一定成立。

三、拉格朗日中值定理

定理 3 若函数 $y=f(x)$ 在 $[a,b]$ 上连续，在 (a,b) 可导，则至少存在一点 $\xi\in(a,b)$，使得 $f'(\xi)=\dfrac{f(b)-f(a)}{b-a}$，如图 3-2 所示。

证 作辅助函数

$$F(x)=f(x)-f(a)-\frac{f(b)-f(a)}{b-a}(x-a)$$

显然，$F(b)=F(a)=0$，且 $F(x)$ 在 $[a,b]$ 上满足罗尔定理的另两个条件，故存在 $\xi\in(a,b)$ 使得

$$F'(\xi)=f'(\xi)-\frac{f(b)-f(a)}{b-a}=0$$

移项得

$$f'(\xi)=\frac{f(b)-f(a)}{b-a}$$

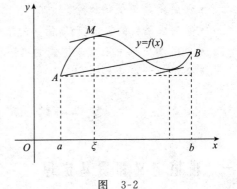

图 3-2

拉格朗日(Lagrange)中值定理的几何意义是：在每一点都有切线的连续曲线上，任意一条弦 AB 的两端点之间至少存在曲线上的一点 $M(\xi,f(\xi))$，在点 M 处曲线的切线与弦 AB 平行。

拉格朗日中值定理也可以写成 $f(b)-f(a)=f'(\xi)(b-a)$，该式精确地表达了函数在一个区间上的增量与函数在该区间内某点处的导数之间的联系。

拉格朗日中值定理中，令 $f(b)=f(a)$，拉格朗日中值定理就转化为罗尔中值定理，即罗尔中值定理是拉格朗日中值定理的特殊情形。

推论 如果在区间 (a,b) 内 $f'(x)=0$，那么在此区间内 $f(x)=C$（C 是常数）。

该推论是"常数的导数是 0"的逆定理。

例 1 验证拉格朗日中值定理对函数 $y=\ln\sin x$ 在区间 $\left[\dfrac{\pi}{6},\dfrac{5\pi}{6}\right]$ 上的正确性。

解 函数 $y=\ln\sin x$ 在区间 $\left[\dfrac{\pi}{6},\dfrac{5\pi}{6}\right]$ 上连续，在 $\left(\dfrac{\pi}{6},\dfrac{5\pi}{6}\right)$ 内可导，且

$$\frac{f(b)-f(a)}{b-a}=\frac{\ln\sin\dfrac{5\pi}{6}-\ln\sin\dfrac{\pi}{6}}{\dfrac{5\pi}{6}-\dfrac{\pi}{6}}=0$$

设函数 $y=\ln\sin x$ 的定义域内存在一点 ξ，则 $f'(\xi)=(\ln\sin x)'|_{x=\xi}=\cot\xi$，令 $f'(\xi)=$

$\frac{f(b)-f(a)}{b-a}$,即 $\cot\xi=0$,解得 $\xi=\frac{\pi}{2}\in\left(\frac{\pi}{6},\frac{5\pi}{6}\right)$。这就验证了拉格朗日中值定理的正确性。

例 2 在区间 $(-1,1)$ 上证明 $\arcsin x+\arccos x=\frac{\pi}{2}$。

证 设函数 $y=\arcsin x+\arccos x$,$y'=\frac{1}{\sqrt{1-x^2}}-\frac{1}{\sqrt{1-x^2}}=0$。

由拉格朗日中值定理推论,得函数 $y=\arcsin x+\arccos x=C$(C 是常数),取 $x_0=0$,$y=y(0)=\arcsin 0+\arccos 0=0+\frac{\pi}{2}=\frac{\pi}{2}$,即 $\arcsin x+\arccos x=\frac{\pi}{2}$。

例 3 证明:当 $0<a<b$ 时,$\frac{b-a}{b}<\ln\frac{b}{a}<\frac{b-a}{a}$。

证 因为 $\ln\frac{b}{a}=\ln b-\ln a$,故设 $f(x)=\ln x$,它在 $[a,b]$ 上满足拉格朗日中值定理的条件,所以 $\ln b-\ln a=(\ln x)'|_{x=\xi}\cdot(b-a)$,即 $\ln\frac{b}{a}=\frac{b-a}{\xi}$,$a<\xi<b$。

由于 $\frac{1}{b}<\frac{1}{\xi}<\frac{1}{a}$,所以 $\frac{b-a}{b}<\frac{b-a}{\xi}<\frac{b-a}{a}$,即 $\frac{b-a}{b}<\ln\frac{b}{a}<\frac{b-a}{a}$。

*四、柯西中值定理

定理 4 若函数 $f(x)$ 与 $g(x)$ 满足:(1)在闭区间 $[a,b]$ 上连续;(2)在开区间 (a,b) 内可导,且 $g'(x)\neq 0$,则在开区间 (a,b) 内至少存在一点 $\xi\in(a,b)$,使得 $\frac{f(b)-f(a)}{g(b)-g(a)}=\frac{f'(\xi)}{g'(\xi)}$(证明略)。

柯西中值定理是罗尔中值定理和拉格朗日中值定理的一般形式,当 $g(x)=x$ 时,柯西中值定理就转化为拉格朗日中值定理,即拉格朗日中值定理是柯西中值定理的特殊情形。

罗尔中值定理、拉格朗日中值定理、柯西中值定理统称微分中值定理。

思 考 题

1. 将拉格朗日中值定理的条件"函数 $y=f(x)$ 在 $[a,b]$ 上连续"换为"在 (a,b) 内连续",定理是否成立?画图说明。

2. 罗尔中值定理与拉格朗日中值定理的联系与区别是什么?

习题 3-1

1. 验证函数 $f(x)=\frac{1}{a^2+x^2}$ 在区间 $[-a,a]$ 上满足罗尔中值定理的条件,并求定理结论中的 ξ。

习题讲解视频 3-1

2. 验证罗尔中值定理对函数 $f(x)=x^3-2x^2+x+1$ 在区间 $[0,1]$ 上的正确性。

3. 函数 $y=\frac{2-x}{x^2}$ 在区间 $[-1,1]$ 上是否满足拉格朗日中值定理?为什么?

4. 验证拉格朗日中值定理对函数 $y=\ln x$ 在区间 $[1,e]$ 上的正确性。

5. 证明在 $(-\infty,+\infty)$ 内 $\arctan x+\operatorname{arccot} x=\dfrac{\pi}{2}$。

第二节 洛必达法则

本章第一节介绍了微分中值定理,其中柯西中值定理可以推出一类求极限的简单方法,即洛必达法则。洛必达法则主要是解决"$\dfrac{0}{0}$"型、"$\dfrac{\infty}{\infty}$"型以及可以转化为这两种类型的函数极限,如"$\infty-\infty$""$0\cdot\infty$""1^{∞}""0^0""∞^0"等类型的函数极限,这几种类型的函数极限有时存在,有时不存在,情况不定,故称为未定式。

一、未定式的洛必达法则

1. "$\dfrac{0}{0}$"型、"$\dfrac{\infty}{\infty}$"型函数的洛必达法则

若 $f(x),g(x)$ 满足下列条件:

(1) $\lim\limits_{x\to\Delta}f(x)=\lim\limits_{x\to\Delta}g(x)=0(或\infty)$,$\Delta$ 表示 x_0,x_0^-,x_0^+ 或 $\infty,+\infty,-\infty$;

(2) $f(x),g(x)$ 在 Δ 某邻域内(或 $|x|$ 充分大时)可导,且 $g'(x)\neq 0$;

(3) $\lim\limits_{x\to\Delta}\dfrac{f'(x)}{g'(x)}=A(或\infty)$,

则 $\lim\limits_{x\to\Delta}\dfrac{f(x)}{g(x)}\stackrel{(\frac{0}{0})}{\underset{(\frac{\infty}{\infty})}{=}}\lim\limits_{x\to\Delta}\dfrac{f'(x)}{g'(x)}=A(或\infty)$。

2. 使用洛必达法则的注意事项

(1) 使用洛必达法则之前,应该先检验分子、分母是否均为 0 或均为 ∞。

(2) 使用一次洛必达法则之后,需进行化简;若算式仍是未定式,且仍符合洛必达法则的条件,可以继续使用洛必达法则。

(3) 如果"$\dfrac{0}{0}$"型和"$\dfrac{\infty}{\infty}$"型极限中含有非零因子,则可以对该非零因子单独求极限(不必参与洛必达法则运算),以简化运算。

(4) 使用一次洛必达法则求极限时,如果能结合运用以前的知识(进行等价无穷小代换或恒等变形)可简化运算。

(5) 定理的条件是充分的,不是必要的,即如果 $\lim\limits_{x\to\Delta}\dfrac{f'(x)}{g'(x)}$ 的极限不存在(不是 ∞ 时的不存在),不能断定 $\dfrac{f(x)}{g(x)}$ 的极限不存在,出现这种情况,洛必达法则失效,需要用其他方法。

例 4 求 $\lim\limits_{x\to 1}\dfrac{\ln x}{2x-2}$。

解 $\lim\limits_{x\to 1}\dfrac{\ln x}{2x-2}\stackrel{(\frac{0}{0})}{=}\lim\limits_{x\to 1}\dfrac{\dfrac{1}{x}}{2}=\dfrac{1}{2}$

例5 求 $\lim\limits_{x\to 0}\dfrac{1-\cos x}{x^2}$。

解 $\lim\limits_{x\to 0}\dfrac{1-\cos x}{x^2}\overset{(\frac{0}{0})}{=}\lim\limits_{x\to 0}\dfrac{\sin x}{2x}=\dfrac{1}{2}$

例6 求 $\lim\limits_{x\to +\infty}\dfrac{\frac{\pi}{2}-\arctan x}{\frac{1}{x}}$。

解 $\lim\limits_{x\to +\infty}\dfrac{\frac{\pi}{2}-\arctan x}{\frac{1}{x}}\overset{(\frac{0}{0})}{=}\lim\limits_{x\to +\infty}\dfrac{-\frac{1}{1+x^2}}{-\frac{1}{x^2}}=\lim\limits_{x\to +\infty}\dfrac{x^2}{1+x^2}=1$

洛必达法则可以连续使用。每次使用时要检验它是否为未定式，如果不是，则不能再应用。

例7 求 $\lim\limits_{x\to 1}\dfrac{x^3-3x+2}{x^3-x^2-x+1}$。

解 $\lim\limits_{x\to 1}\dfrac{x^3-3x+2}{x^3-x^2-x+1}\overset{(\frac{0}{0})}{=}\lim\limits_{x\to 1}\dfrac{3x^2-3}{3x^2-2x-1}\overset{(\frac{0}{0})}{=}\lim\limits_{x\to 1}\dfrac{6x}{6x-2}=\dfrac{6\times 1}{6\times 1-2}=\dfrac{3}{2}$

例8 求 $\lim\limits_{x\to \infty}\dfrac{x^3+2x}{6x^3+5}$。

解 $\lim\limits_{x\to \infty}\dfrac{x^3+2x}{6x^3+5}\overset{(\frac{\infty}{\infty})}{=}\lim\limits_{x\to \infty}\dfrac{3x^2+2}{18x^2}\overset{(\frac{\infty}{\infty})}{=}\lim\limits_{x\to \infty}\dfrac{6x}{36x}=\dfrac{1}{6}$（此题也可不用洛必达法则）

例9 求 $\lim\limits_{x\to \frac{\pi}{2}}\dfrac{\tan x}{\tan 3x}$。

解 $\lim\limits_{x\to \frac{\pi}{2}}\dfrac{\tan x}{\tan 3x}\overset{(\frac{\infty}{\infty})}{=}\lim\limits_{x\to \frac{\pi}{2}}\dfrac{\sec^2 x}{3\sec^2 3x}=\lim\limits_{x\to \frac{\pi}{2}}\dfrac{\frac{1}{\cos^2 x}}{\frac{3}{\cos^2 3x}}=\lim\limits_{x\to \frac{\pi}{2}}\dfrac{\cos^2 3x}{3\cos^2 x}\overset{(\frac{0}{0})}{=}\lim\limits_{x\to \frac{\pi}{2}}\dfrac{\cos 3x\sin 3x}{\cos x\sin x}$

$=\lim\limits_{x\to \frac{\pi}{2}}\dfrac{\sin 6x}{\sin 2x}\overset{(\frac{0}{0})}{=}\lim\limits_{x\to \frac{\pi}{2}}\dfrac{6\cos 6x}{2\cos 2x}=3$

例10 求 $\lim\limits_{x\to 0}\dfrac{\mathrm{e}^{-\frac{1}{x^2}}}{x^{100}}$。

解 $\lim\limits_{x\to 0}\dfrac{\mathrm{e}^{-\frac{1}{x^2}}}{x^{100}}\overset{\text{令}u=\frac{1}{x^2}}{=\!=\!=\!=}\lim\limits_{u\to +\infty}\dfrac{u^{50}}{\mathrm{e}^u}\overset{(\frac{\infty}{\infty})}{=}\lim\limits_{u\to +\infty}\dfrac{50u^{49}}{\mathrm{e}^u}\overset{(\frac{\infty}{\infty})}{=}\lim\limits_{u\to +\infty}\dfrac{50\times 49u^{48}}{\mathrm{e}^u}=\cdots=\lim\limits_{u\to +\infty}\dfrac{50!}{\mathrm{e}^u}=0$

说明 洛必达法则并非万能，有少数情况虽然满足洛必达法则的条件，但无法用洛必达法则求出极限。

例11 求 $\lim\limits_{x\to +\infty}\dfrac{\sqrt{1+x^2}}{x}$。

解 $\lim\limits_{x\to +\infty}\dfrac{\sqrt{1+x^2}}{x}=\lim\limits_{x\to +\infty}\dfrac{x}{\sqrt{1+x^2}}=\lim\limits_{x\to +\infty}\dfrac{1}{\frac{x}{\sqrt{1+x^2}}}=\lim\limits_{x\to +\infty}\dfrac{\sqrt{1+x^2}}{x}$。由此可见，使用两次洛必达法则后失效，又还原为原来的问题。事实上 $\lim\limits_{x\to +\infty}\dfrac{\sqrt{1+x^2}}{x}=\lim\limits_{x\to +\infty}\sqrt{\dfrac{1}{x^2}+1}=1$。

二、其他类型的未定式

其他类型的未定式可以先转化为"$\frac{0}{0}$"型和"$\frac{\infty}{\infty}$"型未定式的极限,再运用洛必达法则。

1. "$\infty-\infty$"型未定式

例 12 求 $\lim\limits_{x\to\frac{\pi}{2}}(\sec x - \tan x)$。

解 $\lim\limits_{x\to\frac{\pi}{2}}(\sec x - \tan x) \overset{(\infty-\infty)}{=} \lim\limits_{x\to\frac{\pi}{2}}\frac{1-\sin x}{\cos x} \overset{(\frac{0}{0})}{=} \lim\limits_{x\to\frac{\pi}{2}}\frac{-\cos x}{-\sin x} = 0$

2. "$0 \cdot \infty$"型未定式

例 13 求 $\lim\limits_{x\to 0^+}\sqrt{x}\ln x$。

解 $\lim\limits_{x\to 0^+}\sqrt{x}\ln x \overset{(0\cdot\infty)}{=} \lim\limits_{x\to 0^+}\frac{\ln x}{x^{-\frac{1}{2}}} \overset{(\frac{\infty}{\infty})}{=} \lim\limits_{x\to 0^+}\frac{\frac{1}{x}}{-\frac{1}{2}x^{-\frac{3}{2}}} = \lim\limits_{x\to 0^+}(-2x^{\frac{1}{2}}) = 0$

3. 幂指函数的未定式

"1^∞""0^0""∞^0"型的未定式均属于幂指函数 u^v 的极限,可通过对数恒等式变形 $u^v = e^{v\ln u}$,化为"$0\cdot\infty$"型的未定式。

例 14 求 $\lim\limits_{x\to 0^+}x^x$ (0^0)。

解 设 $y=x^x$,两边取对数得 $\ln y = x\ln x$,两边取极限得

$$\lim\limits_{x\to 0^+}\ln y = \lim\limits_{x\to 0^+}x\ln x \overset{(0\cdot\infty)}{=} \lim\limits_{x\to 0^+}\frac{\ln x}{\frac{1}{x}} \overset{(\frac{\infty}{\infty})}{=} \lim\limits_{x\to 0^+}\frac{\frac{1}{x}}{-\frac{1}{x^2}} = \lim\limits_{x\to 0^+}(-x) = 0$$

所以 $\lim\limits_{x\to 0^+}x^x = \lim\limits_{x\to 0^+}y = \lim\limits_{x\to 0^+}e^{\ln y} = e^0 = 1$

例 15 求 $\lim\limits_{x\to 0^+}(\cot x)^{\frac{1}{\ln x}}$ (∞^0)。

解 设 $y=(\cot x)^{\frac{1}{\ln x}}$,两边取对数得 $\ln y = \frac{\ln\cot x}{\ln x}$。

因为 $\lim\limits_{x\to 0^+}\ln y = \lim\limits_{x\to 0^+}\frac{\ln\cot x}{\ln x} \overset{(\frac{\infty}{\infty})}{=} \lim\limits_{x\to 0^+}\frac{\frac{1}{\cot x}(-\csc^2 x)}{\frac{1}{x}} = \lim\limits_{x\to 0^+}\frac{-x}{\cos x \sin x}$

$= -\lim\limits_{x\to 0^+}\frac{x}{\sin x}\cdot\frac{1}{\cos x} = -1$

所以 $\lim\limits_{x\to 0^+}y = \lim\limits_{x\to 0^+}e^{\ln y} = e^{\lim\limits_{x\to 0^+}\ln y} = e^{-1} = \frac{1}{e}$,即 $\lim\limits_{x\to 0^+}(\cot x)^{\frac{1}{\ln x}} = \frac{1}{e}$

思 考 题

1. 用洛必达法则求极限时应注意什么问题?
2. 符合洛必达法则条件的函数极限都能用洛必达法则求吗?举例说明。

习题 3-2

习题讲解视频 3-2

1. 求下列极限。

(1) $\lim\limits_{x\to 0}\dfrac{e^x-1}{x}$;

(2) $\lim\limits_{x\to 1}\dfrac{x^2-3x+2}{x^3-1}$;

(3) $\lim\limits_{x\to 0}\dfrac{x-\arctan x}{\ln(1+x^2)}$;

(4) $\lim\limits_{x\to 0}\dfrac{\tan x-x}{x-\sin x}$;

(5) $\lim\limits_{x\to 1}\dfrac{\cos\frac{\pi}{2}x}{1-x}$;

(6) $\lim\limits_{x\to 0}\dfrac{e^x-1}{x^2-x}$;

(7) $\lim\limits_{x\to a}\dfrac{\sin x-\sin a}{x-a}$;

(8) $\lim\limits_{x\to 0}\dfrac{(1-\cos x)^2}{x^4}$;

(9) $\lim\limits_{x\to \pi}\dfrac{1+\cos x}{\sin x}$.

2. 求下列极限。

(1) $\lim\limits_{x\to 0}\dfrac{e^x-e^{-x}}{\sin x}$;

(2) $\lim\limits_{x\to +\infty}\dfrac{x\ln x}{x^2+\ln x}$;

(3) $\lim\limits_{x\to \infty}\dfrac{x-\sin x}{x+\sin x}$;

(4) $\lim\limits_{x\to 1}\left(\dfrac{x}{x-1}-\dfrac{1}{\ln x}\right)$;

(5) $\lim\limits_{x\to 0^+}x^2\ln x$;

(6) $\lim\limits_{x\to 0}\dfrac{\tan x-x}{x^2\sin x}$;

(7) $\lim\limits_{x\to \infty}\dfrac{x+\sin x}{x}$;

(8) $\lim\limits_{x\to +\infty}\dfrac{\ln x}{x^2}$;

(9) $\lim\limits_{x\to +\infty}\dfrac{e^x}{x^2}$;

(10) $\lim\limits_{x\to 0}\dfrac{\tan x-\sin x}{\sin^3 x}$;

(11) $\lim\limits_{x\to 1}(1-x)\tan\dfrac{\pi}{2}x$.

3. 求下列极限。

(1) $\lim\limits_{x\to +\infty}\dfrac{\ln\left(1+\dfrac{1}{x}\right)}{\operatorname{arccot} x}$;

(2) $\lim\limits_{x\to 1^-}(1-x)^{\cos\frac{\pi}{2}x}$;

(3) $\lim\limits_{x\to \infty}x(e^{\frac{1}{x}}-1)$;

(4) $\lim\limits_{x\to 1}\left(\dfrac{3}{x^3-1}-\dfrac{1}{x-1}\right)$;

(5) $\lim\limits_{x\to 1}x^{\frac{1}{1-x}}$;

(6) $\lim\limits_{x\to 0^+}\left(\ln\dfrac{1}{x}\right)^x$.

第三节　函数单调性的判定

本节主要利用拉格朗日中值定理建立函数与导数之间的联系,证明函数的一阶导数与函数单调性之间的关系。

由图 3-3(a)可以看出,如果函数 $y=f(x)$ 在 $[a,b]$ 上单调增加,那么它的图像是一条沿 x 轴正向上升的曲线,这时曲线上各点切线的倾斜角都是锐角,因此它们的斜率 $f'(x)$ 都是正的,即 $f'(x)>0$。同样,由图 3-3(b)可以看出,如果函数 $y=f(x)$ 在区间 $[a,b]$ 上单调减少,那么它的图像是一条沿 x 轴正向下降的曲线,这时曲线上各点切线的倾斜角都是钝角,它们的斜率 $f'(x)$ 都是负的,即 $f'(x)<0$。

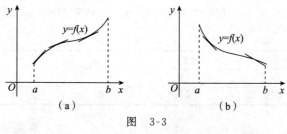

图 3-3

由此可见,函数的单调性与一阶导数的符号有关。

一、函数单调性的判别法

定理 5 设函数 $y=f(x)$ 在区间 $[a,b]$ 上连续，在 (a,b) 内可导：

(1) 如果在 (a,b) 内 $f'(x)>0$，那么函数 $y=f(x)$ 在 $[a,b]$ 上单调增加；

(2) 如果在 (a,b) 内 $f'(x)<0$，那么函数 $y=f(x)$ 在 $[a,b]$ 上单调减少。

证 设 x_1,x_2 是 (a,b) 内的任意两点，且 $x_1<x_2$，则 $f(x)$ 在区间 $[x_1,x_2]$ 上满足拉格朗日中值定理的条件，于是存在 $\xi\in(x_1,x_2)$，使得 $f(x_2)-f(x_1)=f'(\xi)(x_2-x_1)$，若 $f'(x)>0$，必有 $f'(\xi)>0$，又因 $x_2-x_1>0$，故有 $f(x_2)>f(x_1)$。这表明 $y=f(x)$ 在 $[a,b]$ 上单调增加。

同理可证，若 $f'(x)<0$，则函数 $y=f(x)$ 在 $[a,b]$ 上单调减少。

例 16 判定函数的单调性：(1) $y=x-\sin x$ 在区间 $(0,\pi)$ 内；(2) $f(x)=x^5+5^x$。

解 (1) 因为在区间 $(0,\pi)$ 内，$y'=1-\cos x>0$，所以函数 $y=x-\sin x$ 在区间 $(0,\pi)$ 内单调增加。

(2) 函数的定义域为 $(-\infty,+\infty)$，$f'(x)=5x^4+5^x\ln 5>0$，所以函数 $f(x)$ 在 $(-\infty,+\infty)$ 内单调增加。

有时，函数在其定义域上并不具有单调性，但是在定义域的不同范围内却具有单调性。对于这种情形，可将函数的定义域分成若干个区间，函数在这些区间上具有单调性，我们称这些区间为函数的单调区间。对于可导函数，其单调区间的分界点处函数的导数为 0。

我们把使 $f'(x)=0$ 的点 $x=x_0$ 叫作函数 $f(x)$ 的**稳定点**(也叫**驻点**)；使函数导数为 0 的点 x_0 却不一定是其单调区间的分界点。例如函数 $y=x^3$ 在点 $x=0$ 处的导数为 0，但 $x=0$ 却不是函数 $y=x^3$ 增减性的分界点，$y=x^3$ 在 $(-\infty,+\infty)$ 内都是单调增加的。

另外，某些一阶导数不存在的点也可能是单调性的分界点，如函数 $y=|x|$ 在点 $x=0$ 处不可导，但 $x=0$ 处是该函数单调性的分界点。

二、函数单调性的一般判定步骤

函数单调性的一般判定步骤如下：

(1) 求出函数的定义域；

(2) 求出驻点及 $f'(x)$ 不存在的点；

(3) 用驻点及导数不存在的点将定义域分为若干个部分区间；

(4) 在不同区间上判断一阶导数的正、负号，从而给出单调性判定。

例 17 求函数 $y=2x^3+3x^2-12x+1$ 的单调区间和稳定点。

解 函数的定义域为 $(-\infty,+\infty)$，$y'=6x^2+6x-12=6(x+2)(x-1)$，令 $y'=0$，得 $x_1=-2,x_2=1$。用 $x_1=-2$ 和 $x_2=1$ 将函数的定义域划分成三个区间，如表 3-1 所示。

表 3-1

x	$(-\infty,-2)$	-2	$(-2,1)$	1	$(1,+\infty)$
y'	$+$	0	$-$	0	$+$
y	增加		减少		增加

表 3-1 说明函数 $y=2x^3+3x^2-12x+1$ 在 $(-\infty,-2)$ 内单调增加，在 $(-2,1)$ 内单调减少，在 $(1,+\infty)$ 内单调增加；$x=-2$ 和 $x=1$ 是稳定点。

例 18 判定函数 $y=(2x-5)\sqrt[3]{x^2}$ 的单调性。

解 函数 $y=(2x-5)\sqrt[3]{x^2}$ 的定义域为 $(-\infty,+\infty)$，因为 $y'=\dfrac{10}{3}x^{\frac{2}{3}}-\dfrac{10}{3}x^{-\frac{1}{3}}=\dfrac{10}{3}\cdot\dfrac{x-1}{\sqrt[3]{x}}$，所以 $x=1$ 为函数的驻点，$x=0$ 是函数的不可导点，如表 3-2 所示。

表 3-2

x	$(-\infty,0)$	0	$(0,1)$	1	$(1,+\infty)$
y'	+	不存在	−	0	+
y	增加		减少		增加

由表 3-2 可以看出，驻点 $x=1$ 和不可导点 $x=0$ 都是函数单调性的分界点。所以，函数 $y=(2x-5)\sqrt[3]{x^2}$ 在 $(-\infty,0)\cup(1,+\infty)$ 内单调增加，在 $(0,1)$ 内单调减少。

例 19 证明：当 $x>1$ 时，$2\sqrt{x}>3-\dfrac{1}{x}$。

证明 令 $f(x)=2\sqrt{x}-\left(3-\dfrac{1}{x}\right)$，则当 $x>1$ 时

$$f'(x)=\dfrac{1}{\sqrt{x}}-\dfrac{1}{x^2}=\dfrac{1}{x^2}(x\sqrt{x}-1)>0$$

所以 $f(x)$ 在 $[1,+\infty)$ 上单调增加，从而当 $x>1$ 时，$f(x)>f(1)$。
因为 $f(1)=0$，所以 $f(x)>0$，即

$$2\sqrt{x}-\left(3-\dfrac{1}{x}\right)>0$$

整理得

$$2\sqrt{x}>3-\dfrac{1}{x}$$

思 考 题

1. 函数的单调性与一阶导数的正、负有何关系？
2. 如何判定函数的单调性？

习题 3-3

1. 判断下列函数在指定区间内的单调性。
   (1) $y=\sin x,\left(-\dfrac{\pi}{2},\dfrac{\pi}{2}\right)$；
   (2) $f(x)=\arctan x-x,(-\infty,+\infty)$。

2. 判定下列函数的单调性。
   (1) $f(x)=2x^3-6x^2-18x-7$；
   (2) $f(x)=2x^2-\ln x$；
   (3) $y=x^2(x-3)$；
   (4) $y=xe^x$。

3. 求下列函数的稳定点(驻点)。
   (1) $y=6x^2-x^4$；
   (2) $y=\dfrac{2}{1+x^2}$。

4. 求下列函数的单调区间。
   (1) $f(x)=e^{-x^2}$；
   (2) $f(x)=e^x-x-1$。

(3) $f(x)=x+\sqrt{1+x}$; (4) $f(x)=x^2-\ln x^2$;
(5) $f(x)=2x^3-9x^2+12x-3$; (6) $f(x)=x^2-8\ln x$.

5. 证明：当 $x>0$ 时，$1+\dfrac{1}{2}x>\sqrt{1+x}$。

第四节　函数的极值及求法

函数的极值通常是函数曲线上的峰值点，它们是函数曲线上重要的点，本节介绍函数极值的判定和求法。

一、函数的极值

函数极值的定义本章第一节已讲过。如图 3-4 所示，$f(x_1)$ 和 $f(x_3)$ 是函数 $f(x)$ 的极大值，x_1 和 x_3 是 $f(x)$ 的极大值点；$f(x_2)$ 和 $f(x_4)$ 是函数 $f(x)$ 的极小值，x_2 和 x_4 是 $f(x)$ 的极小值点。

关于函数的极值，有以下几点说明：

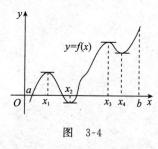
图 3-4

(1) 极值是指函数值，而极值点是指自变量的值，两者不应混淆。

(2) 函数的极值是一个局部性概念，它只是与极值点近旁的所有点的函数值相比较而言为最大或最小，并不是在函数的整个定义域内最大或最小。因此，函数的极大值不一定比极小值大，如图 3-4 所示，极大值 $f(x_1)$ 就比极小值 $f(x_4)$ 小。

(3) 函数的极值点一定出现在区间内部，区间的端点不能成为极值点；而使函数取得最大值、最小值的点可能在区间内部，也可能是区间的端点。

(4) 极大值和极小值可以有多个。

二、函数极值的判定和求法

定理 6　设函数 $f(x)$ 在点 x_0 处可导，且在点 x_0 处取得极值，则必有 $f'(x_0)=0$。

此定理说明可导函数的极值点必定是驻点，但函数的驻点并不一定是极值点。例如，$x=0$ 是函数 $f(x)=x^3$ 的驻点，但不是函数的极值点，如图 3-5 所示。

因此，在求出了驻点后，我们需要对其是否为极值点进行判断。由图 3-6 可知，函数在极值点两侧的导数符号相异。

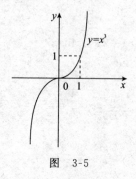
图 3-5

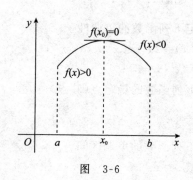
图 3-6

1. 函数极值的判别法

定理 7 设函数 $f(x)$ 在点 x_0 的空心邻域内可导,在 x_0 处连续,且 $f'(x_0)=0$ 或 $f'(x_0)$ 不存在,则

(1) 若 $x<x_0$ 时,$f'(x)>0$,而 $x>x_0$ 时,$f'(x)<0$,那么 $f(x)$ 在 x_0 处取得极大值;

(2) 若 $x<x_0$ 时,$f'(x)<0$,而 $x>x_0$ 时,$f'(x)>0$,那么 $f(x)$ 在 x_0 处取得极小值;

(3) 若在 x_0 的左、右两侧 $f'(x)$ 不变符号,那么 $f(x)$ 在 x_0 处不取得极值。

例 20 求函数 $f(x)=\dfrac{1}{3}x^3-9x+4$ 的极值。

解 (1) 函数 $f(x)=\dfrac{1}{3}x^3-9x+4$ 的定义域为 $(-\infty,+\infty)$。

(2) $f'(x)=x^2-9=(x+3)(x-3)$,令 $f'(x)=0$,得驻点 $x_1=-3, x_2=3$。

(3) 列表考察 $f'(x)$ 的符号,如表 3-3 所示。

表 3-3

x	$(-\infty,-3)$	-3	$(-3,3)$	3	$(3,+\infty)$
$f'(x)$	+	0	−	0	+
$f(x)$	↗	极大值 22	↘	极小值 −14	↗

由表 3-3 可知,函数的极大值为 $f(-3)=22$,极小值为 $f(3)=-14$。

例 21 求函数 $f(x)=(x^2-1)^3+1$ 的极值。

解 (1) $f(x)$ 的定义域为 $(-\infty,+\infty)$。

(2) $f'(x)=3(x^2-1)^2 \cdot 2x=6x(x+1)^2(x-1)^2$。令 $f'(x)=0$,解之得驻点 $x_1=-1, x_2=0, x_3=1$。

(3) 列表考察 $f'(x)$ 的符号,如表 3-4 所示。

表 3-4

x	$(-\infty,-1)$	-1	$(-1,0)$	0	$(0,1)$	1	$(1,+\infty)$
$f'(x)$	−	0	−	0	+	0	+
$f(x)$	↘		↘	极小值 0	↗		↗

由表 3-4 可知,函数有极小值 $f(0)=0$。

定理 8 设函数 $f(x)$ 在点 x_0 处具有二阶导数且 $f'(x_0)=0, f''(x_0)\neq 0$,则

(1) 如果 $f''(x_0)<0$,那么 x_0 为 $f(x)$ 的极大值点,$f(x_0)$ 为极大值;

(2) 如果 $f''(x_0)>0$,那么 x_0 为 $f(x)$ 的极小值点,$f(x_0)$ 为极小值。

例 22 利用定理 8 求例 20 中的极值。

解 $f'(x)=x^2-9=(x+3)(x-3)$,令 $f'(x)=0$,得驻点 $x_1=-3, x_2=3$。

因为 $f''(x)=2x, f''(-3)=-6<0, f''(3)=6>0$,所以函数 $f(x)=\dfrac{1}{3}x^3-9x+4$ 在 $x_1=-3$ 处取得极大值 $f(-3)=22$,在 $x_2=3$ 处取得极小值 $f(3)=-14$。

注意 定理 8 用来判定可导函数在驻点处的极值,当 $f'(x_0)=0$ 且 $f''(x)=0$(或 $f''(x_0)$ 不存在)时,定理 8 失效,这时可考虑使用定理 7。

例 23 求函数 $f(x)=3x^4-8x^3+6x^2+1$ 的极值。

解 $f'(x)=12x^3-24x^2+12x=12x(x-1)^2, f''(x)=12(3x-1)(x-1)$。令 $f'(x)=0$,

得驻点 $x=0, x=1$，且 $f''(0)=12>0, f''(1)=0$，所以函数在 $x=0$ 处取得极小值，极小值是 $f(0)=1$。

因为 $f''(1)=0$，所以用二阶导数判定极值失效。

由于在 $x=1$ 的两侧 $0<x<1$ 及 $x>1$ 时皆有 $f'(x)>0$，故函数在 $x=1$ 处不取得极值。

注意 应该指出可导函数的极值仅可能在驻点处取得。然而，连续函数的极值不仅可能在驻点处取得，也可能在导数不存在的点处取得。

例如，函数 $y=|x|$ 在 $x=0$ 处导数不存在，但点 $x=0$ 是极小值点，极小值是 $f(0)=0$，如图 3-7 所示。

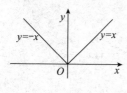

图 3-7

2. 函数极值判定的一般步骤

综上所述，函数极值判定的一般步骤如下：

(1) 求出 $f(x)$ 的定义域；

(2) 求出 $f'(x)$，找出 $f(x)$ 的所有驻点及导数不存在的点；

(3) 用驻点和导数不存在的点将定义域划分成若干子区间；

(4) 判定导数 $f'(x)$ 的符号，给出函数增减性的判定；

(5) 根据极值的概念，判定驻点和导数不存在的点是否为极值点，从而判定函数的极值。

例 24 求函数 $y=(2x-5)\sqrt[3]{x^2}$ 的极值。

解 (1) 函数 $y=(2x-5)\sqrt[3]{x^2}$ 的定义域为 $(-\infty,+\infty)$。

(2) $y'=\dfrac{10}{3}x^{\frac{2}{3}}-\dfrac{10}{3}x^{-\frac{1}{3}}=\dfrac{10}{3}\dfrac{x-1}{\sqrt[3]{x}}$，显然，$x=1$ 为驻点，且 $x=0$ 时，导数不存在。

(3) 列表观察 $f'(x)$ 的符号，如表 3-5 所示。

表 3-5

x	$(-\infty,0)$	0	$(0,1)$	1	$(1,+\infty)$
y'	+	不存在	−	0	+
y	↗	0	↘	−3	↗

由表 3-5 可知，在 $x=1$ 处，函数取得极小值 $f(1)=-3$；在 $x=0$ 处，函数取得极大值 $f(0)=0$。

例 25 求函数 $y=x-3(x-1)^{\frac{2}{3}}$ 的极值。

解 (1) 函数的定义域为 $(-\infty,+\infty)$。

(2) $y'=1-\dfrac{2}{(x-1)^{\frac{1}{3}}}=\dfrac{(x-1)^{\frac{1}{3}}-2}{(x-1)^{\frac{1}{3}}}$。令 $y'=0$ 得驻点 $x=9$。$x=1$ 是不可导点，但函数在 $x=1$ 处连续。

(3) y' 的符号如表 3-6 所示。

表 3-6

x	$(-\infty,1)$	1	$(1,9)$	9	$(9,+\infty)$
y'	+	不存在	−	0	+
y	↗	1	↘	−3	↗

由表 3-6 可知，函数 $y=x-3(x-1)^{\frac{2}{3}}$ 在不可导点 $x=1$ 处取得极大值 $f(1)=1$，在

驻点 $x=9$ 处取得极小值 $f(9)=-3$。

思 考 题

1. 可能的极值点包含哪些点？怎样判定可能的极值点是否为极值点？何时用定理 7 判定？何时用定理 8 判定？
2. 去掉定理 7 中函数"在 x_0 处连续"的假设，还能保证定理的正确性吗？

习题 3-4

1. 求下列函数的极小值与极大值。

(1) $f(x)=\dfrac{\ln x}{x}$； (2) $f(x)=x^3+3x^2-24x-20$；

(3) $y=2x^2-\ln x$； (4) $y=2x+\dfrac{8}{x}$；

(5) $y=2x^3-3x^2$； (6) $y=x^2\ln x$；

(7) $f(x)=e^x+e^{-x}$。

2. 求下列函数在指定区间内的极值。

(1) $y=\sin x+\cos x$，$\left(-\dfrac{\pi}{2},\dfrac{\pi}{2}\right)$； (2) $y=e^x\cos x$，$(0,2\pi)$。

3. 求函数 $y=(x-2)\sqrt[3]{(x-1)^2}$ 的极值。

第五节 函数的最大值和最小值

本章第四节介绍了函数的极值，极值是局部性概念，它描述函数在某一点邻域内的性态。本节介绍函数的最大值和最小值问题，这是研究函数在整个区间上的函数性态。函数最值问题在科学技术和生产实际中都有非常重要的应用价值。

第一章介绍过函数的最大值与最小值的概念，最值是整体性的，表示在整个区间上函数值最大或最小，这个区间可能是闭区间也可能是开区间，下面我们就来讨论如何求函数的最大值与最小值。

一、闭区间上连续函数最值的求法

由第一章闭区间上连续函数的性质可知：在闭区间 $[a,b]$ 上的连续函数 $f(x)$，必在 $[a,b]$ 上存在最大值和最小值。

连续函数在 $[a,b]$ 上的最大值和最小值只可能在区间内的极值点或端点处取得，因此，对于闭区间上的连续函数，我们有函数最值的一般求法：求出函数在 $[a,b]$ 上所有可能的极值点（即驻点及导数不存在的点）和端点处的函数值，比较这些函数值的大小，其中最大的是最大值，最小的是最小值。

例 26 求函数 $f(x)=x^3-3x^2-9x+1$ 在 $[-2,6]$ 上的最大值和最小值。

解 (1) $f'(x)=3x^2-6x-9=3(x+1)(x-3)$；

(2) 令 $f'(x)=0$，得稳定点 $x_1=-1,x_2=3$；

(3) 计算 $f(-2)=-1,f(-1)=6,f(3)=-26,f(6)=55$；

(4) 比较大小可得，函数 $f(x)=x^3-3x^2-9x+1$ 在 $[-2,6]$ 上的最大值为 $f(6)=55$，最小值为 $f(3)=-26$。

二、开区间内可导函数最值的求法

对于开区间内的可导函数，有以下结论。

结论 1 如果函数 $f(x)$ 在一个开区间或无穷区间 $(-\infty,+\infty)$ 内可导，且有唯一的极值点 x_0，那么，当 $f(x_0)$ 是极大值时，它也是 $f(x)$ 在该区间内的最大值；当 $f(x_0)$ 是极小值时，它也是 $f(x)$ 在该区间内的最小值。

例 27 求函数 $y=x^2-4x+3$ 的最值。

解 函数的定义域为 $(-\infty,+\infty)$，$y'=2x-4$，令 $y'=0$，得驻点 $x=2$。容易知道，$x=2$ 是函数的极小值点，因为函数在 $(-\infty,+\infty)$ 内有唯一的极值点，所以函数的极小值就是函数的最小值，最小值为 $f(2)=-1$。

三、实际问题中函数最值的求法

结论 2 一般地，如果可导函数 $f(x)$ 在某区间内只有一个驻点 x_0，且实际问题又有最大值（或最小值），那么，函数的最大值（或最小值）必在点 x_0 处取得。

例 28 用一块边长为 48cm 的正方形铁皮做一个无盖的铁盒时，在铁皮的四角各截取一个大小相同的小正方形（见图 3-8），然后将四边折起做成一个无盖的方盒（见图 3-9），问截取的小正方形的边长为多少时，做成的铁盒容积最大？

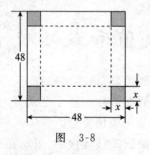

图 3-8

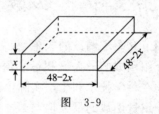

图 3-9

解 设截取的小正方形的边长为 $x$cm，铁盒的容积为 Vcm³，则有
$$V=x(48-2x)^2 \quad (0<x<24)$$
$$V'=(48-2x)^2+x\cdot 2(48-2x)(-2)=12(24-x)(8-x)$$

令 $V'=0$，求得函数在 $(0,24)$ 内的驻点为 $x=8$。由于铁盒必然存在最大容积，因此，当 $x=8$ 时，函数 V 有最大值，即当小正方形边长为 8cm 时，铁盒容积最大。

例 29 做一个有盖的圆柱形杯子，规定容积为 V，问怎样选取底面半径 r 和高 h，使材料最省？

解 材料最省即表面积最小，由 $V=\pi r^2 h$，得 $h=\dfrac{V}{\pi r^2}$，则表面积

$$S=2\pi r^2+2\pi rh=2\pi r^2+\dfrac{2V}{r}$$

令 $S'=4\pi r-\dfrac{2V}{r^2}=0$，得唯一驻点 $r=\sqrt[3]{\dfrac{V}{2\pi}}$，故当 $r=\sqrt[3]{\dfrac{V}{2\pi}}$ 时，S 最小，此时 $h=\dfrac{V}{\pi r^2}=\dfrac{Vr}{\pi r^3}=2r$，即高与底面直径相等。

例 30 铁路线上 AB 段的距离为 100km,工厂 C 距离 A 处 20km,AC 垂直于 AB(见图 3-10)。为了运输需要,要在 AB 线上选定一点 D,向工厂修筑一条公路。已知铁路上每吨每千米货运的费用与公路上每吨每千米货运的费用之比为 3∶5,为了使货物从供应站 B 运到工厂 C 每吨货物的总运费最省,问 D 应选在何处?

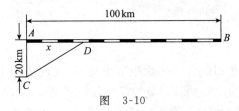

图 3-10

解 设 D 点应选在距离 A 处 x km,则

$$DB = 100 - x, \quad CD = \sqrt{20^2 + x^2} = \sqrt{400 + x^2}$$

设铁路上每吨每千米货运的运费为 $3k$(k 为常数),则公路上每吨每千米货运的运费为 $5k$。设货物从 B 点运到 C 点每吨货物需要的总运费为 y,则

$$y = 5k\sqrt{400 + x^2} + 3k(100 - x) \quad (0 \leqslant x \leqslant 100)$$

求导数

$$y' = 5k\frac{x}{\sqrt{400+x^2}} - 3k = \frac{k(5x - 3\sqrt{400+x^2})}{\sqrt{400+x^2}}$$

令 $y' = 0$ 得驻点 $x_1 = 15, x_2 = -15$(舍去)。

$y|_{x=15} = 380k, y|_{x=0} = 400k, y|_{x=100} = 5\sqrt{10\,400}\,k > 500k$,因此,当 $x = 15$ 时,y 取得最小值,即 D 应选在距离 A 点 15km 处,这时每吨货物的总运费最省。

思 考 题

1. 极值与最值有何区别与联系?
2. 指出最值计算过程中开区间与闭区间的区别。

习题 3-5

习题讲解视频 3-5

1. 求下列函数的最大值和最小值。

   (1) $y = x^4 - 2x^2 + 5, x \in [-2, 2]$;

   (2) $y = \sin 2x - x, x \in \left[-\dfrac{\pi}{2}, \dfrac{\pi}{2}\right]$;

   (3) $y = x + \sqrt{1-x}, x \in [-5, 1]$;

   (4) $y = \dfrac{x^2}{1+x}, x \in \left[-\dfrac{1}{2}, 1\right]$;

   (5) $y = x + 2\sqrt{x}, x \in [0, 4]$;

   (6) $y = x^2 - 4x + 6, x \in [-3, 10]$。

2. 设两个正数之和为定数 a,求其积的最大值。

3. 甲、乙两个单位合用一个变压器,其位置如图 3-11 所示。问变压器设在何处时,所需电线最短?

4. 甲轮船位于乙轮船东 75km,以 12km/h 的速度向西行驶,而乙轮船则以 6km/h 的速度向北行驶,如图 3-12 所示。问经过多长时间两船相距最近?

5. 已知横梁的强度与它的矩形断面的宽及高的平方之积成正比。要将直径为 d 的圆木锯成强度最大的横梁(见图 3-13),断面的高和宽应是多少?

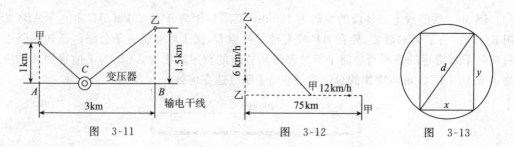

图 3-11   图 3-12   图 3-13

6. 用围墙围成面积为 $216m^2$ 的一块矩形土地,并在此矩形土地的正中用一堵墙将其分成相等的两块,问这块土地的长与宽的尺寸各为多少时,才能使建筑材料最省?

7. 要造一个容积为 V 的圆柱形容器(无盖),问底半径和高分别为多少时所用材料最省?

8. 某农场需要建一个面积为 $512m^2$ 的矩形晒谷场,一边可利用原来的石条沿,其他三边需要砌新的石条沿,问晒谷场的长和宽各为多少时用料最省?

9. 用 10 元/m^2 的钢板制作一个容积为 $4m^3$ 的油箱,油箱的底部是正方形,形状是长方体,无盖,焊接成本为 40 元,问油箱的底边长和高各是多少时,总费用最少?最少费用是多少?

第六节 曲线的凹凸性和拐点

前面我们利用导数研究了函数的单调性、极值和最值问题,现在我们将利用二阶导数来研究曲线的弯曲方向,以便能更好地把握函数的性态。

一、曲线的凹凸性和判定法

如图 3-14 所示是函数 $y=\sqrt[3]{x}$ 的图像,因为 $y'=\frac{1}{3}x^{-\frac{2}{3}}=\frac{1}{3\sqrt[3]{x^2}}>0$,所以函数 $y=\sqrt[3]{x}$

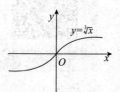

图 3-14

在 $(-\infty,+\infty)$ 上单调递增,但曲线弧的弯曲方向不同。函数 $y=\sqrt[3]{x}$ 在 $(-\infty,0)$ 上曲线弧位于每点切线的上方,在 $(0,+\infty)$ 上曲线弧位于每点切线的下方。根据曲线弧与其切线的位置关系的不同,我们给出如下定义。

定义 2 如果在某区间内的曲线弧位于其任意点切线的上方,那么称此曲线弧在该区间内是**凹的**;如果在某区间内的曲线弧位于其任意点切线的下方,那么称此曲线弧在该区间内是**凸的**。连续曲线凹凸部分的分界点为此曲线的**拐点**。

例如,函数 $y=\sqrt[3]{x}$ 在 $(-\infty,0)$ 上是凹曲线,在 $(0,+\infty)$ 上是凸曲线,点 $(0,0)$ 是拐点。该函数的二阶导数 $y''=-\frac{2}{9x\cdot\sqrt[3]{x^2}}$,我们观察到,在 $(-\infty,0)$ 上 $y''>0$ 曲线是凹的,在 $(0,+\infty)$ 上 $y''<0$ 曲线是凸的。因此,函数的二阶导数与曲线的凹凸性有关。

定理 9 (曲线凹凸性的判定定理) 设函数 $f(x)$ 在开区间 (a,b) 内具有二阶导数 $f''(x)$。如果在 (a,b) 内 $f''(x)>0$,那么曲线在 (a,b) 内是凹的;如果在 (a,b) 内 $f''(x)<0$,那么曲线在 (a,b) 内是凸的。

例31 判定曲线 $y=\dfrac{1}{x}$ 的凹凸性。

解 函数的定义域为 $(-\infty,0)\cup(0,+\infty)$，$y'=-\dfrac{1}{x^2}$，$y''=\dfrac{2}{x^3}$。当 $x<0$ 时，$y''<0$；当 $x>0$ 时，$y''>0$，所以曲线在 $(-\infty,0)$ 内是凸曲线，在 $(0,+\infty)$ 内是凹曲线，该曲线（在 $x=0$ 处不连续）没有拐点，如图 3-15 所示。

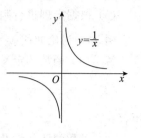

图 3-15

说明 拐点一定是连续曲线上凹凸的分界点 $(x_0,f(x_0))$，它是一个有序实数对。

例32 判定函数 $y=x^3$ 的凹凸性。

解 (1) 函数的定义域为 $(-\infty,+\infty)$。

(2) $y'=3x^2$，$y''=6x$，令 $y''=0$，得 $x=0$。

(3) 当 $x<0$ 时，$y''<0$；当 $x>0$ 时，$y''>0$。

(4) 根据函数凹凸性和拐点的定义知，曲线在 $(-\infty,0)$ 内是凸的，在 $(0,+\infty)$ 内是凹的，点 $(0,0)$ 是拐点。

定理 10（可导函数拐点判别法） 设函数 $y=f(x)$ 在 (a,b) 内具有二阶导数，x_0 是 (a,b) 内的一点，且 $f''(x_0)=0$，如果在 x_0 的左右近旁 $f''(x)$ 异号，则点 $(x_0,f(x_0))$ 是曲线 $f(x)$ 的拐点。

说明 二阶导数不存在的连续点也有可能是拐点。

例33 讨论曲线 $y=(x-2)^{\frac{5}{3}}$ 的凹凸区间和拐点的坐标。

解 (1) 函数的定义域是 $(-\infty,+\infty)$。

(2) $y'=\dfrac{5}{3}(x-2)^{\frac{2}{3}}$，$y''=\dfrac{10}{9}(x-2)^{-\frac{1}{3}}=\dfrac{10}{9}\cdot\dfrac{1}{(x-2)^{\frac{1}{3}}}$。

(3) 函数没有使二阶导数为 0 的点，但有不可导点 $x=2$。

(4) 曲线的凹凸性及拐点如表 3-7 所示。

表 3-7

x	$(-\infty,2)$	2	$(2,+\infty)$
y''	$-$	不存在	$+$
y	凸	拐点(2,0)	凹

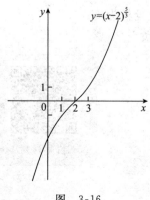

图 3-16

(5) 由表 3-7 可知，曲线 $y=(x-2)^{\frac{5}{3}}$ 在 $(-\infty,2)$ 内是凸的，在 $(2,+\infty)$ 内是凹的，当 $x=2$ 时，y'' 不存在，但点 $(2,0)$ 是拐点，如图 3-16 所示。

二、曲线凹凸性和拐点的一般求法

综上所述，曲线凹凸性和拐点的一般求法如下。

(1) 确定函数 $f(x)$ 的定义域；

(2) 求函数 $f(x)$ 的二阶导数；

(3) 求出使 $f''(x)=0$ 的所有点及二阶导数不存在的点；

(4) 用上述点将定义区间划分成若干部分子区间,考察二阶导数在各个区间内的符号;

(5) 根据定理进行判定。

例 34 讨论曲线 $y=(x-1)\cdot\sqrt[3]{x^2}$ 的凹凸性和拐点。

解 (1) 函数的定义域为 $(-\infty,+\infty)$。

(2) $y'=\dfrac{5}{3}x^{\frac{2}{3}}-\dfrac{2}{3}x^{-\frac{1}{3}}$,$y''=\dfrac{10}{9}x^{-\frac{1}{3}}+\dfrac{2}{9}x^{-\frac{4}{3}}$。令 $y''=0$ 得 $x=-\dfrac{1}{5}$;又当 $x=0$ 时,y'' 不存在。

(3) 函数的凹凸性及拐点如表 3-8 和图 3-17 所示。

表 3-8

x	$\left(-\infty,-\dfrac{1}{5}\right)$	$-\dfrac{1}{5}$	$\left(-\dfrac{1}{5},0\right)$	0	$(0,+\infty)$
y''	$-$	0	$+$	不存在	$+$
y	凸	拐点 $\left(-\dfrac{1}{5},\dfrac{6}{25}\sqrt[3]{5}\right)$	凹	无拐点	凹

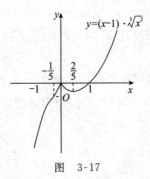

图 3-17

思 考 题

1. 函数的导数与曲线的凹凸性有何关系?
2. 根据下列条件画曲线。

(1) 画出一条曲线,使它的一阶导数和二阶导数均处处为正;

(2) 画出一条曲线,使它的二阶导数处处为负,但一阶导数处处为正;

(3) 画出一条曲线,使它的二阶导数处处为正,但一阶导数处处为负;

(4) 画出一条曲线,使它的一阶导数和二阶导数均处处为负。

习题 3-6

1. 判断下列曲线的凹凸性。

(1) $y=e^x$;　　(2) $y=\ln x$;　　(3) $y=x+\dfrac{1}{x^2}$;

(4) $y=(x-2)^{\frac{5}{3}}$;　　(5) $y=x^2+\ln x$。

习题讲解视频 3-6

2. 求下列曲线的凹凸区间及拐点。

(1) $y=x^3-5x^2+3x+5$；　(2) $y=xe^{-x}$；　(3) $y=e^{\arctan x}$；

(4) $y=\ln(1+x^2)$；　(5) $y=e^{-x^2}$；　(6) $y=2+(x-1)^{\frac{1}{3}}$。

3. 曲线 $y=ax^3+bx^2$ 以 $(1,3)$ 为拐点，求 a,b。

4. 说明曲线 $y=x^5-5x^3+30$ 在点 $(1,11)$ 及点 $(3,3)$ 附近的凹凸性。

第七节　函数图像的描绘

为了能比较准确而形象地反映函数的变化规律,我们需要作出函数的图像;要作出比较准确的函数图像,除了前面的知识,还需要掌握函数的渐近线。

一、曲线的渐近线

1. 渐近线的概念

定义 3　设曲线 $y=f(x)$ 上的动点 $M(x,y)$，如果当 $x \to x_0$（或 ∞）时，动点 $M(x,y)$ 与某条直线 L 之间的距离趋向于 0，则称 L 为该曲线的**渐近线**。

定义中的渐近线可以是各种位置的直线。

2. 渐近线的分类

(1) 垂直渐近线。

如果当 $x \to x_0$（有时仅当 $x \to x_0^-$ 或 $x \to x_0^+$）时，有 $f(x) \to \infty$，则称直线 $x=x_0$ 为曲线 $y=f(x)$ 的**垂直渐近线**。

(2) 水平渐近线。

如果当 $x \to \infty$（有时仅当 $x \to +\infty$ 或 $x \to -\infty$）时，有 $f(x) \to b$（b 为常数），则称直线 $y=b$ 为曲线 $y=f(x)$ 的**水平渐近线**。

(3) 斜渐近线。

若 $\lim\limits_{x\to\infty}\dfrac{f(x)}{x}=a$ 且 $\lim\limits_{x\to\infty}[f(x)-ax]=b$，则 $y=ax+b$ 是曲线 $y=f(x)$ 的**斜渐近线**。

例 35　求曲线 $y=\dfrac{1}{x^2}+1$ 的水平渐近线或垂直渐近线。

解　因为 $\lim\limits_{x\to\infty}\left(\dfrac{1}{x^2}+1\right)=1$，所以曲线的水平渐近线为 $y=1$；又因 $\lim\limits_{x\to 0}\left(\dfrac{1}{x^2}+1\right)=\infty$，故此曲线的垂直渐近线为 $x=0$。

例 36　求曲线 $y=xe^{\frac{1}{x^2}}$ 的渐近线。

解　因为

$$\lim_{x\to 0}xe^{\frac{1}{x^2}}=\lim_{x\to 0}\frac{e^{\frac{1}{x^2}}}{\frac{1}{x}}=\lim_{x\to 0}\frac{-\frac{2}{x^3}e^{\frac{1}{x^2}}}{-\frac{1}{x^2}}=\lim_{x\to 0}\frac{2e^{\frac{1}{x^2}}}{x}=\infty$$

所以，$x=0$ 是曲线的垂直渐近线。又因为 $\lim\limits_{x\to\infty}\dfrac{f(x)}{x}=a=\lim\limits_{x\to\infty}\dfrac{xe^{\frac{1}{x^2}}}{x}=1$，且

$$\lim_{x\to\infty}[f(x)-ax]=b=\lim_{x\to\infty}(xe^{\frac{1}{x^2}}-x)=\lim_{x\to\infty}\frac{e^{\frac{1}{x^2}}-1}{\frac{1}{x}}=\lim_{x\to\infty}\frac{2e^{\frac{1}{x^2}}}{x}=0$$

故有斜渐近线 $y=ax+b=x$，因此，曲线 $y=xe^{\frac{1}{x}}$ 有垂直渐近线 $x=0$ 和斜渐近线 $y=x$。

二、函数作图

笛卡儿的数形对应的是函数作图的理论基础，有序实数对与坐标平面内点的一一对应，是函数作图描点的依据。

描绘函数图像需要以描点为基础，还需要考虑函数的各种性态，这样才能作出比较精确的函数图像。一般地，函数作图采用以下几个步骤。

(1) 确定函数的定义域、奇偶性、周期性以及是否有界。

(2) 求出函数的一、二阶导数，再求出使一、二阶导数为 0 的点，并找出一、二阶导数不存在的点；用这些点将定义区间划分成若干区间并列表。

(3) 考察各个区间内 $f'(x)$ 和 $f''(x)$ 的符号，确定函数的单调性、极值点、极值、最值以及曲线的凹凸性和拐点。

(4) 确定曲线的渐近线。

(5) 求作一些辅助点（如与坐标轴的交点等）。

(6) 描绘函数图像。

例37 作出函数 $f(x)=3x-x^3$ 的图像。

解 (1) 函数 $f(x)=3x-x^3$ 的定义域为 $(-\infty,+\infty)$，它是奇函数。

(2) $f'(x)=3-3x^2$，$f''(x)=-6x$。令 $f'(x)=0$ 得 $x=\pm 1$；令 $f''(x)=0$，得 $x=0$。

(3) 曲线的单调性、极值、凹凸性及拐点如表 3-9 所示。

表 3-9

x	$(-\infty,-1)$	-1	$(-1,0)$	0	$(0,1)$	1	$(1,+\infty)$
$f'(x)$	$-$	0	$+$	$+$	$+$	0	$-$
$f''(x)$	$+$	$+$	$+$	0	$-$	$-$	$-$
$f(x)$	↘	极小值 -2	↗	拐点 $(0,0)$	↗	极大值 2	↘

(4) 曲线无水平渐近线和垂直渐近线。

(5) 令 $f(x)=0$，得 $x=\pm\sqrt{3}$ 或 $x=0$，则曲线与 x 轴的交点为 $(-\sqrt{3},0)$，$(0,0)$ 和 $(\sqrt{3},0)$。

(6) 作图，如图 3-18 所示。

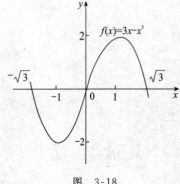

图 3-18

例38 作出函数 $f(x)=\dfrac{1}{\sqrt{2\pi}}e^{-\frac{x^2}{2}}$ 的图像。

解 (1) 函数的定义域为 $(-\infty,+\infty)$，显然 $f(x)$ 是偶函数，下面先讨论 $[0,+\infty)$ 上函数的性态。

(2) $f'(x)=-\dfrac{x}{\sqrt{2\pi}}e^{-\frac{x^2}{2}}$，$f''(x)=\dfrac{(x^2-1)}{\sqrt{2\pi}}e^{-\frac{x^2}{2}}$，当 $x\geqslant 0$ 时，令 $f'(x)=0$，有 $x=0$，令 $f''(x)=0$，有 $x=1$，该函数不存在间断点和不可导点。

(3) 曲线的单调性、极值、凹凸性及拐点如表 3-10 所示。

表 3-10

x	0	(0,1)	1	$(1,+\infty)$
$f'(x)$	0	−	−	−
$f''(x)$	−	−	0	+
$f(x)$	极大值 $\dfrac{1}{\sqrt{2\pi}}$	↘	拐点 $\left(1,\dfrac{1}{\sqrt{2\pi e}}\right)$	↘

(4) 由 $\lim\limits_{x\to\infty}\dfrac{1}{\sqrt{2\pi}}\mathrm{e}^{-\frac{x^2}{2}}=0$ 可知，直线 $y=0$ 为曲线的一条水平渐近线。

(5) 令 $x=0$，$f(0)=\dfrac{1}{\sqrt{2\pi}}$，曲线与 y 轴交点为 $\left(0,\dfrac{1}{\sqrt{2\pi}}\right)$。

(6) 先作出函数在 $[0,+\infty)$ 上的图像；再根据偶函数的对称性作出全图，如图 3-19 所示。

例39 作出函数 $f(x)=x+\dfrac{1}{x}$ 的图像。

解 (1) 函数 $f(x)=x+\dfrac{1}{x}$ 的定义域是 $(-\infty,0)\cup(0,+\infty)$，它是奇函数，先作出 $(0,+\infty)$ 内的函数图像。

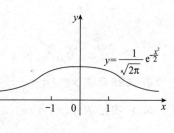

图 3-19

(2) $y'=1-\dfrac{1}{x^2}=\dfrac{x^2-1}{x^2}$，$y''=\dfrac{2}{x^3}$。令 $y'=0$ 得 $x=\pm 1$。

(3) 曲线的单调性、极值、凹凸性及拐点如表 3-11 所示。

表 3-11

x	$(-\infty,-1)$	-1	$(-1,0)$	$(0,1)$	1	$(1,+\infty)$
$f'(x)$	+	0	−	−	0	+
$f''(x)$	−	−	−	+	+	+
$f(x)$	↗	$y_{极大}=-2$	↘	↘	$y_{极小}=2$	↗

(4) 当 $x\to 0$ 时，$y\to\infty$，所以，$x=0$ 是垂直渐近线。

因为 $\lim\limits_{x\to\infty}\dfrac{f(x)}{x}=a=\lim\limits_{x\to\infty}\left(1+\dfrac{1}{x^2}\right)=1$，$b=\lim\limits_{x\to\infty}[f(x)-ax]=\lim\limits_{x\to\infty}\dfrac{1}{x}=0$

所以曲线的斜渐近线为 $y=x$。

(5) 作图，如图 3-20 所示。

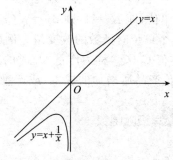

图 3-20

思 考 题

1. 如果使 $f''(x_0)=0$，那么点 $(x_0, f(x_0))$ 一定是曲线的拐点吗？
2. 如何描绘函数的图像？

习题 3-7

习题讲解视频 3-7

1. 求下列曲线的渐近线。

   (1) $y=x+\ln x$；
   (2) $y=\dfrac{(3x+1)^2}{x-1}$；
   (3) $y=\ln(x-1)$；

   (4) $y=e^{1-x}$；
   (5) $y=xe^{-x}$；
   (6) $y=\dfrac{1}{x^2-4x+5}$；

   (7) $y=e^{\frac{1}{x}}-1$；
   (8) $y=\dfrac{x-1}{x-2}$。

2. 考察曲线 $y=1+\dfrac{1-2x}{x^2}$ 的性态并作图。

3. 作出函数 $f(x)=xe^{-x}$ 的图像。

第八节 应 用

一、导数在经济分析中的应用

在经济与管理中常常要考虑产量、成本、利润、收益、需求、供给等问题，通常成本、收益、利润都是产量的函数，为此，需要考虑成本最低、利润最大等问题，这就是利用导数研究经济工作中的最值问题。本节主要介绍经济学中的边际分析和弹性分析问题。

1. 边际分析

(1) 边际函数的概念。

设函数 $f(x)$ 可导，导函数 $f'(x)$ 在经济与管理中称为边际函数，$f'(x_0)$ 称为 $f(x)$ 在点 x_0 的边际函数值，它描述了 $f(x)$ 在点 x_0 处的变化速度（或称变化率）。

(2) 边际函数的意义。

边际函数也叫已知函数的边际，所谓边际就是已知函数的一阶导数。

由微分概念可知，在点 x_0 处 x 的改变量为 Δx，则 y 在相应点的改变量可用 dy 来近似表示

$$\Delta y \approx dy = f'(x_0)\Delta x$$

若 x 在点 x_0 处改变一个单位，即 $\Delta x=1$，则 $dy=f'(x_0)$，因此边际函数值 $f'(x_0)$ 的含义是当 x 在点 x_0 处改变一个单位时函数的改变量。例如，某种产品的成本 C 是产量 Q 的函数 $C=C(Q)$，边际成本值 $C'(Q_0)$ 称为产量 Q_0 时的边际成本，它描述了产量达到 Q_0 时，生产 Q_0 前最后一个单位产品所增加的成本；或产量达到 Q_0 后，再增加一个单位产品所增加的成本。

2. 经济学中常用的函数及其边际函数

(1) 成本函数。

① 成本函数。生产某种产品需投入设备、原料、劳力等资源，这些资源投入的价格或

资源总额称为总成本,以 C 表示。总成本由固定成本 C_1 和可变成本 C_2 组成,可变成本一般是产量 Q 的函数,故总成本是产量 Q 的函数,称为成本函数,记为
$$C(Q) = C_1 + C_2(Q)$$

② 平均成本函数。单位产品的成本称为平均成本,记为 $\overline{C}(Q)$,称为平均成本函数,记为
$$\overline{C}(Q) = \frac{C(Q)}{Q} = \frac{C_1}{Q} + \frac{C_2(Q)}{Q}$$

③ 边际成本函数。总成本对产量的变化率 $C'(Q)$ 称为边际成本函数(或称成本函数的边际)。

(2) 需求函数与供给函数。

需求是指在一定价格条件下消费者愿意购买并且有支付能力购买的商品量。供给是指在一定价格条件下生产者愿意出售并且有可供出售商品的量。

① 需求函数。若以 P 表示商品价格,Q 表示商品需求量,则 Q 是 P 的函数 $Q=f(P)$,称为需求函数。一般来说,商品价格低则需求量大,价格高则需求量小,因此需求函数 $Q=f(P)$ 是单调减函数。单调函数的反函数仍为单调函数,$Q=f(P)$ 的反函数 $P=P(Q)$ 也称为需求函数。常用的需求函数有:

线性函数 $\qquad Q=b-aP, a>0, b>0$

反比函数 $\qquad Q=\dfrac{k}{P}, k>o, P\neq 0$

幂函数 $\qquad Q=kP^{-a}, k>0, a>0, P\neq 0$

指数函数 $\qquad Q=ae^{-bP}, a>0, b>0$

它们都是单调减函数。

② 供给函数。以 S 表示供给量,S 也是价格 P 的函数,$S=\varphi(P)$ 称为供给函数。一般来说,商品价格低,生产者不愿生产,供给少;商品价格高,则供给多,即供给函数 $S=f(P)$ 是单调增函数,其反函数 $P=\psi(S)$ 也称为供给函数。常用的供给函数有:

线性函数 $\qquad S=aP-b, a>0, b>0$

幂函数 $\qquad S=kP^\alpha, k>0, \alpha>0$

指数函数 $\qquad S=ae^{bP}, a>0, b>0$

它们都是单调增函数。

(3) 收益函数与利润函数。

生产者出售一定数量的产品所得到的全部收入称为总收益,记为 R。总收益与产品产量 Q 和产品的价格 P 有关,又由需求函数 $P=P(Q)$,故总收益 R 也是产品产量 Q 的函数,即
$$R = Q \cdot P(Q) = R(Q)$$

出售单位产品所得到的收益称为平均收益,记为 $\overline{R}$,则平均收益函数
$$\overline{R} = \overline{R}(Q) = \frac{R(Q)}{Q} = P(Q)$$

即单位商品的价格。

总收益对产量 Q 的变化率 $R'(Q)$ 称为边际收益函数。

总利润记为 L,则总收益减去总成本为总利润,即
$$L = L(Q) = R(Q) - C(Q)$$

经济学中所关注的问题常常是最大的利润问题,即总利润函数 $L(Q)$ 取最大值的问题。$L(Q)$ 取最大值的充分条件是 $L'(Q)=0$ 且 $L''(Q)<0$,即

$$R'(Q) = C'(Q) \text{ 且 } R''(Q) < C''(Q)$$

由此得出取得最大利润的充分条件是边际收益的变化率小于边际成本的变化率,这就是最大利润的原则。

例 40 某电子市场销售某品牌计算机,当价格为 6 000 元/台时,每月能销售 100 台,为了进一步吸引消费者,增加销售量,商店将计算机的价格调低为 5 500 元/台,这样每月可多销售 20 台。假设需求函数是线性的,求这种计算机的需求函数。

解 设需求函数为 $Q=a-bP$,将已知条件代入,得方程组

$$\begin{cases} a - 6\,000b = 100 \\ a - 5\,500b = 120 \end{cases}$$

解得 $a=340, b=0.04$,所求的需求函数为 $Q=340-0.04P$。

例 41 某种商品的需求函数是 $Q=200-5P$,供给函数是 $S=25P-10$,求该商品的市场均衡价格和市场均衡商品量。

解 由供需均衡条件 $Q=S$,可得 $200-5P=25P-10$,解得市场均衡价格 $P_0=7$,市场均衡商品量 $Q_0=165$。

例 42 某工厂生产某种产品的固定成本为 30 000 元,每生产一个单位产品总成本增加 100 元,求:(1)总成本函数;(2)平均成本函数;(3)生产 100 个单位产品时的总成本和平均成本。

解 (1) 总成本函数 $C(Q)=30\,000+100Q$。

(2) 平均成本函数 $\overline{C} = \dfrac{30\,000+100Q}{Q} = \dfrac{30\,000}{Q} + 100$。

(3) $C(100)=30\,000+100\times100=40\,000$(元),$\overline{C}(100)=\dfrac{30\,000}{100}+100=400$(元)。

例 43 已知某种商品的需求函数为 $Q=180-4P$,试求该商品的总收益函数,并求出销售 100 件商品时的总收益和平均收益。

解 由需求函数得 $P=45-\dfrac{Q}{4}$

总收益函数为 $R(Q)=QP(Q)=Q\left(45-\dfrac{Q}{4}\right)=45Q-\dfrac{Q^2}{4}$

$$R(100) = 45 \times 100 - \frac{100^2}{4} = 2\,000$$

平均收益函数为 $\overline{R}(Q)=\dfrac{R(Q)}{Q}=45-\dfrac{Q}{4}$,$\overline{R}(100)=45-\dfrac{100}{4}=20$

例 44 某工厂每生产某种商品 Q 个单位的总成本为 $C(Q)=5Q+200$(元),得到的总收益为 $R(Q)=10Q-0.001Q^2$(元),求总利润函数,并求产量为 1 000 时的总利润。

解 总利润函数 $L(Q)=R(Q)-C(Q)=10Q-0.001Q^2-(5Q+200)$
$=5Q-0.001Q^2-200$

$L(1\,000)=5\times1\,000-0.001\times1\,000^2-200=3\,800$(元)

例 45 已知某商品的成本函数为 $C(Q)=1\,000+\dfrac{Q^2}{10}$,求当 $Q=120$ 时的总成本、平均成本及边际成本。当产量 Q 为多少时平均成本最小?求出最小平均成本。

解 总成本函数 $C(Q) = 1\,000 + \dfrac{Q^2}{10}, C(120) = 2\,440$

平均成本函数 $\overline{C}(Q) = \dfrac{C(Q)}{Q}, \overline{C}(120) = 20.33$

边际成本函数 $C'(Q) = \dfrac{Q}{5}, C'(120) = 24$

平均成本函数 $\overline{C}(Q) = \dfrac{1\,000}{Q} + \dfrac{Q}{10}, (\overline{C})'(Q) = -\dfrac{1\,000}{Q^2} + \dfrac{1}{10}$

令 $(\overline{C})'(Q) = 0$ 得 $Q = 100$，且 $(\overline{C})''(Q) = \dfrac{2\,000}{Q^3}, (\overline{C})''(100) > 0$。故当 $Q = 100$ 时平均成本最小，且最小平均成本为 $\overline{C}(100) = 20$。

例 46 设工厂生产某种产品，固定成本为 $10\,000$ 元，每多生产一单位产品成本增加 100 元，该产品的需求函数 $Q = 500 - 2P$，求工厂日产量 Q 为多少时，总利润 L 最大。

解 总成本函数 $C(Q) = 10\,000 + 100Q$

总收益函数 $R(Q) = Q \cdot P = Q \cdot \dfrac{500 - Q}{2} = 250Q - \dfrac{Q^2}{2}$

总利润函数 $L(Q) = R(Q) - C(Q) = 150Q - \dfrac{Q^2}{2} - 10\,000, L'(Q) = 150 - Q$

令 $L'(Q) = 0$，得 $Q = 150$，且 $L''(Q) = -1 < 0$，故当 $Q = 150$ 时利润最大。

例 47 某厂生产某种产品，总成本函数为 $C(Q) = 200 + 4Q + 0.05Q^2$（元），要求：(1) 指出固定成本、可变成本；(2) 求边际成本函数及产量 $Q = 200$ 时的边际成本；(3) 说明其经济意义。

解 (1) 固定成本 $C_0 = 200$，可变成本 $C_1(Q) = 4Q + 0.05Q^2$；

(2) 边际成本函数 $C'(Q) = 4 + 0.1Q, C'(200) = 24$；

(3) 经济意义：在产量为 200 时，再多生产一个单位产品，总成本增加 24 元。

例 48 通过调查得知某种家具的需求函数为 $Q = 1\,200 - 3P$，其中 P（单位：元）为家具的销售价格，Q（单位：件）为需求量。求销售该家具的边际收入函数，以及当销售量 Q 为 450、600 和 700 件时的边际收入。

解 由需求函数得价格 $P = \dfrac{1}{3}(1\,200 - Q)$

总收入函数 $R(Q) = QP(Q) = \dfrac{1}{3}Q(1\,200 - Q) = 400Q - \dfrac{1}{3}Q^2$

则边际收入函数为 $R'(Q) = 400 - \dfrac{2}{3}Q$

$R'(450) = 400 - \dfrac{2}{3} \times 450 = 100, R'(600) = 400 - \dfrac{2}{3} \times 600 = 0$

$R'(750) = 400 - \dfrac{2}{3} \times 750 = -100$

由此例看出，当家具的销售量为 450 件时，$R'(450) = 100 > 0$，此时再增加销售量，总收入会增加，而且再多销售一件家具，总收入会增加 100 元；当家具的销售量为 600 件时，$R'(600) = 0$，说明总收入函数达到最大值，此时再增加销售量，总收入不会增加；当家具的销售量为 750 件时，$R'(750) = -100 < 0$，此时再增加销售量，总收入会减少，而且再多销售一件家具，总收入会减少 100 元。

例 49 某工厂生产某产品的总成本函数为
$$C(Q) = 9\,000 + 40Q + 0.001Q^2 (元/件)$$
问该厂生产多少件产品时的平均成本最低?

解 平均成本函数
$$\overline{C}(Q) = \frac{C(Q)}{Q} = \frac{9\,000}{Q} + 40 + 0.001Q, (\overline{C})' = \frac{9\,000}{Q^2} + 0.001$$

令 $(\overline{C})'(Q) = 0$,得唯一驻点 $Q = 3\,000$,又 $(\overline{C})''(Q) = \frac{18\,000}{Q^3}$,令 $\overline{C}''(3\,000) > 0$,因此 $Q = 3\,000$ 是 $\overline{C}(Q)$ 的极小值点,也就是最小值点,即当该厂生产 $3\,000$ 件产品时平均成本最低。

例 50 已知某产品的需求函数为 $P = 10 - \frac{Q}{5}$,总成本函数为 $C(Q) = 50 + 2Q$,求产量为多少时总利润最大?并验证是否符合最大利润原则。

解 由需求函数 $P = 10 - \frac{Q}{5}$,得总收入函数为
$$R(Q) = Q\left(10 - \frac{Q}{5}\right) = 10Q - \frac{Q^2}{5}$$

总利润函数为
$$L(Q) = R(Q) - C(Q) = 10Q - \frac{Q^2}{5} - (50 + 2Q) = 8Q - \frac{Q^2}{5} - 50$$

$L'(Q) = 8 - \frac{2}{5}Q = 0$,得 $Q = 20$,而 $L''(20) = -\frac{2}{5} < 0$,此时总利润最大。

此时, $R'(20) = 2, C'(20) = 2, R''(20) = -\frac{2}{5}, C''(20) = 0$

所以有 $R'(20) = C'(20)$ 且 $R''(20) < C''(20)$,故符合最大利润原则。

3. 弹性分析

弹性分析是经济活动中常用的一种方法,是由对价格的相对变化引起商品需求量相对变化大小的分析,找到生产、供应、需求之间的关系,使生产者或营销者取得最佳效益。

(1) 函数的弹性。

设函数 $y = f(x)$,当自变量 x 在点 x_0 处有增量 Δx 时,函数有相应的增量 Δy,将比值 $\frac{\Delta x}{x_0}$ 称为自变量的相对增量,将 $\frac{\Delta y}{y_0}$ 称为函数的相对增量。

① 函数在点 x_0 处的弹性。

定义 4 对于函数 $y = f(x)$,如果极限 $\lim\limits_{\Delta x \to 0} \dfrac{\frac{\Delta y}{y_0}}{\frac{\Delta x}{x_0}}$ 存在,那么称此极限为函数 $y = f(x)$ 在点 $x = x_0$ 处的弹性,记为 $E(x_0)$,即

$$E(x_0) = \lim_{\Delta x \to 0} \frac{\frac{\Delta y}{y_0}}{\frac{\Delta x}{x_0}} = \lim_{\Delta x \to 0} \frac{\Delta y}{\Delta x} \cdot \frac{x_0}{y_0} = f'(x_0) \frac{x_0}{f(x_0)}$$

② 函数在点 x 处的弹性。

定义 5 对于函数 $y=f(x)$，如果极限 $\lim\limits_{\Delta x \to 0} \dfrac{\dfrac{\Delta y}{y}}{\dfrac{\Delta x}{x}}$ 存在，则称此极限为函数 $y=f(x)$ 在点 x 处的弹性，记为 $E(x)$，即

$$E(x) = \lim_{\Delta x \to 0}\dfrac{\dfrac{\Delta y}{y}}{\dfrac{\Delta x}{x}} = \lim_{\Delta x \to 0}\dfrac{\Delta y}{\Delta x}\cdot\dfrac{x}{y} = y'\cdot\dfrac{x}{y}$$

$E(x)$ 也称为函数 $y=f(x)$ 的弹性函数。

函数 $y=f(x)$ 在点 x 处的弹性 $E(x)$ 反映了随着 x 的变化，$f(x)$ 变化幅度的大小，也就是 $f(x)$ 对 x 变化反应的灵敏度，即当产生 1% 的改变时，$f(x)$ 近似地改变 $E(x)$%。在应用问题中解释弹性的具体意义时，经常略去"近似"二字。

例 51 求函数 $y=\left(\dfrac{1}{3}\right)^x$ 的弹性函数及在 $x=1$ 处的弹性。

解 弹性函数 $E(x) = \left(\dfrac{1}{3}\right)^x \ln\dfrac{1}{3}\cdot\dfrac{x}{\left(\dfrac{1}{3}\right)^x} = -x\ln 3$，$E(1) = -\ln 3$。

(2) 需求弹性。

设某商品的需求函数为 $Q=Q(P)$，则需求弹性为

$$E(P) = Q'(P)\dfrac{P}{Q(P)}$$

需求弹性 $E(P)$ 表示某种商品需求量 Q 对价格 P 的变化的敏感程度。因为需求函数是一个递减函数，需求弹性一般为负值，所以其经济意义为：当某种商品的价格下降（或上升）1% 时，其需求量将增加（或减少）$|E(P)|$%。

当 $E(P)=-1$ 时，称为单位弹性，即商品需求量的相对变化与价格的相对变化基本相等，此价格是最优价格。

当 $E(P)<-1$ 时，称为富有弹性，此时，商品需求量的相对变化大于价格的相对变化，价格的变动对需求量的影响较大，换句话说，适当降价会使需求量较大幅度上升，从而增加收入。

当 $-1<E(P)<0$ 时，称为缺乏弹性，即商品需求量的相对变化小于价格的相对变化，此时的价格变化对需求量的影响较小，在适当地涨价后，不会使需求量有太大的下降，从而会增加收入。需求弹性的大小反映了价格变化对市场需求量的影响程度，在市场经济中，企业经营者关心的是商品涨价（或降价）对总收入的影响程度，因此，利用弹性分析了解市场变化，制定行之有效的营销策略，是生产者和商家的必行之道。

例 52 设某商品的需求函数为 $Q=e^{-\frac{P}{5}}$（其中，P 是商品价格，Q 是需求量），求：(1) 需求弹性函数；(2) $P=3$，$P=5$，$P=6$ 时的需求弹性，并说明其经济意义。

解 (1) $Q'(P)=-\dfrac{1}{5}e^{-\frac{P}{5}}$，所求需求弹性函数为

$$E(P) = Q'(P)\dfrac{P}{Q(P)} = -\dfrac{1}{5}e^{-\frac{P}{5}}\dfrac{P}{e^{-\frac{P}{5}}} = -\dfrac{P}{5}$$

(2) $E(3) = -\frac{3}{5} = -0.6$，$E(5) = -\frac{5}{5} = -1$，$E(6) = -\frac{6}{5} = -1.2$

经济意义：当 $P=3$ 时，$E(3)=-0.6>-1$，此时价格上涨 1% 时，需求只减少 0.6%，需求量的变化幅度小于价格的变化幅度，适当提高价格可增加销售量，从而增加总收入；当 $P=5$ 时，$E(5)=-1$，此时价格上涨 1% 时，需求将减少 1%，需求量的变化幅度等于价格的变化幅度，是最优价格；当 $P=6$ 时，$E(6)=-1.2$，此时价格上涨 1% 时，需求将减少 1.2%，需求量的变化幅度大于价格的变化幅度，适当降低价格可增加销售量，从而增加收入。

二、其他应用

1. 拐角问题

在医院的外科手术室，往往需要将病人安置在活动病床上，沿走廊推到手术室或送到病房。然而有的医院的病房较窄，病床必须沿过道推到直角拐角（见图 3-21），标准的病床能否顺畅地推过拐角？通过计算求出病床可以顺利通过的走廊的最小宽度。

分析 我们把问题进行简化，将床想象成一根杆子，把问题转化为：要想让杆子绕过拐角，杆子的长度会受到多大限制？如图 3-22 所示，过道的宽度分别是 a 和 b，PQ 线段的长度即固定 θ 角时能安放的最大杆长 $l(\theta)$。

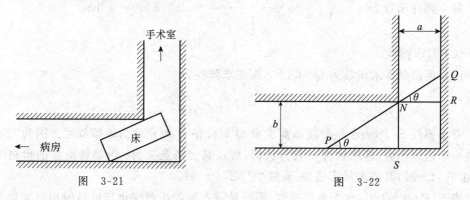

图 3-21　　　　　　　　　　图 3-22

解 (1) 设杆长为 $l(\theta)$。通过观察发现

$$l(\theta) = PN + NQ = SN\csc\theta + RN\sec\theta = b\csc\theta + a\sec\theta$$

$l(\theta)$ 在 $\left(0, \frac{\pi}{2}\right)$ 上的最小值就是能顺利绕过拐角的最大杆长。

(2) 求出上式对 θ 的导数。求导数得

$$\frac{dl}{d\theta} = a\sec\theta\tan\theta - b\csc\theta\cot\theta$$

(3) 求最值。令

$$\frac{dl}{d\theta} = 0$$

求得 $\tan^3\theta = \frac{b}{a}$，代入得 $l(\theta)$ 的最小值为

$$l_{\min} = (a^{\frac{2}{3}} + b^{\frac{2}{3}})^{\frac{3}{2}}$$

这就是给定过道宽度 a 与 b，能顺利绕过拐角的最大杆长。

2. 效率最值问题

如图 3-23 所示，某海滨浴场的岸边可近似地看作一条直线，救生员在岸边的 A 处，发现海中 B 处（$\angle BAD=45°$）有人求救，救生员没有直接从 A 处游向 B 处，而是沿岸边

A 跑到离 B 最近的 D 处($BD=300$m),然后游向 B 处。若救生员在岸边的行进速度为 6m/s,在海中的行进速度为 2m/s,试问:

(1)救生员先沿岸边 A 跑到离 B 最近的 D 处,然后游向 B 处,这种做法是否正确?

(2)能否在 AD 上找到适当的一点,使得救生员能在最短的时间内营救 B 处的人?

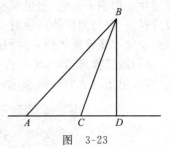

图 3-23

解 (1)因为救生员直接从 A 到 B 救人所需时间为 $t_1 = \dfrac{300\sqrt{2}}{2} = 150\sqrt{2}$s,而从 A 到 D 再到 B 的时间为 $t_2 = \dfrac{300}{6} + \dfrac{300}{2} = 200$s,显然 $t_1 > t_2$,故救生员沿岸边 A 跑到离 B 最近的 D 处,然后游向 B 处这种做法是正确的。

(2)在 AD 间取点 C,设 A 到 B 处所用总时间为 t,C 点到 D 点的距离为 x,则 $BC = \sqrt{300^2 + x^2}$,所以

$$t = \frac{300-x}{6} + \frac{\sqrt{300^2+x^2}}{2}, x \in [0, 300]$$

令 $t' = -\dfrac{1}{6} + \dfrac{x}{2\sqrt{300^2+x^2}} = 0$,解得 $x = 75\sqrt{2}$,因函数 t 只有一个极值,因此当 $x = 75\sqrt{2}$ 时 t 有最小值,将 $x = 75\sqrt{2}$ 代入得 $t_{\min} = (50 + 100\sqrt{2})$s。

提示 在解决与实际问题有关的最值问题时,应先将实际问题转化为求函数的最值问题,并且要特别注意自变量的取值范围,再利用求导法则求最值。

3. 最省料的罐体设计(一)

很多饮料都用易拉罐包装,如果把易拉罐看作底面半径为 r、高为 h 而体积为 V 的圆柱体,那么 $h:r$ 是多少时才能使罐体的表面积最小,即制作材料最节省?

解 设表面积为 S,则

$$S = 2\pi r^2 + 2\pi rh, V = \pi r^2 h$$

解出 $h = \dfrac{V}{\pi r^2}$,代入得

$$S = 2\pi r^2 + \frac{2V}{r}$$

对 r 求导,得

$$S' = 4\pi r - \frac{2V}{r^2}$$

令 $S' = 0$,解得唯一驻点 $r = \left(\dfrac{V}{2\pi}\right)^{\frac{1}{2}}$,即在 $r = \left(\dfrac{V}{2\pi}\right)^{\frac{1}{2}}$ 时用料最省。此时

$$2\pi r^2 = V = \pi r^2 h$$

所以当 $h:r = 2:1$ 时,制作罐体的用料最省。

如果对市场上销售的易拉罐包装产品进行认真观察,可以发现按照这一比例制造的易拉罐几乎找不到。一方面,这种尺寸往往不能满足美观的要求;另一方面,这与易拉罐加工的实际工艺有关。下面我们研究一个更接近实际的例子。

4. 最省料的罐体设计(二)

把易拉罐看作底面半径为 r、高为 h 而体积为 V 的圆柱体,制造易拉罐的材料都是从

金属片上切割下来的,把矩形卷起来就成了圆柱体的侧面,所以认为制造易拉罐侧面不浪费材料,但切割柱体底面时会浪费一定的边角料。试确定以下两种切割方案下 $h:r$ 是多少时才能使罐体的表面积最小,即制作材料最节省。

(1) 用正方形切割,即从边长为 $2r$ 的正方形切割出半径为 r 的圆,如图 3-24 所示;
(2) 用正六边形切割,如图 3-25 所示。

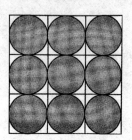

从正方形上切割圆片

图 3-24

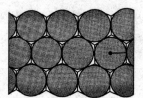

从六边形上切割圆片

图 3-25

解 (1) 设表面积为 S,则
$$S=8r^2+2\pi rh, V=\pi r^2 h$$

解出 $h=\dfrac{V}{\pi r^2}$,代入得

$$S=8r^2+\dfrac{2V}{r}$$

对 r 求导,得

$$S'=16r-\dfrac{2V}{r^2}.$$

令 $S'=0$,解得唯一驻点 $r=\dfrac{V^{\frac{1}{3}}}{2}$ 时用料最省,即 $r=\dfrac{V^{\frac{1}{3}}}{2}$。此时

$$8r^3=V=\pi r^2 h$$

所以当 $\dfrac{h}{r}=\dfrac{8}{\pi}\approx 2.55$ 时,制作罐体的用料最省。

(2) 由于正六边形面积为 $2\sqrt{3}r^2$,所以
$$S=4\sqrt{3}r^2+2\pi rh, V=\pi r^2 h$$

解出 $h=\dfrac{V}{\pi r^2}$,代入得

$$S=4\sqrt{3}r^2+\dfrac{2V}{r}$$

对 r 求导,得

$$S'=8\sqrt{3}r-\dfrac{2V}{r^2}$$

令 $S'=0$,得
$$4\sqrt{3}r^3=V=\pi r^2 h$$

所以当 $\dfrac{h}{r}=\dfrac{4\sqrt{3}}{\pi}\approx 2.21$ 时,制作罐体的用料最省。

习题 3-8

1. 求函数 $f(x)=\dfrac{e^x}{x}$ 的边际函数。

2. 已知某商品的需求函数为 $Q=\dfrac{2}{3}(50-P)$，供给函数为 $S=-20+10P$，试求市场均衡价格。

3. 已知某商品的成本函数为 $C(q)=100+\dfrac{q^2}{4}$，求出产量 $q=10$ 时的总成本、平均成本、边际成本，并解释其经济意义。

4. 某小型机械厂主要生产某种机器的配件，其最大生产能力为每日 100 件，假设日产量的总成本 $C(元)$ 是日产量 $x(件)$ 的函数 $C(x)=\dfrac{1}{4}x^2+60x+2\,050$，求日产量为 75 件时的总成本和平均单位成本；日产量由 75 件提高到 90 件时总成本的平均改变量；日产量为 75 件时的边际成本。

5. 生产 x 单位某产品的总成本 C 为 x 的函数 $C=C(x)=1\,200+\dfrac{x^2}{200}$，试求：

(1) 生产 400 单位产品时的平均单位成本；
(2) 生产 400 单位产品到 500 单位产品时总成本的平均变化率；
(3) 生产 400 单位产品时的边际成本。

6. 设生产 x 单位某产品的总收益函数为 $R(x)=200x-0.01x^2$，求生产 50 单位产品时的总收益、平均收益、边际收益。

7. 每批生产 x 单位某产品的费用为 $C(x)=200+4x$，得到的收益为 $R(x)=10x-\dfrac{x^2}{100}$，问每批生产多少单位产品时才能使利润最大？最大利润是多少？

8. 设某商品的总成本函数为 $C(Q)=125+3Q+\dfrac{1}{25}Q^2$，需求函数为 $Q=60-2P$（其中 P 为需求单价），试求：

(1) 平均成本函数、边际成本函数；
(2) 销量为 25 单位时的边际成本、边际收入、边际利润。

9. 某工厂每批生产某种商品 Q 单位时的总成本函数为 $C(Q)=200+50Q$（元），得到的收入函数为 $R(Q)=110Q-0.01Q^2$（元），问每批生产多少单位产品时才能使利润最大？

10. 设某商品的需求函数为 $Q=12-\dfrac{P}{2}(0<P<24)$，试求：

(1) 需求弹性函数；
(2) P 为何值时，需求为高弹性或低弹性？
(3) 当 $P=6$ 时的需求弹性，并说明经济意义。

【本章典型方法与范例】

例 3-1 求极限：(1) $\lim\limits_{x\to+\infty}\left(\dfrac{2}{\pi}\arctan x\right)^x$；(2) $\lim\limits_{x\to 0}\left[\dfrac{a}{x}-\left(\dfrac{1}{x^2}-a^2\right)\ln(1+ax)\right]$ $(a\neq 1)$；

(3) $\lim\limits_{x\to 1}\dfrac{(1-\sqrt{x})(1-\sqrt[3]{x})\cdots(1-\sqrt[n]{x})}{(1-x)^{n-1}}$。

解 (1) 此极限为"1^∞"型，先取对数，再用洛必达法则求极限。

令 $y=\left(\dfrac{2}{\pi}\arctan x\right)^x$，则 $\ln y=x\ln\left(\dfrac{2}{\pi}\arctan x\right)$

$$\lim_{x\to+\infty}\ln y = \lim_{x\to+\infty} x\ln\left(\frac{2}{\pi}\arctan x\right)$$

$$= \lim_{x\to+\infty}\frac{\ln\left(\frac{2}{\pi}\arctan x\right)}{\frac{1}{x}}$$

$$= \lim_{x\to+\infty}\frac{\frac{\pi}{2\arctan x}\cdot\frac{2}{\pi(1+x^2)}}{-\frac{1}{x^2}}$$

$$= -\frac{2}{\pi}$$

所以

$$\lim_{x\to+\infty}\left(\frac{2}{\pi}\arctan x\right)^x = \lim_{x\to+\infty} y$$
$$= \lim_{x\to+\infty} e^{\ln y}$$
$$= e^{-\frac{2}{\pi}}$$

(2) 本题为"$\infty-\infty$"型未定式,首先要通分化成比值形式,但要注意 $\lim_{x\to 0}a^2\ln(1+ax)=0$,可将此极限分离出去,简化计算。

$$\lim_{x\to 0}\left[\frac{a}{x}-\left(\frac{1}{x^2}-a^2\right)\ln(1+ax)\right] = \lim_{x\to 0}\left[\frac{a}{x}-\frac{1}{x^2}\ln(1+ax)\right]+\lim_{x\to 0}a^2\ln(1+ax)$$

$$= \lim_{x\to 0}\left[\frac{a}{x}-\frac{1}{x^2}\ln(1+ax)\right]$$

$$= \lim_{x\to 0}\frac{ax-\ln(1+ax)}{x^2}$$

$$= \lim_{x\to 0}\frac{a-\frac{a}{1+ax}}{2x}$$

$$= \lim_{x\to 0}\frac{a^2 x}{2x(1+ax)}$$

$$= \frac{a^2}{2}$$

(3) 运用极限运算法则和洛必达法则即可求出。

$$\lim_{x\to 1}\frac{(1-\sqrt{x})(1-\sqrt[3]{x})\cdots(1-\sqrt[n]{x})}{(1-x)^{n-1}} = \lim_{x\to 1}\frac{(1-\sqrt{x})}{1-x}\cdot\lim_{x\to 1}\frac{(1-\sqrt[3]{x})}{1-x}\cdots\lim_{x\to 1}\frac{(1-\sqrt[n]{x})}{1-x}$$

$$= \lim_{x\to 1}\frac{-\frac{1}{2}x^{-\frac{1}{2}}}{-1}\cdot\lim_{x\to 1}\frac{-\frac{1}{3}x^{-\frac{2}{3}}}{-1}\cdots\lim_{x\to 1}\frac{-\frac{1}{n}x^{-\frac{n-1}{n}}}{-1}$$

$$= \frac{1}{2}\cdot\frac{1}{3}\cdots\frac{1}{n} = \frac{1}{n!}$$

例 3-2 已知 $f(x)$ 具有二阶连续导数,$f(0)=0$,$f'(0)=2$,$f''(0)=6$,求 $\lim_{x\to 0}\dfrac{f(x)-2x}{x^2}$。

解 因为 $f(x)$ 具有二阶连续导数,所以

$$\lim_{x\to 0}f'(x)=f'(0)=2;\quad \lim_{x\to 0}f''(x)=f''(0)=6$$

对所求极限运用洛必达法则即可,得

$$\lim_{x \to 0} \frac{f(x) - 2x}{x^2} = \lim_{x \to 0} \frac{f'(x) - 2}{2x} = \lim_{x \to 0} \frac{f''(x)}{2} = \frac{6}{2} = 3$$

例 3-3 验证极限 $\lim\limits_{x \to \infty} \dfrac{x + \sin x}{x}$ 存在,但不能用洛必达法则求出。

解 因为

$$\lim_{x \to \infty} \frac{x + \sin x}{x} = \lim_{x \to \infty} \frac{1 + \dfrac{\sin x}{x}}{1} = 1$$

所以 $\lim\limits_{x \to \infty} \dfrac{x + \sin x}{x}$ 存在。

若使用洛必达法则,得

$$\lim_{x \to \infty} \frac{x + \sin x}{x} = \lim_{x \to \infty} \frac{1 + \cos x}{1} = \lim_{x \to \infty} (1 + \cos x) \text{(不存在)}$$

所以 $\lim\limits_{x \to \infty} \dfrac{x + \sin x}{x}$ 不能用洛必达法则求出极限。

例 3-4 求函数 $f(x) = \dfrac{1}{3}x^3 - x^2 - 3x$ 的极值。

解 方法1

$f(x)$ 的定义域为 $(-\infty, +\infty)$,令 $f'(x) = x^2 - 2x - 3 = 0$,得驻点 $x_1 = -1, x_2 = 3$,如表 3-12 所示。

表 3-12

x	$(-\infty, -1)$	-1	$(-1, 3)$	3	$(3, +\infty)$
y'	$+$	0	$-$	0	$+$
y	↗	极大值	↘	极小值	↗

所以 $f(x)$ 的极大值为 $f(-1) = \dfrac{5}{3}$,极小值为 $f(3) = -9$。

方法2

令 $f'(x) = x^2 - 2x - 3 = 0$,得驻点 $x_1 = -1, x_2 = 3$。

由 $f''(x) = 2x - 2$,得 $f''(-1) = -4 < 0, f''(3) = 4 > 0$,由极值第二判定定理知 $f(x)$ 在 $x_1 = -1$ 处取得极大值:$f(-1) = \dfrac{5}{3}$;在 $x_2 = 3$ 处取得极小值:$f(3) = -9$。

例 3-5 求函数 $y = e^x \cos x$ 的极值点与极值。

解 此题的单调区间有无穷多个,所以优先考虑极值的第二个判定定理。

函数的定义域为 $(-\infty, +\infty)$,$y' = e^x \cos x - e^x \sin x = e^x (\cos x - \sin x)$,令 $y' = 0$,得驻点 $x = k\pi + \dfrac{\pi}{4}, k \in \mathbf{Z}$,由 $y'' = -2e^x \sin x$,得

$$y''\big|_{2k\pi + \frac{\pi}{4}} = -2e^x \sin x \big|_{2k\pi + \frac{\pi}{4}} = -\sqrt{2}\, e^{2k\pi + \frac{\pi}{4}} < 0$$

$$y''\big|_{(2k+1)\pi + \frac{\pi}{4}} = -2e^x \sin x \big|_{(2k+1)\pi + \frac{\pi}{4}} = \sqrt{2}\, e^{(2k+1)\pi + \frac{\pi}{4}} > 0, k \in \mathbf{Z}$$

所以

$y = e^x \cos x$ 在 $x = 2k\pi + \frac{\pi}{4}, k \in \mathbf{Z}$ 处取得极大值：$y|_{2k\pi + \frac{\pi}{4}} = \frac{\sqrt{2}}{2} e^{2k\pi + \frac{\pi}{4}}, k \in \mathbf{Z}$

$y = e^x \cos x$ 在 $x = (2k+1)\pi + \frac{\pi}{4}, k \in \mathbf{Z}$ 处取得极小值：$y|_{(2k+1)\pi + \frac{\pi}{4}} = -\frac{\sqrt{2}}{2} e^{(2k+1)\pi + \frac{\pi}{4}}$，$k \in \mathbf{Z}$

例 3-6 试证当 $a+b+1 > 0$ 时，$f(x) = \frac{x^2 + ax + b}{x-1}$ 一定存在极值点。

解 $f(x)$ 的定义域为 $(-\infty, 1) \cup (1, +\infty)$，令

$$f'(x) = \frac{x^2 - 2x - a - b}{(x-1)^2} = 0$$

方程 $x^2 - 2x - a - b = 0$ 根的判别式为

$$\Delta = 4 + 4(a+b) = 4(a+b+1)$$

所以当 $a+b+1 > 0$ 时，得驻点 $x_{1,2} = 1 \pm \sqrt{a+b+1}$。因为

$$f''(x) = \frac{2(a+b+1)}{(x-1)^3}$$

代入得

$$f''(1 + \sqrt{a+b+1}) = \frac{2(a+b+1)}{(\sqrt{a+b+1})^3} = \frac{2}{\sqrt{a+b+1}} > 0$$

$$f''(1 - \sqrt{a+b+1}) = \frac{2(a+b+1)}{(-\sqrt{a+b+1})^3} = -\frac{2}{\sqrt{a+b+1}} < 0$$

所以当 $a+b+1 > 0$ 时，$f(x) = \frac{x^2+ax+b}{x-1}$ 在 $x = 1 + \sqrt{a+b+1}$ 处取得极小值，在 $x = 1 - \sqrt{a+b+1}$ 处取得极大值。

例 3-7 要造一圆柱形油罐，体积为 V，问半径 r 和高 h 等于多少时，才能使表面积最小?

解 已知 $V = \pi r^2 h$，所以表面积

$$S = 2\pi r^2 + 2\pi r h = 2\pi r^2 + 2\pi r \cdot \frac{V}{\pi r^2} = 2\pi r^2 + \frac{2V}{r}$$

则

$$S' = 4\pi r - \frac{2V}{r^2}$$

令 $S' = 0$，解得唯一驻点 $r = \left(\frac{V}{2\pi}\right)^{\frac{1}{3}}$

因为 $S'' > 0$，所以 $r = \left(\frac{V}{2\pi}\right)^{\frac{1}{3}}$ 为极小值点，即为所求最小值点。

因此，当 $r = \left(\frac{V}{2\pi}\right)^{\frac{1}{3}}$ 时表面积最小，此时 $h = 2\left(\frac{V}{2\pi}\right)^{\frac{1}{3}}$。

例 3-8 试确定曲线 $y = ax^3 + bx^2 + cx + d$ 中的 a, b, c, d，使得曲线在 $x = -2$ 处有水平切线，$(1, -10)$ 为拐点，且点 $(-2, 44)$ 在曲线上。

解 可导函数在某点的导数值等于该点处切线的斜率，拐点一定是二阶导数等于 0 的点。

$$y' = 3ax^2 + 2bx + c, \quad y'' = 6ax + 2b$$

将点 $(-2, 44)$ 代入 $y = ax^3 + bx^2 + cx + d$，得

$$44 = -8a + 4b - 2c + d \tag{1}$$

将点$(1,-10)$代入$y=ax^3+bx^2+cx+d$ 与$y''=6ax+2b$,得
$$-10=a+b+c+d \tag{2}$$
$$0=6a+2b \tag{3}$$
将$x=-2$代入$y'=3ax^2+2bx+c$,得
$$0=12a-4b+c \tag{4}$$
由式(1)~(4)联立解得 $a=1,b=-3,c=-24,d=16$。

例 3-9 求下列曲线的渐近线。

(1) $f(x)=\dfrac{1}{x-1}+2$; (2) $f(x)=\dfrac{x^3}{x^2+2x-3}$。

解 由渐近线定义,依次察看

$$\lim_{x\to\infty}f(x),\quad \lim_{x\to x_0}f(x)=\infty,\quad k=\lim_{x\to\infty}\dfrac{f(x)}{x},\quad b=\lim_{x\to\infty}[f(x)-kx]$$

(1) 因为$\lim\limits_{x\to\infty}\left(\dfrac{1}{x-1}+2\right)=2$,所以$y=2$为水平渐近线。

因为$\lim\limits_{x\to 1}\left(\dfrac{1}{x-1}+2\right)=\infty$,所以$x=1$为垂直渐近线。

因为$\lim\limits_{x\to\infty}\dfrac{f(x)}{x}=0$,所以无斜渐近线。

(2) 因为$\lim\limits_{x\to\infty}f(x)=\infty$,所以无水平渐近线。

因为 $\lim\limits_{x\to 1}\dfrac{x^3}{x^2+2x-3}=\infty,\lim\limits_{x\to -3}\dfrac{x^3}{x^2+2x-3}=\infty$

所以$x=1,x=-3$为垂直渐近线。

因为 $k=\lim\limits_{x\to\infty}\dfrac{f(x)}{x}=\dfrac{x^2}{x^2+2x-3}=1$

$b=\lim\limits_{x\to\infty}[f(x)-kx]=\lim\limits_{x\to\infty}\left[\dfrac{x^3}{x^2+2x-3}-x\right]=\lim\limits_{x\to\infty}\dfrac{-2x^2+3x}{x^2+2x-3}=-2$

所以$y=x-2$为曲线的斜渐近线。

例 3-10 作出函数$f(x)=1+\dfrac{36x}{(x+3)^2}$的图形。

解 函数的定义域为$(-\infty,-3)\cup(-3,+\infty)$

$$f'(x)=\dfrac{36(3-x)}{(x+3)^3},\quad f''(x)=\dfrac{72(x-6)}{(x+3)^4}$$

令$f'(x)=0$,得$x_1=3$;$f''(x)=0$,得$x_2=6$。讨论见表3-13。

表 3-13

x	$(-\infty,-3)$	$(-3,3)$	3	$(3,6)$	6	$(6,+\infty)$
y'	−	+	0	−		−
y''	−	−		−	0	+
y	↘	↗	极大值	↘	拐点	↘

因为$\lim\limits_{x\to\infty}f(x)=1,\lim\limits_{x\to -3}f(x)=\infty,\lim\limits_{x\to\infty}\dfrac{f(x)}{x}=0$,所以有水平渐近线$y=1$和垂直渐近线$x=-3$,无斜渐近线。由$f(3)=4,f(6)=\dfrac{11}{3}$,得极大值点$(3,4)$和拐点$\left(6,\dfrac{11}{3}\right)$,如

图 3-26 所示。

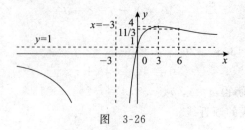

图 3-26

本章知识结构

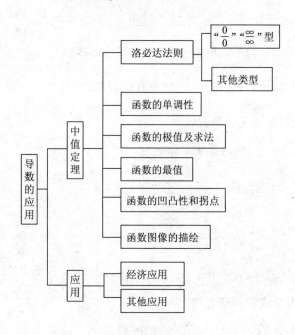

复习题三

1. 判断题。

(1) 极大值就是最大值。 （　）

(2) 单调性的分界点一定是驻点。 （　）

(3) 驻点是指使一阶导数 $f'(x)$ 等于 0 的点 $(x_0, f(x_0))$。 （　）

(4) 闭区间上连续函数的最值必在驻点和端点处取得。 （　）

(5) 函数的极值不可能在区间的端点取得。 （　）

(6) 设函数 $f(x)$ 在 (a,b) 内连续，则 $f(x)$ 在 (a,b) 内一定有最大值和最小值。 （　）

(7) 函数 $f(x)$ 在点 x_0 处不可导，则 $f(x)$ 在 x_0 处不可能取得极值。 （　）

(8) 曲线 $y = \ln(1+x^2)$ 的拐点是 $x = \pm 1$。 （　）

(9) 拐点是凹凸性的分界点。 （　）

(10) 曲线 $y = \dfrac{1}{x+1} + 2$ 的水平渐近线为 $y=2$，垂直渐近线为 $x=-1$。 （　）

2. 填空题。

(1) 设函数 $f(x)$ 在 (a,b) 内可导,如果 $f'(x)>0$,则函数 $f(x)$ 在 (a,b) 内_____;如果 $f'(x)<0$,则函数 $f(x)$ 在 (a,b) 内_____;如果 $f'(x)=0$,则函数 $f(x)$ 在 (a,b) 内_____。

(2) 曲线 $y=2+5x-3x^3$ 的拐点是_____。

(3) 曲线 $y=\dfrac{x^2}{x^2-1}$ 的水平渐近线为_____,垂直渐近线为_____。

(4) 连续函数 $f(x)$ 的极值点只能是_____点。

(5) 曲线 $f(x)=xe^x$ 在区间_____内是凸的,_____内是凹的,拐点是_____。

(6) 若 $x=1, x=2$ 都是函数 $y=x^3+ax^2+bx$ 的驻点,则 $a=$_____, $b=$_____。

(7) $\lim\limits_{x\to 0}\dfrac{e^x-e^{-x}}{x}=$_____。

(8) 函数 $f(x)=4+8x^3-3x^4$ 的极大值是_____。

(9) 如果函数 $f(x)$ 在 x_0 可导,且在该点取得极值,则 $f'(x_0)=$_____。

(10) $\lim\limits_{x\to 1}\dfrac{\ln x}{x-1}=$_____。

3. 选择题。

(1) 设 $y=-x^2+4x-7$,那么在区间 $(-5,-3)$ 和 $(3,5)$ 内 y 分别为(   )。

A. 单调增加,单调增加 B. 单调增加,单调减少
C. 单调减少,单调增加 D. 单调减少,单调减少

(2) 下列函数在指定区间 $(-\infty,+\infty)$ 内单调递增的有(   )。

A. $\sin x$ B. e^x C. x^2 D. $3-x$

(3) 函数 $y=f(x)$ 有驻点 $x=x_0$,则(   )不成立。

A. $f(x)$ 在 x_0 处连续   B. $f(x)$ 在 x_0 处可导
C. $f(x)$ 在 x_0 处有极值 D. 点 $(x_0,f(x_0))$ 处曲线的切线平行于 x 轴

(4) 设曲线 $y=x^3-3x^2-8$,那么在区间 $(-1,1)$ 和 $(2,3)$ 内曲线分别为(   )。

A. 凸的,凸的 B. 凸的,凹的 C. 凹的,凸的 D. 凹的,凹的

(5) 若在区间 (a,b) 内函数 $f(x)$ 的一阶导数 $f'(x)>0$,二阶导数 $f''(x)>0$,则 $f(x)$ 在该区间内(   )。

A. 单调递减、凹的   B. 单调递减、凸的
C. 单调递增、凹的   D. 单调递增、凸的

(6) $f'(x_0)=0$ 是可导函数 $f(x)$ 在 x_0 处有极值的(   )。

A. 充分条件   B. 必要条件
C. 充要条件   D. 非充分又非必要条件

(7) 极限 $\lim\limits_{x\to e}\dfrac{\ln x-1}{x-e}$ 的值为(   )。

A. 1   B. e^{-1} C. e   D. 0

(8) 设函数 $f(x)$ 在区间 I 上的导数恒为 0,则 $f(x)$ 在区间 I 上(   )。

A. 恒为 0   B. 恒不为 0
C. 是一个常数   D. 以上说法均不正确

(9) 函数 $y=f(x)$ 在点 $x=x_0$ 处取得极小值,则必有(　　)。

A. $f'(x_0)=0$ 　　　　　　　　B. $f''(x_0)>0$

C. $f'(x_0)=0$,且 $f''(x_0)>0$ 　　D. $f'(x_0)=0$ 或 $f'(x_0)$ 不存在

(10) 函数 $f(x)=\dfrac{1}{x}$ 在 $(0,1)$ 内的最小值是(　　)。

A. 0 　　　　　　　　　　　　B. 1

C. 任何小于 1 的数 　　　　　　D. 不存在

4. 求下列各极限。

(1) $\lim\limits_{x\to+\infty}\dfrac{x}{x+\sqrt{x}}$;

(2) $\lim\limits_{x\to 0}\dfrac{\ln(1+3x)}{e^{2x}-1}$;

(3) $\lim\limits_{x\to\frac{\pi}{4}}\dfrac{\tan x-1}{\sin 4x}$;

(4) $\lim\limits_{x\to 0}\dfrac{x-\arctan x}{x^3}$;

(5) $\lim\limits_{x\to 0^+}\dfrac{\ln\tan x}{\ln\sin x}$;

(6) $\lim\limits_{x\to 0}\dfrac{e^x-x-1}{x\sin x}$;

(7) $\lim\limits_{x\to+\infty} x(\sqrt{x^2+1}-x)$;

(8) $\lim\limits_{x\to 0}\left(\dfrac{1}{x}-\dfrac{1}{\sin x}\right)$。

5. 求函数 $f(x)=1-\dfrac{1}{2}\ln(1+x^2)$ ($|x|<1$) 的极值。

6. 取一块母线为 L、圆心角为 α 的扇形铁皮卷起来,做成一个漏斗,试问 α 取何值时,漏斗的容积最大?

7. 欲建一个底面为正方形的长方体蓄水池,容积为 1 500 m³,四壁造价为 $a(a>0)$ 元/m²,底面造价是四壁造价的 3 倍,当蓄水池的底面边长和深度各为多少时,总造价最低?

8. 如图 3-27 所示,在一个半径为 R 的圆形广场中心挂一个灯,问要挂多高,才能把广场周围的路照得最亮?(已知灯的照明度 I 的计算公式是 $I=k\dfrac{\cos a}{l^2}$,其中 l 是灯到广场被照射点的距离,a 为光线投射角)

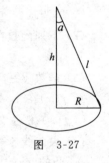

图 3-27

9. 设需求函数为 $Q(P)=10-\dfrac{P}{5}$,求 $P=20$ 时的边际收入。

10. 设某工厂每天生产某种产品 x 单位时的总成本函数为 $C(x)=0.5x^2+36x+1\,600$(元),问每天生产多少单位产品时,其平均值最小?

11. 某个体户以每条 10 元的价格购进一批牛仔裤,设此批牛仔裤的需求函数为 $Q=40-2P$,问将牛仔裤的销售价定为多少时,才能获得最大利润?

阅读材料三

双目失明的数学大师——欧拉

欧拉(Euler,1707—1783)出生于瑞士名城巴塞尔,父亲保罗·欧拉(Paul Euler)是一位基督教加尔文派的牧师,对数学很在行,由于他本身喜爱数学,便在不知不觉中把这种爱好灌输到小欧拉的心田。1720 年,欧拉进入巴塞尔大学,该校数学教授约翰·伯努利(Jahann Bernoulli)非常赏识欧拉,他亲自教导欧拉数学。在伯努力家族的影响下,欧

拉决心以数学为职业,18 岁时,欧拉开始发表论文,19 岁发表了论船桅的论文,荣获巴黎科学院奖金。此后几乎连年获奖,奖金已成了他的固定收入。

1727 年,欧拉应朋友之约到俄国圣彼得堡工作,职务是科学院医学部助理。1733 年,欧拉任彼得堡科学院数学教授。正当这位从巴塞尔来的年轻数学家在数学的各个领域一篇接一篇地发表论文时,由于积劳成疾,1735 年,年仅 28 岁的欧拉右眼失明。1741 年,欧拉应邀出任柏林科学院物理数学所所长。1766 年,应邀重返圣彼得堡,这时欧拉已 59 岁,不幸双目失明。在全盲的最后十多年中,欧拉以惊人的毅力、非凡的记忆力和心算能力,在儿女们的帮助下(由他口授,儿女们做笔录),仍然坚持著述和研究。1772 年,通过艰巨的心算完成了关于月球运动的第二种理论,再次创造出令人惊叹的奇迹。

欧拉的记忆力是非凡的,他能熟练地背诵大量数学公式,以及前一百个素数的前六次幂。不仅一般代数运算,就算复杂的高等数学,甚至那些有才能的数学家在纸上做起来也颇为棘手的计算,欧拉也能准确无误地进行心算。法国天文学家、物理学家阿拉戈(Arago)说:"欧拉对计算好像一点儿也不费力,正如人们呼吸空气,或者老鹰乘风飞翔一样轻松自如。"

欧拉非常重视人才,并提携后生。例如,法国数学家拉格朗日(Lagrange)19 岁时便开始和欧拉通信,讨论"等周问题",后来拉格朗日获得成果,欧拉就放弃发表自己的论文,使拉格朗日的论文得以问世。欧拉在第二次返回圣彼得堡时,推荐拉格朗日继任柏林科学院物理数学所的所长职位。

这位双目失明的数学大师,几乎在数学的每一个领域都留下了足迹,为科学的许多分支奠定了良好基础。他是变分学的奠基人,复变函数的先驱,理论流体力学的创始人;在数论、微积分、微分方程、微分几何等方面都有巨大成绩;对天文、物理等方面有卓越的贡献;在航海学、化学、地质学、制图学等方面也获得一定的成就。据统计,在欧拉的著作中,分析学、代数学、数论约占 40%,几何学约占 18%,物理学和力学约占 20%,天文学约占 11%,弹道学、航海学约占 3%。欧拉对数学符号的首创及推广的贡献也是巨大的,例如用 i 表示 $\sqrt{-1}$,用 e 表示自然对数的底,用 $f()$ 作为函数的符号。

欧拉的一生极有成就,仅为整理他没有发表的文稿就让彼得堡科学院足足忙了 47 年。他不仅留下了 886 篇论文和著作,更主要的是他那宝贵的财富——数学思想和方法,使后人受益无穷。他为人类清理好场地,开辟好道路,把一切有价值的发现连成一个整体。正是在这个基础上,人类才建立起宏伟的现代数学大厦。

观察和试验是欧拉进行科学研究的主要方法。欧拉曾经说过:"今天人们所知道的数的性质,几乎都是由观察所发现的,并且早在用严格论证其真实性之前就已被发现了。""数学这门学科,需要观察,还需要试验",观察可以导致发现,从而揭示某些原则、模型或规律。

合情推理是欧拉进行数学研究的重要方法。合情推理的主要形式是归纳和类比。G. 伯利亚(George Polya)说:"欧拉是数学研究中善于使用归纳法的大师。他凭观察及大胆的猜测和巧妙的证明得到许多重要发现。"必须指出,合情推理是进行科学研究和发现的重要方法,然而由它所得到的结论有时却是不可靠的。运用合情推理得出的结论必须经过推理证明之后才能确认,否则它仅仅是"合情"的。

抽象分析法也是欧拉进行数学研究所使用的方法。欧拉研究 18 世纪著名的"哥尼斯堡七桥问题"时所使用的就是这种方法,他把这个问题抽象为"一笔画"的问题。

欧拉还是一个大胆的猜想家,在许多问题的处理上,他运用科学猜想和假设,取得了非常好的效果。例如,欧拉在证明素数的无限性时,通过观察、归纳,继而猜测:"如果 p 是任意一个素数,并且是整数,则 $1+\dfrac{1}{p}+\dfrac{1}{p^2}+\dfrac{1}{p^3}+\cdots+\dfrac{1}{p^n}<\dfrac{1}{1-\dfrac{1}{p}}=\dfrac{p}{p-1}$。"欧拉通过这一猜想,证明了素数的无限性。

欧拉把一生献给了科学和人类,正如法国数学家拉普拉斯(Laplace)所说:"读读欧拉,他是我们大家的老师。"是的,他虽然双目失明,却是人类智慧的导师,照亮人类前行的路。

第四章 不定积分

【本章导读】
　　加法与减法、乘法与除法、乘方与开方、指数与对数等运算互为逆运算。求导运算也有逆运算，导数运算的逆运算问题属于积分学问题。已知某个函数 $F(x)$ 的导函数 $f(x)$，求 $F(x)$，使得 $F'(x)=f(x)$，这是积分学的基本问题之一，在科学技术和经济管理的许多理论和应用问题中也经常需要解决这类问题。本章主要介绍原函数与不定积分的概念，以及求不定积分的方法。

【学习目标】
- 理解原函数和不定积分的概念。
- 掌握不定积分的基本公式，掌握不定积分的换元积分法和分部积分法。
- 会解决不定积分在经济中的应用问题。

第一节 不定积分的概念

　　微分学的基本问题是已知一个函数，求它的导数（或微分）。但在许多实际问题中，常常需要解决相反的问题，即已知一个函数的导数（或微分）而求这个函数。

　　例如，已知函数 $F(x)$ 的导数 $F'(x)=\cos x$，求 $F(x)$。由前面的知识，可以得到 $F(x)=\sin x$。已知 $F'(x)=f(x)$，求 $F(x)$ 就是本章所研究的中心问题。为了研究方便起见，首先引入下面的定义。

一、原函数

　　定义 1　设 $f(x)$ 是定义在某区间上的一个函数，如果存在一个函数 $F(x)$，使得在该区间上的任一点，都有
$$F'(x) = f(x) \quad \text{或} \quad \mathrm{d}F(x) = f(x)\mathrm{d}x$$
则称 $F(x)$ 是函数 $f(x)$ 在该区间上的**一个原函数**。

　　例如，因为 $(\sin x)'=\cos x$，所以 $\sin x$ 是 $\cos x$ 的一个原函数。又如，因为 $(x^2)'=2x$，$(x^2+1)'=2x$，$(x^2+C)'=2x$（C 为任意常数），所以 x^2, x^2+1, x^2+C 都是 $2x$ 的原函数。

　　关于原函数有下面三个问题。

　　(1) 一个函数具备什么条件，能保证它的原函数一定存在？

　　这个问题的证明留待第五章解决。在此先给出一个结论：在某区间上连续的函数一定有原函数。由此知初等函数在定义区间内有原函数。

　　(2) 如果一个函数存在原函数，共有多少个原函数？

　　一般地，若 $F(x)$ 是 $f(x)$ 的一个原函数，对于任意常数 C，因为 $[F(x)+C]'=f(x)$，故 $F(x)+C$ 也为 $f(x)$ 的原函数。由于 C 的任意性，因此，一个函数 $f(x)$ 若有原函数，就有无限多个。

　　(3) 函数 $f(x)$ 的所有原函数是否都可表示为 $F(x)+C$ 的形式？

若 $F(x)$ 和 $G(x)$ 都是 $f(x)$ 的原函数，则它们一定相差一个常数。

由于 $[G(x)-F(x)]'=G'(x)-F'(x)=f(x)-f(x)=0$，所以 $G(x)-F(x)=C$，即
$$G(x)=F(x)+C$$

因此，若 $F(x)$ 为 $f(x)$ 的一个原函数，则 $f(x)$ 的全体原函数可以表示为 $F(x)+C$。

二、不定积分

1. 不定积分的概念

定义 2 在区间 I 上，函数 $f(x)$ 的原函数的全体叫作 $f(x)$ 的不定积分，记为 $\int f(x)\mathrm{d}x$。

其中，记号 $\int$ 称为**积分号**；$f(x)$ 称为**被积函数**；$f(x)\mathrm{d}x$ 称为**被积表达式**；x 称为**积分变量**。

由此定义及前面的说明可知，如果 $F(x)$ 是 $f(x)$ 的一个原函数，那么
$$\int f(x)\mathrm{d}x=F(x)+C$$

式中，任意常数 C 称为**积分常数**。因此，给定函数 $f(x)$，求它的不定积分，就是求它的全体原函数，只要找到它的一个原函数 $F(x)$，后面加上任意常数 C 即可。

例 1 求 $\int x^2\mathrm{d}x$。

解 因为 $\left(\dfrac{x^3}{3}\right)'=x^2$，所以 $\dfrac{x^3}{3}$ 为 x^2 的一个原函数。于是 $\int x^2\mathrm{d}x=\dfrac{x^3}{3}+C$

例 2 求 $\int\cos x\mathrm{d}x$。

解 因为 $(\sin x)'=\cos x$，所以 $\int\cos x\mathrm{d}x=\sin x+C$

例 3 求 $\int\dfrac{1}{\sqrt{x}}\mathrm{d}x$。

解 因为 $(2\sqrt{x})'=\dfrac{1}{\sqrt{x}}$，所以
$$\int\dfrac{1}{\sqrt{x}}\mathrm{d}x=2\sqrt{x}+C$$

2. 不定积分的性质

若 $F'(x)=f(x)$，由不定积分的定义可推得以下性质。

性质 1 $\left[\int f(x)\mathrm{d}x\right]'=f(x)$ 或 $\mathrm{d}\int f(x)\mathrm{d}x=f(x)\mathrm{d}x$。

性质 2 $\int F'(x)\mathrm{d}x=F(x)+C$ 或 $\int\mathrm{d}F(x)=F(x)+C$。

性质 1、性质 2 可叙述为：不定积分的导数（或微分）等于被积函数（或被积表达式）；一个函数导数（或微分）的不定积分等于这个函数加上一个任意常数。

三、不定积分的几何意义

若 $F(x)$ 是 $f(x)$ 的一个原函数，则 $f(x)$ 的不定积分为 $F(x)+C$。对于每一个给定

的 C，可确定 $f(x)$ 的一个原函数，在几何上就相应地确定一条曲线，这条曲线称为 $f(x)$ 的**积分曲线**。由于 $F(x)+C$ 的图形可以由曲线 $y=F(x)$ 沿着 y 轴上下平移而得到，这样不定积分 $\int f(x)\mathrm{d}x$ 在几何上就表示一组平行的积分曲线，简称为**积分曲线族**。在相同的横坐标 $x=x_0$ 处，这些曲线的切线是相互平行的，其斜率都等于 $f(x_0)$，如图 4-1 所示。

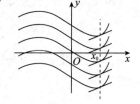

图 4-1

例 4 求通过点 $(1,2)$，且其上任一点处切线的斜率为 $3x^2$ 的曲线方程。

解 按题意，就是求函数 $3x^2$ 的积分曲线族中过 $(1,2)$ 的曲线。

因为 $\int 3x^2 \mathrm{d}x = x^3 + C$，于是得 $y=x^3+C$。将 $x=1, y=2$ 代入，有 $2=1^3+C$，得 $C=1$。故所求曲线方程为 $y=x^3+1$。

例 5 已知生产某种产品 x 个单位的边际成本为 $1+4x$，并且已知固定成本为 8 万元，试求总成本与产量 x 的关系。

解 设总成本为 $C(x)$，由题意知：$C'(x)=1+4x$，于是有

$$C(x) = \int (1+4x)\mathrm{d}x = x + 2x^2 + C$$

又知，$x=0$ 时，$C(x)=8$，代入，得 $C=8$。所以总成本与产量 x 的函数关系为

$$C(x) = x + 2x^2 + 8$$

思 考 题

1. 不定积分与导数有什么关系？

2. 不定积分 $\int f(x)\mathrm{d}x$ 在几何上表示积分曲线族，在相同的横坐标 $x=x_0$ 处，这些曲线的切线是否相互平行？斜率等于多少？

3. 若 $\int f(x)\mathrm{d}x = 5^x + \sin x + C$，如何求出 $f(x)$？

习题 4-1

习题讲解视频 4-1

1. 填空，并计算相应的不定积分。

  (1) $(\quad)'=1, \int \mathrm{d}x = (\quad)$；

  (2) $\mathrm{d}(\quad)=3x^2\mathrm{d}x, \int 3x^2\mathrm{d}x = (\quad)$；

  (3) $(\quad)'=\mathrm{e}^x, \int \mathrm{e}^x\mathrm{d}x = (\quad)$；

  (4) $\mathrm{d}(\quad)=\sec^2 x\mathrm{d}x, \int \sec^2 x\mathrm{d}x = (\quad)$；

  (5) $\mathrm{d}(\quad)=\sin x\mathrm{d}x, \int \sin x\mathrm{d}x = (\quad)$。

2. 判断 $\frac{1}{2}(\mathrm{e}^{2x}+\mathrm{e}^{-2x})$，$\frac{1}{2}(\mathrm{e}^x+\mathrm{e}^{-x})^2$，$\frac{1}{2}(\mathrm{e}^x-\mathrm{e}^{-x})^2$ 是否均为函数 $\mathrm{e}^{2x}-\mathrm{e}^{-2x}$ 的原

函数。

3. 已知一曲线在任一点处的切线斜率为其横坐标的 2 倍,求此曲线的方程。

4. 一曲线过点 $(1,-1)$,且在任一点处切线的斜率为 $\dfrac{1}{x^2}$,求此曲线的方程。

5. 一曲线通过点 $(e^2,3)$,且在任一点处切线的斜率等于该点横坐标的倒数,求该曲线的方程。

6. 已知一个函数的导数为 $f(x)=\dfrac{1}{\sqrt{1-x^2}}$,且当 $x=-1$ 时,其函数值为 $\dfrac{3}{2}\pi$,求这个函数。

7. 在积分曲线族 $\int 3x^2 \mathrm{d}x$ 中,求分别通过点 $(1,2)$ 与 $(0,-1)$ 的曲线,并画出它们的图形,说出图形间的关系。

8. 设函数 $f(x)$ 的原函数是 $x\ln x^2$,求 $\int xf'(x)\mathrm{d}x$。

第二节 积分的基本公式和运算法则、直接积分法

一、积分的基本公式

既然积分运算是微分运算的逆运算,那么很自然地,可以从导数基本公式得到相应的积分基本公式:

(1) $\int 0 \mathrm{d}x = C$;

(2) $\int k \mathrm{d}x = kx + C$;

(3) $\int x^\alpha \mathrm{d}x = \dfrac{1}{\alpha+1}x^{\alpha+1} + C (\alpha \neq -1)$;

(4) $\int \dfrac{1}{x}\mathrm{d}x = \ln|x| + C$;

(5) $\int e^x \mathrm{d}x = e^x + C$;

(6) $\int a^x \mathrm{d}x = \dfrac{a^x}{\ln a} + C$;

(7) $\int \cos x \mathrm{d}x = \sin x + C$;

(8) $\int \sin x \mathrm{d}x = -\cos x + C$;

(9) $\int \sec^2 x \mathrm{d}x = \tan x + C$;

(10) $\int \csc^2 x \mathrm{d}x = -\cot x + C$;

(11) $\int \sec x \tan x \mathrm{d}x = \sec x + C$;

(12) $\int \csc x \cot x \mathrm{d}x = -\csc x + C$;

(13) $\int \dfrac{1}{\sqrt{1-x^2}}\mathrm{d}x = \arcsin x + C = -\arccos x + C$;

(14) $\int \dfrac{1}{1+x^2}\mathrm{d}x = \arctan x + C = -\mathrm{arccot}\, x + C$。

以上 14 个积分基本公式是求不定积分的基础,必须熟记,灵活应用。

例 6 求 $\int \dfrac{1}{x^3}\mathrm{d}x$。

解 $\int \dfrac{1}{x^3}\mathrm{d}x = \int x^{-3}\mathrm{d}x = \dfrac{x^{-3+1}}{-3+1} + C = -\dfrac{1}{2x^2} + C$

例7 求 $\int x^2 \sqrt{x} \, dx$。

解 $\int x^2 \sqrt{x} \, dx = \int x^{\frac{5}{2}} \, dx = \dfrac{x^{\frac{5}{2}+1}}{\frac{5}{2}+1} + C = \dfrac{2}{7} x^{\frac{7}{2}} + C$

例8 求 $\int 5^x \, dx$。

解 $\int 5^x \, dx = \dfrac{5^x}{\ln 5} + C$

二、积分的基本运算法则

根据不定积分的定义，可以推得下面两个法则。

法则1 两个函数代数和的不定积分等于两个函数不定积分的代数和，即

$$\int [f(x) \pm g(x)] \, dx = \int f(x) \, dx \pm \int g(x) \, dx$$

法则2 被积函数中不为0的常数因子可以提到积分号外面，即

$$\int k f(x) \, dx = k \int f(x) \, dx \quad (k \text{ 是常数}, k \neq 0)$$

要证明这两个等式，只需验证等式右端的导数等于左端的被积函数即可。

三、直接积分法

直接积分法是根据不定积分的性质、运算法则，结合代数或三角的公式变形，直接利用积分基本公式进行积分的一种方法。

例9 求 $\int (2x^2 + 3x - 5) \, dx$。

解 $\int (2x^2 + 3x - 5) \, dx = 2\int x^2 \, dx + 3\int x \, dx - 5\int dx$

$= 2 \times \dfrac{1}{1+2} x^{2+1} + C_1 + 3 \times \dfrac{1}{1+1} x^{1+1} + C_2 - 5x + C_3$

$= \dfrac{2}{3} x^3 + \dfrac{3}{2} x^2 - 5x + C$

例10 求 $\int 3^x e^x \, dx$。

解 $\int 3^x e^x \, dx = \int (3e)^x \, dx = \dfrac{(3e)^x}{\ln(3e)} + C = \dfrac{3^x e^x}{1+\ln 3} + C$

例11 求 $\int (\sqrt{x} + 1)\left(x - \dfrac{1}{\sqrt{x}}\right) dx$。

解 $\int (\sqrt{x} + 1)\left(x - \dfrac{1}{\sqrt{x}}\right) dx = \int \left(x\sqrt{x} - 1 + x - \dfrac{1}{\sqrt{x}}\right) dx$

$= \int x\sqrt{x} \, dx - \int dx + \int x \, dx - \int \dfrac{1}{\sqrt{x}} \, dx$

$= \int x^{\frac{3}{2}} \, dx - \int dx + \int x \, dx - \int x^{-\frac{1}{2}} \, dx$

$$= \frac{1}{\frac{3}{2}+1}x^{\frac{3}{2}+1} - x + \frac{1}{1+1}x^{1+1} - \frac{1}{-\frac{1}{2}+1}x^{-\frac{1}{2}+1} + C$$

$$= \frac{2}{5}x^{\frac{5}{2}} - x + \frac{1}{2}x^2 - 2\sqrt{x} + C$$

例 12 求 $\int \frac{(x-1)^3}{x^2}dx$。

解 $\int \frac{(x-1)^3}{x^2}dx = \int \frac{x^3 - 3x^2 + 3x - 1}{x^2}dx = \int \left(x - 3 + \frac{3}{x} - \frac{1}{x^2}\right)dx$

$$= \int x dx - 3\int dx + 3\int \frac{1}{x}dx - \int x^{-2}dx$$

$$= \frac{1}{2}x^2 - 3x + 3\ln|x| + \frac{1}{x} + C$$

例 13 求 $\int \frac{x^2}{x^2+1}dx$。

解 因为 $\frac{x^2}{x^2+1} = \frac{x^2+1-1}{x^2+1} = 1 - \frac{1}{1+x^2}$，于是

$$\int \frac{x^2}{x^2+1}dx = \int \left(1 - \frac{1}{1+x^2}\right)dx = x - \arctan x + C$$

例 14 求 $\int \frac{x^4}{x^2+1}dx$。

解 因为 $\frac{x^4}{x^2+1} = \frac{(x^4-1)+1}{x^2+1} = x^2 - 1 + \frac{1}{1+x^2}$，于是

$$\int \frac{x^4}{x^2+1}dx = \int \left(x^2 - 1 + \frac{1}{1+x^2}\right)dx$$

$$= \int (x^2 - 1)dx + \int \left(\frac{1}{1+x^2}\right)dx$$

$$= \frac{1}{3}x^3 - x + \arctan x + C$$

例 15 求 $\int \cos^2 \frac{x}{2}dx$。

解 由倍角公式，得

$$\cos^2 \frac{x}{2} = \frac{1+\cos x}{2}$$

于是有

$$\int \cos^2 \frac{x}{2}dx = \int \frac{1+\cos x}{2}dx = \frac{1}{2}\int (1+\cos x)dx$$

$$= \frac{1}{2}\left(\int dx + \int \cos x dx\right) = \frac{1}{2}(x + \sin x) + C$$

例 16 求 $\int \tan^2 x dx$。

解 $\int \tan^2 x dx = \int (\sec^2 x - 1)dx = \tan x - x + C$

例 17 求 $\int \frac{1}{\sin^2 x \cos^2 x}dx$。

解 $\int \dfrac{1}{\sin^2 x \cos^2 x} dx = \int \dfrac{\sin^2 x + \cos^2 x}{\sin^2 x \cos^2 x} dx = \int (\sec^2 x + \csc^2 x) dx = \tan x - \cot x + C$

思 考 题

1. 若 $f(x)$ 的一个原函数为 $\cos x$，问如何计算 $\int f'(x) dx$？

2. $\left[\int f(x) dx \right]' = f(x)$ 和 $\int f'(x) dx = f(x) + C$ 有何区别？

3. 法则 2 中，为何要求 $k \neq 0$？

习题 4-2

习题讲解视频 4-2

1. 填空，并计算相应的不定积分。

(1) ( )′ = $\dfrac{1}{\cos^2 x}$, $\int \dfrac{1}{\cos^2 x} dx = $ (　　);

(2) ( )′ = $\dfrac{1}{1+x^2}$, $\int \dfrac{1}{1+x^2} dx = $ (　　);

(3) ( )′ = $\dfrac{1}{x\ln a}$, $\int \dfrac{1}{x\ln a} dx = $ (　　);

(4) ( )′ = $\dfrac{1}{\sqrt{1-x^2}}$, $\int \dfrac{1}{\sqrt{1-x^2}} dx = $ (　　)。

2. 求下列不定积分。

(1) $\int \dfrac{2}{x^3} dx$;

(2) $\int (3x-1) \sqrt[3]{x^2}\, dx$;

(3) $\int \left(2x^2 + \dfrac{1}{x}\right)^2 dx$;

(4) $\int \left(2e^x - \dfrac{1}{3x}\right) dx$;

(5) $\int \left(2\sin x - \dfrac{3}{\sqrt{1-x^2}}\right) dx$;

(6) $\int \dfrac{dh}{\sqrt{2gh}}$ (g 是常数);

(7) $\int e^x \left(1 - \dfrac{e^{-x}}{\sqrt{2x}}\right) dx$;

(8) $\int \cos\left(\dfrac{\pi}{4} + 1\right) dx$;

(9) $\int \dfrac{t-1}{\sqrt{t}+1} dt$;

(10) $\int \sec x (\sec x - \tan x) dx$;

(11) $\int \cot^2 x\, dx$;

(12) $\int \dfrac{1+x+x^2}{x(1+x^2)} dx$;

(13) $\int \dfrac{2x^4 + 3x^2 + 1}{1+x^2} dx$;

(14) $\int \sqrt{x\sqrt{x\sqrt{x}}}\, dx$;

(15) $\int \left(\dfrac{2 \times 3^x - 5 \times 2^x}{4^x}\right) dx$;

(16) $\int \dfrac{1}{1+\cos 2x} dx$;

(17) $\int \dfrac{1}{x^2(1+x^2)} dx$;

(18) $\int e^{\ln(2x+1)} \left(1 - \dfrac{1}{x^2}\right) dx$;

(19) $\int \dfrac{\cos 2x}{\sin^2 x \cos^2 x} dx$;

(20) $\int \dfrac{\cos 2x}{\sin x - \cos x} dx$;

(21) $\int \left(\dfrac{1}{\sqrt{1-x^2}} + \sin x\right)' dx$。

3. 求下列不定积分。

(1) $\int \dfrac{x^4+x^2+3}{x^2+1}\mathrm{d}x$；

(2) $\int \dfrac{\mathrm{e}^{2x}-1}{1+\mathrm{e}^x}\mathrm{d}x$；

(3) $\int \dfrac{1-\cos x}{1-\cos 2x}\mathrm{d}x$；

(4) $\int \dfrac{1+2x^2}{x^2(1+x^2)}\mathrm{d}x$。

第三节 换元积分法

能用直接积分法计算的不定积分是非常有限的。本节将介绍第二种积分方法——换元积分法。

换元积分法是复合函数微分法的逆运算。这种方法是通过适当的变量代换把给定的不定积分化成可以套用公式或者比较容易积分的形式。用换元积分法求不定积分时，按其被积函数的不同特点，换元方式有两种，分别称为第一类换元积分法和第二类换元积分法。

一、第一类换元积分法（又称凑微分法）

首先看一个例子。

例 18 求 $\int(2x-1)^2\mathrm{d}x$。

解 本例可以用直接积分法求出。

$$\int(2x-1)^2\mathrm{d}x=\int(4x^2-4x+1)\mathrm{d}x=\frac{4}{3}x^3-2x^2+x+C$$

但如果此例中的被积函数是 $(2x-1)^{10}$，用此法计算就会非常麻烦。

由于积分基本公式 $\int x^\alpha\mathrm{d}x=\dfrac{1}{\alpha+1}x^{\alpha+1}+C$ 中的自变量 x 可以换成中间变量 u，即

$$\int u^\alpha\mathrm{d}u=\frac{1}{\alpha+1}u^{\alpha+1}+C$$

于是我们想到引用一个中间变量 u 来代替 $2x-1$。

令 $u=2x-1$，则 $\mathrm{d}u=\mathrm{d}(2x-1)=2\mathrm{d}x, \mathrm{d}x=\dfrac{1}{2}\mathrm{d}u$，从而

$$\int(2x-1)^2\mathrm{d}x=\int u^2\cdot\frac{1}{2}\mathrm{d}u=\frac{1}{2}\int u^2\mathrm{d}u=\frac{1}{6}u^3+C=\frac{1}{6}(2x-1)^3+C$$

可以用求导的方法验证这个结果是正确的，虽然它等于 $\dfrac{4}{3}x^3-2x^2+x-\dfrac{1}{6}+C$，与前法算得的结果不完全一样，但这只说明两个结果中的积分常数 C 不同而已。

一般地，有以下定理。

定理 1 设函数 $f(x)$ 具有原函数 $F(x)$，且 $u=\varphi(x)$ 可导，则 $F[\varphi(x)]$ 是 $f[\varphi(x)]\varphi'(x)$ 的原函数，即有

$$\int f[\varphi(x)]\varphi'(x)\mathrm{d}x=\int f(u)\mathrm{d}u=F(u)+C=F[\varphi(x)]+C$$

本定理的含义是：如果直接求函数 $f[\varphi(x)]\varphi'(x)$ 的不定积分有困难，则可以引进一个中间变量 u，即令 $u=\varphi(x)$，使 $f[\varphi(x)]$ 变为 $f(u), \varphi'(x)\mathrm{d}x$ 变为 $\mathrm{d}u$；如果 $f(u)$ 的原函

数是 $F(u)$,则所求的不定积分是 $F(u)+C$,再把 $u=\varphi(x)$ 代回,即得 $F[\varphi(x)]+C$。

例 19 求 $\int \cos 2x \, dx$。

解 被积函数 $\cos 2x$ 是复合函数,在积分基本公式中找不到适用的公式。但若引进变量 u 代替 $2x$,便可套用公式 $\int \cos u \, du = \sin u + C$ 积分。于是,做变换 $u=2x$,则 $du = d(2x) = 2dx, dx = \frac{1}{2}du$,从而有

$$\int \cos 2x \, dx = \int \cos u \cdot \frac{1}{2} du = \frac{1}{2} \sin u + C = \frac{1}{2} \sin 2x + C$$

例 20 求 $\int e^{3x} dx$。

解 被积函数是一个复合函数,令 $u=3x, x=\frac{u}{3}, dx=\frac{1}{3}du$,从而有

$$\int e^{3x} dx = \frac{1}{3} \int e^u du = \frac{1}{3} e^u + C = \frac{1}{3} e^{3x} + C$$

例 21 求 $\int \frac{1}{2-3x} dx$。

解 令 $u=2-3x$,则 $du = d(2-3x) = -3dx, dx = -\frac{1}{3}du$,于是有

$$\int \frac{1}{2-3x} dx = \int \frac{1}{u} \cdot \left(-\frac{1}{3}\right) du = -\frac{1}{3} \ln|u| + C = -\frac{1}{3} \ln|2-3x| + C$$

例 22 求 $\int x e^{x^2} dx$。

解 令 $u=x^2$,则 $du = d(x^2) = 2xdx, xdx = \frac{1}{2}du$,于是有

$$\int x e^{x^2} dx = \int e^u \cdot \frac{1}{2} du = \frac{1}{2} e^u + C = \frac{1}{2} e^{x^2} + C$$

例 23 求 $\int x \sqrt{x^2+4} \, dx$。

解
$$\int x \sqrt{x^2+4} \, dx = \frac{1}{2} \int \sqrt{x^2+4} \, d(x^2+4)$$
$$= \frac{1}{2} \int (x^2+4)^{\frac{1}{2}} d(x^2+4)$$
$$= \frac{1}{3} (x^2+4)^{\frac{3}{2}} + C$$

例 24 求 $\int \frac{\ln^2 x}{x} dx$。

解 令 $u=\ln x$,则 $du = d(\ln x) = \frac{1}{x} dx$,于是有

$$\int \frac{\ln^2 x}{x} dx = \int u^2 du = \frac{1}{3} u^3 + C = \frac{1}{3} (\ln x)^3 + C$$

在对变量代换比较熟悉以后,可以不写出中间变量 u。

例25 求 $\int \dfrac{\cos\sqrt{t}}{\sqrt{t}}\mathrm{d}t$。

解 $\int \dfrac{\cos\sqrt{t}}{\sqrt{t}}\mathrm{d}t = 2\int \cos\sqrt{t}\,\mathrm{d}\sqrt{t} = 2\sin\sqrt{t} + C$

例26 求 $\int \tan x\,\mathrm{d}x$。

解 $\int \tan x\,\mathrm{d}x = \int \dfrac{\sin x}{\cos x}\mathrm{d}x = -\int \dfrac{1}{\cos x}\mathrm{d}(\cos x) = -\ln|\cos x| + C$

类似可得

$$\int \cot x\,\mathrm{d}x = \ln|\sin x| + C$$

例27 求 $\int \dfrac{1}{(\arcsin x)^2 \sqrt{1-x^2}}\mathrm{d}x$。

解 $\int \dfrac{1}{(\arcsin x)^2 \sqrt{1-x^2}}\mathrm{d}x = \int (\arcsin x)^{-2}\mathrm{d}(\arcsin x) = -\dfrac{1}{\arcsin x} + C$

例28 求 $\int \sin^2 x \cos^3 x\,\mathrm{d}x$。

解 $\int \sin^2 x \cos^3 x\,\mathrm{d}x = \int \sin^2 x \cos^2 x\,\mathrm{d}(\sin x) = \int \sin^2 x(1-\sin^2 x)\,\mathrm{d}(\sin x)$

$= \int (\sin^2 x - \sin^4 x)\,\mathrm{d}(\sin x) = \dfrac{1}{3}\sin^3 x - \dfrac{1}{5}\sin^5 x + C$

例29 求 $\int \sin 3x \cos 2x\,\mathrm{d}x$。

解 $\int \sin 3x \cos 2x\,\mathrm{d}x = \dfrac{1}{2}\int (\sin 5x + \sin x)\,\mathrm{d}x = \dfrac{1}{2}\times\dfrac{1}{5}\int \sin 5x\,\mathrm{d}(5x) + \dfrac{1}{2}\int \sin x\,\mathrm{d}x$

$= -\dfrac{1}{10}\cos 5x - \dfrac{1}{2}\cos x + C$

例30 求 $\int \csc x\,\mathrm{d}x$。

解 $\int \csc x\,\mathrm{d}x = \int \dfrac{1}{\sin x}\mathrm{d}x = \int \dfrac{1}{2\sin\frac{x}{2}\cos\frac{x}{2}}\mathrm{d}x = \dfrac{1}{2}\int \dfrac{1}{\tan\frac{x}{2}\cos^2\frac{x}{2}}\mathrm{d}x$

$= \int \dfrac{1}{\tan\frac{x}{2}}\mathrm{d}\left(\tan\frac{x}{2}\right) = \ln\left|\tan\frac{x}{2}\right| + C$

而

$$\tan\dfrac{x}{2} = \dfrac{\sin\frac{x}{2}}{\cos\frac{x}{2}} = \dfrac{2\sin^2\frac{x}{2}}{2\sin\frac{x}{2}\cos\frac{x}{2}} = \dfrac{1-\cos x}{\sin x} = \csc x - \cot x$$

所以有

$$\int \csc x\,\mathrm{d}x = \ln|\csc x - \cot x| + C$$

例31 求 $\int \sec x\,\mathrm{d}x$。

解 由于 $\sec x = \dfrac{1}{\cos x} = \dfrac{1}{\sin\left(x+\dfrac{\pi}{2}\right)}$，因此，利用例 30 的结果有

$$\int \sec x \, dx = \int \dfrac{1}{\sin\left(x+\dfrac{\pi}{2}\right)} d\left(x+\dfrac{\pi}{2}\right) = \ln\left|\csc\left(x+\dfrac{\pi}{2}\right) - \cot\left(x+\dfrac{\pi}{2}\right)\right| + C$$

$$= \ln|\sec x + \tan x| + C$$

例 32 求 $\int \dfrac{\arctan x}{1+x^2} dx$。

解 $\int \dfrac{\arctan x}{1+x^2} dx = \int \arctan x \, d(\arctan x) = \dfrac{1}{2}(\arctan x)^2 + C$

例 33 求 $\int \sin 2x \, dx$。

解 **方法 1** $\int \sin 2x \, dx = \dfrac{1}{2} \int \sin 2x \, d(2x) = -\dfrac{1}{2} \cos 2x + C$

方法 2 $\int \sin 2x \, dx = 2 \int \sin x \cos x \, dx = 2 \int \sin x \, d(\sin x) = \sin^2 x + C$

方法 3 $\int \sin 2x \, dx = 2 \int \sin x \cos x \, dx = -2 \int \cos x \, d(\cos x) = -\cos^2 x + C$

此例表明，同一个不定积分，选择不同的积分方法，得到的结果形式不同，这是完全正常的，可以用导数验证它们的正确性。三种解法的原函数仅差一个常数，都可包含到任意常数 C 中，由此可见，在不定积分中，任意常数是不可缺少的。

例 34 求 $\int \dfrac{2x+1}{x^2+4x+5} dx$。

解 $\int \dfrac{2x+1}{x^2+4x+5} dx = \int \dfrac{2x+4-3}{x^2+4x+5} dx = \int \dfrac{2x+4}{x^2+4x+5} dx - 3\int \dfrac{1}{1+(x+2)^2} dx$

$$= \int \dfrac{d(x^2+4x+5)}{x^2+4x+5} - 3\int \dfrac{1}{1+(x+2)^2} d(x+2)$$

$$= \ln|x^2+4x+5| - 3\arctan(x+2) + C$$

例 35 求 $\int \dfrac{x}{\sqrt{3+2x-x^2}} dx$。

解 $\int \dfrac{x}{\sqrt{3+2x-x^2}} dx = \int \dfrac{(x-1)+1}{\sqrt{4-(x-1)^2}} dx = \int \dfrac{x-1}{\sqrt{4-(x-1)^2}} dx + \int \dfrac{1}{\sqrt{4-(x-1)^2}} dx$

$$= \int \dfrac{x-1}{\sqrt{4-(x-1)^2}} d(x-1) + \int \dfrac{1}{2\sqrt{1-\left(\dfrac{x-1}{2}\right)^2}} dx$$

$$= \dfrac{1}{2}\int \dfrac{d(x-1)^2}{\sqrt{4-(x-1)^2}} + \int \dfrac{1}{\sqrt{1-\left(\dfrac{x-1}{2}\right)^2}} d\left(\dfrac{x-1}{2}\right)$$

$$= -\dfrac{1}{2}\int \dfrac{d[4-(x-1)^2]}{\sqrt{4-(x-1)^2}} + \arcsin\dfrac{x-1}{2} + C$$

$$= -\sqrt{4-(x-1)^2} + \arcsin\dfrac{x-1}{2} + C$$

由上面的例子可以看出,用第一类换元积分法计算积分时,关键是把被积函数分为两部分:其中一部分表示为 $\varphi(x)$ 的函数 $f[\varphi(x)]$;另一部分与 dx 凑成微分 $d\varphi(x)$。因此,第一类换元积分法又叫作凑微分法。

下列式子在凑微分时经常用到:

(1) $dx = \dfrac{1}{a}d(ax)$;

(2) $dx = \dfrac{1}{a}d(ax+b)$;

(3) $xdx = \dfrac{1}{2}d(x^2)$;

(4) $x^2 dx = \dfrac{1}{3}d(x^3)$;

(5) $\dfrac{1}{\sqrt{x}}dx = 2d\sqrt{x}$;

(6) $\cos x dx = d(\sin x)$;

(7) $\sin x dx = -d(\cos x)$;

(8) $\dfrac{1}{x}dx = d(\ln x)$;

(9) $e^x dx = d(e^x)$;

(10) $\dfrac{1}{1+x^2}dx = d(\arctan x)$;

(11) $\dfrac{1}{\sqrt{1-x^2}}dx = d(\arcsin x)$;

(12) $\sec^2 x dx = d(\tan x)$。

二、第二类换元积分法

第一类换元积分法能解决一大批积分的计算,其关键是根据具体的被积函数,通过变量代换(或适当的凑微分)$u = \varphi(x)$,将 $\int f[\varphi(x)]\varphi'(x)dx$ 化为 $\int f(u)du$,然后套用公式积分。但是有些被积函数不容易凑成功,这时可以尝试做适当的变量替换来改变被积表达式的结构,使之化成基本积分公式表中的某一个形式,这就提出了第二类换元积分法。

下面将介绍的第二类换元积分法是:适当地选择变量代换 $x = \varphi(t)$,将 $\int f(x)dx$ 化为 $\int f[\varphi(t)]\varphi'(t)dt$ 的形式,而变换后的积分易求得。

先看一个例子。

例 36 求 $\int \dfrac{1}{1+\sqrt{x}}dx$。

解 这个积分用前面学过的方法是不易求得的,主要在于被积函数中含有根式 $\sqrt{x}$,为去掉根号,可设 $x = t^2 (t > 0)$,于是 $dx = dt^2 = 2tdt$,有

$$\int \dfrac{1}{1+\sqrt{x}}dx \xrightarrow{x=t^2} \int \dfrac{2t}{1+t}dt = 2\int \dfrac{(1+t)-1}{1+t}dt$$

$$= 2\int \left(1 - \dfrac{1}{1+t}\right)dt = 2\int dt - 2\int \dfrac{1}{1+t}d(1+t)$$

$$= 2t - 2\ln|1+t| + C$$

$$= 2\sqrt{x} - 2\ln|1+\sqrt{x}| + C$$

此例是通过变量代换,用 t^2 来代替 x,消去了被积函数中的根式,从而求出所给的不定积分。这种方法叫作第二类换元积分法。

一般地,有下面的定理。

定理 2 设 $x = \varphi(t)$ 是严格单调的可导函数,且 $\varphi'(t) \neq 0$,如果

$$\int f[\varphi(t)]\varphi'(t)dt = F(t) + C$$

则有 $\int f(x)\mathrm{d}x = F[\varphi^{-1}(x)] + C$，其中 $t = \varphi^{-1}(x)$ 是 $x = \varphi(t)$ 的反函数。

由此定理可知，第二类换元积分法的中心思想是将根式有理化，一般有以下两种变量代换。

1. 代数变换

例 37 求 $\int \dfrac{x}{\sqrt{1+x}}\mathrm{d}x$。

解 这个积分用前面学过的方法是不易求得的，主要在于被积函数中含有根式 $\sqrt{1+x}$，为去掉根号，可设 $x = t^2 - 1 (t > 0)$，于是 $\mathrm{d}x = \mathrm{d}(t^2 - 1) = 2t\mathrm{d}t$，有

$$\int \dfrac{x}{\sqrt{1+x}}\mathrm{d}x = \int \dfrac{t^2 - 1}{t} 2t\mathrm{d}t = 2\int (t^2 - 1)\mathrm{d}t = \dfrac{2}{3}t^3 - 2t + C$$

$$= \dfrac{2}{3}(1+x)^{\frac{3}{2}} - 2\sqrt{1+x} + C$$

例 38 求 $\int x\sqrt{x-1}\,\mathrm{d}x$。

解 要去掉被积函数中的根式，可令 $x = t^2 + 1 (t > 0)$，则 $\mathrm{d}x = \mathrm{d}(t^2 + 1) = 2t\mathrm{d}t$，于是

$$\int x\sqrt{x-1}\,\mathrm{d}x = \int (t^2 + 1)t \cdot 2t\mathrm{d}t = 2\int (t^4 + t^2)\mathrm{d}t = \dfrac{2}{5}t^5 + \dfrac{2}{3}t^3 + C$$

$$= \dfrac{2}{5}(x-1)^{\frac{5}{2}} + \dfrac{2}{3}(x-1)^{\frac{3}{2}} + C$$

例 39 求 $\int \dfrac{\sqrt[4]{x}}{x + \sqrt{x}}\mathrm{d}x$。

解 要同时去掉被积函数中的根式，可令 $x = t^4 (t > 0)$，则 $\mathrm{d}x = 4t^3\mathrm{d}t$，于是

$$\int \dfrac{\sqrt[4]{x}}{x + \sqrt{x}}\mathrm{d}x = \int \dfrac{t}{t^4 + t^2} \cdot 4t^3\mathrm{d}t = 4\int \dfrac{t^2}{1+t^2}\mathrm{d}t = 4\int \left(1 - \dfrac{1}{1+t^2}\right)\mathrm{d}t$$

$$= 4t - 4\arctan t + C = 4\sqrt[4]{x} - 4\arctan\sqrt[4]{x} + C$$

由上面两个例子可以看出，当被积函数中含有 $\sqrt[n]{x-a}$ 时，通常做代数变换 $x = t^n + a$ 化去根式。

一般地，如果被积函数中含有 $\sqrt[n]{ax+b}$，则通常做代数变换 $ax + b = t^n$ 去掉根号，再求积分。

2. 三角变换

例 40 求 $\int \sqrt{a^2 - x^2}\,\mathrm{d}x (a > 0)$。

解 求此积分的困难在于有根式 $\sqrt{a^2 - x^2}$，可利用三角恒等式 $\sin^2 t + \cos^2 t = 1$ 化去根式。

设 $x = a\sin t \left(-\dfrac{\pi}{2} < t < \dfrac{\pi}{2}\right)$，则 $\sqrt{a^2 - x^2} = \sqrt{a^2 - a^2\sin^2 t} = a\cos t$，$\mathrm{d}x = a\cos t\mathrm{d}t$，于是有

$$\int \sqrt{a^2 - x^2}\,\mathrm{d}x = \int a\cos t \cdot a\cos t\mathrm{d}t = a^2\int \cos^2 t\mathrm{d}t = a^2 \int \dfrac{1 + \cos 2t}{2}\mathrm{d}t$$

$$= \dfrac{a^2}{2}\left(t + \dfrac{1}{2}\sin 2t\right) + C = \dfrac{a^2}{2}t + \dfrac{a^2}{2}\sin t\cos t + C$$

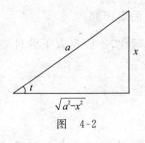

图 4-2

为将变量 t 还原为 x，可根据 $\sin t = \dfrac{x}{a}$ 作直角三角形，如图 4-2 所示，便有 $t = \arcsin \dfrac{x}{a}$，$\sin t = \dfrac{x}{a}$，$\cos t = \dfrac{\sqrt{a^2 - x^2}}{a}$，所以

$$\int \sqrt{a^2 - x^2}\, dx = \dfrac{a^2}{2}\arcsin\dfrac{x}{a} + \dfrac{a^2}{2} \cdot \dfrac{x}{a} \cdot \dfrac{\sqrt{a^2-x^2}}{a} + C$$

$$= \dfrac{a^2}{2}\arcsin\dfrac{x}{a} + \dfrac{x}{2}\sqrt{a^2 - x^2} + C$$

例 41 求 $\displaystyle\int \dfrac{1}{\sqrt{a^2 + x^2}}\, dx\,(a > 0)$。

解 与例 40 类似，利用三角恒等式 $1 + \tan^2 t = \sec^2 t$ 可化去根式。

设 $x = a\tan t \left(-\dfrac{\pi}{2} < t < \dfrac{\pi}{2}\right)$，则 $\sqrt{a^2 + x^2} = a\sec t$，$dx = a\sec^2 t\, dt$，于是有

$$\int \dfrac{1}{\sqrt{a^2 + x^2}}\, dx = \int \dfrac{1}{a\sec t} \cdot a\sec^2 t\, dt = \int \sec t\, dt = \ln|\sec t + \tan t| + C_1$$

又由 $\tan t = \dfrac{x}{a}$ 作辅助三角形，如图 4-3 所示，有 $\sec t = \dfrac{\sqrt{a^2 + x^2}}{a}$，于是有

$$\int \dfrac{1}{\sqrt{a^2 + x^2}}\, dx = \ln\left|\dfrac{\sqrt{a^2 + x^2}}{a} + \dfrac{x}{a}\right| + C_1 = \ln|(x + \sqrt{a^2 + x^2})| + C$$

其中 $C = C_1 - \ln a$。

例 42 求 $\displaystyle\int \dfrac{1}{\sqrt{x^2 - a^2}}\, dx$。

解 利用三角恒等式 $\sec^2 t - 1 = \tan^2 t$ 化去根式。

注意到被积函数的定义域是 $x > a$ 或 $x < -a$ 两种情形，我们分别在两个区间内求不定积分。

当 $x > a$ 时，设 $x = a\sec t \left(0 < t < \dfrac{\pi}{2}\right)$，则 $\sqrt{x^2 - a^2} = a\tan t$，$dx = a\sec t \cdot \tan t\, dt$，于是有

$$\int \dfrac{1}{\sqrt{x^2 - a^2}}\, dx = \int \dfrac{1}{a\tan t} a\sec t \cdot \tan t\, dt = \int \sec t\, dt = \ln|\sec t + \tan t| + C_1$$

由 $\sec t = \dfrac{x}{a}$，即 $\cos t = \dfrac{a}{x}$ 作三角形，如图 4-4 所示，得 $\tan t = \dfrac{\sqrt{x^2 - a^2}}{a}$，于是有

$$\int \dfrac{1}{\sqrt{x^2 - a^2}}\, dx = \ln\left|\dfrac{x}{a} + \dfrac{\sqrt{x^2 - a^2}}{a}\right| + C_1 = \ln|x + \sqrt{x^2 - a^2}| + C$$

其中 $C = C_1 - \ln a$。

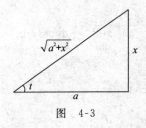

图 4-3

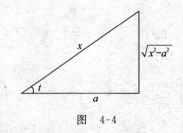

图 4-4

当 $x<-a$ 时,可设 $x=-a\sec t\left(0<t<\dfrac{\pi}{2}\right)$,同理计算得

$$\int \dfrac{1}{\sqrt{x^2-a^2}}\mathrm{d}x = \ln|-x-\sqrt{x^2-a^2}|+C$$

把 $x>a$ 及 $x<-a$ 两种情形结合起来,有

$$\int \dfrac{1}{\sqrt{x^2-a^2}}\mathrm{d}x = \ln|x+\sqrt{x^2-a^2}|+C$$

由以上几个例子可得,当被积函数中有 $\sqrt{a^2-x^2}$,$\sqrt{a^2+x^2}$ 或 $\sqrt{x^2-a^2}$ 时,一般可利用三角函数平方关系式做三角变换,分别令 $x=a\sin t$(或 $x=a\cos t$),$x=a\tan t$(或 $x=a\cot t$),$x=a\sec t$(或 $x=a\csc t$),去掉被积函数中的根式。

第二类换元积分法并不局限于上述几种基本形式,它是非常灵活的方法,应根据所给被积函数在积分时的困难所在,选择适当的变量替换,转换成便于求积分的形式。请看下面两例。

例 43 求 $\int x^2(2-x)^{10}\mathrm{d}x$。

解 设 $t=2-x$,则 $x=2-t$,$\mathrm{d}x=-\mathrm{d}t$,原积分转换为

$$\int x^2(2-x)^{10}\mathrm{d}x = \int (2-t)^2 t^{10}(-\mathrm{d}t) = -\int (4-4t+t^2)t^{10}\mathrm{d}t$$

$$= \int(-4t^{10}+4t^{11}-t^{12})\mathrm{d}t = -\dfrac{4}{11}t^{11}+\dfrac{1}{3}t^{12}-\dfrac{1}{13}t^{13}+C$$

$$= -\dfrac{4}{11}(2-x)^{11}+\dfrac{1}{3}(2-x)^{12}-\dfrac{1}{13}(2-x)^{13}+C$$

例 44 求 $\int \dfrac{\mathrm{d}x}{\sqrt{e^x+1}}$。

解 设 $\sqrt{e^x+1}=t$,则 $x=\ln(t^2-1)$,$\mathrm{d}x=\dfrac{2t}{t^2-1}\mathrm{d}t$,于是有

$$\int \dfrac{\mathrm{d}x}{\sqrt{e^x+1}} = \int \dfrac{1}{t}\cdot\dfrac{2t}{t^2-1}\mathrm{d}t = \int \dfrac{2}{t^2-1}\mathrm{d}t = \int\left(\dfrac{1}{t-1}-\dfrac{1}{t+1}\right)\mathrm{d}t$$

$$= \int \dfrac{1}{t-1}\mathrm{d}(t-1) - \int \dfrac{1}{t+1}\mathrm{d}(t+1)$$

$$= \ln|t-1|-\ln|t+1|+C = \ln\dfrac{\sqrt{e^x+1}-1}{\sqrt{e^x+1}+1}+C$$

在本节的例题中,有几个积分是经常用到的,可作为积分基本公式使用,列出如下:

(1) $\int \tan x\,\mathrm{d}x = -\ln|\cos x|+C$;   (2) $\int \cot x\,\mathrm{d}x = \ln|\sin x|+C$;

(3) $\int \sec x\,\mathrm{d}x = \ln|\sec x+\tan x|+C$;   (4) $\int \csc x\,\mathrm{d}x = \ln|\csc x-\cot x|+C$。

思 考 题

1. 第一类换元积分法与第二类换元积分法的区别是什么?它们各解决的是哪种形式的积分?

2. 利用第一类换元积分法计算形如 $\int \cos^3 x\,\mathrm{d}x$,$\int \cos^4 x\,\mathrm{d}x$ 的积分。

习题 4-3

1. 在下列各式等号右端的横线处填入适当的系数,使等式成立。

(1) $dx = \underline{\qquad} d(ax)$; (2) $dx = \underline{\qquad} d(7x-3)$;

(3) $xdx = \underline{\qquad} d(x^2)$; (4) $xdx = \underline{\qquad} d(5x^2)$;

(5) $xdx = \underline{\qquad} d(1-x^2)$; (6) $x^3 dx = \underline{\qquad} d(3x^4-2)$;

(7) $e^{2x} dx = \underline{\qquad} d(e^{2x})$; (8) $e^{-\frac{x}{2}} dx = \underline{\qquad} d(1+e^{-\frac{x}{2}})$;

(9) $\sin\frac{3}{2}x dx = \underline{\qquad} d\left(\cos\frac{3}{2}x\right)$; (10) $\frac{1}{x} dx = \underline{\qquad} d(\ln|x|)$;

(11) $\frac{dx}{x} = \underline{\qquad} d(3-5\ln|x|)$; (12) $\frac{dx}{1+9x^2} = \underline{\qquad} d(\arctan 3x)$;

(13) $\frac{dx}{\sqrt{1-x^2}} = \underline{\qquad} d(1-\arcsin x)$; (14) $\frac{xdx}{\sqrt{1-x^2}} = \underline{\qquad} d(\sqrt{1-x^2})$。

2. 求下列不定积分。

(1) $\int (2x+3)^{10} dx$; (2) $\int \frac{(1+x)^2}{1+x^2} dx$;

(3) $\int \sqrt{3x+1} dx$; (4) $\int \frac{1}{\sqrt{2-5x}} dx$;

(5) $\int \sin(ax+b) dx (a \neq 0)$; (6) $\int (e^{-x} + e^{-2x}) dx$;

(7) $\int \frac{1}{\sqrt{1-4x^2}} dx$; (8) $\int x^3 \sqrt[3]{1-x^4} dx$;

(9) $\int \frac{x}{\sqrt{1+x^2}} dx$; (10) $\int \csc^2 3x dx$;

(11) $\int \frac{2x}{x^2+2} dx$; (12) $\int x^2 \cos x^3 dx$;

(13) $\int x^2 e^{x^3} dx$; (14) $\int \frac{1}{x\ln x} dx$;

(15) $\int \frac{x^2}{x^3+3} dx$; (16) $\int \frac{1}{\sqrt{x}(1+x)} dx$;

(17) $\int \frac{\sin x}{\cos^3 x} dx$; (18) $\int \frac{3x^3}{1-x^4} dx$;

(19) $\int \tan^3 x \sec x dx$; (20) $\int \frac{2x-3}{x^2-3x+2} dx$;

(21) $\int \frac{2e^x}{1+e^{2x}} dx$; (22) $\int \frac{1}{9+4x^2} dx$;

(23) $\int \frac{1}{x(1+\ln x)} dx$; (24) $\int \frac{e^{\sqrt{x}}}{\sqrt{x}} dx$;

(25) $\int \frac{x^2}{\cos^2 x^3} dx$; (26) $\int \frac{1}{1+\cos x} dx$;

(27) $\int \frac{1}{x^2} \sin\frac{1}{x} dx$; (28) $\int e^x \sqrt{3+2e^x} dx$;

(29) $\int \dfrac{1}{x^2+6x+13}\mathrm{d}x$;

(30) $\int \dfrac{\mathrm{d}x}{\sqrt{x+1}+\sqrt{x-1}}$;

(31) $\int \dfrac{1-x}{\sqrt{9-4x^2}}\mathrm{d}x$;

(32) $\int \dfrac{x+x^3}{1+x^4}\mathrm{d}x$;

(33) $\int \dfrac{1-\ln x}{(x+\ln x)^2}\mathrm{d}x$;

(34) $\int \dfrac{\ln\tan x}{\cos x\sin x}\mathrm{d}x$。

3. 求下列不定积分。

(1) $\int x\sqrt{x-3}\,\mathrm{d}x$;

(2) $\int \dfrac{\sqrt{x}}{1+x}\mathrm{d}x$;

(3) $\int \dfrac{\sqrt{x}}{1+\sqrt{x}}\mathrm{d}x$;

(4) $\int \dfrac{1}{1+\sqrt[3]{x}}\mathrm{d}x$;

(5) $\int \dfrac{1}{\sqrt[3]{x}+\sqrt{x}}\mathrm{d}x$;

(6) $\int \dfrac{1}{x\sqrt{1-x^2}}\mathrm{d}x$;

(7) $\int \dfrac{\sqrt{x^2-9}}{x}\mathrm{d}x$;

(8) $\int \dfrac{1}{\sqrt{4+x^2}}\mathrm{d}x$。

第四节 分部积分法

当被积函数是两种不同类型的函数的乘积时,一般用换元积分法是无法计算的,如 $\int x\cos x\mathrm{d}x,\int x\mathrm{e}^x\mathrm{d}x$ 等,需要用积分法中另一种重要方法——分部积分法。

分部积分法是两个函数乘积的导数公式的逆运算,它是将所求的积分分为两个部分,有如下定理。

定理 3 设函数 $u=u(x),v=v(x)$ 具有连续导数,则有

$$\int u\mathrm{d}v = uv - \int v\mathrm{d}u \qquad (4.1)$$

证 由函数乘积的微分法则有

$$\mathrm{d}(uv)=v\mathrm{d}u+u\mathrm{d}v$$

移项,得

$$u\mathrm{d}v=\mathrm{d}(uv)-v\mathrm{d}u$$

对上式两端积分

$$\int u\mathrm{d}v = \int \mathrm{d}(uv) - \int v\mathrm{d}u$$

即

$$\int u\mathrm{d}v = uv - \int v\mathrm{d}u$$

式(4.1)称为分部积分公式,它用于求 $\int u\mathrm{d}v$ 较难,而 $\int v\mathrm{d}u$ 较容易计算的情况。通常把用分部积分公式来求积分的方法称为分部积分法。

例 45 求 $\int x\cos x\mathrm{d}x$。

解 设 $u=x,\mathrm{d}v=\cos x\mathrm{d}x$,则 $\mathrm{d}u=\mathrm{d}x,v=\sin x$,得

$$\int x\cos x\,\mathrm{d}x = \int x\mathrm{d}(\sin x) = x\sin x - \int \sin x\,\mathrm{d}x = x\sin x + \cos x + C$$

本例中,若设 $u=\cos x, \mathrm{d}v = x\mathrm{d}x = \mathrm{d}\left(\dfrac{1}{2}x^2\right)$,则有

$$\int x\cos x\,\mathrm{d}x = \int \cos x\,\mathrm{d}\left(\frac{1}{2}x^2\right) = \frac{1}{2}x^2\cos x + \int \frac{1}{2}x^2 \sin x\,\mathrm{d}x$$

上式右端的积分比原积分更复杂。可见,运用分部积分法求积分时恰当选取 u 和 $\mathrm{d}v$ 是关键。选取 u 和 $\mathrm{d}v$ 一般要考虑下面两点:

(1) v 要容易求得;

(2) $\int v\mathrm{d}u$ 要比 $\int u\mathrm{d}v$ 容易积出。

例 46 求 $\int x\mathrm{e}^x\,\mathrm{d}x$。

解 设 $u=x, \mathrm{d}v = \mathrm{e}^x\mathrm{d}x$,则 $\mathrm{d}u = \mathrm{d}x, v=\mathrm{e}^x$,于是有

$$\int x\mathrm{e}^x\,\mathrm{d}x = \int x\mathrm{d}(\mathrm{e}^x) = x\mathrm{e}^x - \int \mathrm{e}^x\mathrm{d}x = x\mathrm{e}^x - \mathrm{e}^x + C = \mathrm{e}^x(x-1) + C$$

例 47 求 $\int x^2 \sin x\,\mathrm{d}x$。

解 设 $u = x^2, \mathrm{d}v = \sin x\,\mathrm{d}x$,则 $\mathrm{d}u = 2x\mathrm{d}x, v=-\cos x$,于是有

$$\int x^2 \sin x\,\mathrm{d}x = \int x^2 \mathrm{d}(-\cos x) = -x^2\cos x + 2\int x\cos x\,\mathrm{d}x$$

这里 $\int x\cos x\,\mathrm{d}x$ 比 $\int x^2 \sin x\,\mathrm{d}x$ 容易积出,因为被积函数中 x 的次数比原来降低了一次。由例 45 可知,对 $\int x\cos x\,\mathrm{d}x$ 再使用一次分部积分法就可以了。于是有

$$\int x^2 \sin x\,\mathrm{d}x = -x^2\cos x + 2x\sin x + 2\cos x + C$$

以上几个例子给我们一个启示:如果被积函数是幂函数与正(余)弦函数或指数函数乘积,可考虑用分部积分法,并设幂函数为 u。

例 48 求 $\int x\ln x\,\mathrm{d}x$。

解 设 $u = \ln x, \mathrm{d}v = x\mathrm{d}x$,则 $\mathrm{d}u = \dfrac{1}{x}\mathrm{d}x, v = \dfrac{1}{2}x^2$,于是有

$$\int x\ln x\,\mathrm{d}x = \int \ln x\,\mathrm{d}\left(\frac{1}{2}x^2\right) = \frac{1}{2}x^2\ln x - \int \frac{1}{2}x^2 \cdot \frac{1}{x}\mathrm{d}x = \frac{1}{2}x^2\ln x - \frac{1}{4}x^2 + C$$

例 49 求 $\int \arctan x\,\mathrm{d}x$。

解 设 $u = \arctan x, \mathrm{d}v = \mathrm{d}x, \mathrm{d}u = \dfrac{1}{1+x^2}\mathrm{d}x, v = x$,于是有

$$\int \arctan x\,\mathrm{d}x = x\arctan x - \int \frac{x}{1+x^2}\mathrm{d}x = x\arctan x - \frac{1}{2}\ln(1+x^2) + C$$

总结例 48 及例 49 可知:如果被积函数是幂函数与对数函数或反三角函数乘积,可考虑用分部积分法,并设对数函数或反三角函数为 u。

熟练掌握后,只要利用微分基本公式将 $\int f(x)\mathrm{d}x$ 转换成 $\int u\mathrm{d}v$ 的形式,然后按分部积分的思路求解即可,不必写出 u 或 v 的具体形式。

例 50 求 $\int e^x \cos x \, dx$。

解 $\int e^x \cos x \, dx = \int \cos x \, d(e^x) = e^x \cos x + \int e^x \sin x \, dx$

$= e^x \cos x + \int \sin x \, d(e^x) = e^x \cos x + e^x \sin x - \int e^x \cos x \, dx$

把等号右端的 $\int e^x \cos x \, dx$ 移项,得

$$\int e^x \cos x \, dx = \frac{e^x(\sin x + \cos x)}{2} + C$$

本例也可设 $u = \cos x$,得出同样结果。

此例说明,如果被积函数是指数函数与正(余)弦函数乘积,可考虑用分部积分法,且两次分部积分时,作为 u 的函数应该是同一类的。

例 51 求 $\int e^{\sqrt{x}} \, dx$。

解 令 $\sqrt{x} = t$,得 $x = t^2$,则 $dx = 2t \, dt$,于是有

$\int e^{\sqrt{x}} \, dx = 2 \int t e^t \, dt = 2 \int t \, de^t = 2\left(t e^t - \int e^t \, dt\right) = 2(t e^t - e^t) + C = 2(\sqrt{x} - 1) e^{\sqrt{x}} + C$

此例说明,在积分的过程中往往要兼用换元法与分部积分法。

思 考 题

1. 举例说明在使用分部积分公式时,合理选择 u 和 dv 的重要性。
2. 总结分部积分法可以解决的积分类型,并说明其解题规律。

习题 4-4

求下列不定积分:

(1) $\int x \sin x \, dx$; (2) $\int \ln x \, dx$; (3) $\int \arcsin x \, dx$;

(4) $\int x e^{-x} \, dx$; (5) $\int x^2 \ln x \, dx$; (6) $\int e^{-x} \cos x \, dx$;

(7) $\int x^2 \arctan x \, dx$; (8) $\int t e^{-2t} \, dt$; (9) $\int x \sin x \cos x \, dx$;

(10) $\int e^{\sqrt[3]{x}} \, dx$; (11) $\int x^2 \cos 3x \, dx$; (12) $\int \ln(1 + x^2) \, dx$;

(13) $\int e^{-x} \sin 2x \, dx$。

习题讲解视频 4-4

第五节 应 用

一、不定积分在经济学中的应用

经济管理中常用的函数,如成本函数、收入函数、需求函数、利润函数等,一般统称为经济函数。在第三章我们已经知道,经济函数的导数称为边际函数,如边际成本、边际收入、边际利润函数等。

若已知边际函数 $f(x)$，求经济函数，就是以边际函数 $f(x)$ 为被积函数，求出函数 $f(x)$ 的全体原函数，即不定积分 $\int f(x)dx = F(x)+C$，而经济函数是边际函数 $f(x)$ 的一个特定的原函数。因此，求经济函数时，除事先已知边际函数 $f(x)$ 外，还需知道初始条件。所谓初始条件，就是积分变量等于某个特定值时对应的一个原函数的值。由已知边际函数，利用不定积分求经济函数，就是不定积分在经济学中的重要应用。

1. 由边际成本函数求总成本函数

若已知边际成本函数为 $C'(x)$，则总成本函数 $C(x)$ 是边际成本函数 $C'(x)$ 关于 x 的不定积分，即

$$C(x) = \int C'(x)dx = C_1(x) + C$$

而总成本=固定成本+可变成本，上式中 $C_1(x)$ 为可变成本，通常积分常数 C 是指固定成本，即产量 $x=0$ 时的成本 $C(0)$，也就是求总成本函数的初始条件。

例 52 已知生产某产品的边际成本函数是

$$C'(x) = 3x^2 - 16x - 19.6$$

且固定成本为 3.5 万元，求总成本函数 $C(x)$，并求产量在 10 个单位时的总成本。

解 总成本 $C(x) = \int (3x^2 - 16x - 19.6)dx = x^3 - 8x^2 - 19.6x + C$。

因为固定成本 $C(0) = 3.5$ 万元，代入上式得 $C = 3.5$ 万元，所以总成本函数为

$$C(x) = x^3 - 8x^2 - 19.6x + 3.5$$

且

$$C(10) = 10^3 - 8 \times 10^2 - 19.6 \times 10 + 3.5 = 7.5 (万元)$$

例 53 已知生产某产品的边际成本是产量 Q 的函数，$C'(Q) = Q^2 - 14Q + 111$，若生产 3 个单位时的总成本是 329，求总成本函数 $C(Q)$ 和平均成本函数 $\overline{C}(Q)$。

解 总成本函数 $C(Q) = \int (Q^2 - 14Q + 111)dQ = \dfrac{Q^3}{3} - 7Q^2 + 111Q + C$，

当 $Q=3$ 时，$C(3) = 329$，代入上式，即 $329 = \dfrac{3^3}{3} - 7 \times 3^2 + 111 \times 3 + C$，解得 $C = 50$。

所以总成本函数是 $C(Q) = \dfrac{Q^3}{3} - 7Q^2 + 111Q + 50$

平均成本函数为 $\overline{C} = \dfrac{C(Q)}{Q} = \dfrac{Q^2}{3} - 7Q + 111 + \dfrac{50}{Q}$

2. 由已知边际收入函数求总收入函数和需求函数

若已知边际收入函数为 $R'(x)$，则总收入函数 $R(x)$ 是边际收入函数 $R'(x)$ 关于 x 的不定积分，即

$$\int R'(x)dx = R(x) + C$$

为了求总收入函数，必须确定常数 C。通常使用如下的初始条件：如果需求为 0，则总收入也为 0。

因为收入函数 $R(x) = Px$，其中 P 是价格，x 是需求量，由此得到价格 $P = \dfrac{R(x)}{x}$，即价格是需求量的函数，这也是一种需求函数。由此可见，平均收入水平与价格对需求的函数是相同的。

例54 如果边际收入函数为 $R'(x)=8-6x-2x^2$,试求总收入函数和需求函数。

解 $R(x)=\int(8-6x-2x^2)\mathrm{d}x=8x-3x^2-\dfrac{2}{3}x^3+C$

若 $x=0, R=0$,代入上式,得 $C=0$,所以,总收入函数为 $R(x)=8x-3x^2-\dfrac{2}{3}x^3$

需求函数为 $P(x)=\dfrac{R(x)}{x}=8-3x-\dfrac{2}{3}x^2$

例55 某种商品的边际收入是售出单位数 x 的函数 $R'(x)=64x-x^2$,求总收入函数。当售出多少单位时可使收入最多?

解 总收入函数为
$$R(x)=\int(64x-x^2)\mathrm{d}x=32x^2-\dfrac{1}{3}x^3+C$$

当 $x=0$ 时,$R(0)=0$,代入上式,得 $C=0$,即总收入函数为 $R(x)=32x^2-\dfrac{1}{3}x^3$。

令 $R'(x)=64x-x^2=0$,得 $x=64(x=0$ 舍去$)$,因 $R''(64)<0$,且 $R(x)$ 有唯一的驻点 $x=64$,所以 $R(x)$ 在 $x=64$ 处有极大值,也是最大值,即当售出 $x=64$ 单位时可使总收入最多。

例56 某产品的边际收入函数为 $R'(Q)=100-\dfrac{2}{5}Q$,其中 Q 是产量,求总收入函数及需求函数。

解 总收入函数为
$$R(Q)=\int R'(Q)\mathrm{d}Q=\int\left(100-\dfrac{2}{5}Q\right)\mathrm{d}Q=100Q-\dfrac{1}{5}Q^2+C$$

因为当产量 $Q=0$ 时,$R(0)=0$,代入上式,得 $C=0$,所以 $R(Q)=100Q-\dfrac{1}{5}Q^2$。

又 $R(Q)=P\cdot Q=100Q-\dfrac{1}{5}Q^2$,所以 $P=100-\dfrac{1}{5}Q$。

故需求函数为 $Q=500-5P$

二、其他应用

1. 黄色交通灯问题

在十字路口的交通管理中,亮红灯之前,要亮一段时间的黄灯,这是为了让那些正行驶在十字路口的驾驶员注意,红灯即将亮起,如果能停住,应当马上制动,以免闯红灯。那么黄灯应当亮多久才合适呢?

分析 驶近十字路口的驾驶员在看到黄色信号灯亮起时需要做出决定:是停车,还是通过路口。如果决定停车,则必须有足够的制动距离才能停得住车。也就是说,道路上存在一条无形的停车线(见图4-5),从这条线到十字路口的距离与此道路的规定速度有关,规定速度越大,此距离也就越长。当黄色信号灯亮起时,若已经通过了此线,就不能停车(否则会冲出路口);否则,必须停车。对于已经经过此线而无法停住的车

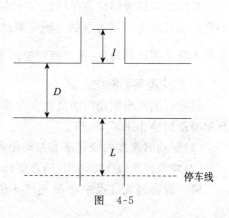

图 4-5

辆,黄色信号灯必须留有足够的时间让这些车辆能顺利地通过路口。

对于停车线的确定,应考虑如下两点:

(1) 驾驶员看到黄灯并决定停车需要一段反应时间 t_1,在此段时间内,驾驶员尚未制动。

(2) 驾驶员制动后,车还需继续向前行驶一段距离,此段距离称为制动距离。

一般驾驶员的反应时间 t_1 可以根据经验或由统计数据确定,而制动距离可采用如下方法确定:当驾驶员踩下制动踏板时,便产生一种摩擦力,它使汽车减速并最终停下。

解 设道路规定的速度为 v_0,汽车质量为 m,制动摩擦系数为 k。$x(t)$ 表示制动后在 t 时刻内汽车向前行驶的距离。根据制动规律,制动的制动力为 kmg(其中 g 为重力加速度),从而由牛顿第二定律得到制动后车辆的运动方程

$$m\frac{d^2 x}{dt^2}=-kmg \tag{4.2}$$

在式(4.2)两边同时除以 m,并积分一次得

$$\frac{dx}{dt}=-kgt+C_1$$

将 $\left.\frac{dx}{dt}\right|_{t=0}=v_0$ 代入上式,得 $C_1=v_0$,从而

$$\frac{dx}{dt}=-kgt+v_0 \tag{4.3}$$

令 $\frac{dx}{dt}=0$,由式(4.3)可求得车辆从制动到停止所需要的时间 $t_2=\frac{v_0}{kg}$,对式(4.3)两边再积分一次,得

$$x(t)=-\frac{1}{2}kgt^2+v_0 t+C_2$$

将 $x(0)=0$ 代入上式得 $C_2=0$,因此制动后车辆的运动规律为

$$x(t)=-\frac{1}{2}kgt^2+v_0 t \tag{4.4}$$

将 $t_2=\frac{v_0}{kg}$ 代入式(4.4),得到制动后车辆继续行驶的距离为

$$x(t_2)=\frac{1}{2}\frac{v_0^2}{kg}$$

因此,停车线到路口的距离应为 $L=v_0 t_1+\frac{1}{2}\frac{v_0^2}{kg}$。

黄灯的持续时间应能保证已经过线的车辆顺利通过路口。若十字路口的宽度为 D,车身平均长度为 l,则过线的车辆应通过的路程最长可达到 $L+D+l$。因而,为了保证过线的车辆全部顺利通过,黄灯持续时间至少为 $T=\frac{L+D+l}{v_0}$。

2. 制动距离与制动时间

假定一辆汽车制动时速度的变化率是常数 a。如果它以 60km/h 的速度行驶时,从开始制动到停止用了 1s,求:

(1) 制动时速度的变化率和制动距离;

(2) 如果汽车以 120km/h 的速度行驶,它的制动时间和制动距离。

解 设在制动过程中,t 时刻汽车的速度为 $v(t)$,路程为 $s(t)$。由题意,$v'(t)=a$,

因此
$$v(t) = \int a\,\mathrm{d}t,\text{记为 } v(t) = at + b。$$

又 $s'(t) = v(t)$,所以 $s(t) = \int (at+b)\mathrm{d}t$,记 $s(t) = \frac{1}{2}at^2 + bt + c$。

当 $t=0$ 时,由 $s(0)=0$ 有 $c=0$,$b=v(0)$,所以
$$v(t) = at + v(0)$$
$$s(t) = \frac{1}{2}at^2 + v(0)t$$

(1)若 $v(0) = 60\text{km/h} = \frac{60\times 1\,000}{60\times 60}\text{m/s} = \frac{50}{3}\text{m/s}$

由 $v(1)=0$,有 $\qquad a = -v(0) = -\frac{50}{3}\text{m/s}^2$

制动距离为 $\qquad s(1) = \frac{1}{2}a + v(0) = \frac{25}{3}\text{m}$

(2) $v(0) = 120\text{km/h} = \frac{120\times 1\,000}{60\times 60}\text{m/s} = \frac{100}{3}\text{m/s}$

$$v(t) = -\frac{50}{3}t + \frac{100}{3}$$

由 $v(t)=0$ 解出 $t=2$,即制动时间为 2s。

制动距离为 $\qquad s(2) = -\frac{25}{3}\times 2^2 + \frac{100}{3}\times 2 = \frac{100}{3} \approx 33.3$。

即当汽车速度为 120km/h 时,它的制动距离是 33.3m,约是速度为 60km/h 时制动距离的 4 倍。

3. 生物种群生长的数学模型

1798 年,英国人口学家 Malthus 根据大量人口统计资料指出:假设没有人口的移入和迁出,那么人口增长率与当时的人口数量成正比。如果在 t 时刻的人口数量为 $P(t)$,t 以年为单位,则其增长率为
$$\frac{\mathrm{d}P}{\mathrm{d}t} = kP$$
其中 $k(k>0)$ 为比例常数,求人口数量函数的表达式。

解 注意到方程可以改写为 $\frac{P'(t)}{P(t)} = k$,而 $[\ln P(t)]' = \frac{P'(t)}{P(t)}$,于是
$$[\ln P(t)]' = k$$

等式两边同时求不定积分,得
$$\ln P(t) = \int k\,\mathrm{d}t = kt + C_1$$

取指数得
$$P(t) = e^{C_1}e^{kt}$$

令 $P_0 = e^{C_1}$,得到 $P = P_0 e^{kt}$,即 P 是按指数规律增长的。

这个模型被称为**马尔萨斯(Malthus)模型**。

自然界中许多量的变化都与本身的大小成一定的比率,如细菌的繁殖、放射性物质的质量、按复利计算的投资收益等,这些问题都适合于指数增长模型。

Malthus 模型在描述人口增长问题上曾经是相当成功的。例如,1700—1961 年,世界人口的相对增长率 $\dfrac{1}{P}\dfrac{dP}{dt}$ 大致为一个常数,故 Malthus 模型很好地描述和预测了该时期的人口状况。但根据 Malthus 模型,人口将按指数规律无限增长,这显然是不切实际的。

4. 死亡时间的推断

人死亡后,由于热量交换,尸体的温度会从正常体温(此处设定为 37℃)开始按一定规律变化,并最终与环境温度一致。假设某人死于谋杀,两小时后尸体的温度变为 35℃,并且假定周围空气的温度保持 20℃ 不变。

(1) 求自被谋杀后尸体的温度 T 随时间 t(以 h 为单位)变化的函数。

(2) 如果尸体被发现时的温度为 30℃,当时正是下午 4 点整,试推断谋杀是何时发生的。

解 题目中所说的温度变化规律是指牛顿冷却(加热)定律,即物体的热量总是从温度高的物体向温度低的物体传递,物体的温度随时间的变化率与物体跟周围介质的温度差成正比。记 T 为物体的温度,T_m 为周围环境的温度,则物体温度随时间的变化率为 $\dfrac{dT}{dt}$,则牛顿冷却定律为

$$\dfrac{dT}{dt}=-k(T-T_m)$$

其中 $k(k>0)$ 是比例系数。

(1) 本例中 $T_m=20$,于是

$$\dfrac{dT}{dt}=-k(T-20)$$

令 $y=T-20$,注意到 $y'=\dfrac{dy}{dt}=\dfrac{d(T-20)}{dt}=\dfrac{dT}{dt}$,因此

$$y'=-ky$$

类似上例,解出 $y=Be^{-kt}$,其中 B 为常数,即

$$T=Be^{-kt}+20$$

将初始条件 $T(0)=37$ 代入,得 $B=17$,于是

$$T=17e^{-kt}+20$$

由 $T(2)=35$,代入得 $k\approx 0.063$,所以温度函数为

$$T=20+17e^{0.063t}$$

(2) 将 $T=30$ 代入,得 $30=20+17e^{0.063t}$,解出

$$t\approx 8.4$$

于是,谋杀发生在发现尸体的 8.4h 以前,即谋杀是在上午 7 点 36 分发生的。

5. 潜水艇下沉的速度问题

一艘潜水艇在水下垂直下沉时,所遇到的阻力和下沉的速度成正比,如果潜水艇的质量为 m,并且由静止开始下沉,试求潜水艇下沉的速度函数。

解 设潜水艇下沉的速度为 $v=v(t)$,由题意 $v(0)=0$

由牛顿第二定律有 $\qquad F=ma$

由题意 $\qquad F=mg-kv$

又
$$a = \frac{dv}{dt}$$

所以
$$mg - kv = m\frac{dv}{dt}$$

即
$$g - \frac{k}{m}v = \frac{dv}{dt}$$

令 $\frac{k}{m} = w$，于是有

$$g - wv = \frac{dv}{dt}$$

即
$$dt = \frac{1}{g-wv}dv$$

两端积分得
$$t = -\frac{1}{w}\ln(g-wv) + c$$

将 $v(0) = 0$ 代入上式，得

$$c = \frac{1}{w}\ln g$$

于是
$$t = -\frac{1}{w}\ln(g-wv) + \frac{1}{w}\ln g$$

整理后得潜水艇的下沉速度函数为 $v = \frac{g}{m}(1-e^{-wt})$ $\left(\text{其中 } w = \frac{k}{m}\right)$

6. 放射性元素的衰变问题

由于不断地有原子放射出微粒子，放射性元素变成其他元素，且放射性元素的质量不断减少，这种现象叫作衰变。铀是一种放射性元素，由原子物理学知道，铀的衰变速度与当时未衰变的原子的质量 M 成正比。已知 $t=0$ 时铀的质量为 M_0，求在衰变过程中铀质量 $M(t)$ 随时间 t 的变化规律。

解 铀的衰变速度就是 $M(t)$ 对时间的导数 $\frac{dM}{dt}$，由于铀的衰变速度与其质量成正比，故得

$$\frac{dM}{dt} = -\lambda M$$

其中 $\lambda(\lambda > 0)$ 是常数，叫作衰变系数。λ 前置负号是由于当 t 增加时 M 单调减少，即 $\frac{dM}{dt} < 0$ 的缘故。

按题意，$M|_{t=0} = M_0$，方程 $\frac{dM}{dt} = -\lambda M$ 可变为

$$\frac{dM}{M} = -\lambda dt$$

两端积分得
$$\int \frac{dM}{M} = \int (-\lambda) dt$$

以 $\ln c$ 表示任意常数，得

$$\ln M = -\lambda t + \ln c$$
$$M = ce^{-\lambda t}$$

将 $M|_{t=0}=M_0$ 代入上式,得 $c=M_0$

所以 $M=M_0\mathrm{e}^{-\lambda t}$

这就是所求的铀的衰变规律。由此可见,铀的质量按指数规律随时间的增加而衰减。

习题 4-5

1. 某产品的边际成本函数为 $C'(x)=10+24x-3x^2$（x 为产量）,如果固定成本为 2 500 元,试求该产品的总成本函数。

2. 某工厂某产品的边际收入函数为 $R'(x)=8(1+x)^{-2}$,其中 x 为产量,如果产量为 0 时,总收入为 0,求总收入函数。

3. 某产品的总成本 $C(Q)$（万元）的边际成本为 $C'(Q)=1$（万元/百台）,总收入 $R(Q)$（万元）的边际收入为 $R'(Q)=5-Q$（万元/百台）,其中 Q 为产量,固定成本为 1 万元,问:产量等于多少时总利润 $L(Q)$ 最大?

4. 已知某商品每周生产 x 个单位时,总费用 $F(x)$ 的变化率为 $F'(x)=0.4x-12$（元/单位）,且已知 $F(0)=80$（元）,求总费用函数 $F(x)$。如果该商品的销售单价为 20 元/单位,求总利润函数 $L(x)$。请问每周生产多少个单位时,才能获得最大利润?

5. 某产品的边际成本 $C'(x)=2+\dfrac{x}{2}$（万元/百台）,其中 x 是产量（百台）,边际收益 $R'(x)=8-x$（万元/百台）,若固定成本 $C(0)=1$（万元）,求总成本函数、总收益函数、总利润函数,并求产量为多少时利润最大?

【本章典型方法与范例】

例 4-1 若 $f(x)$ 满足 $\int f(x)\mathrm{d}x=\sin 2x+C$,求 $f'(x)$。

解 $f(x)=\left(\int f(x)\mathrm{d}x\right)'=(\sin 2x+C)'=2\cos 2x$,所以

$$f'(x)=(2\cos 2x)'=-4\sin 2x$$

例 4-2 设 $\int xf(x)\mathrm{d}x=\arccos x+C$,求 $f(x)$。

解 等式两边求导数,得

$$\left(\int xf(x)\mathrm{d}x\right)'=(\arccos x+C)'$$

$$xf(x)=-\dfrac{1}{\sqrt{1-x^2}}$$

所以

$$f(x)=-\dfrac{1}{x\sqrt{1-x^2}}$$

例 4-3 设 $f(x)$ 的导数为 $\sin x$,求 $f(x)$ 的不定积分。

解 由题意可知,$f'(x)=\sin x$,所以

$$\int f'(x)\mathrm{d}x=\int \sin x\mathrm{d}x=-\cos x+C_1$$

即
$$f(x) = -\cos x + C_1$$
所以 $f(x)$ 的不定积分为
$$\int f(x)\mathrm{d}x = \int(-\cos x + C_1)\mathrm{d}x = -\sin x + C_1 x + C_2$$

例 4-4 求 $\int\left(\sqrt{\dfrac{1-x}{1+x}} + \sqrt{\dfrac{1+x}{1-x}}\right)\mathrm{d}x$。

解 将被积函数化简为
$$\sqrt{\frac{1-x}{1+x}} + \sqrt{\frac{1+x}{1-x}} = \frac{1-x}{\sqrt{1-x^2}} + \frac{1+x}{\sqrt{1-x^2}} = \frac{2}{\sqrt{1-x^2}}$$
所以
$$\int\left(\sqrt{\frac{1-x}{1+x}} + \sqrt{\frac{1+x}{1-x}}\right)\mathrm{d}x = 2\int\frac{1}{\sqrt{1-x^2}}\mathrm{d}x = 2\arcsin x + C$$

例 4-5 求 $\int\dfrac{1+\cos^2 x}{1+\cos 2x}\mathrm{d}x$。

解 被积函数 $\dfrac{1+\cos^2 x}{1+\cos 2x} = \dfrac{1+\cos^2 x}{2\cos^2 x} = \dfrac{1}{2\cos^2 x} + \dfrac{1}{2} = \dfrac{1}{2}\sec^2 x + \dfrac{1}{2}$，所以有
$$\int\frac{1+\cos^2 x}{1+\cos 2x}\mathrm{d}x = \int\left(\frac{1}{2}\sec^2 x + \frac{1}{2}\right)\mathrm{d}x = \frac{1}{2}(\tan x + x) + C$$

例 4-6 求 $\int(x-1)\mathrm{e}^{x^2-2x}\mathrm{d}x$。

解 $(x^2-2x)' = 2x-2 = 2(x-1)$，先凑微分再求积分得
$$\int(x-1)\mathrm{e}^{x^2-2x}\mathrm{d}x = \frac{1}{2}\int(2x-2)\mathrm{e}^{x^2-2x}\mathrm{d}x = \frac{1}{2}\int\mathrm{e}^{x^2-2x}(2x-2)\mathrm{d}x$$
$$= \frac{1}{2}\int\mathrm{e}^{x^2-2x}\mathrm{d}(x^2-2x) = \frac{1}{2}\mathrm{e}^{x^2-2x} + C$$

例 4-7 求 $\int\dfrac{x+2}{\sqrt{x+1}}\mathrm{d}x$。

解 先化简，再凑微分得
$$\int\frac{x+2}{\sqrt{x+1}}\mathrm{d}x = \int\frac{(x+1)+1}{\sqrt{x+1}}\mathrm{d}x = \int\left(\sqrt{x+1} + \frac{1}{\sqrt{x+1}}\right)\mathrm{d}x$$
$$= \int\left(\sqrt{x+1} + \frac{1}{\sqrt{x+1}}\right)\mathrm{d}(x+1)$$
$$= \int\sqrt{x+1}\,\mathrm{d}(x+1) + \int\frac{1}{\sqrt{x+1}}\mathrm{d}(x+1)$$
$$= \frac{2}{3}(x+1)^{\frac{3}{2}} + 2(x+1)^{\frac{1}{2}} + C$$

例 4-8 求 $\int\tan\sqrt{1+x^2}\,\dfrac{x}{\sqrt{x^2+1}}\mathrm{d}x$。

解 先凑微分，$\dfrac{x}{\sqrt{1+x^2}}\mathrm{d}x = \dfrac{1}{2}\cdot\dfrac{1}{\sqrt{1+x^2}}\mathrm{d}(1+x^2) = \mathrm{d}\sqrt{1+x^2}$，
$$\int\tan\sqrt{1+x^2}\,\frac{x}{\sqrt{x^2+1}}\mathrm{d}x = \int\tan\sqrt{1+x^2}\,\mathrm{d}\sqrt{1+x^2}$$
$$= -\ln\left|\cos\sqrt{1+x^2}\right| + C$$

例 4-9 求 $\int \dfrac{\sin x - \cos x}{1 + \sin 2x} dx$。

解 分母三角变形，然后凑微分得

$$\int \dfrac{\sin x - \cos x}{1 + \sin 2x} dx = \int \dfrac{\sin x - \cos x}{\sin^2 x + \cos^2 x + 2\sin x \cos x} dx = \int \dfrac{\sin x - \cos x}{(\cos x + \sin x)^2} dx$$

$$= -\int \dfrac{(-\sin x + \cos x)}{(\cos x + \sin x)^2} dx$$

$$= -\int \dfrac{1}{(\cos x + \sin x)^2} d(\cos x + \sin x)$$

$$= \dfrac{1}{\cos x + \sin x} + C$$

例 4-10 求 $\int \dfrac{1 + \ln x}{(x \ln x)^2} dx$。

解 凑微分，$d(x \ln x) = (1 + \ln x) dx$，

$$\int \dfrac{1 + \ln x}{(x \ln x)^2} dx = \int \dfrac{1}{(x \ln x)^2} d(x \ln x) = -\dfrac{1}{x \ln x} + C$$

例 4-11 求 $\int \dfrac{x}{x^8 - 1} dx$。

解 因式分解后凑微分得

$$\int \dfrac{x}{x^8 - 1} dx = \int \dfrac{x}{(x^4 - 1)(x^4 + 1)} dx$$

$$= \dfrac{1}{2} \int \left(\dfrac{1}{x^4 - 1} - \dfrac{1}{x^4 + 1} \right) x \, dx$$

$$= \dfrac{1}{4} \int \left(\dfrac{1}{x^4 - 1} - \dfrac{1}{x^4 + 1} \right) dx^2$$

$$= \dfrac{1}{4} \int \left(\dfrac{1}{(x^2 - 1)(x^2 + 1)} - \dfrac{1}{x^4 + 1} \right) dx^2$$

$$= \dfrac{1}{4} \int \left[\dfrac{1}{2} \left(\dfrac{1}{x^2 - 1} - \dfrac{1}{x^2 + 1} \right) - \dfrac{1}{x^4 + 1} \right] dx^2$$

$$= \dfrac{1}{8} \int \left(\dfrac{1}{x^2 - 1} - \dfrac{1}{x^2 + 1} \right) dx^2 - \dfrac{1}{4} \int \dfrac{1}{x^4 + 1} dx^2$$

$$= \dfrac{1}{8} \left[\int \dfrac{1}{x^2 - 1} dx^2 - \int \dfrac{1}{x^2 + 1} dx^2 \right] - \dfrac{1}{4} \int \dfrac{1}{(x^2)^2 + 1} dx^2$$

$$= \dfrac{1}{8} \left[\int \dfrac{1}{x^2 - 1} d(x^2 - 1) - \int \dfrac{1}{x^2 + 1} d(x^2 + 1) \right] - \dfrac{1}{4} \int \dfrac{1}{(x^2)^2 + 1} dx^2$$

$$= \dfrac{1}{8} [\ln(x^2 - 1) - \ln(x^2 + 1)] - \dfrac{1}{4} \arctan x^2 + C$$

$$= \dfrac{1}{8} \ln \left| \dfrac{x^2 - 1}{x^2 + 1} \right| - \dfrac{1}{4} \arctan x^2 + C$$

例 4-12 求 $\int x^3 (1 - 3x^2)^{10} dx$。

解 因式分解后凑微分，设 $t = 1 - 3x^2$，则 $x^2 = \dfrac{1}{3}(1 - t)$，$dx^2 = -\dfrac{1}{3} dt$，于是有

$$\int x^3 (1 - 3x^2)^{10} dx = \dfrac{1}{2} \int x^2 (1 - 3x^2)^{10} dx^2$$

$$=\frac{1}{2}\int \frac{1}{3}(1-t)\cdot t^{10}\left(-\frac{1}{3}dt\right)$$

$$=-\frac{1}{18}\int (1-t)\cdot t^{10}dt$$

$$=-\frac{1}{18}\int (t^{10}-t^{11})dt$$

$$=-\frac{1}{198}t^{11}+\frac{1}{216}t^{12}+C$$

$$=-\frac{1}{198}(1-3x^2)^{11}+\frac{1}{216}(1-3x^2)^{12}+C$$

例 4-13 求 $\int \arctan\sqrt{x}\,dx$。

解 被积函数含有根号,先去掉根号,再用分部积分法求积分。

令 $\sqrt{x}=t$,则 $x=t^2$,$dx=2tdt$,所以

$$\int \arctan\sqrt{x}\,dx = \int \arctan t\,dt^2$$

$$=t^2\arctan t - \int t^2\,d\arctan t$$

$$=t^2\arctan t - \int \frac{t^2}{1+t^2}dt$$

$$=t^2\arctan t - \int \left(1-\frac{1}{1+t^2}\right)dt$$

$$=t^2\arctan t - t + \arctan t + C$$

$$=x\arctan\sqrt{x} + \arctan\sqrt{x} - \sqrt{x} + C$$

例 4-14 求 $\int \sec^3 x\,dx$。

解 先凑微分,再用分部积分法求积分得

$$\int \sec^3 x\,dx = \int \sec x\cdot \sec^2 x\,dx$$

$$=\int \sec x\,d(\tan x)$$

$$=\sec x\tan x - \int \tan x\,d(\sec x)$$

$$=\sec x\tan x - \int \tan^2 x\sec x\,dx$$

$$=\sec x\tan x - \int (\sec^2 x - 1)\sec x\,dx$$

$$=\sec x\tan x - \int \sec^3 x\,dx + \int \sec x\,dx$$

$$=\sec x\tan x + \ln|\sec x + \tan x| - \int \sec^3 x\,dx$$

移项解得

$$\int \sec^3 x\,dx = \frac{1}{2}(\sec x\tan x + \ln|\sec x + \tan x|) + C$$

本章知识结构

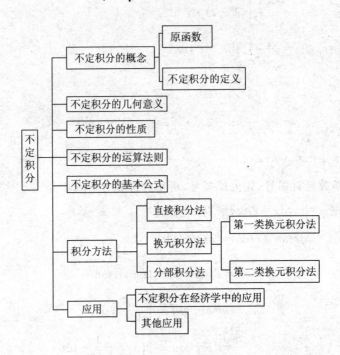

复习题四

1. 判断题。

(1) $y=\sin^2 x-\cos^2 x$ 与 $y=2\sin^2 x$ 是同一个函数的原函数。 ( )

(2) 常数函数的原函数都是一次函数。 ( )

(3) $\cos 2x\,dx = d\sin 2x$。 ( )

(4) $\int x^3\,dx = 3x^2 + C$。 ( )

(5) $\int \dfrac{1}{1-x}\,dx = \ln|1-x| + C$。 ( )

(6) $\int \left(\cos\dfrac{\pi}{4} + x\right)dx = \sin\dfrac{\pi}{4} + \dfrac{x^2}{2} + C$。 ( )

(7) 若 2^x 为函数 $f(x)$ 的一个原函数,则 $f'(x)=2^x \ln^2 2$。 ( )

(8) $y=\dfrac{1}{2}\sin^2 x$ 与 $y=-\dfrac{1}{4}\cos 2x$ 是同一个函数的原函数。 ( )

(9) $\dfrac{d}{dx}\int f(x)\,dx = f(x)$。 ( )

(10) 某函数的不定积分等于它的一个原函数加上一个常数。 ( )

2. 填空题。

(1) 若 $F_1'(x) = F_2'(x) = f(x)$,则 $F_1(x) - F_2(x) =$ _____。

(2) 不定积分 $\int f(x)\,dx$ 表示 $f(x)$ 的_____。

(3) $\int \dfrac{e^{\sqrt{x}}}{\sqrt{x}}dx = $ _____。

(4) $f(x)=2x^2+3, g(x)=3x+1$，则 $\int f[g(x)]dx = $ _____。

(5) 积分曲线族 $\int 5x^2 dx$ 通过点 $(\sqrt{3}, 5\sqrt{3})$ 的曲线是_____。

(6) 设 $f'(x)=2$，且 $f(0)=0$，则 $\int f(x)dx = $ _____。

(7) 若 $\int f(x)dx = \arcsin x + C$，则 $f(x) = $ _____。

(8) $x^2 + \sin x$ 的所有原函数是_____，而_____的一个原函数是 $x^2 + \sin x$。

(9) $\int \dfrac{\ln^2 x - 1}{x}dx = $ _____。

(10) 若 $x\ln x$ 为 $f(x)$ 的一个原函数，则 $f'(x) = $ _____。

3. 选择题。

(1) 设 $f(x)$ 的一个原函数为 $\ln x$，则 $f'(x) = ($ ____ $)$。

A. $\dfrac{1}{x}$ B. $x\ln x$ C. $-\dfrac{1}{x^2}$ D. e^x

(2) 下列函数中是同一函数的原函数的是(____)。

A. $\dfrac{2^x}{\ln 2}$ 与 $\log_2 e + 2^x$ B. $\arcsin x$ 与 $\arccos x$

C. $\arctan x$ 与 $-\text{arccot}\, x$ D. $\ln(5+x)$ 与 $\ln 5 + \ln x$

(3) 已知 $f'(x) = 2x$，且 $f(1) = 2$，则 $f(x) = ($ ____ $)$。

A. $\dfrac{1}{2}x^2 + \dfrac{3}{2}$ B. $\dfrac{1}{2}(x^2+1)$ C. $x^2 + C$ D. $x^2 + 1$

(4) 在可积函数 $f(x)$ 的积分曲线族中，每一条曲线在横坐标相同的点上的切线(____)。

A. 一定平行于 x 轴 B. 一定平行于 y 轴

C. 相互平行 D. 相互垂直

(5) 已知一个函数的导数为 $y' = \cos x$，且当 $x=0$ 时，$y=1$，则函数是(____)。

A. $y = \sin x$ B. $y = \cos x$ C. $\sin x + 1$ D. $y = \sin x + C$

(6) $\left(\int \arcsin x\, dx\right)' = ($ ____ $)$。

A. $\dfrac{1}{\sqrt{1-x^2}} + C$ B. $\dfrac{1}{\sqrt{1-x^2}}$

C. $\arcsin x + C$ D. $\arcsin x$

(7) $\int d\sin x = ($ ____ $)$。

A. $\cos x$ B. $\sin x$ C. $\cos x + C$ D. $\sin x + C$

(8) $\int \dfrac{1}{\sqrt{x}(1+x)}dx = ($ ____ $)$。

A. $2\arctan \sqrt{x} + C$ B. $\arctan x + C$

C. $\dfrac{1}{2}\arctan \sqrt{x} + C$ D. $2\arctan x + C$

(9) 如果 $\int f(x)dx = \dfrac{3}{4}\ln(\sin 4x) + C$，则 $f(x) = ($　　$)$。

A. $\cot 4x$　　　　B. $-\cot 4x$　　　　C. $-3\cot 4x$　　　　D. $3\cot 4x$

(10) 下列各式中正确的是(　　)。

A. $d\int f(x)dx = f(x)$　　　　　　B. $\dfrac{d}{dx}\int f(x)dx = f(x)dx$

C. $\dfrac{d}{dx}\int f(x)dx = f(x) + C$　　　　D. $d\int f(x)dx = f(x)dx$

4. 求下列不定积分。

(1) $\int \dfrac{\ln x}{x^2}dx$；　　　　(2) $\int \dfrac{x}{\sqrt{4-x^4}}dx$；　　　　(3) $\int \dfrac{\cos x}{\sqrt{\sin x}}dx$；

(4) $\int \dfrac{1}{1+\sqrt{\dfrac{x}{2}}}dx$；　　(5) $\int \dfrac{dx}{e^x - e^{-x}}$；　　　　(6) $\int \dfrac{dx}{(1+e^x)^2}$；

(7) $\int \dfrac{1+\cos x}{\sin x + x}dx$；　(8) $\int \dfrac{dx}{x\ln x\ln(\ln x)}$；　(9) $\int \dfrac{x+\sin x}{1+\cos x}dx$；

(10) $\int \cos x \cot x\, dx$；　　　(11) $\int \dfrac{dx}{16-x^4}$；　　　(12) $\int \dfrac{\sqrt{1+\cos x}}{\sin x}dx$；

(13) $\int \dfrac{\sin^2 x}{\cos^3 x}dx$；　　　(14) $\int \dfrac{dx}{x^2\sqrt{1-x^2}}$；　　(15) $\int \dfrac{1}{x^2+2x+3}dx$；

(16) $\int \sqrt{x}\sin\sqrt{x}\,dx$；　　(17) $\int \arctan\sqrt{x}\,dx$；　　(18) $\int \dfrac{xe^x}{(e^x+1)^2}dx$。

5. 已知边际成本为 $C'(x) = 25$，固定成本为 3 400，求总成本函数。

6. 已知收入的变化率为销售量 x 的函数 $f(x) = 100 - 0.02x$，求收入函数。

7. 生产某种产品的总成本 C 是 Q 的函数，其边际成本 $C'(Q) = 1 + Q$，边际收益 $R'(Q) = 9 - Q$，且当产量为 2 时，总成本为 100，总收益为 200，求总利润函数，并求生产量为多少时，总利润最大？最大利润是多少？

阅读材料四

陈景润简介

陈景润，中国数学家，1933 年出生于福建省福州市，曾任中国科学院数学研究所研究员，当选中国科学院院士，1996 年去世。

陈景润在高中读书的时候，受数学教师沈元（曾任北京航空学院院长）的影响，立志献身于数学事业。1950 年，他高中还没毕业，就以同等学历考入厦门大学数学系。1953 年，因成绩优异提前毕业，被分配到北京市当中学数学教师，他一边教学一边从事数学研究。后来，厦门大学校长王亚南调他回母校，任图书馆管理员。于是他更加专心研究数学问题，深入钻研了中国著名数学家华罗庚教授的《堆垒素数论》与《数论导引》，很快写出了数论方面的论文《塔内问题》。该论文寄到中国科学院数学研究所，得到了华罗庚的赏识。从 1953 年到 1956 年年底，陈景润先后发表论文 40 余篇。1957 年，陈景润被调到中国科学院数学研究所任实习研究员，并开始在华罗庚的指导下研究数论。

陈景润在数学上的主要研究方向是解析数论，并且在研究著名的哥德巴赫猜想中取得了一系列重大成就,赢得了极高的国际声誉。1966 年 5 月,陈景润在《科学通报》第 17 卷第 9 期发表了关于哥德巴赫猜想的研究成果,他用"筛法"成功地论证了"1+2"的结论。当时闵嗣鹤审核了 200 多页的论文原稿,确认证明无误,还建议他加以简化。此后,陈景润不分昼夜地工作,稿纸用了 6 麻袋。1973 年,他发表了著名论文《大偶数表为一个素数及一个不超过二个素数的乘积之和》。若用 $P_x(1,2)$ 表示将 x 表为一个素数与两个素数乘积之和,则陈景润的结论可以写成

$$P_x(1,2) \geq \frac{0.67 x C_x}{(\log x)^2}$$

国际上称之为"陈氏"定理,它被誉为筛法的光辉顶点,并被编入有关筛法的专著中。1978 年,他又在《中国科学》第 5 期发表了《1+2 系数估计的进一步改进》,把定理改进为

$$P_x(1,2) \geq \frac{0.8 x C_x}{(\log x)^2}$$

1979 年年初,陈景润应邀赴美讲学,在美期间,他完成了题为《算术级数中的最小素数》的论文,把最小素数从原有的 80 推进到 16,取得了最新成果,受到国际数学界的好评。陈景润的研究工作为数论的发展做出了巨大贡献,他于 1982 年获得国家自然科学奖一等奖。

第五章 定积分

【本章导读】

一元函数积分学分为不定积分和定积分两部分。第四章已经解决了不定积分的计算问题,本章将研究定积分。在科学技术和经济学的许多问题中,经常需要计算某些"和式的极限",定积分就是从各种计算"和式的极限"问题中抽象出的数学概念。定积分与不定积分是两个不同的数学概念,但是微积分基本定理把这两个概念联系起来,解决了定积分的计算问题,使定积分得到了广泛的应用。本章主要介绍定积分的概念和计算、微积分的基本定理,简单介绍无限区间上的积分,以及定积分在经济管理中的应用。

【学习目标】

- 理解定积分的概念,掌握定积分的基本性质。
- 掌握积分上限函数的导数的计算方法。
- 熟练运用牛顿-莱布尼茨公式计算定积分,掌握定积分的换元积分法和分部积分法。
- 会利用定积分解决经济管理中的应用问题,会利用定积分计算平面图形的面积和旋转体的体积。

第一节 定积分的概念

一、举例

在初等数学中,我们已经学过如何计算多边形和圆的面积,但是不知如何计算由任意曲线所围成的平面图形的面积,而在许多实际问题中,有时要计算这类平面图形的面积,其中最基本的是计算曲边梯形的面积。

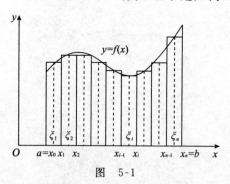

图 5-1

设函数 $y=f(x)$ 在区间 $[a,b]$ 上连续,由曲线 $y=f(x)$ 及三条直线 $x=a,x=b,y=0$(即 x 轴)所围成的图形(见图 5-1)叫作**曲边梯形**。

现在介绍如何求曲边梯形的面积 S。

假设 $f(x)\geqslant 0$。我们知道,矩形面积=底×高,而曲边梯形的顶部是一条曲线,其高 $f(x)$ 是变化的,它的面积不能直接用矩形面积公式来计算。但若用一组垂直于 x 轴的直线把整个曲边梯形分成许多窄曲边梯形后,对于每一个窄曲边梯形来说,由于底边很窄,$f(x)$ 又是连续变化的,因此高度变化很小,于是可把每一个窄曲边梯形的高近似地视为不变的,用相应的窄矩形的面积代替窄曲边梯形的面积。显然,分割得越细,所有窄曲边梯形面积之和就越接近曲边梯形的面积。当分割无限细密时,所有窄曲边梯形面积之和的极限就是曲边梯形面积的精确值。

根据上面的分析,曲边梯形的面积可按下述步骤进行计算。

(1) 分割。把曲边梯形的底边所在区间$[a,b]$用$n-1$个分点$a=x_0<x_1<\cdots<x_n=b$任意分割成n个小区间
$$[x_0,x_1],[x_1,x_2],\cdots,[x_{i-1},x_i],\cdots,[x_{n-1},x_n]$$
第i个小区间的长度记为
$$\Delta x_i=x_i-x_{i-1}(i=1,2,\cdots,n)$$

(2) 近似替代。从各分点作x轴的垂线,这样就把曲边梯形分割成n个窄曲边梯形。在每个小区间$[x_{i-1},x_i]$上任取一点ξ_i,以$[x_{i-1},x_i]$为底、$f(\xi_i)$为高的窄矩形近似替代第i个窄曲边梯形$(i=1,2,\cdots,n)$。

(3) 求和。用ΔS_i表示第i个窄矩形的面积,则$\Delta S_i=f(\xi_i)\Delta x_i(i=1,2,\cdots,n)$,把这样得到的$n$个窄矩形面积之和作为所求曲边梯形面积的近似值,即
$$S\approx f(\xi_1)\Delta x_1+f(\xi_2)\Delta x_2+\cdots+f(\xi_n)\Delta x_n=\sum_{i=1}^{n}f(\xi_i)\Delta x$$

(4) 取极限。当$[a,b]$分得越细,即当n越大且每个小区间的长度Δx_i越小时,窄矩形的面积将越接近窄曲边梯形的面积。若n无限增大$(n\to\infty)$,小区间长度中的最大值趋于0,如记$\lambda=\max\{\Delta x_1,\Delta x_2,\cdots,\Delta x_n\}$,则此条件表示为$\lambda\to 0$。取上述和式的极限,便得到曲边梯形的面积为
$$S=\lim_{\lambda\to 0}\sum_{i=1}^{n}f(\xi_i)\Delta x_i$$

上述例子归结为某种乘积的和式的极限。抽去$f(x)$的具体含义,便得到定积分的概念。

二、定积分的定义

定义1 设函数$f(x)$定义在区间$[a,b]$上,用分点$a=x_0<x_1<\cdots<x_n=b$将区间$[a,b]$分成n个小区间
$$[x_0,x_1],[x_1,x_2],\cdots,[x_{i-1},x_i],\cdots,[x_{n-1},x_n]$$
小区间$[x_{i-1},x_i]$的长度记为
$$\Delta x_i=x_i-x_{i-1}(i=1,2,\cdots,n)$$
其中最大者为λ,即$\lambda=\max\{\Delta x_1,\Delta x_2,\cdots,\Delta x_n\}$。在每个小区间$[x_{i-1},x_i]$上任取一点$\xi_i$ $(x_{i-1}\leqslant\xi_i\leqslant x_i)$,作乘积$f(\xi_i)\Delta x_i$,如果对于区间$[a,b]$任意的划分及点$\xi_i$的任意取法,和式$\sum_{i=1}^{n}f(\xi_i)\Delta x_i$当$\lambda\to 0(n\to\infty)$时的极限存在,即
$$I=\lim_{\lambda\to 0}\sum_{i=1}^{n}f(\xi_i)\Delta x_i$$
则称此极限值I为函数$f(x)$在区间$[a,b]$上的定积分,记为$\int_{a}^{b}f(x)\mathrm{d}x$,即
$$\int_{a}^{b}f(x)\mathrm{d}x=\lim_{\lambda\to 0}\sum_{i=1}^{n}f(\xi_i)\Delta x_i$$
其中$f(x)$叫作**被积函数**;$f(x)\mathrm{d}x$叫作**被积表达式**;x叫作**积分变量**;$[a,b]$叫作积分区

间；a 叫作积分下限；b 叫作积分上限；$\int_a^b f(x)\mathrm{d}x$ 读作"函数 $f(x)$ 在区间 $[a,b]$ 上的定积分"。

由此定义可知：曲边梯形的面积 S 是曲边 $y=f(x)$ 在区间 $[a,b]$ 上的定积分，即

$$S = \int_a^b f(x)\mathrm{d}x \quad (f(x) \geqslant 0)$$

物体做变速直线运动时所经过的路程 S 是速度 $v(t)$ 在区间 $[a,b]$ 上的定积分，即

$$S = \int_a^b v(t)\mathrm{d}t$$

关于定积分，有以下两点说明。

(1) 定积分是和式的极限，因而其值是一个确定的常数。这个常数只与被积函数 $y=f(x)$ 和积分区间 $[a,b]$ 有关，而与积分变量用什么字母表示无关，即

$$\int_a^b f(x)\mathrm{d}x = \int_a^b f(t)\mathrm{d}t = \int_a^b f(u)\mathrm{d}u$$

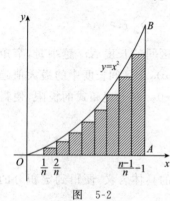

图 5-2

(2) 函数 $f(x)$ 在区间 $[a,b]$ 上连续时，$f(x)$ 在 $[a,b]$ 上一定可积。

例1 利用定积分的定义，计算由 $y=x^2$ 与 $x=0$，$x=1$，$y=0$ 所围成的平面图形的面积，如图 5-2 所示。

解 将 $[0,1]$ 分成 n 个小区间。为了便于计算，将 $[0,1]$ n 等分，得到 n 个小区间

$$\left[0,\frac{1}{n}\right],\left[\frac{1}{n},\frac{2}{n}\right],\cdots,\left[\frac{i-1}{n},\frac{i}{n}\right],\cdots,\left[\frac{n-1}{n},1\right]$$

每个小区间的长度为

$$\Delta x_1 = \Delta x_2 = \cdots = \Delta x_i = \cdots = \Delta x_n = \frac{1}{n}$$

分点为

$$x_0 = 0, x_1 = \frac{1}{n}, x_2 = \frac{2}{n}, \cdots, x_n = 1$$

每个窄曲边梯形的面积 ΔS_i 用窄矩形的面积来近似，矩形的底为 $\Delta x_i = \frac{1}{n}$，取 $\xi_i = \frac{i}{n}$，则矩形的高为 $f(\xi_i) = f\left(\frac{i}{n}\right)$，因而

$$\Delta S_i \approx f(\xi_i)\Delta x_i = \left(\frac{i}{n}\right)^2 \frac{1}{n} \quad (i=1,2,\cdots,n)$$

$$\sum_{i=1}^n \Delta S_i \approx \sum_{i=1}^n \frac{i^2}{n^3} = \frac{1}{n^3} \cdot \frac{n(n+1)(2n+1)}{6}$$

因此所求平面图形的面积为

$$S = \sum_{i=1}^n \Delta S_i = \lim_{n\to\infty} \frac{1}{n^3} \cdot \frac{n(n+1)(2n+1)}{6} = \frac{1}{3}$$

三、定积分的几何意义

(1) 当 $f(x) \geqslant 0$ 时，则由以上可知 $\int_a^b f(x)\mathrm{d}x$ 表示由 $y=f(x)$ 与 $x=a$，$x=b$，$y=0$ 所围成的曲边梯形的面积 S（见图 5-3(a)），即 $S = \int_a^b f(x)\mathrm{d}x$。

(2) 当 $f(x)<0$ 时,则 $f(\xi_i)<0(i=1,2,\cdots,n)$,和式 $\sum_{i=1}^{n}f(\xi_i)\Delta x_i$ 的每一项都小于 0,从而有 $\int_a^b f(x)dx<0$。此时,$\int_a^b f(x)dx$ 表示由 $y=f(x)$ 与 $x=a,x=b,y=0$ 所围成的曲边梯形面积 S 的负值(见图 5-3(b)),即

$$\int_a^b f(x)dx=-S \quad \text{或} \quad S=-\int_a^b f(x)dx$$

(3) 当 $f(x)$ 在 $[a,b]$ 上既有正值又有负值时,曲线 $y=f(x)$ 与直线 $x=a,x=b,y=0$ 围成的图形有一部分在 x 轴上方,有一部分在 x 轴下方(见图 5-3(c))。这时 $\int_a^b f(x)dx$ 等于在 x 轴上方的所有图形面积之和减去 x 轴下方的所有图形面积之和,因此定积分 $\int_a^b f(x)dx$ 的几何意义是:表示曲线 $y=f(x)$ 与直线 $x=a,x=b,y=0$ 所围成图形面积的代数和。

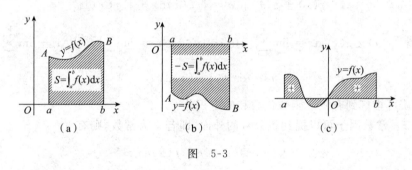

图 5-3

思 考 题

1. 在定积分的定义中,和式的极限值与区间的分割方法和 ξ_i 的取法是否有关? 能否用 $n\to\infty$ 代替 $\lambda\to 0$?

2. 定积分与不定积分有什么不同?

习题 5-1

1. 利用定积分的定义计算由 $y=x,x=1,x=2$ 及 x 轴所围成的图形面积。

2. 利用定积分的定义表示由 $y=e^x,x=0,x=1$ 及 x 轴所围成的图形面积。

3. 根据定积分的几何意义,求下列定积分的值。

(1) $\int_1^4 xdx$; (2) $\int_{-2}^1 xdx$; (3) $\int_0^4 (2-x)dx$;

(4) $\int_0^1 \sqrt{1-x^2}dx$; (5) $\int_{-1}^1 |x|dx$; (6) $\int_{-\frac{\pi}{2}}^{\frac{3\pi}{2}} \cos x dx$。

4. 利用定积分的几何意义,说明下列等式。

(1) $\int_{-\pi}^{\pi} \sin x dx=0$; (2) $\int_{-2}^1 (-2)dx=-6$; (3) $\int_{-\frac{\pi}{2}}^{\frac{\pi}{2}} \cos x dx=2\int_0^{\frac{\pi}{2}} \cos x dx$。

5. 画出下列函数的图像,并利用定积分的几何意义计算。

(1) $\int_{-1}^{1} x^3 dx$;   (2) $\int_{-2}^{2} (-x) dx$。

第二节　定积分的性质

为了以后计算及应用的方便,我们对定积分做如下规定。

(1) 当 $a=b$ 时,$\int_a^b f(x)dx = 0$,即 $\int_a^a f(x)dx = 0$;

(2) 当 $a>b$ 时,$\int_a^b f(x)dx = -\int_b^a f(x)dx$。

以上规定说明交换定积分的上下限时,定积分变号。

下面讨论定积分的性质,以下性质总是假定 $f(x)$ 和 $g(x)$ 在区间 $[a,b]$ 上连续。

性质1 两个函数代数和的定积分等于它们的定积分的代数和,即

$$\int_a^b [f(x) \pm g(x)]dx = \int_a^b f(x)dx \pm \int_a^b g(x)dx$$

证 $\int_a^b [f(x) \pm g(x)]dx = \lim_{\lambda \to 0} \sum_{i=1}^n [f(\xi_i) \pm g(\xi_i)]\Delta x_i = \lim_{\lambda \to 0} \sum_{i=1}^n f(\xi_i)\Delta x_i \pm \lim_{\lambda \to 0} \sum_{i=1}^n g(\xi_i)\Delta x_i$

$= \int_a^b f(x)dx \pm \int_a^b g(x)dx$

此性质可推广到有限个函数代数和的定积分。

性质2 常数因子可以提到积分号的外面,即若 k 为常数,则有

$$\int_a^b kf(x)dx = k\int_a^b f(x)dx$$

证明方法与性质1相似。

性质3 (积分的可加性)对于任意的三个数 a,b,c,有

$$\int_a^b f(x)dx = \int_a^c f(x)dx + \int_c^b f(x)dx$$

证 若 $a<c<b$,则由定积分的几何意义知,此性质显然成立。

若 $a<b<c$,由图 5-4 可得

$$\int_a^c f(x)dx = \int_a^b f(x)dx + \int_b^c f(x)dx$$

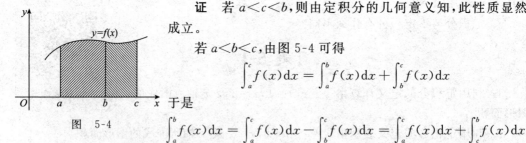

图 5-4

于是

$$\int_a^b f(x)dx = \int_a^c f(x)dx - \int_b^c f(x)dx = \int_a^c f(x)dx + \int_c^b f(x)dx$$

同理可证其他情况。

性质4 如果在区间 $[a,b]$ 上,$f(x) \equiv 1$,则

$$\int_a^b 1 dx = \int_a^b dx = b-a$$

证 $\int_a^b 1 dx = \lim_{\lambda \to 0} \sum_{i=1}^n \Delta x_i = \lim_{\lambda \to 0}(b-a) = b-a$

例2 利用性质2和性质4,求 $\int_{-1}^{3} 2 dx$。

解 $\int_{-1}^{3} 2 dx = 2\int_{-1}^{3} 1 dx = 2 \times [3-(-1)] = 8$

性质 5 如果在区间 $[a,b]$ 上，$f(x) \geq 0$，则
$$\int_a^b f(x) \mathrm{d}x \geq 0 \quad (a < b)$$

证 由于 $f(x) \geq 0$ 且 $a < b$，因此在 $\sum_{i=1}^n f(\xi_i) \Delta x_i$ 中，$f(\xi_i) \geq 0, \Delta x_i > 0$，从而 $\sum_{i=1}^n f(\xi_i) \Delta x_i \geq 0$，于是 $\int_a^b f(x) \mathrm{d}x \geq 0$。

性质 6 如果在区间 $[a,b]$ 上，$f(x) \leq g(x)$，则
$$\int_a^b f(x) \mathrm{d}x \leq \int_a^b g(x) \mathrm{d}x \quad (a < b)$$

证 因为 $g(x) - f(x) \geq 0$，由性质 5 及性质 1 便得到要证的结论。

例 3 不计算积分，试比较 $\int_0^1 x \mathrm{d}x$ 与 $\int_0^1 x^3 \mathrm{d}x$ 的大小。

解 当 $0 \leq x \leq 1$ 时，被积函数 $x \geq x^3$，故由性质 6 得
$$\int_0^1 x \mathrm{d}x \geq \int_0^1 x^3 \mathrm{d}x$$

性质 7 $\left|\int_a^b f(x) \mathrm{d}x\right| \leq \int_a^b |f(x)| \mathrm{d}x \ (a < b)$。

证 因为 $-|f(x)| \leq f(x) \leq |f(x)|$，所以由性质 6 及性质 2 可得
$$-\int_a^b |f(x)| \mathrm{d}x \leq \int_a^b f(x) \mathrm{d}x \leq \int_a^b |f(x)| \mathrm{d}x$$

即
$$\left|\int_a^b f(x) \mathrm{d}x\right| \leq \int_a^b |f(x)| \mathrm{d}x$$

性质 8 设 M 和 m 分别为 $f(x)$ 在区间 $[a,b]$ 上的最大值和最小值，则
$$m(b-a) \leq \int_a^b f(x) \mathrm{d}x \leq M(b-a)$$

证 由于 $m \leq f(x) \leq M$，由性质 6，得
$$\int_a^b m \mathrm{d}x \leq \int_a^b f(x) \mathrm{d}x \leq \int_a^b M \mathrm{d}x$$

再由性质 2 和性质 4，结论得证。

利用此性质，可估计积分值的大致范围。

例 4 估计定积分 $\int_1^3 2x \mathrm{d}x$ 的范围。

解 被积函数 $f(x) = 2x$ 在区间 $[1,3]$ 上是单调增加的，因而有最小值 $m = f(1) = 2$，最大值 $M = f(3) = 6$，于是由性质 8，得
$$2(3-1) \leq \int_1^3 2x \mathrm{d}x \leq 6(3-1)$$

即
$$4 \leq \int_1^3 2x \mathrm{d}x \leq 12$$

性质 9 （积分中值定理）如果函数 $f(x)$ 在区间 $[a,b]$ 上连续，则在区间 $[a,b]$ 上至少存在一点 ξ，使得
$$\int_a^b f(x) \mathrm{d}x = f(\xi)(b-a) \quad \text{或} \quad \frac{1}{b-a}\int_a^b f(x) \mathrm{d}x = f(\xi) \ (a \leq \xi \leq b)$$

证 设 M 和 m 分别为 $f(x)$ 在区间 $[a,b]$ 上的最大值和最小值，由性质 8，有

$$m(b-a) \leqslant \int_a^b f(x)\mathrm{d}x \leqslant M(b-a)$$

即
$$m \leqslant \frac{1}{b-a}\int_a^b f(x)\mathrm{d}x \leqslant M$$

这表明 $\frac{1}{b-a}\int_a^b f(x)\mathrm{d}x$ 是介于 m 和 M 之间的一个数值,根据闭区间上连续函数的介值定理,至少存在一点 $\xi \in [a,b]$,使得

$$f(\xi) = \frac{1}{b-a}\int_a^b f(x)\mathrm{d}x (a \leqslant \xi \leqslant b)$$

即
$$\int_a^b f(x)\mathrm{d}x = f(\xi)(b-a)(a \leqslant \xi \leqslant b)$$

如图 5-5 所示,此定理的几何意义是:在区间 $[a,b]$ 上至少可以找到一点 ξ,使得以区间 $[a,b]$ 为底边、$f(x)$ 为曲边的曲边梯形的面积等于同一底边而高为 $f(\xi)$ 的一个矩形的面积。

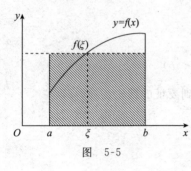

图 5-5

思 考 题

1. 在不定积分的运算 $\int kf(x)\mathrm{d}x = k\int f(x)\mathrm{d}x$ 中为何要求 $k \neq 0$?而在定积分的性质 2 中,k 可取任何实数?

2. 不计算定积分能否比较定积分值的大小?如何比较?

习题 5-2

习题讲解视频 5-2

1. 利用定积分的性质和 $\int_0^1 x^2 \mathrm{d}x = \frac{1}{3}$,计算下列定积分。

(1) $\int_0^1 3x^2 \mathrm{d}x$;   (2) $\int_0^1 (x+\sqrt{2})(x-\sqrt{2})\mathrm{d}x$。

2. 已知 $\int_a^b f(x)\mathrm{d}x = m, \int_a^b f^2(x)\mathrm{d}x = n$,计算下列定积分。

(1) $\int_a^b [2f(x)-3]\mathrm{d}x$;   (2) $\int_a^b [2f(x)-3]^2 \mathrm{d}x$。

3. 用定积分的性质比较下列各对定积分的大小。

(1) $\int_1^2 x\mathrm{d}x$ 与 $\int_1^2 \sqrt{x}\mathrm{d}x$;   (2) $\int_0^{\frac{\pi}{2}} x\mathrm{d}x$ 与 $\int_0^{\frac{\pi}{2}} \sin x\mathrm{d}x$;

(3) $\int_0^1 \ln x\mathrm{d}x$ 与 $\int_0^1 (1-x)\mathrm{d}x$;   (4) $\int_{\frac{\pi}{2}}^{\pi} \sin x\mathrm{d}x$ 与 $\int_{\frac{\pi}{2}}^{\pi} \cos x\mathrm{d}x$;

(5) $\int_0^1 e^x \mathrm{d}x$ 与 $\int_0^1 e^{x^2} \mathrm{d}x$;   (6) $\int_1^2 \ln x\mathrm{d}x$ 与 $\int_1^2 (\ln x)^2 \mathrm{d}x$;

(7) $\int_0^1 x\mathrm{d}x$ 与 $\int_0^1 \ln(x+1)\mathrm{d}x$。

4. 估计下列各积分值的范围。

(1) $\int_1^4 (1+x^2)\mathrm{d}x$;   (2) $\int_0^{\frac{\pi}{2}} (1-\sin x)\mathrm{d}x$;

(3) $\int_0^1 e^{2x} dx$; (4) $\int_{\frac{\pi}{4}}^{\frac{5\pi}{4}} (1+\sin^2 x) dx$;

(5) $\int_1^4 (x^2 - 4x + 5) dx$; (6) $\int_{-2}^4 (x^3 - 3x^2 - 9x + 1) dx$。

5. 利用定积分的性质证明：$\dfrac{1}{2} \leqslant \int_1^4 \dfrac{dx}{2+x} \leqslant 1$。

第三节　积分上限函数和牛顿-莱布尼茨公式

用定积分的定义求定积分，也就是求一个和式的极限，往往是相当麻烦和困难的。因此需要寻求计算定积分的简便方法。

首先，引进积分上限函数的概念。

一、积分上限函数及其导数

设 $f(x)$ 在区间 $[a,b]$ 上连续，x 为 $[a,b]$ 上的任一点，则 $f(x)$ 在 $[a,x]$ 上也连续，从而 $\int_a^x f(t) dt$ 存在。如果上限 x 在区间 $[a,b]$ 上任意变动，则对于每一个取定的 x 值，积分有唯一一个确定值与之对应，所以它在 $[a,b]$ 上定义了一个函数。$\int_a^x f(t) dt$ 是关于上限 x 的函数，称为**积分上限函数**（或变上限积分函数），记为 $\Phi(x)$，即

$$\Phi(x) = \int_a^x f(t) dt \quad (a \leqslant x \leqslant b)$$

关于这个函数，有下面定理所指出的重要性质。

定理 1　如果函数 $f(x)$ 在区间 $[a,b]$ 上连续，则积分上限函数

$$\Phi(x) = \int_a^x f(t) dt$$

在 $[a,b]$ 上具有导数，并且其导数为

$$\Phi'(x) = \dfrac{d}{dx} \int_a^x f(t) dt = f(x) \quad (a \leqslant x \leqslant b)$$

证　如图 5-6 所示，给自变量 x 一个改变量 Δx，则函数 $\Phi(x)$ 有相应的改变量

$$\Delta \Phi(x) = \Phi(x + \Delta x) - \Phi(x) = \int_a^{x+\Delta x} f(t) dt - \int_a^x f(t) dt$$
$$= \int_x^{x+\Delta x} f(t) dt$$

由积分中值定理可知，至少存在一点 ξ，使

$$\Delta \Phi(x) = \int_x^{x+\Delta x} f(t) dt = f(\xi) \Delta x$$

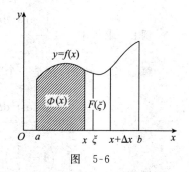

图 5-6

从而

$$\dfrac{\Delta \Phi(x)}{\Delta x} = f(\xi)$$

这里，ξ 在 x 与 $x+\Delta x$ 之间。

当 $\Delta x \to 0$ 时，有 $\xi \to x$，由于 $f(x)$ 是连续的，于是有

$$\Phi'(x) = \lim_{\Delta x \to 0} \frac{\Delta \Phi(x)}{\Delta x} = \lim_{\xi \to x} f(\xi) = f(x)$$

这个定理既说明了 $\Phi(x) = \int_a^x f(t)dt$ 是 $f(x)$ 的一个原函数,又解决了第四章中的原函数存在问题(即连续函数的原函数一定存在)。

定理 2 如果函数 $f(x)$ 在区间 $[a,b]$ 上连续,则函数

$$\Phi(x) = \int_a^x f(t)dt$$

就是 $f(x)$ 在区间 $[a,b]$ 上的一个原函数。

这个定理的重要意义是:一方面肯定了连续函数的原函数是存在的;另一方面初步揭示了积分学中的定积分与原函数之间的联系。因此,我们就有可能通过原函数来计算定积分。

例 5 设 $I = \int_a^x t e^{2t} dt$,求 $\dfrac{dI}{dx}$。

解 $\dfrac{dI}{dx} = \dfrac{d}{dx}\int_a^x t e^{2t} dt = x e^{2x}$

例 6 设 $I = \int_1^{x^2} \dfrac{\sin 2t}{t} dt$,求 $\dfrac{dI}{dx}$。

解 这是以 x^2 为上限的函数,可以看成是以 $u = x^2$ 为中间变量的复合函数,即

$$I = \int_1^u \frac{\sin 2t}{t} dt, u = x^2$$

由复合函数求导法则,有

$$\frac{dI}{dx} = \frac{dI}{du} \cdot \frac{du}{dx} = \left[\int_1^u \frac{\sin 2t}{t} dt\right]'_u \cdot (x^2)' = \frac{\sin 2u}{u} \cdot 2x = \frac{2\sin 2x^2}{x}$$

例 7 求 $\dfrac{d}{dx}\int_x^{x^2} e^{-t} dt$。

解 $\int_x^{x^2} e^{-t} dt = \int_x^a e^{-t} dt + \int_a^{x^2} e^{-t} dt = \int_a^{x^2} e^{-t} dt - \int_a^x e^{-t} dt$,于是有

$$\frac{d}{dx}\int_x^{x^2} e^{-t} dt = \frac{d}{dx}\int_a^{x^2} e^{-t} dt - \frac{d}{dx}\int_a^x e^{-t} dt = 2x e^{-x^2} - e^{-x}$$

例 8 求极限 $\lim\limits_{x \to 0} \dfrac{\int_0^x \cos t^2 dt}{x}$。

解 当 $x \to 0$ 时,这是一个 "$\dfrac{0}{0}$" 型的未定式,所以由洛必达法则,得

$$\lim_{x \to 0} \frac{\int_0^x \cos t^2 dt}{x} = \lim_{x \to 0} \frac{\left[\int_0^x \cos t^2 dt\right]'}{(x)'} = \lim_{x \to 0} \frac{\cos x^2}{1} = 1$$

例 9 求 $\lim\limits_{x \to +\infty} \dfrac{\int_a^x \left(1 + \dfrac{1}{t}\right)^t dt}{x}$ $(a > 0)$。

解 当 $x \to +\infty$ 时,该极限是 "$\dfrac{\infty}{\infty}$" 型,由洛必达法则及重要极限,得

$$\lim_{x \to +\infty} \frac{\int_a^x \left(1 + \frac{1}{t}\right)^t dt}{x} = \lim_{x \to +\infty} \frac{\left[\int_a^x \left(1 + \frac{1}{t}\right)^t dt\right]'}{(x)'} = \lim_{x \to +\infty} \left(1 + \frac{1}{x}\right)^x = e$$

二、牛顿-莱布尼茨公式

定理 3 （牛顿-莱布尼茨公式）设函数 $f(x)$ 在区间 $[a,b]$ 上连续，且已知 $F(x)$ 是 $f(x)$ 的一个原函数，则

$$\int_a^b f(x)\mathrm{d}x = F(b) - F(a)$$

证 由定理 2 知，积分上限的函数

$$\Phi(x) = \int_a^x f(t)\mathrm{d}t$$

是 $f(x)$ 的一个原函数，所以 $\Phi(x)$ 与 $F(x)$ 之间仅差一个常数 C，即

$$F(x) = \Phi(x) + C = \int_a^x f(t)\mathrm{d}t + C$$

令 $x=a$，得 $F(a) = \Phi(a) + C = \int_a^a f(t)\mathrm{d}t + C$，因此，$C = F(a)$。

再令 $x=b$，得 $F(b) = \Phi(b) + C = \int_a^b f(t)\mathrm{d}t + C$。于是

$$\int_a^b f(x)\mathrm{d}x = F(b) - C = F(b) - F(a) \tag{5.1}$$

为了使用方便，式(5.1)一般写成下面的形式

$$\int_a^b f(x)\mathrm{d}x = F(x)\Big|_a^b = F(b) - F(a)$$

牛顿-莱布尼茨公式也称为微积分基本公式，它揭示了定积分与不定积分之间的联系。它表明：一个连续函数在区间 $[a,b]$ 上的定积分等于它的任一原函数在此区间上的增量，这给定积分的计算提供了一个有效而简便的方法。

例 10 计算 $\int_0^1 x^2 \mathrm{d}x$。

解 因为 $f(x) = x^2$ 在 $[0,1]$ 上连续，且 $\dfrac{x^3}{3}$ 是 x^2 的一个原函数，所以由牛顿-莱布尼茨公式，得

$$\int_0^1 x^2 \mathrm{d}x = \frac{x^3}{3}\Big|_0^1 = \frac{1}{3} - 0 = \frac{1}{3}$$

例 11 计算 $\int_{-1}^{\frac{1}{2}} \dfrac{1}{\sqrt{1-x^2}} \mathrm{d}x$。

解 $\int_{-1}^{\frac{1}{2}} \dfrac{1}{\sqrt{1-x^2}} \mathrm{d}x = \arcsin x \Big|_{-1}^{\frac{1}{2}} = \arcsin \dfrac{1}{2} - \arcsin(-1) = \dfrac{\pi}{6} - \left(-\dfrac{\pi}{2}\right) = \dfrac{2}{3}\pi$

例 12 求 $\int_{-1}^{1} |x| \mathrm{d}x$。

解 $\int_{-1}^{1} |x| \mathrm{d}x = \int_{-1}^{0} (-x)\mathrm{d}x + \int_{0}^{1} x\mathrm{d}x = -\dfrac{x^2}{2}\Big|_{-1}^{0} + \dfrac{x^2}{2}\Big|_{0}^{1} = 1$

例 13 求 $\int_0^1 (2 - 3\cos x)\mathrm{d}x$。

解 $\int_0^1 (2 - 3\cos x)\mathrm{d}x = (2x - 3\sin x)\Big|_0^1 = 2 - 3\sin 1$

例 14 求 $\int_{\frac{\pi}{4}}^{\frac{\pi}{3}} \dfrac{\mathrm{d}x}{\sin x \cos x}$。

解 $\int_{\frac{\pi}{4}}^{\frac{\pi}{3}} \frac{dx}{\sin x \cos x} = \int_{\frac{\pi}{4}}^{\frac{\pi}{3}} \frac{\sin^2 x + \cos^2 x}{\sin x \cos x} dx = \int_{\frac{\pi}{4}}^{\frac{\pi}{3}} (\tan x + \cot x) dx$

$= (-\ln|\cos x| + \ln|\sin x|)\Big|_{\frac{\pi}{4}}^{\frac{\pi}{3}} = \ln|\tan x|\Big|_{\frac{\pi}{4}}^{\frac{\pi}{3}}$

$= \ln\tan\frac{\pi}{3} - \ln\tan\frac{\pi}{4} = \ln\sqrt{3} - \ln 1 = \frac{1}{2}\ln 3$

思 考 题

1. 利用牛顿-莱布尼茨公式求 $f(x)$ 在 $[a,b]$ 上的定积分, 函数 $f(x)$ 需满足什么条件?

2. 若 $f(x)$ 为 $[a,b]$ 上的分段函数, 应如何计算定积分 $\int_a^b f(x)dx$? 试举例说明。

习题 5-3

习题讲解视频 5-3

1. 设函数 $f(x) = \int_2^x \sin t \, dt$, 求 $f'(0)$ 及 $f'\left(\frac{\pi}{3}\right)$。

2. 计算下列各导数。

(1) $\dfrac{d}{dx}\int_0^x \sqrt{1+t}\,dt$;

(2) $\dfrac{d}{dx}\int_x^{-2} t^2\,dt$;

(3) $\dfrac{d}{dx}\int_1^{e^{-2x}} \dfrac{u}{\sqrt{1+u^2}}\,du$;

(4) $\dfrac{d}{dx}\int_0^{x^2} \sqrt{1+t^2}\,dt$;

(5) $\dfrac{d}{dx}\int_x^{-1} t e^{-t}\,dt$;

(6) $\dfrac{d}{dx}\int_{x^2}^{x^3} \dfrac{1}{\sqrt{1+t^4}}\,dt$。

3. 求极限。

(1) $\lim\limits_{x \to 0} \dfrac{\int_0^x \sin t \, dt}{x^2}$;

(2) $\lim\limits_{x \to 0} \dfrac{\int_0^x (1+2t)^{\frac{1}{t}}\,dt}{x}$;

(3) $\lim\limits_{x \to 0} \dfrac{\int_0^x t^2\,dt}{3x^3 + x}$;

(4) $\lim\limits_{x \to 0} \dfrac{\int_0^x \cos t^2 \, dt}{x}$;

(5) $\lim\limits_{x \to 0} \dfrac{\int_0^x (e^{\sin t} - 1)\,dt}{x^2}$。

4. 计算下列定积分。

(1) $\int_0^a (3x^2 - x + 1)\,dx$;

(2) $\int_1^2 \left(x^2 + \dfrac{1}{x^4}\right)dx$;

(3) $\int_4^9 \sqrt{x}(1+\sqrt{x})\,dx$;

(4) $\int_{\frac{1}{\sqrt{3}}}^{\sqrt{3}} \dfrac{dx}{1+x^2}$;

(5) $\int_{-\frac{1}{2}}^{\frac{1}{2}} \dfrac{1}{\sqrt{1-x^2}}\,dx$;

(6) $\int_0^2 |1-x|\,dx$;

(7) $\int_1^{\sqrt{e}} \dfrac{1}{x}\,dx$;

(8) $\int_0^{\frac{\pi}{4}} \tan^2 t \, dt$;

(9) $\int_0^{2\pi} |\sin x|\,dx$。

5. 计算定积分。

(1) $\int_{-1}^{0} \dfrac{1+3x^2+3x^4}{x^2+1} dx$;

(2) $\int_{0}^{2\pi} |\cos x| dx$;

(3) 已知 $f(x) = \begin{cases} x^2+1, & -2 \leqslant x \leqslant 0 \\ x-1, & 0 \leqslant x \leqslant 2 \end{cases}$,计算 $\int_{-2}^{2} f(x) dx$;

(4) $\int_{0}^{\frac{\pi}{2}} |\sin x - \cos x| dx$。

第四节 定积分的换元法与分部积分法

用牛顿-莱布尼茨公式计算定积分,关键是求出被积函数的一个原函数。在第四章中,我们知道用换元积分法或分部积分法可以求出一些函数的原函数,因此,在一定条件下,可以用这些方法来计算定积分。

一、定积分的换元法

与不定积分类似,定积分的换元法也包括第一类换元法和第二类换元法。

定理4 设函数 $f(x)$ 在区间 $[a,b]$ 上连续,如果函数 $x=\varphi(t)$ 满足条件:

(1) $\varphi(t)$ 在区间 $[\alpha,\beta]$ 上具有连续导数 $\varphi'(t)$;

(2) 当 t 从 α 变到 β 时,$\varphi(t)$ 单调地从 a 变到 b,其中 $\varphi(\alpha)=a, \varphi(\beta)=b$,

则有定积分的换元积分公式

$$\int_{a}^{b} f(x) dx = \int_{\alpha}^{\beta} f[\varphi(t)] \varphi'(t) dt$$

证 因为 $f(x)$ 在区间 $[a,b]$ 上连续,所以它在 $[a,b]$ 上一定存在原函数,设为 $F(x)$。由复合函数的求导法则知,$F[\varphi(t)]$ 是 $f[\varphi(t)]\varphi'(t)$ 的一个原函数,因而有

$$\int_{\alpha}^{\beta} f[\varphi(t)] \varphi'(t) dt = F[\varphi(t)] \Big|_{\alpha}^{\beta} = F[\varphi(\beta)] - F[\varphi(\alpha)] = F(b) - F(a)$$

又

$$\int_{a}^{b} f(x) dx = F(x) \Big|_{a}^{b} = F(b) - F(a)$$

于是

$$\int_{a}^{b} f(x) dx = \int_{\alpha}^{\beta} f[\varphi(t)] \varphi'(t) dt \tag{5.2}$$

1. 第一类换元法

式(5.2)也可以反过来应用。把式(5.2)左右交换,同时把 t 改记为 x,而 x 改记为 t,得

$$\int_{a}^{b} f[\varphi(x)] \varphi'(x) dx = \int_{\alpha}^{\beta} f(t) dt$$

其中引入新变量 $t=\varphi(x)$,且 $\varphi(a)=\alpha, \varphi(b)=\beta$。

例15 求 $\int_{0}^{1} x(1-x^2)^5 dx$。

解 设 $t=1-x^2$,则 $dt=-2x dx$。当 $x=0$ 时,$t=1$;当 $x=1$ 时,$t=0$。于是有

$$\int_{0}^{1} x(1-x^2)^5 dx = \int_{1}^{0} t^5 \left(-\frac{1}{2}\right) dt = -\frac{1}{2} \times \frac{t^6}{6} \Big|_{1}^{0} = \frac{1}{12}$$

例16 $\int_{0}^{\frac{\pi}{2}} \cos^3 x \sin x dx$。

解 设 $t=\cos x$，则 $\mathrm{d}t=-\sin x\mathrm{d}x$，当 $x=0$ 时，$t=1$；当 $x=\dfrac{\pi}{2}$ 时，$t=0$。

于是 $\displaystyle\int_0^{\frac{\pi}{2}}\cos^3 x\sin x\mathrm{d}x=-\int_1^0 t^3\mathrm{d}t=-\dfrac{t^4}{4}\Big|_1^0=\dfrac{1}{4}$

因为第一类换元积分总可以写成"凑微分"的形式，所以在上面两个例子中，也可不明显地写出新变量 t，此时定积分的上、下限就不要更换。此法计算如下（如例16）：

$$\int_0^{\frac{\pi}{2}}\cos^3 x\sin x\mathrm{d}x=-\int_0^{\frac{\pi}{2}}\cos^3 x\mathrm{d}(\cos x)=-\dfrac{\cos^4 x}{4}\Big|_0^{\frac{\pi}{2}}=\dfrac{1}{4}$$

例 17 求 $\displaystyle\int_0^1(2x-1)^{100}\mathrm{d}x$。

解 $\displaystyle\int_0^1(2x-1)^{100}\mathrm{d}x=\dfrac{1}{2}\int_0^1(2x-1)^{100}\mathrm{d}(2x-1)=\dfrac{1}{2}\left[\dfrac{1}{101}(2x-1)^{101}\right]\Big|_0^1$

$=\dfrac{1}{202}[1^{101}-(-1)^{101}]=\dfrac{1}{101}$

例 18 求 $\displaystyle\int_1^e\dfrac{\ln x}{x}\mathrm{d}x$。

解 $\displaystyle\int_1^e\dfrac{\ln x}{x}\mathrm{d}x=\int_1^e\ln x\mathrm{d}\ln x=\dfrac{1}{2}\ln^2 x\Big|_1^e=\dfrac{1}{2}(\ln^2 e-\ln^2 1)=\dfrac{1}{2}$

例 19 求 $\displaystyle\int_0^1 x\mathrm{e}^{-x^2}\mathrm{d}x$。

解 $\displaystyle\int_0^1 x\mathrm{e}^{-x^2}\mathrm{d}x=-\dfrac{1}{2}\int_0^1\mathrm{e}^{-x^2}\mathrm{d}(-x^2)=-\dfrac{1}{2}\mathrm{e}^{-x^2}\Big|_0^1=\dfrac{1}{2}(1-\mathrm{e}^{-1})$

由以上几个例子可以看出，用凑微分法求定积分，不换元则不换限。

2. 第二类换元法

例 20 求 $\displaystyle\int_0^4\dfrac{\mathrm{d}x}{1+\sqrt{x}}$。

解 设 $\sqrt{x}=t$，即 $x=t^2$（它在 $t>0$ 时是单调的），则 $\mathrm{d}x=2t\mathrm{d}t$。当 $x=0$ 时，$t=0$；当 $x=4$ 时，$t=2$。于是有

$\displaystyle\int_0^4\dfrac{\mathrm{d}x}{1+\sqrt{x}}=\int_0^2\dfrac{2t\mathrm{d}t}{1+t}=2\int_0^2\left(1-\dfrac{1}{1+t}\right)\mathrm{d}t=2[t-\ln(1+t)]\Big|_0^2=2\times(2-\ln 3)$

例 21 求 $\displaystyle\int_0^a\sqrt{a^2-x^2}\mathrm{d}x(a>0)$。

解 设 $x=a\sin t\left(0\leqslant t\leqslant\dfrac{\pi}{2}\right)$，则 $\mathrm{d}x=a\cos t\mathrm{d}t$，$\sqrt{a^2-x^2}=a\cos t$。当 $x=0$ 时，$t=0$；当 $x=a$ 时，$t=\dfrac{\pi}{2}$。于是有

$\displaystyle\int_0^a\sqrt{a^2-x^2}\mathrm{d}x=\int_0^{\frac{\pi}{2}}a\cos t\cdot a\cos t\mathrm{d}t=\dfrac{a^2}{2}\int_0^{\frac{\pi}{2}}(1+\cos 2t)\mathrm{d}t$

$=\dfrac{a^2}{2}\left[t+\dfrac{1}{2}\sin 2t\right]_0^{\frac{\pi}{2}}=\dfrac{a^2}{2}\left[\dfrac{\pi}{2}+0-(0-0)\right]=\dfrac{1}{4}\pi a^2$

例 22 求 $\displaystyle\int_2^{\sqrt{2}}\dfrac{\mathrm{d}x}{x\sqrt{x^2-1}}$。

解 设 $x=\sec t\left(0<t<\dfrac{\pi}{2}\right)$，$t=\arccos\dfrac{1}{x}(x>1)$，则 $\mathrm{d}x=\sec t\tan t\mathrm{d}t$。

当 $x=2$ 时,$t=\dfrac{\pi}{3}$;当 $x=\sqrt{2}$ 时,$t=\dfrac{\pi}{4}$。于是有

$$\int_2^{\sqrt{2}}\dfrac{\mathrm{d}x}{x\sqrt{x^2-1}}=\int_{\frac{\pi}{3}}^{\frac{\pi}{4}}\dfrac{1}{\sec t\tan t}\cdot\sec t\tan t\mathrm{d}t=\int_{\frac{\pi}{3}}^{\frac{\pi}{4}}\mathrm{d}t=\dfrac{\pi}{4}-\dfrac{\pi}{3}=-\dfrac{\pi}{12}$$

由以上几个例子可以看出,用第二类换元积分法求定积分时,变量进行了替换,换元要换限,变量不换元。

例 23 设 $f(x)$ 在区间 $[-a,a]$ 上连续,证明:

(1) 若 $f(x)$ 为偶函数,则 $\int_{-a}^{a}f(x)\mathrm{d}x=2\int_0^a f(x)\mathrm{d}x$;

(2) 若 $f(x)$ 为奇函数,则 $\int_{-a}^{a}f(x)\mathrm{d}x=0$。

证 $\int_{-a}^{a}f(x)\mathrm{d}x=\int_{-a}^{0}f(x)\mathrm{d}x+\int_{0}^{a}f(x)\mathrm{d}x$。

对积分 $\int_{-a}^{0}f(x)\mathrm{d}x$ 做变换 $x=-t$,则 $\mathrm{d}x=-\mathrm{d}t$。当 $x=-a$ 时,$t=a$;当 $x=0$ 时,$t=0$。

于是有 $\int_{-a}^{0}f(x)\mathrm{d}x=\int_{a}^{0}f(-t)(-1)\mathrm{d}t=\int_{0}^{a}f(-t)\mathrm{d}t=\int_{0}^{a}f(-x)\mathrm{d}x$

从而有 $\int_{-a}^{a}f(x)\mathrm{d}x=\int_{0}^{a}f(-x)\mathrm{d}x+\int_{0}^{a}f(x)\mathrm{d}x=\int_{0}^{a}[f(-x)+f(x)]\mathrm{d}x$

(1) 若 $f(x)$ 为偶函数,有 $f(-x)=f(x)$,则

$$\int_{-a}^{a}f(x)\mathrm{d}x=\int_{0}^{a}2f(x)\mathrm{d}x=2\int_{0}^{a}f(x)\mathrm{d}x$$

(2) 若 $f(x)$ 为奇函数,有 $f(-x)=-f(x)$,则

$$\int_{-a}^{a}f(x)\mathrm{d}x=\int_{0}^{a}0\mathrm{d}x=0$$

二、定积分的分部积分法

设函数 $u(x)$ 及 $v(x)$ 在区间 $[a,b]$ 上有连续的导数,由微分法则,有
$$\mathrm{d}(uv)=u\mathrm{d}v+v\mathrm{d}u$$

移项,有
$$u\mathrm{d}v=\mathrm{d}(uv)-v\mathrm{d}u$$

等式两端各取由 a 到 b 的定积分,得

$$\int_a^b u\mathrm{d}v=uv\Big|_a^b-\int_a^b v\mathrm{d}u$$

这个公式叫作定积分的**分部积分公式**。

例 24 求 $\int_0^{\frac{\pi}{2}}x\cos x\mathrm{d}x$。

解 $\int_0^{\frac{\pi}{2}}x\cos x\mathrm{d}x=\int_0^{\frac{\pi}{2}}x\mathrm{d}(\sin x)=x\sin x\Big|_0^{\frac{\pi}{2}}-\int_0^{\frac{\pi}{2}}\sin x\mathrm{d}x$

$=x\sin x\Big|_0^{\frac{\pi}{2}}+\cos x\Big|_0^{\frac{\pi}{2}}=\dfrac{\pi}{2}+(0-1)=\dfrac{\pi}{2}-1$

例 25 求 $\int_0^1 x\mathrm{e}^{2x}\mathrm{d}x$。

解 $\int_0^1 x e^{2x} dx = \frac{1}{2}\int_0^1 x d(e^{2x}) = \frac{1}{2}\left[xe^{2x}\Big|_0^1 - \int_0^1 e^{2x} dx\right]$

$= \frac{1}{2}\left[xe^{2x}\Big|_0^1 - \frac{1}{2}e^{2x}\Big|_0^1\right] = \frac{1}{2}\left[e^2 - \frac{1}{2}(e^2-1)\right] = \frac{1}{4}(e^2+1)$

例 26 求 $\int_0^{\frac{1}{2}} \arcsin x dx$。

解 $\int_0^{\frac{1}{2}} \arcsin x dx = (x\arcsin x)\Big|_0^{\frac{1}{2}} - \int_0^{\frac{1}{2}} \frac{x}{\sqrt{1-x^2}} dx = \frac{1}{2} \times \frac{\pi}{6} + \sqrt{1-x^2}\Big|_0^{\frac{1}{2}}$

$= \frac{\pi}{12} + \frac{\sqrt{3}}{2} - 1$

例 27 求 $\int_0^1 e^{\sqrt{x}} dx$。

解 先用换元法。设 $\sqrt{x}=t$，则 $x=t^2$，$dx=2tdt$。当 $x=0$ 时，$t=0$；当 $x=1$ 时，$t=1$。于是

$$\int_0^1 e^{\sqrt{x}} dx = 2\int_0^1 te^t dt$$

再用分部积分法计算上式右端的积分，得

$$\int_0^1 e^{\sqrt{x}} dx = 2\int_0^1 te^t dt = 2\left[te^t\Big|_0^1 - \int_0^1 e^t dt\right] = 2\left(e - e^t\Big|_0^1\right) = 2$$

思 考 题

1. 定积分的第一类换元积分法与第二类换元积分法有何区别？它们各解决哪种形式的积分？

2. 下列变量代换是否正确，为什么？

(1) $\int_{-1}^1 \frac{1}{1+x^2} dx$，令 $x=\frac{1}{t}$；   (2) $\int_0^3 x\sqrt[3]{1-x^2} dx$，令 $x=\sin t$。

3. 定积分的分部积分法与不定积分的分部积分法有何异同？

习题 5-4

1. 用换元积分法计算下列各定积分。

(1) $\int_0^{\frac{\pi}{2}} \cos x \sin^3 x dx$；   (2) $\int_0^{\frac{\pi}{2}} \cos^5 x \sin x dx$；

(3) $\int_1^e \frac{\ln x}{x} dx$；   (4) $\int_0^{\frac{1}{4}} \frac{1}{1-\sqrt{x}} dx$；

(5) $\int_1^4 \frac{\sqrt{x}}{\sqrt{x}+1} dx$；   (6) $\int_4^9 \frac{\sqrt{x}}{\sqrt{x}-1} dx$；

(7) $\int_0^1 \frac{1}{\sqrt{4+5x}-1} dx$；   (8) $\int_0^2 \sqrt{4-x^2} dx$；

(9) $\int_{-1}^1 \frac{x dx}{\sqrt{5-4x}}$；   (10) $\int_1^{e^2} \frac{dx}{x\sqrt{1+\ln x}}$；

(11) $\int_0^4 \sqrt{x^2+9} dx$；   (12) $\int_1^{\sqrt{2}} \frac{\sqrt{x^2-1}}{x} dx$；

习题讲解视频 5-4

(13) $\int_0^4 \frac{1-\sqrt{x}}{1+\sqrt{x}}dx$;

(14) $\int_{-1}^1 \frac{\sin x+1}{(1+x^2)^2}dx$。

2. 用分部积分法计算下列各定积分。

(1) $\int_0^1 xe^x dx$;

(2) $\int_1^e \ln x dx$;

(3) $\int_1^e x\ln x dx$;

(4) $\int_0^\pi x\sin x dx$;

(5) $\int_0^{\sqrt{3}} x\arctan x dx$;

(6) $\int_0^{\frac{\pi}{2}} e^{2x}\sin x dx$;

(7) $\int_{\frac{1}{e}}^e |\ln x| dx$;

(8) $\int_1^4 \frac{\ln x}{\sqrt{x}}dx$。

3. 利用函数的奇偶性计算下列积分。

(1) $\int_{-\pi}^\pi t^2\sin 2t dt$;

(2) $\int_{-\frac{\pi}{2}}^{\frac{\pi}{2}} 4\cos^4 x dx$;

(3) $\int_{-\frac{1}{2}}^{\frac{1}{2}} \frac{(\arcsin x)^2}{\sqrt{1-x^2}}dx$;

(4) $\int_{-3}^3 \frac{x^3\sin^2 x}{3x^2+1}dx$。

4. 计算下列定积分。

(1) $\int_0^\pi \sqrt{\sin x - \sin^3 x}\, dx$;

(2) $\int_1^e \frac{1}{x(2x+1)}dx$。

第五节 应 用

定积分在实际中有着广泛的应用，本节将应用前面学过的定积分理论分析和解决几何、经济和物理中的一些问题。首先介绍应用定积分解决实际问题时常用的一种方法——元素法。

在本章第一节中求曲边梯形的面积 S 时，用的是"分割、近似替代、求和、取极限"的方法。现在，为了应用方便，我们把求解过程简化为以下两步。

(1) 无限细分。

分割区间 $[a,b]$，取其中任一小区间并记为 $[x,x+dx]$，求出整体量 S 在 $[x,x+dx]$ 上的部分量 ΔS 的近似值为

$$\Delta S \approx f(x)dx$$

称 $f(x)dx$ 为整体量 S 的**元素**，且记为

$$dS = f(x)dx$$

当整体量 S 为面积时，$dS=f(x)dx$ 叫作**面积元素**；当整体量 S 为体积时，$dS=f(x)dx$ 叫作**体积元素**。依此类推，当整体量 S 为功时，$dS=f(x)dx$ 为**功元素**。

(2) 求积分。

整体量 S 就是在 $[a,b]$ 上将这些元素累加，即

$$S = \int_a^b dS = \int_a^b f(x)dx$$

这种方法叫作**元素法**。

下面用元素法来介绍定积分的一些应用。

一、数学中的应用

1. 平面图形的面积

在本章第一节中我们已经知道,当 $f(x) \geqslant 0$ 时,由曲线 $y=f(x)$ 及直线 $x=a, x=b$ 与 x 轴所围成的曲边梯形的面积为 $S=\int_a^b f(x)\mathrm{d}x$。

现在讨论一般情形。

设在区间 $[a,b]$ 上连续的函数 $f(x)$ 与 $g(x)$ 满足 $f(x) \geqslant g(x)$,要计算由曲线 $y=f(x), y=g(x)$ 及两直线 $x=a, x=b$ 所围成的平面图形的面积 S,如图 5-7 所示。

利用元素法在区间 $[a,b]$ 上任取一个小区间 $[x, x+\mathrm{d}x]$,它所对应的图 5-7 中阴影部分面积的近似值为 $[f(x)-g(x)]\mathrm{d}x$,取 $\mathrm{d}S=[f(x)-g(x)]\mathrm{d}x$ 作为面积 S 的元素。于是

$$S=\int_a^b [f(x)-g(x)]\mathrm{d}x$$

同理,由曲线 $x=f(y), x=g(y)$ 及两条直线 $y=c, y=d$ 所围成的平面图形的面积 S (见图 5-8) 可表示为

$$S=\int_c^d [f(y)-g(y)]\mathrm{d}y$$

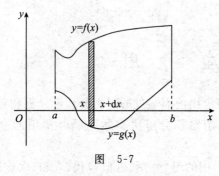

图 5-7

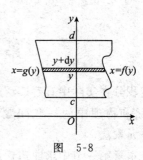

图 5-8

例 28 计算由曲线 $y=x^2$ 与 $y^2=x$ 所围成图形的面积。

解 两条曲线所围成的图形如图 5-9 所示。解方程组 $\begin{cases} y=x^2 \\ y^2=x \end{cases}$,得两条曲线的交点为 $(0,0)$ 和 $(1,1)$,以 x 为积分变量,积分区间为 $[0,1]$。于是,所求图形面积为

$$S=\int_0^1 (\sqrt{x}-x^2)\mathrm{d}x = \left(\frac{2}{3}x^{\frac{3}{2}} - \frac{1}{3}x^3\right)\bigg|_0^1 = \frac{1}{3}$$

例 29 计算由抛物线 $y^2=2x$ 及直线 $y=2-2x$ 所围成图形的面积。

解 这个图形如图 5-10 所示。

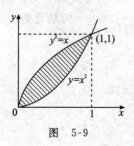

图 5-9

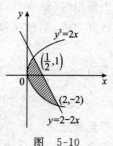

图 5-10

解方程组 $\begin{cases} y^2 = 2x \\ y = 2 - 2x \end{cases}$,得交点为 $(2, -2)$ 和 $\left(\dfrac{1}{2}, 1\right)$。以 y 为积分变量,积分区间为 $[-2, 1]$,得所求图形的面积为

$$S = \int_{-2}^{1} \left[\left(1 - \dfrac{y}{2}\right) - \dfrac{y^2}{2} \right] dy = \left(y - \dfrac{1}{4}y^2 - \dfrac{1}{6}y^3 \right) \Big|_{-2}^{1} = 2\dfrac{1}{4}$$

如果以 x 为积分变量,需把积分区间分成 $\left[0, \dfrac{1}{2}\right]$ 与 $\left[\dfrac{1}{2}, 2\right]$ 两个区间,此时面积为

$$S = \int_{0}^{\frac{1}{2}} \left[\sqrt{2x} - (-\sqrt{2x}) \right] dx + \int_{\frac{1}{2}}^{2} \left[2 - 2x - (-\sqrt{2x}) \right] dx = 2\dfrac{1}{4}$$

用这种方法计算比较麻烦。由此可见,应根据图的形状恰当选取积分变量。

求平面图形面积的一般步骤如下。

(1) 由已知条件,画出平面图形的草图,求出交点。

(2) 根据草图,选择积分变量,确定积分区间。

(3) 列出求面积的积分关系式;计算积分,求出面积。

例 30 计算由曲线 $y = 4 - x^2$ 及 $y = x^2 - 4x - 2$ 所围成平面图形的面积。

解 (1) 如图 5-11 所示,求交点 $\begin{cases} y = 4 - x^2 \\ y = x^2 - 4x - 2 \end{cases}$,得 $\begin{cases} x_1 = -1 \\ x_2 = 3 \end{cases}$,

所以交点为 $(-1, 3), (3, -5)$。

(2) 选积分变量为 x,积分区间为 $[-1, 3]$。

(3) 所求平面图形的面积为

$$\begin{aligned} S &= \int_{-1}^{3} [(4 - x^2) - (x^2 - 4x - 2)] dx \\ &= \int_{-1}^{3} (6 + 4x - 2x^2) dx \\ &= \left(6x + 2x^2 - \dfrac{2}{3}x^3 \right) \Big|_{-1}^{3} = 21\dfrac{1}{3} \end{aligned}$$

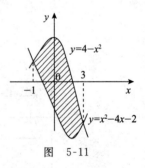

图 5-11

例 31 计算由曲线 $y = \sin x$ 及 $y = \sin 2x$ 在 $x = 0$ 与 $x = \pi$ 之间所围成平面图形的面积。

解 (1) 如图 5-12 所示,求交点 $\begin{cases} y = \sin x \\ y = \sin 2x \end{cases}$,得 $\begin{cases} x_1 = 0 \\ x_2 = \dfrac{\pi}{3} \\ x_3 = \pi \end{cases}$,

所以交点为 $(0, 0), \left(\dfrac{\pi}{3}, \dfrac{\sqrt{3}}{2}\right), (\pi, 0)$。

(2) 选积分变量为 x,积分区间为 $\left[0, \dfrac{\pi}{3}\right], \left[\dfrac{\pi}{3}, \pi\right]$。

(3) 所求平面图形的面积为

$$\begin{aligned} S &= \int_{0}^{\frac{\pi}{3}} (\sin 2x - \sin x) dx + \int_{\frac{\pi}{3}}^{\pi} (\sin x - \sin 2x) dx \\ &= \left(\cos x - \dfrac{1}{2}\cos 2x \right) \Big|_{0}^{\frac{\pi}{3}} + \left(\dfrac{1}{2}\cos 2x - \cos x \right) \Big|_{\frac{\pi}{3}}^{\pi} = \dfrac{5}{2} \end{aligned}$$

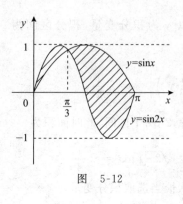

图 5-12

2. 旋转体的体积

旋转体是由一个平面图形绕这个平面内一条直线旋转一周而成的立体。

下面我们讨论如何用元素法求由连续曲线 $y=f(x)$ 及直线 $x=a, x=b$ 与 x 轴所围成的曲边梯形绕 x 轴旋转一周而成的立体的体积。

以 x 为积分变量,它的变化区间为 $[a,b]$。在 $[a,b]$ 上任取一个小区间 $[x, x+\mathrm{d}x]$,相应于该小区间的窄曲边梯形绕 x 轴旋转而成的旋转体的体积近似于以 $f(x)$ 为底半径, $\mathrm{d}x$ 为高的圆柱体的体积(见图 5-13),即体积元素为

$$dV = \pi[f(x)]^2 \mathrm{d}x$$

以 $\pi[f(x)]^2 \mathrm{d}x$ 为被积表达式,在区间 $[a,b]$ 上作定积分,便得旋转体的体积为

$$V_x = \int_a^b \pi f^2(x) \mathrm{d}x$$

同理可得,由连续曲线 $x=\varphi(y)$ 及直线 $y=c, y=d$ 与 y 轴所围成的曲边梯形绕 y 轴旋转一周而成的旋转体(见图 5-14)的体积为

$$V_y = \int_c^d \pi \varphi^2(y) \mathrm{d}y$$

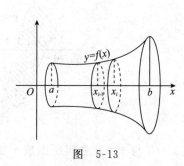

图 5-13　　　　　　　　图 5-14

例 32　计算由抛物线 $y=x^2$ 及直线 $x=1, x=2$ 与 x 轴所围成的图形分别绕 x、y 轴旋转形成的旋转体的体积。

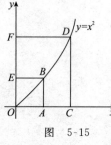

图 5-15

解　如图 5-15 所示,由旋转体的体积公式知,所述图形 $ACDB$ 绕 x 轴旋转而成的旋转体的体积为

$$V_x = \int_1^2 \pi(x^2)^2 \mathrm{d}x = \pi \int_1^2 x^4 \mathrm{d}x = \left.\frac{\pi}{5}x^5\right|_1^2 = \frac{31\pi}{5}$$

所述图形 $ACDB$ 绕 y 轴旋转而成的旋转体的体积,可看成由平面图形 $OCDF$ 与 $OABE$、$EBDF$ 分别绕 y 轴旋转而成的旋转体的体积之差。

因为 V_{OCDF} 是由直线 $x=2$ 在 $[0,4]$ 上绕 y 轴旋转而成的旋转体的体积,所以

$$V_{OCDF} = \int_0^4 \pi 2^2 \mathrm{d}y = 4\pi y \Big|_0^4 = 16\pi$$

又 V_{OABE} 是由直线 $x=1$ 在 $[0,1]$ 上绕 y 轴旋转而成的旋转体的体积,所以

$$V_{OABE} = \int_0^1 \pi 1^2 \mathrm{d}y = \pi y \Big|_0^1 = \pi$$

V_{EBDF} 是由曲线 $y = x^2$ 在 $[1,4]$ 上绕 y 轴旋转而成的旋转体的体积，所以

$$V_{EBDF} = \int_1^4 \pi(\sqrt{y})^2 \mathrm{d}y = \int_1^4 \pi y \mathrm{d}y = \frac{\pi y^2}{2}\Big|_1^4 = \frac{15\pi}{2}$$

于是，图形 $ACDB$ 绕 y 轴旋转而成的旋转体的体积为

$$V_y = V_{OCDF} - V_{OABE} - V_{EBDF} = 16\pi - \pi - \frac{15}{2}\pi = \frac{15\pi}{2}$$

例 33 求椭圆曲线 $\frac{x^2}{a^2} + \frac{y^2}{b^2} = 1 (a > b > 0)$ 分别绕 x 轴和 y 轴旋转一周所得到的旋转体的体积。

解 由 $\frac{x^2}{a^2} + \frac{y^2}{b^2} = 1$ 易求出上半椭圆曲线的方程为 $y = \frac{b}{a}\sqrt{a^2 - x^2}$，$x \in [-a, a]$，如图 5-16(a) 所示。将上半椭圆与 x 轴围成的区域绕 x 轴旋转一周，得旋转体的体积为

$$V = \pi \int_{-a}^{a} \left(\frac{b}{a}\sqrt{a^2 - x^2}\right)^2 \mathrm{d}x = \frac{\pi b^2}{a^2} \int_{-a}^{a} (a^2 - x^2) \mathrm{d}x = \frac{4}{3}\pi a b^2$$

由 $\frac{x^2}{a^2} + \frac{y^2}{b^2} = 1$ 易求出右半椭圆曲线的方程为 $x = \frac{a}{b}\sqrt{b^2 - y^2}$，$y \in [-b, b]$，如图 5-16(b) 所示。由右半椭圆曲线与 y 轴所围区域绕 y 轴旋转一周，得旋转体的体积为

$$V = \pi \int_{-b}^{b} \left(\frac{a}{b}\sqrt{b^2 - y^2}\right)^2 \mathrm{d}y = \frac{\pi a^2}{b^2} \int_{-b}^{b} (b^2 - y^2) \mathrm{d}y = \frac{4}{3}\pi a^2 b$$

当 $a = b$ 时，得半径为 a 的球体的体积为 $V = \frac{4}{3}\pi a^3$。

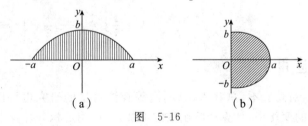

图 5-16

例 34 试求抛物线 $y = x^2$ 与其在点 $(1,1)$ 处的切线及与 x 轴所围成的图形绕 x 轴旋转一周所得旋转体的体积。

解 由图 5-17 知，所求体积应是曲线 $y = x^2$ 绕 x 轴旋转一周所得旋转体的体积 V_1 与点 $(1,1)$ 处的切线绕 x 轴旋转一周所得旋转体的体积 V_2 之差。

由题意得 $V_1 = \int_0^1 \pi (x^2)^2 \mathrm{d}x = \frac{\pi}{5}$

由于抛物线 $y = x^2$ 在点 $(1,1)$ 处的切线方程为 $y - 1 = 2(x - 1)$，即 $y = 2x - 1$，切线与 x 轴的交点是 $\left(\frac{1}{2}, 0\right)$，所以

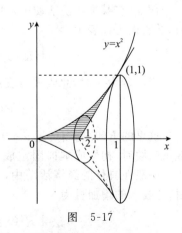

图 5-17

$$V_2 = \int_{\frac{1}{2}}^{1} \pi (2x - 1)^2 \mathrm{d}x = \pi \left(\frac{4}{3}x^3 - 2x^2 + x\right)\Big|_{\frac{1}{2}}^{1} = \frac{\pi}{6}$$

所以
$$V = V_1 - V_2 = \frac{\pi}{5} - \frac{\pi}{6} = \frac{\pi}{30}$$

例 35 计算由曲线 $xy=3$ 及直线 $x+y=4$ 所围成的平面图形绕 x 轴旋转一周形成的旋转体的体积。

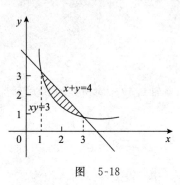

图 5-18

解 如图 5-18 所示,求交点 $\begin{cases} xy=3 \\ x+y=4 \end{cases}$,得交点 $(1,3)$ 和 $(3,1)$,所以旋转体的体积为

$$\begin{aligned}
V_x &= \pi \int_1^3 (4-x)^2 dx - \pi \int_1^3 \left(\frac{3}{x}\right)^2 dx \\
&= \pi \int_1^3 (x-4)^2 dx - 9\pi \int_1^3 \frac{1}{x^2} dx \\
&= \pi \frac{(x-4)^3}{3}\Big|_1^3 + \frac{9\pi}{x}\Big|_1^3 = \frac{8\pi}{3}
\end{aligned}$$

例 36 计算由曲线 $x=y^2$ 及直线 $y=x, y=1, y=2$ 所围成的平面图形绕 y 轴旋转一周形成的旋转体的体积。

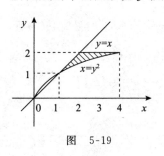

图 5-19

解 如图 5-19 所示,求交点 $\begin{cases} x=y^2 \\ y=x \end{cases}$,得交点 $(0,0)$ 和 $(1,1)$,还有 $(2,2)$ 和 $(4,2)$,所以旋转体的体积为

$$\begin{aligned}
V_y &= \pi \int_1^2 (y^2)^2 dy - \pi \int_1^2 y^2 dy \\
&= \pi \int_1^2 y^4 dy - \pi \int_1^2 y^2 dy \\
&= \pi \frac{1}{5} y^5 \Big|_1^2 - \pi \frac{1}{3} y^3 \Big|_1^2 = \frac{58\pi}{15}
\end{aligned}$$

二、经济中的应用

在经济活动中,对总成本、总收入、总利润等经济总量的研究也可以用定积分计算,特别是已知经济量的变化率,计算经济函数的增加量时,用定积分计算更为简便。

例如,在某项经济活动中,设边际收入函数为 $R'(x)$,其中 x 为产量,则当产量为 a 时,总收入可以表示为

$$\int_0^a R'(x) dx = R(x)\Big|_0^a = R(a) - R(0)$$

当产量为 x 时,总收入可表示为

$$R(x) - R(0) = \int_0^x R'(x) dx$$

这里的 $R(0)$ 是当产量 $x=0$ 时的总收入,一般应为 0,它表示的是初始收入(在研究成本问题时,初始成本即固定成本;在研究费用问题时,初始费用表示的是生产准备费用。一般在具体的经济活动中,可以事先确定它们)。当产量从 a 变到 b,即增加 $b-a$ 时,总收入的增加量为

$$\int_a^b R'(x) dx = R(x)\Big|_a^b = R(b) - R(a)$$

例 37 已知生产某种产品 x 个单位时总收入 R 的变化率为

$$R' = R'(x) = 100 - \frac{x}{20} (x \geq 0)$$

求：(1) 生产 100 个单位时的总收入；

(2) 产量从 100 个单位到 200 个单位时总收入的增加量。

解 (1) 生产 100 个单位时的总收入 R 就是 $R'(x)$ 从 0 到 100 的定积分，即

$$R_1 = \int_0^{100}\left(100 - \frac{x}{20}\right)dx = \left(100x - \frac{x^2}{40}\right)\Big|_0^{100} = 9\ 750$$

(2) 产量从 100 个单位到 200 个单位时总收入的增加量 R_2 为

$$R_2 = \int_{100}^{200}\left(100 - \frac{x}{20}\right)dx = \left(100x - \frac{x^2}{40}\right)\Big|_{100}^{200} = 9\ 250$$

即生产 100 个单位时的总收入为 9 750，产量从 100 个单位到 200 个单位时总收入的增加量为 9 250。

例 38 某建筑材料厂生产 xt 水泥的边际成本为 $C'(x) = 5 + \frac{25}{\sqrt{x}}$，若固定成本为 10（百万元），求当产量从 64t 增加到 100t 时需增加多少成本投资？

解 $\int_{64}^{100}\left(5 + \frac{25}{\sqrt{x}}\right)dx = \int_{64}^{100}(5 + 25x^{-\frac{1}{2}})dx = (5x + 50\sqrt{x})\Big|_{64}^{100} = 280$（百万元），即产量从 64t 增加到 100t 时需增加 280 百万元投资。

例 39 某地区在研究投资问题时，发现净投资流量（元）为时间 t（年）的函数 $I(t) = 6t^{\frac{1}{2}}$。求：

(1) 第一年的资本累计；

(2) 前 9 年的资本累计；

(3) 9 年后的资本总和（设初始资本为 500 万元）。

解 净投资就是形成率（资本形成的速度），是资本在时间 t 的变化率，即资本对时间 t 的导数。因此，由已知净投资 $I = I(t)$，求在时间间隔 $[a,b]$ 上的资本形成总量（即资本积累），就是用定积分 $\int_a^b I(t)dt$ 计算。

(1) $\int_0^1 6t^{\frac{1}{2}}dt = 4t^{\frac{3}{2}}\Big|_0^1 = 4$（万元）

(2) $\int_0^9 6t^{\frac{1}{2}}dt = 4t^{\frac{3}{2}}\Big|_0^9 = 108$（万元）

(3) $500 + \int_0^9 6t^{\frac{1}{2}}dt = 608$（万元）

即第一年的资本积累为 4 万元，前 9 年的资本积累为 108 万元，9 年后的资本总和为 608 万元。

例 40 某商场经销某种小商品，销量为 x 件时总利润的变化率为

$$L'(x) = 12.5 - \frac{x}{80}（元/件）$$

求：(1) 售出 40 件时的总利润；

(2) 售出 400 件时的平均利润。

解 (1) $\int_0^{40}\left(12.5 - \frac{x}{80}\right)dx = \left(12.5x - \frac{x^2}{160}\right)\Big|_0^{40} = 490$（元）

(2) $\frac{1}{400}\int_0^{400}\left(12.5 - \frac{x}{80}\right)dx = \left(12.5x - \frac{x^2}{160}\right)\Big|_0^{400} = 10$（元）

即售出 40 件时的总利润为 490 元,售出 400 件时的平均利润为 10 元。

例 41 某进出口公司每月销售额是 1 000 000 美元,平均利润是销售额的 10%。根据公司以往经验,广告宣传期间月销售额的变化率近似地服从增长曲线 $1\times 10^6 \times e^{0.02t}$(其中 t 以月为单位),公司现在需要决定是否举行一次类似的总成本为 1.3×10^5 美元的广告活动。按照惯例,对于超过 1×10^5 美元的广告活动,如果新增销售额产生的利润超过广告投资的 10%,则决定做广告。试问,该公司按照惯例是否应该做此广告?

解 由题可知,12 个月后总销售额是当 $t=12$ 时的定积分,即

$$总销售额 = \int_0^{12} 1\,000\,000\,e^{0.02t}dt$$

$$= \frac{1\,000\,000\,e^{0.02t}}{0.02}\bigg|_0^{12}$$

$$= 50\,000\,000|e^{0.24}-1|$$

$$\approx 13\,560\,000(美元)$$

公司的利润是销售额的 10%,所以新增销售额产生的利润是

$$0.10\times(13\,560\,000 - 13\,000\,000) = 156\,000(美元)$$

156 000 美元利润是由花费 130 000 美元的广告费而取得的,因此,广告所产生的实际利润是 $156\,000 - 130\,000 = 26\,000$(美元)。

这表明盈利大于广告成本的 10%,故公司应该做此广告。

三、物理中的应用

1. 变力所做的功

如果一个物体在恒力 F 的作用下,沿力 F 的方向移动距离 s,则力 F 对物体所做的功是

$$W = F \cdot s$$

如果一个物体在变力 $F(x)$ 的作用下做直线运动,不妨设其沿 Ox 轴运动,那么当物体由 Ox 轴上的点 a 移动到点 b 时,变力 $F(x)$ 对物体所做的功是多少呢?

我们仍采用微元法,所求功 W 对区间 $[a,b]$ 具有可加性。设变力 $F(x)$ 是连续变化的,分割区间 $[a,b]$,任取一个小区间 $[x,x+dx]$,由 $F(x)$ 的连续性,物体在 dx 这一小段路径上移动时,$F(x)$ 的变化很小,可近似看作不变,则变力 $F(x)$ 在小段路径 dx 上所做的功可近似看作恒力做功问题,于是得到功的微元为

$$dW = F(x)dx$$

将微元从 a 到 b 积分,得到整个区间上力所做的功为

$$W = \int_a^b F(x)dx$$

用微元法解决变力沿直线做功问题,关键是正确确定变力 $F(x)$ 及 x 的变化区间 $[a,b]$。下面通过实例说明微元法的具体应用过程。

例 42 将弹簧一端固定,另一端连一个小球,放在光滑面上,点 O 为小球的平衡位置。若将小球从点 O 拉到点 $M(OM=s)$,求克服弹性力所做的功。

解 如图 5-20 所示,建立数轴 Ox,由物理学知识知道,弹性力的大小与弹簧伸长或压缩的长度 x 成正比,方向指向平衡位置 O,即

$$F = -kx$$

其中 k 是比例常数,负号表示小球位移与弹性力 F 方向相反。

若把小球从点 $O(x=0)$ 拉到点 $M(M=s)$ 克服弹性力 F,所用外力 f 的大小与 F 相等,但方向相反,即 $f=kx$,它随小球位置 x 的变化而变化。

在 x 的变化区间 $[0,s]$ 上任取一个小区间 $[x, x+\mathrm{d}x]$,则力 f 所做功的微元为

$$\mathrm{d}W=kx\mathrm{d}x$$

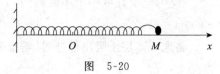

图 5-20

于是功为

$$W=\int_0^s kx\,\mathrm{d}x=\frac{k}{2}s^2$$

例 43 某空气压缩机活塞的面积为 S,在等温压缩过程中,活塞由 x_1 处压缩到 x_2 处,求压缩机在这段压缩过程中所消耗的功。

解 如图 5-21 所示,建立数轴 Ox,由物理学知识知道,一定量的气体在等温条件下,压强 p 与体积 V 的乘积为常数 k,即

$$pV=k$$

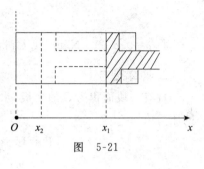

图 5-21

由已知,体积 V 是活塞面积 S 与任一点位置 x 的乘积,即 $V=Sx$。因此

$$p=\frac{k}{V}=\frac{k}{Sx}$$

于是气体作用于活塞上的力为

$$F=pS=\frac{k}{Sx}\cdot S=\frac{k}{x}$$

活塞所用力 $f=-F=-\dfrac{k}{x}$,则力 f 所做功的微元为

$$\mathrm{d}W=-\frac{k}{x}\mathrm{d}x$$

于是所求功为

$$W=\int_{x_1}^{x_2}-\frac{k}{x}\mathrm{d}x$$

$$=k\ln x\Big|_{x_2}^{x_1}=k\ln\frac{x_1}{x_2}$$

例 44 一个圆柱形的贮水桶高为 $5\mathrm{m}$,底圆半径为 $3\mathrm{m}$,桶内盛满了水。试问要把桶内的水全部吸出需做多少功?

解 这个问题显然不是变力做功问题。在抽水过程中,水面逐渐下降,因此吸出同样重量的水,对不同深度的水所做的功不同。

如图 5-22 所示建立坐标系,取深度 x 为积分变量,则所求功 W 对区间 $[0,5]$ 具有可加性,现用微元

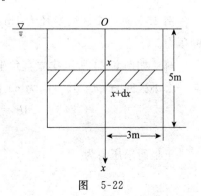

图 5-22

法来求解。

在$[0,5]$上任取一个小区间$[x,x+\mathrm{d}x]$,则其对应的小薄层水的重量=体积×比重=$\pi 3^2\rho\mathrm{d}x=9\pi\rho\mathrm{d}x$。

将这一薄层水吸出桶外时,需提升的距离近似地为x,因此需做功的近似值,即功的微元为

$$\mathrm{d}W=x\cdot 9\pi\rho\mathrm{d}x=9\pi\rho x\mathrm{d}x$$

于是所求功为

$$W=\int_0^5 9\pi\rho x\mathrm{d}x$$

$$=9\pi\rho\left(\frac{x^2}{2}\right)\Big|_0^5=\frac{225}{2}\rho\pi$$

将$\rho=9.8\times 10^3\mathrm{N/m^3}$代入,得$W=\frac{225}{2}\cdot 9\,800\pi\approx 3.46\times 10^6\mathrm{J}$。

2. 液体压力

现有一块面积为S的平板,水平置于比重为ρ、深度为h的液体中,则平板一侧所受的压力值

$$F=压强\times 面积$$
$$=pS=h\rho S\,(p\text{为水深}h\text{处的压强值})$$

若将平板垂直放于该液体中,对应不同的液体深度,压强值也不同,那么,平板所受压力应如何求解呢?

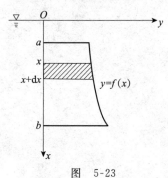

图 5-23

如图 5-23 所示建立直角坐标系,设平板边缘曲线方程为$y=f(x)\,(a\leqslant x\leqslant b)$,则所求压力$F$对区间$[a,b]$具有可加性,现用微元法来求解。

在$[a,b]$上任取一个小区间$[x,x+\mathrm{d}x]$,其对应的小横条上各点液面深度均近似看成x,且液体对它的压力近似看成长为$f(x)$、宽为$\mathrm{d}x$的小矩形所受的压力,即压力的微元为

$$\mathrm{d}F=\rho x\cdot f(x)\mathrm{d}x$$

于是所求压力为

$$F=\int_a^b \rho x\cdot f(x)\mathrm{d}x$$

例 45 有一个底面半径为 1m、高为 2m 的圆柱形贮水桶,里面盛满水。求水对桶壁的压力。

解 如图 5-24 所示建立直角坐标系,则积分变量x的变化区间为$[0,2]$,在其上任取一个小区间$[x,x+\mathrm{d}x]$,高为$\mathrm{d}x$的小圆柱面所受压力的近似值,即压力的微元为

$$\mathrm{d}F=压强\times 面积$$
$$=\rho x\cdot 2\pi\cdot 1\mathrm{d}x=2\pi\rho x\mathrm{d}x$$

于是所求压力为

$$F = \int_0^2 2\pi\rho x \, dx$$
$$= 2\pi\rho \left(\frac{x^2}{2}\right)\bigg|_0^2 = 4\pi\rho$$

将 $\rho = 9.8 \times 10^3 \text{N/m}^3$ 代入,得 $F = 4\pi \times 9.8 \times 10^3 = 3.92\pi \times 10^4 \text{N}$。

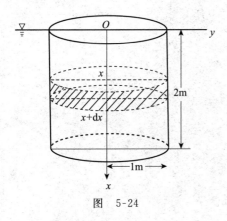

图 5-24

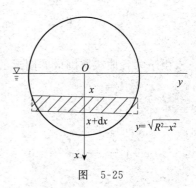

图 5-25

例 46 有一个半径 $R = 3\text{m}$ 的圆形溢水洞,试求水位为 3m 时作用在闸板上的压力。

解 如果水位为 3m,如图 5-25 所示建立直角坐标系,积分变量 x 的变化区间为 $[0, R]$,在其上任取一个小区间 $[x, x+dx]$,所对应的小窄条上所受压力的近似值,即压力微元为

$$dF = 压强 \times 面积$$
$$= \rho x \cdot 2y \, dx$$
$$= \rho x \cdot 2\sqrt{R^2 - x^2} \, dx$$
$$= 2\rho x \sqrt{R^2 - x^2} \, dx$$

于是所求压力为

$$F = \int_0^R 2\rho x \sqrt{R^2 - x^2} \, dx$$
$$= 2\rho \int_0^R \left(-\frac{1}{2}\right) \sqrt{R^2 - x^2} \, d(R^2 - x^2)$$
$$= -\rho \frac{2}{3}(R^2 - x^2)^{\frac{3}{2}} \bigg|_0^R$$
$$= \frac{2}{3} R^3 \rho$$

将 $\rho = 9.8 \times 10^3 \text{N/m}^3$, $R = 3\text{m}$ 代入,得 $F = 1.764 \times 10^5 \text{N}$。

习题 5-5

1. 求图 5-26 中各阴影部分的面积。

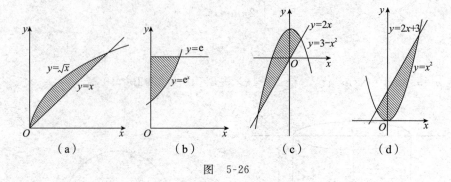

图 5-26

2. 求由下列各曲线所围成的图形的面积。

(1) $y=x^3$ 与 $y=x$。

(2) $y=x^2-2x+3$ 与 $y=x+3$。

(3) $y=x, y=2x$ 及 $y=2$。

(4) $y^2=x+4$ 与 $x+2y-4=0$。

(5) $y=\sqrt{x}, y=x$。

(6) $y=3-x^2, y=2x$。

(7) $y=\dfrac{1}{x}$ 与直线 $y=x$ 及 $x=2$。

(8) $y=e^x, y=e^{-x}$ 与直线 $x=1$。

(9) $y=\ln x, y$ 轴与直线 $y=\ln a, y=\ln b (b>a>0)$。

3. 求下列旋转体的体积。

(1) 由曲线 $y=x^2$ 与直线 $x=1, x=2$ 及 $y=0$ 所围成的平面图形绕 x 轴旋转一周所形成的旋转体。

(2) 将曲线 $y=\dfrac{1}{2}x^2$ 与 $y=x$ 所围成的平面图形分别绕 x 轴、y 轴旋转所得的两个旋转体。

(3) 曲线 $y=x^2, x=y^2$ 所围成的平面图形绕 y 轴旋转而得的旋转体。

(4) $y=x^3, y=0, x=2$ 绕 x 轴、y 轴旋转所得的旋转体。

(5) $xy=a^2, y=0, x=a, x=2a (a>0)$ 绕 x 轴旋转所得的旋转体。

(6) $y=\dfrac{3}{x}, y=4-x$ 绕 x 轴、y 轴旋转所得的旋转体。

4. 某厂某产品产量为 x t,总成本函数为 $C(x)$,已知边际成本函数 $C'(x)=4+\dfrac{4}{\sqrt{x}}$,固定成本 $C(0)=100$(百元),求:

(1) 产量 $x=49$ t 时的总成本;

(2) 产量从 25t 增加到 81t,总成本增加多少?

5. 某工厂生产某种产品,其总产量的变化率 $f(x)$ 是时间 x 的函数,即
$$f(x)=100+6x-0.3x^2 (单位/小时)$$
试求从 $x=0$ 到 $x=10$ 这 10 个小时的总产量。

6. 设某茶叶生产企业生产某种出口茶叶的边际成本和边际收入(日产量 x 包,每包 1 千克)函数是 $C'(x)=x+10$(美元), $R'(x)=210-4x$(美元/包),其固定成本为 3 000 美元,求:

(1) 日产量为多少时,其利润最大?

(2) 在获得最大利润生产水平上的总收入、总成本、总利润各是多少?

7. 已知某产品总产量的变化率为
$$f(t)=75+10t-0.3t^2 \text{(单位/小时)}$$
求从时间 $t=1$ 到 $t=3$ 的产量。

8. 已知生产某商品 x 件时总收入 $R(x)$ 的变化率为 $r(x)=150-\dfrac{x}{25}$(元/件),求:

(1) 生产 100 件时的总收入及平均收入;

(2) 从生产 100 件到生产 200 件所增加的收入及平均收入。

*第六节 广义积分

前面讨论的定积分的积分区间都是有限的,且被积函数在该区间上连续。但在实际问题中,常会遇到积分区间为无穷区间或被积函数在积分区间上有无穷间断点的情况。因此,有必要把定积分的概念加以推广,推广后的积分称为**广义积分**。为了区别,前面讲的积分称为**常义积分**。在此,我们只讨论无穷区间上的广义积分。

一、广义积分的概念

定义 2 设函数 $f(x)$ 在无穷区间 $[a,+\infty)$ 上连续,且 $b>a$,如果极限
$$\lim_{b \to +\infty} \int_a^b f(x)\mathrm{d}x$$
存在,则称此极限值为 $f(x)$ 在无穷区间 $[a,+\infty)$ 上的**广义积分**,记为 $\int_a^{+\infty} f(x)\mathrm{d}x$,即
$$\int_a^{+\infty} f(x)\mathrm{d}x = \lim_{b \to +\infty} \int_a^b f(x)\mathrm{d}x$$
并称广义积分 $\int_a^{+\infty} f(x)\mathrm{d}x$ **收敛**。

如果上述极限不存在,则称广义积分 $\int_a^{+\infty} f(x)\mathrm{d}x$ **发散**,这时 $\int_a^{+\infty} f(x)\mathrm{d}x$ 不再表示数值。

类似地,设函数 $f(x)$ 在区间 $(-\infty,b]$ 上连续,且 $a<b$,如果极限
$$\lim_{a \to -\infty} \int_a^b f(x)\mathrm{d}x$$
存在,则称此极限值为 $f(x)$ 在无穷区间 $(-\infty,b]$ 上的**广义积分**,记为 $\int_{-\infty}^b f(x)\mathrm{d}x$,即
$$\int_{-\infty}^b f(x)\mathrm{d}x = \lim_{a \to -\infty} \int_a^b f(x)\mathrm{d}x$$
这时也称广义积分 $\int_{-\infty}^b f(x)\mathrm{d}x$ **收敛**;如果上述极限不存在,就称广义积分

$\int_{-\infty}^{b} f(x)dx$ 发散。

对于函数 $f(x)$ 在 $(-\infty, +\infty)$ 上的广义积分,定义为
$$\int_{-\infty}^{+\infty} f(x)dx = \int_{-\infty}^{c} f(x)dx + \int_{c}^{+\infty} f(x)dx$$

其中 a 与 b 各自独立地趋于无穷大,并且仅当右端两个极限都存在时,广义积分才收敛;否则,广义积分发散。

二、广义积分的计算

1. $\int_{a}^{+\infty} f(x)dx$ 情形

例 47 求 $\int_{1}^{+\infty} \frac{dx}{x^2}$。

解 $\int_{1}^{+\infty} \frac{dx}{x^2} = \lim_{b \to +\infty} \int_{1}^{b} \frac{1}{x^2} dx = \lim_{b \to +\infty} \left(-\frac{1}{x}\right)\Big|_{1}^{b} = \lim_{b \to +\infty} \left(-\frac{1}{b} + 1\right) = 1$

例 48 求 $\int_{0}^{+\infty} \frac{dx}{1+x^2}$。

解 $\int_{0}^{+\infty} \frac{dx}{1+x^2} = \lim_{b \to +\infty} \int_{0}^{b} \frac{1}{1+x^2} dx = \lim_{b \to +\infty} \arctan x \Big|_{0}^{b}$

$= \lim_{b \to +\infty} (\arctan b - \arctan 0) = \frac{\pi}{2} - 0 = \frac{\pi}{2}$

例 49 求 $\int_{2}^{+\infty} \frac{dx}{x \ln x}$。

解 $\int_{2}^{+\infty} \frac{dx}{x \ln x} = \lim_{b \to +\infty} \int_{2}^{b} \frac{1}{x \ln x} dx = \lim_{b \to +\infty} \ln|\ln x| \Big|_{2}^{b}$

$= \lim_{b \to +\infty} (\ln|\ln b| - \ln|\ln 2|) = \infty$

2. $\int_{-\infty}^{b} f(x)dx$ 情形

例 50 求 $\int_{-\infty}^{0} \frac{dx}{1+x^2}$。

解 $\int_{-\infty}^{0} \frac{dx}{1+x^2} = \lim_{a \to -\infty} \int_{a}^{0} \frac{1}{1+x^2} dx = \lim_{a \to -\infty} \arctan x \Big|_{a}^{0}$

$= \lim_{a \to -\infty} (\arctan 0 - \arctan a) = 0 + \frac{\pi}{2} = \frac{\pi}{2}$

例 51 求 $\int_{-\infty}^{1} t^{-5} dt$。

解 $\int_{-\infty}^{1} t^{-5} dt = \lim_{a \to -\infty} \int_{a}^{1} t^{-5} dt = \lim_{a \to -\infty} \left(-\frac{1}{4t^4}\Big|_{a}^{1}\right) = \lim_{a \to -\infty} \left(-\frac{1}{4} + \frac{1}{4a^4}\right) = -\frac{1}{4}$

3. $\int_{-\infty}^{+\infty} f(x)dx$ 情形

例 52 求 $\int_{-\infty}^{+\infty} \frac{dx}{1+x^2}$。

解 $\int_{-\infty}^{+\infty} \frac{dx}{1+x^2} = \int_{-\infty}^{0} \frac{1}{1+x^2} dx + \int_{0}^{+\infty} \frac{1}{1+x^2} dx = \lim_{a \to -\infty} \int_{a}^{0} \frac{1}{1+x^2} dx + \lim_{b \to +\infty} \int_{0}^{b} \frac{1}{1+x^2} dx$

$$= \lim_{a \to -\infty}(\arctan 0 - \arctan a) + \lim_{b \to +\infty}(\arctan b - \arctan 0)$$
$$= -\left(-\frac{\pi}{2}\right) + \frac{\pi}{2} = \pi$$

例 53 求 $\int_{-\infty}^{+\infty} \frac{2x+3}{x^2+2x+2} dx$。

解 $\int_{-\infty}^{+\infty} \frac{2x+3}{x^2+2x+2} dx = \int_{-\infty}^{+\infty} \left[\frac{2x+2}{x^2+2x+2} + \frac{1}{(x+1)^2+1}\right] dx$

$$= [\ln(x^2+2x+2) + \arctan(x+1)]\Big|_{-\infty}^{+\infty}$$

因为 $\lim_{x \to +\infty}[\ln(x^2+2x+2) + \arctan(x+1)] = +\infty$

所以 $\int_{-\infty}^{+\infty} \frac{2x+3}{x^2+2x+2} dx$ 发散

注意 在计算广义积分时,也可以用换元积分法和分部积分法。

例 54 求 $\int_{1}^{+\infty} \frac{1}{x\sqrt{1+x^2}} dx$。

解 令 $x = \tan t, t = \arctan x$, 当 $x=1$ 时, $t = \frac{\pi}{4}, x \to +\infty, t \to \frac{\pi}{2}$, 于是有

$$\int_{1}^{+\infty} \frac{1}{x\sqrt{1+x^2}} dx = \int_{\frac{\pi}{4}}^{\frac{\pi}{2}} \frac{1}{\tan t \sec t} \cdot \sec^2 t \, dt = \int_{\frac{\pi}{4}}^{\frac{\pi}{2}} \csc t \, dt$$

$$= \ln|\csc t - \cot t|\Big|_{\frac{\pi}{4}}^{\frac{\pi}{2}} = -\ln(\sqrt{2}-1) = \ln(\sqrt{2}+1)$$

思 考 题

$f(x)$ 在无穷区间 $[a, +\infty)$ 上的广义积分一定收敛吗?

习题 5-6

判断下列各广义积分的收敛性,如果收敛,计算广义积分的值。

(1) $\int_{1}^{+\infty} \frac{dx}{x^2}$;

(2) $\int_{5}^{+\infty} \frac{1}{x(x+15)} dx$;

(3) $\int_{-\infty}^{+\infty} \frac{dx}{x^2+2x+1}$;

(4) $\int_{0}^{+\infty} xe^{-x^2} dx$;

(5) $\int_{0}^{+\infty} \sin x \, dx$;

(6) $\int_{1}^{+\infty} \frac{1}{x\sqrt{x^2-1}} dx$。

习题讲解视频 5-6

【本章典型方法与范例】

例 5-1 比较 $\int_{2}^{1} e^x dx, \int_{2}^{1} e^{x^2} dx, \int_{2}^{1}(1+x) dx$ 的大小。

解 对于定积分大小的比较,可利用定积分的性质,通过比较被积函数之间的大小来确定,本题要注意的是积分上下限的调换。

在 $[1,2]$ 上,有 $e^x \leqslant e^{x^2}$, 令 $f(x) = e^x - (x+1)$, 则 $f'(x) = e^x - 1$, 当 $x > 0$ 时, $f'(x) > 0$, $f(x)$ 在 $(0, +\infty)$ 上单调增加,从而 $f(x) > f(0)$, 可知在 $[1,2]$ 上,有 $e^x > x+1$, 所以

$$\int_1^2 (1+x)dx < \int_1^2 e^x dx < \int_1^2 e^{x^2} dx$$

因为
$$\int_2^1 f(x)dx = -\int_1^2 f(x)dx$$

所以
$$-\int_2^1 (1+x)dx < -\int_2^1 e^x dx < -\int_2^1 e^{x^2} dx$$

从而有
$$\int_2^1 (1+x)dx > \int_2^1 e^x dx > \int_2^1 e^{x^2} dx$$

例 5-2 设 $f(x)$ 连续，且 $\int_0^{x^3-1} f(t)dt = x$，求 $f(26)$。

解 等式 $\int_0^{x^3-1} f(t)dt = x$ 两边对 x 求导，得 $f(x^3-1) \cdot 3x^2 = 1$，故 $x \neq 0$ 时，$f(x^3-1) = \frac{1}{3x^2}$，令 $x^3 - 1 = 26$，得 $x = 3$，所以 $f(26) = \frac{1}{27}$。

例 5-3 求函数 $f(x) = \int_0^x t e^{-t^2} dt$ 的极值。

解 求函数的极值，只需求出函数一阶导数为 0 的点和一阶导数不存在的点，再判断即可。

$$f'(x) = \left[\int_0^x t e^{-t^2} dt\right]' = x e^{-x^2}$$

令 $f'(x) = 0$，得唯一驻点 $x = 0$。

由于 $f''(x) = [x e^{-x^2}]' = (1 - 2x^2) e^{-x^2}$，所以
$$f''(0) = 1 > 0$$

由极值的第二判定定理知，$x = 0$ 为极小值点，所以函数 $f(x) = \int_0^x t e^{-t^2} dt$ 在 $x = 0$ 处取得极小值，极小值为 $f(0) = 0$。

例 5-4 求 $\int_0^{\frac{\pi}{4}} \tan^3 x \, dx$。

解 考虑三角函数的恒等变形。

$$\int_0^{\frac{\pi}{4}} \tan^3 x \, dx = \int_0^{\frac{\pi}{4}} \tan^2 x \tan x \, dx = \int_0^{\frac{\pi}{4}} (\sec^2 x - 1) \tan x \, dx$$
$$= \int_0^{\frac{\pi}{4}} \sec^2 x \tan x \, dx - \int_0^{\frac{\pi}{4}} \tan x \, dx$$
$$= \int_0^{\frac{\pi}{4}} \tan x \, d\tan x - \int_0^{\frac{\pi}{4}} \tan x \, dx$$
$$= \frac{\tan^2 x}{2}\bigg|_0^{\frac{\pi}{4}} + \ln|\cos x|\bigg|_0^{\frac{\pi}{4}}$$
$$= \frac{1 - \ln 2}{2}$$

例 5-5 求 $\int_0^{\frac{\pi}{4}} \frac{\sin x}{1 + \sin x} dx$。

解 考虑三角函数的恒等变形。

$$\int_0^{\frac{\pi}{4}} \frac{\sin x}{1+\sin x} dx = \int_0^{\frac{\pi}{4}} \frac{\sin x(1-\sin x)}{(1+\sin x)(1-\sin x)} dx$$

$$= \int_0^{\frac{\pi}{4}} \frac{\sin x - \sin^2 x}{\cos^2 x} dx$$

$$= \int_0^{\frac{\pi}{4}} \frac{\sin x}{\cos^2 x} dx - \int_0^{\frac{\pi}{4}} \tan^2 x dx$$

$$= -\int_0^{\frac{\pi}{4}} \frac{1}{\cos^2 x} d\cos x - \int_0^{\frac{\pi}{4}} (\sec^2 x - 1) dx$$

$$= \frac{1}{\cos x}\Big|_0^{\frac{\pi}{4}} - (\tan x - x)\Big|_0^{\frac{\pi}{4}}$$

$$= \frac{\pi}{4} - 2 + \sqrt{2}$$

例 5-6 求 $\int_{e^{\frac{1}{2}}}^{e^{\frac{3}{4}}} \frac{1}{x\sqrt{\ln x(1-\ln x)}} dx$。

解 被积函数中含有 $\frac{1}{x}$ 及 $\ln x$，考虑第一类换元积分法。

$$\int_{e^{\frac{1}{2}}}^{e^{\frac{3}{4}}} \frac{1}{x\sqrt{\ln x(1-\ln x)}} dx = \int_{e^{\frac{1}{2}}}^{e^{\frac{3}{4}}} \frac{1}{\sqrt{\ln x(1-\ln x)}} d(\ln x)$$

$$= \int_{e^{\frac{1}{2}}}^{e^{\frac{3}{4}}} \frac{1}{\sqrt{\ln x}\sqrt{1-\ln x}} d(\ln x)$$

$$= \int_{e^{\frac{1}{2}}}^{e^{\frac{3}{4}}} \frac{1}{\sqrt{1-\ln x}} \cdot 2d(\sqrt{\ln x})$$

$$= 2\int_{e^{\frac{1}{2}}}^{e^{\frac{3}{4}}} \frac{1}{\sqrt{1-(\sqrt{\ln x})^2}} d(\sqrt{\ln x})$$

$$= [2\arcsin(\sqrt{\ln x})]\Big|_{e^{\frac{1}{2}}}^{e^{\frac{3}{4}}} = \frac{\pi}{6}$$

例 5-7 求 $\int_0^{\ln 5} \frac{e^x \sqrt{e^x-1}}{e^x+3} dx$。

解 被积函数中含有根式，令 $u = \sqrt{e^x-1}$，$x = \ln(u^2+1)$，$dx = \frac{2u}{u^2+1} du$，当 $x=0$ 时，$u=0$；当 $x=\ln 5$ 时，$u=2$，则

$$\int_0^{\ln 5} \frac{e^x \sqrt{e^x-1}}{e^x+3} dx = \int_0^2 \frac{(u^2+1)u}{u^2+4} \cdot \frac{2u}{u^2+1} du$$

$$= 2\int_0^2 \frac{u^2}{u^2+4} du$$

$$= 2\int_0^2 \frac{u^2+4-4}{u^2+4} du$$

$$= 2\int_0^2 \left(1 - \frac{4}{u^2+4}\right) du$$

$$= 2\int_0^2 du - 8\int_0^2 \frac{1}{u^2+4} du$$

$$= 2\int_0^2 du - 2\int_0^2 \frac{1}{1+\frac{u^2}{4}} du$$

$$= 2\int_0^2 du - 2\int_0^2 \frac{1}{1+\left(\frac{u}{2}\right)^2} du$$

$$= 2\int_0^2 du - 4\int_0^2 \frac{1}{1+\left(\frac{u}{2}\right)^2} d\frac{u}{2}$$

$$= 2u\Big|_0^2 - 4\arctan\frac{u}{2}\Big|_0^2 = 4-\pi$$

例 5-8 求 $\int_0^{\frac{\pi}{2}} e^x \sin^2 x dx$。

解 被积函数为指数函数与三角函数的乘积，考虑分部积分法，但是三角函数含有平方项，一定要先降幂后积分。

$$\int_0^{\frac{\pi}{2}} e^x \sin^2 x dx = \frac{1}{2}\int_0^{\frac{\pi}{2}} e^x(1-\cos 2x)dx$$

$$= \frac{1}{2}\int_0^{\frac{\pi}{2}} e^x dx - \frac{1}{2}\int_0^{\frac{\pi}{2}} e^x \cos 2x dx$$

$$= \frac{1}{2}e^x\Big|_0^{\frac{\pi}{2}} - \frac{1}{2}\int_0^{\frac{\pi}{2}} e^x \cos 2x dx$$

$$= \frac{e^{\frac{\pi}{2}}-1}{2} - \frac{1}{2}\int_0^{\frac{\pi}{2}} e^x \cos 2x dx$$

而 $\int_0^{\frac{\pi}{2}} e^x \cos 2x dx = \int_0^{\frac{\pi}{2}} \cos 2x de^x = e^x \cos 2x\Big|_0^{\frac{\pi}{2}} - \int_0^{\frac{\pi}{2}} e^x d\cos 2x$

$$= -e^{\frac{\pi}{2}} - 1 + 2\int_0^{\frac{\pi}{2}} e^x \sin 2x dx$$

$$= -e^{\frac{\pi}{2}} - 1 + 2\int_0^{\frac{\pi}{2}} \sin 2x de^x$$

$$= -e^{\frac{\pi}{2}} - 1 + 2e^x \sin 2x\Big|_0^{\frac{\pi}{2}} - 2\int_0^{\frac{\pi}{2}} e^x d\sin 2x$$

$$= -e^{\frac{\pi}{2}} - 1 - 4\int_0^{\frac{\pi}{2}} e^x \cos 2x dx$$

整理得

$$\int_0^{\frac{\pi}{2}} e^x \cos 2x dx = -\frac{1}{5}(e^{\frac{\pi}{2}}+1)$$

$$\int_0^{\frac{\pi}{2}} e^x \sin^2 x dx = \frac{e^{\frac{\pi}{2}}-1}{2} - \frac{1}{2}\int_0^{\frac{\pi}{2}} e^x \cos 2x dx$$

$$= \frac{e^{\frac{\pi}{2}}-1}{2} - \frac{1}{2}\cdot\left[-\frac{1}{5}(e^{\frac{\pi}{2}}+1)\right] = \frac{1}{5}(3e^{\frac{\pi}{2}}-2)$$

例 5-9 求由曲线 $y=2x^2+3x-5, y=1-x^2$ 所围成的平面图形的面积。

解 求交点。由 $\begin{cases} y=2x^2+3x-5 \\ y=1-x^2 \end{cases}$ 解得两曲线的交点为 $(-2,-3),(1,0)$。作出图

形,如图 5-27 所示,选择积分变量为 x,所以图形面积为

$$S = \int_{-2}^{1}[1-x^2-(2x^2+3x-5)]dx$$
$$= \int_{-2}^{1}(6-3x^2-3x)]dx = \frac{27}{2}$$

例 5-10 求由曲线 $y=e^x, y=e, x=0$ 所围成的平面图形的面积。

解 求交点。$y=e^x$ 与 $y=e$ 的交点为 $(1,e)$,如图 5-28 所示。

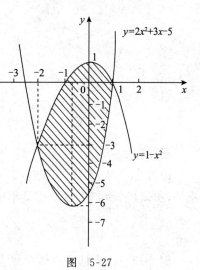

图 5-27

解法 1 选择积分变量为 y,则

$$S = \int_{1}^{e} \ln y\, dy$$
$$= y\ln y \Big|_{1}^{e} - \int_{1}^{e} y\, d\ln y$$
$$= e - \int_{1}^{e} dy$$
$$= e - (e-1) = 1$$

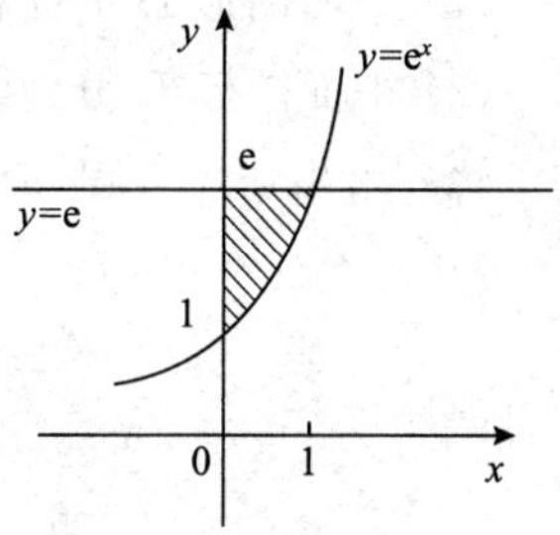

解法 2 选择积分变量为 x,则

$$S = \int_{0}^{1}(e-e^x)dx$$
$$= ex\Big|_{0}^{1} - e^x\Big|_{0}^{1} = 1$$

图 5-28

例 5-11 求曲线 $y=\ln x$ 在区间 $(2,6)$ 的一条切线,使得该切线与直线 $x=2, x=6$ 和曲线 $y=\ln x$ 所围成的平面图形的面积最小。

解 求交点,先求出平面图形面积表达式,再由最值定理求面积最小值。

如图 5-29 所示,设所求切线与曲线 $y=\ln x$ 相切于点 $(c,\ln c)$,则切线方程为 $y-\ln c = \frac{1}{c}(x-c)$。

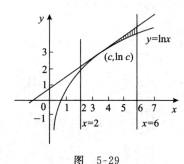

图 5-29

又切线与直线 $x=2, x=6$ 和曲线 $y=\ln x$ 所围成的平面图形面积为

$$S = \int_{2}^{6}\left[\frac{1}{c}(x-c) + \ln c - \ln x\right]dx$$

$$= \int_2^6 \left[\frac{1}{c}x - 1 + \ln c - \ln x\right] dx$$

$$= 4\left(\frac{4}{c} - 1\right) + 4\ln c + 4 - 6\ln 6 + 2\ln 2$$

所以

$$S' = -\frac{16}{c^2} + \frac{4}{c} = -\frac{4}{c^2}(4-c), \text{令 } S' = 0$$

解得驻点 $c = 4$

因为当 $c<4$ 时,$S'<0$;当 $c>4$ 时,$S'>0$。所以当 $c=4$ 时,S 取得极小值。由于驻点唯一,所以当 $c=4$ 时,S 取得最小值,此时切线方程为

$$y = \frac{1}{4}x - 1 + \ln 4$$

例 5-12 过坐标原点作曲线 $y=\sqrt{x-1}$ 的切线,该切线与曲线 $y=\sqrt{x-1}$ 及 x 轴围成平面图形 D,求:

(1) 平面图形 D 的面积;

(2) 平面图形 D 分别绕 x 轴和 y 轴旋转一周所得旋转体的体积 V_x 和 V_y。

解 求出切线方程,应用旋转体的体积即可,如图 5-30 所示。

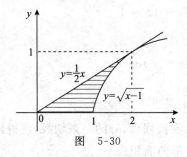

图 5-30

(1) 设切点为 $(x_0, \sqrt{x_0-1})$,则曲线 $y=\sqrt{x-1}$ 在点 $(x_0, \sqrt{x_0-1})$ 处的切线方程为

$$y - \sqrt{x_0-1} = \frac{1}{2\sqrt{x_0-1}}(x - x_0)$$

由于该切线过原点,所以 $-\sqrt{x_0-1} = \frac{1}{2\sqrt{x_0-1}}(-x_0)$,从而 $x_0 = 2$,所以切线方程为 $y = \frac{x}{2}$,所以平面图形 D 的面积

$$S = \frac{1}{2} \times 2 \times 1 - \int_1^2 \sqrt{x-1}\, dx = \frac{1}{3}$$

(2)
$$V_x = \pi \int_1^2 \left[\left(\frac{1}{2}x\right)^2 - (\sqrt{x-1})^2\right] dx$$

$$= \pi \int_0^2 \left(\frac{1}{2}x\right)^2 dx - \pi \int_1^2 (\sqrt{x-1})^2 dx$$

$$= \frac{\pi}{12}x^3 \Big|_0^2 - \frac{\pi}{2}(x-1)^2 \Big|_1^2 = \frac{\pi}{6}$$

$$V_y = \pi \int_0^1 [(y^2+1)^2 - (2y)^2] dy = \pi \int_0^1 (y^4 - 2y^2 + 1) dy = \frac{8}{15}\pi$$

本章知识结构

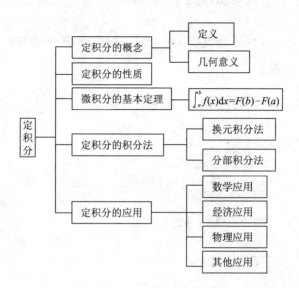

复习题五

1. 判断题。

(1) 定积分定义 $\int_a^b f(x)dx = \lim_{\lambda \to 0}\sum_{i=1}^n f(\xi_i)\Delta x_i$ 说明 $[a,b]$ 可任意划分,但 ξ_i 必须是 $[x_{i-1}, x_i]$ 的端点。(   )

(2) 设 $f(x)$ 在 $[a,b]$ 上连续,则 $f(x)$ 在 $[a,b]$ 上的平均值为 $\dfrac{a+b}{2}$。(   )

(3) 定积分的几何意义是相应各曲边梯形的面积之和。(   )

(4) 设 $\int_1^2 f(x)dx = 3, \int_1^{-2} f(x)dx = 4$,则 $\int_{-2}^2 f(x)dx = -1$。(   )

(5) 曲线 $y = x^2, xy = 1$,直线 $x = 2$ 所围成图形的面积是 $\dfrac{7}{3} - \ln 2$。(   )

(6) $\int_a^b 1 dx = b - a$。(   )

(7) $\int_{-\pi}^{\pi} x^2 \sin 2x dx = 2\int_0^{\pi} x^2 \sin 2x dx$。(   )

(8) 设 $f(x)$、$g(x)$ 在 $[a,b]$ 上连续,且 $\int_a^b f(x)dx > \int_a^b g(x)dx$,则 $\int_a^b |f(x)|dx > \int_a^b |g(x)|dx$。(   )

(9) $\dfrac{d}{dx}\int_a^b f(x)dx = 0$。(   )

(10) 若 $\int_a^b g(x)dx = 0$,则一定有 $g(x) = 0$ 成立。(   )

2. 填空题。

(1) 设 $f(x)$ 在 $[a,b]$ 上连续,$F(x)$ 是 $f(x)$ 的一个原函数,则 $\int f(x)dx = $ _____,

$\int_a^b f(x)dx = $ _____ 。

(2) 如果函数 $f(x)$ 在区间 $[a,b]$ 上连续，则函数 _____ 就是 $f(x)$ 在区间 $[a,b]$ 上的一个原函数。

(3) 由曲线 $y=2x^2$, $y=x^2$ 和直线 $x=1$ 所围成的平面图形的面积是 _____ 。

(4) $\int_0^a x^2 dx = 9$，则 $a=$ _____ 。

(5) 若 $\int_2^3 f(x)dx = 2$，$\int_2^5 f(x)dx = 8$，则 $\int_3^5 f(x)dx = $ _____ 。

(6) $\int_0^1 xe^{x^2} dx = $ _____ 。

(7) 若 $f(x) = \begin{cases} x, & x \geqslant 0 \\ e^x, & x < 0 \end{cases}$，则 $\int_{-1}^2 f(x)dx = $ _____ 。

(8) 若 $f(x) = \int_1^x t\cos^2 t \, dt$，则 $f'\left(\dfrac{\pi}{6}\right) = $ _____ 。

(9) _____ $\leqslant \int_1^2 \dfrac{x}{1+x} dx \leqslant$ _____ 。

(10) 若 $f(0)=1$，$f(2)=3$，$f'(2)=5$，则 $\int_0^2 xf''(x)dx = $ _____ 。

3. 选择题。

(1) 如果 $f(x)$ 在区间 $[a,b]$ 上可积，则 $\int_a^b f(x)dx$ 与 $\int_a^b f(t)dt$ 的大小关系为（   ）。

A. 前者大　　　　　B. 相等　　　　　C. 后者大　　　　　D. 无法确定

(2) 如果 $f(x)$ 在区间 $[a,b]$ 上可积，则 $\int_a^b f(x)dx - \int_b^a f(x)dx$ 的值必定等于（   ）。

A. 0

B. $-2\int_a^b f(x)dx$

C. $2\int_a^b f(x)dx$

D. $2\int_b^a f(x)dx$

(3) 定积分 $\int_a^b f(x)dx$ 是（   ）。

A. $f(x)$ 的一个原函数　　　　B. $f(x)$ 的全体原函数
C. 任意常数　　　　　　　　D. 确定常数

(4) 下列等式中不正确的是（   ）。

A. $\dfrac{d}{dx}\int_a^b f(t)dt = 0$

B. $\dfrac{d}{dx}\int_a^x f(t)dt = f(x)$

C. $\dfrac{d}{dx}\int_a^{-x} f(t)dt = -f(-x)$

D. $\dfrac{d}{dx}\int_a^x F'(t)dt = f(x)$

(5) $\int_1^e \dfrac{1+\ln x}{x} dx = ($ $)$。

A. $\dfrac{3}{2}$　　　　　　B. $-\dfrac{3}{2}$　　　　　　C. $\dfrac{2}{3}$　　　　　　D. e

(6) 极限 $\lim\limits_{x \to 0} \dfrac{\int_0^{x^2} e^{-t^2} dt}{e^{-x^2} - 1}$ 的值等于（   ）。

A. 1　　　　　B. 0　　　　　C. −1　　　　　D. ∞

(7) 曲线 $y=x^3, x=-1, x=1, y=0$ 围成的平面图形的面积是(　　)。

A. $\frac{1}{2}$　　　　B. 0　　　　C. 1　　　　D. 3

(8) 设函数 $f(x)$ 在区间 $[a,b]$ 上连续，则曲线 $y=f(x)$ 与直线 $x=a, x=b$ 所围成图形的面积 $S=$ (　　)。

A. $\int_a^b f(x)\mathrm{d}x$　　　　　　B. $\left|\int_a^b f(x)\mathrm{d}x\right|$

C. $f'(\zeta)(b-a)$　　　　　D. $\int_a^b |f(x)|\mathrm{d}x$

(9) 若 $\int_1^b \ln x\mathrm{d}x = 1$，则 $b=$ (　　)。

A. e　　　　　B. −e　　　　　C. 1　　　　　D. −1

(10) 下列积分值为 0 的是(　　)。

A. $\int_{-1}^2 x\mathrm{d}x$　　　　　　B. $\int_{-1}^1 x\sin^2 x\mathrm{d}x$

C. $\int_{-1}^1 x\sin x\mathrm{d}x$　　　　D. $\int_{-1}^1 x^2\sin^2 x\mathrm{d}x$

4. 计算下列各定积分。

(1) $\int_1^9 \frac{\mathrm{d}x}{x+\sqrt{x}}$;　　　　(2) $\int_1^3 \frac{\mathrm{d}x}{x+x^2}$;

(3) $\int_0^1 (\mathrm{e}^x-1)^4 \mathrm{e}^x \mathrm{d}x$;　　(4) $\int_0^\pi x\cos x\mathrm{d}x$;

(5) $\int_0^1 (1+x^2)^{-\frac{3}{2}}\mathrm{d}x$;　　(6) $\int_0^{\frac{\pi}{2}} \frac{x+\sin x}{1+\cos x}\mathrm{d}x$;

(7) $\int_1^2 x\log_2 x\mathrm{d}x$;　　　(8) $\int_{-\pi}^\pi x^4 \sin x\mathrm{d}x$;

(9) $\int_{-\frac{\pi}{2}}^{\frac{\pi}{2}} \cos^5 x\mathrm{d}x$;　　(10) $\int_{\ln 3}^{\ln 8} \sqrt{1+\mathrm{e}^x}\mathrm{d}x$;

(11) $\int_1^{+\infty} \frac{\mathrm{d}x}{x^2(x^2+1)}$;　　(12) $\int_0^{+\infty} \frac{x\mathrm{d}x}{(1+x)^3}$。

5. 应用题。

(1) 求曲线 $y=2x$ 与 $y=x^3$ 所围成的图形的面积。

(2) 求由 $y=\mathrm{e}^x, y=\mathrm{e}^{-x}, x=1$ 围成的平面图形的面积及该平面绕 x 轴旋转产生的旋转体的体积。

(3) 设平面图形 D 由抛物线 $y=1-x^2$ 和 x 轴围成，试求 D 的面积及 D 绕 x 轴旋转所得旋转体的体积。

(4) 已知某产品的总产量的变化率为 $Q'(t)=40+12t-\frac{3}{2}t^2$（单位：天），求从第 2 天到第 10 天产品的总产量。

(5) 某石油公司经营的一块油田的边际收益和边际成本分别为 $R'(t)=9-t^{\frac{1}{3}}$（百万元/年），$C'(t)=1+3t^{\frac{1}{3}}$（百万元/年），求该油田的最佳经营时间及在经营终止时获得的总利润（已知固定成本为 4 百万元）。

阅读材料五

莱布尼茨与二进制

莱布尼茨(G. W. Leibniz,1646—1716),德国人,1646 年 7 月 1 日出生于莱比锡,父亲是莱比锡大学的道德哲学教授,当他 6 岁的时候,父亲便不幸病故。他从童年时代起就利用父亲的丰富藏书勤奋学习,从中学到了很多知识。他 8 岁自学拉丁文,14 岁自学希腊文,15 岁就进入莱比锡大学学习法学,并钻研哲学和数学,1664 年获得哲学硕士学位,1667 年获得法学博士学位和教授席位。通过读书,莱布尼茨认识到,要了解自然,必须学习数学,但算术中的运算单调乏味,常常使他感到厌烦,他时常沉思默想:能不能让单调重复的运算机械化,使人类从烦琐、重复的计算工作中解脱出来呢?

后来,他研究了帕斯卡(B. Pascal,1623—1662)在 1642 年设计的机械式十进制数字计算机(这种计算机只能做加法运算),并且设计出做加、减、乘、除分级运算的计算机,轰动欧洲。但是他并不满足于已经取得的成功,而是开始进行进一步的探索与研究。他发现,平时用起来十分方便的十进位计数法,搬到机械上去非常麻烦,能不能用较少的数码来表示一个数呢?他终于在 1678 年发明了二进位计数法,也就是二进制。所谓二进制数,就是用 0 和 1 这两个数码来表示的数。十进制的规则是"逢十进一",二进制的规则却是"逢二进一"。

对于机械式计算机来说,用二进制还是用十进制计数只是方便或不方便的问题,但对于电子计算机来说,用二进制计数就是不可缺少的了。因为在电学中,通电与断电、电容器的充电与放电、脉冲的高与低等都是具有两种截然不同的稳定状态的现象,这两种稳定状态便可以分别表示二进制中的 0 和 1,而要找出能分别表示十进制中的 10 个数字、具有 10 种稳定状态的电子元件却是非常困难的,这便是电子计算机采用二进制的根本原因。如果没有二进制,电子计算机就不会有今天这样的飞速发展,同时,人类的航天活动、科学准确的天气预报、广泛深入的人口普查等都是不可想象的,人类社会的发展速度也会大为降低。因此,这个发明对人类社会的发展具有不可磨灭的功绩。

莱布尼茨非常向往伟大的中华民族的古代文化,他对中国古籍《易经》中用八卦阴阳来解释事物很感兴趣。为了表达他对《易经》中阴阳八卦学说的敬仰,还送给清朝康熙皇帝一台自己设计的计算机。

莱布尼茨后来还设计过更复杂的机械式计算机,但由于当时的技术水平有限而没有制成。直到 20 世纪中叶,才出现了对科学技术和人类社会产生巨大影响的电子计算机,其计数基础便是莱布尼茨发明的二进制。

第六章　多元函数微积分

【本章导读】

前面讨论了含有一个自变量的函数(又称为一元函数)的微积分,但在自然科学和工程技术中,还会遇到有两个及两个以上自变量的函数,自变量多于一个的函数称为多元函数。多元函数微积分是一元函数微积分的推广与发展。二元函数是最简单的多元函数,它具有多元函数的特性,在很多方面与一元函数有着本质的不同,是多元函数的代表。因此,对于多元函数微积分,本章仅以二元函数微积分为主进行讨论研究,有关结论可类推到多元函数上。学习中要抓住一元函数微积分与二元函数微积分之间的联系,注意比较它们的共同点与不同点。

【学习目标】

- 理解二元函数的概念,了解二元函数的极限与连续。
- 理解二元函数的偏导数、极值、最值,会求二元函数的偏导数、极值和最值。
- 理解二重积分的概念,掌握二重积分的计算方法,会用二重积分解决简单的实际问题。

第一节　多元函数的概念

一、区　域

1. 邻域的概念

设 $P_0(x_0,y_0)$ 是 xOy 平面上的一点,δ 是某一正数,xOy 平面上与点 P_0 的距离小于 δ 的点 $P(x,y)$ 的全体称为点 P_0 的 δ 邻域,记为 $U(P_0,\delta)$,即

$$U(P_0,\delta)=\{P\mid |P_0P|<\delta\}$$

或

$$U(P_0,\delta)=\{(x,y)\mid \sqrt{(x-x_0)^2+(y-y_0)^2}<\delta\}$$

点 P_0 的空心 δ 邻域记为 $\overset{\circ}{U}(P_0,\delta)$,即

$$\overset{\circ}{U}(P_0,\delta)=\{P\mid 0<|P_0P|<\delta\}$$

几何上,$U(P_0,\delta)$ 就是以 P_0 为圆心、δ 为半径的圆的内部的点 $P(x,y)$ 的全体,所以 δ 又叫作邻域的半径。有时在讨论问题时,若不需要强调半径,则点 P_0 的邻域和空心邻域可分别简记为 $U(P_0)$ 和 $\overset{\circ}{U}(P_0)$。

2. 区域的概念

平面点集:坐标平面上满足某种条件 P 的点组成的集合称为平面点集,记为

$$E=\{(x,y)\mid (x,y)\text{满足条件} P\}$$

内点:如果存在点 P 的某个邻域 $U(P)$,使得 $U(P)\subset E$,则称 P 为 E 的内点(如图 6-1 所示,P_1 为 E 的内点)。

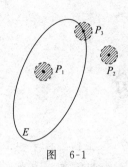

图 6-1

外点：如果存在点 P 的某个邻域 $U(P)$，使得 $U(P)\cap E=\varnothing$，则称 P 为 E 的外点（如图 6-1 所示，P_2 为 E 的外点）。

边界点：如果点 P 的任一邻域内既含有属于 E 的点，又含有不属于 E 的点，则称 P 为 E 的边界点（如图 6-1 所示，P_3 为 E 的边界点）。

边界：E 的边界点的全体称为 E 的边界，记为 ∂E。

E 的内点必属于 E；E 的外点必定不属于 E；而 E 的边界点可能属于 E，也可能不属于 E。

开集：如果点集 E 的点都是 E 的内点，则称 E 为开集。

闭集：如果点集 E 的边界 $\partial E \subset E$，则称 E 为闭集。

例如，集合 $\{(x,y)\mid 1<x^2+y^2<2\}$ 是开集；集合 $\{(x,y)\mid 1\leqslant x^2+y^2\leqslant 2\}$ 是闭集；而集合 $\{(x,y)\mid 1<x^2+y^2\leqslant 2\}$ 既非开集也非闭集。

连通集：如果点集 E 内任何两点都可用折线连接起来，且该折线上的点都属于 E，则称 E 为连通集。

区域（或开区域）：连通的开集称为区域或开区域。

闭区域：开区域连同它的边界一起所构成的点集称为闭区域。

例如，集合 $\{(x,y)\mid 1<x^2+y^2<2\}$ 是区域；而集合 $\{(x,y)\mid 1\leqslant x^2+y^2\leqslant 2\}$ 是闭区域。

有界区域：一个区域 E，如果能包含在一个以原点为圆心的圆内，则称 E 是有界区域；否则称 E 是无界区域。

例如，区域 $\{(x,y)\mid 1<x^2+y^2<2\}$ 和闭区域 $\{(x,y)\mid 1\leqslant x^2+y^2\leqslant 2\}$ 都是有界区域。

二、二元函数

定义 1 设 D 是 xOy 坐标平面上的一个点集，如果按照某种对应法则 f，对于 D 中每一点 $P(x,y)$，都有唯一确定的实数 z 与之对应，则称 z 是定义在 D 上关于 x,y 的**二元函数**，记为 $z=f(x,y)$，$(x,y)\in D$ 或 $z=f(P)$，$P\in D$，其中 D 为函数的定义域。与 $P(x,y)$ 所对应的 z 值称为函数在点 $P(x,y)$ 的函数值，记为 $z=f(x,y)$。函数值的全体称为 f 的值域，记为 $f(D)$。通常称 x,y 为函数的自变量，z 为因变量。

二元函数 $z=f(x,y)$ 的图像通常是空间中的一个曲面，该曲面在 xOy 平面上的投影就是函数 $f(x,y)$ 的定义域 D。当函数关系 $z=f(x,y)$ 由解析式给出时，其定义域就是使式子有意义的点 (x,y) 的全体。

同一元函数一样，对应法则与定义域也是二元函数的两个要素。

类似地可以定义三元函数，进而推广至 n 元函数。

二元及二元以上的函数统称为多元函数。

二元函数的定义域的几何表示往往是一个平面区域。

例 1 某企业生产某种产品的产量 Q 与投入的劳动力 L 和资金 K 有下面的关系
$$Q=AL^{\alpha}\cdot K^{\beta}$$
其中 A、α、β 均为正常数，则产量 Q 是劳动力投入 L 和资金投入 K 的函数。在经济学理论中，这一函数称为柯布—道格拉斯函数。根据问题的经济意义，函数的定义域为
$$D=\{(L,K)\mid L\geqslant 0, K\geqslant 0\}$$

值域为
$$Z=\{Q\mid Q=AL^\alpha\cdot K^\beta,(L,K)\in D\}$$

例 2 求函数 $y=\arcsin(x^2+y^2)$ 的定义域。

解 要使函数有意义,变量 x,y 必须满足 $x^2+y^2\leqslant 1$,这就是所求函数的定义域,它是一个有界闭区域,如图 6-2 所示,可记为
$$\{(x,y)\mid x^2+y^2\leqslant 1\}$$

例 3 求函数 $z=\ln(x+y)$ 的定义域。

解 要使函数有意义,必须满足 $x+y>0$,所以函数的定义域为 $\{(x,y)\mid x+y>0\}$,这是一个无界开区域,如图 6-3 所示。

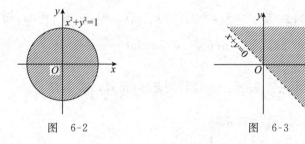

图 6-2   图 6-3

三、二元函数的极限

在一元函数中,讨论了当自变量 x 趋于某有限值 x_0 时的函数的极限。对于二元函数 $z=f(x,y)$,同样可以讨论点 (x,y) 趋于 (x_0,y_0) 时函数 $z=f(x,y)$ 的变化趋势。由于坐标平面 xOy 上点 (x,y) 趋于 (x_0,y_0) 的方式多种多样,因此,二元函数的极限要比一元函数的极限复杂得多。

1. 二元函数极限的概念

定义 2 设函数 $z=f(x,y)$ 在点 $P_0(x_0,y_0)$ 的某空心邻域 $\mathring{U}(P_0,\delta)$ 内有定义,如果当 $\mathring{U}(P_0,\delta)$ 内的点 $P(x,y)$ 以任意方式趋向于点 $P_0(x_0,y_0)$ 时,对应的函数值 $f(x,y)$ 总趋于一个确定的常数 A,那么称 A 是二元函数 $f(x,y)$ 当 $(x,y)\to(x_0,y_0)$ 时的极限,记为
$$\lim_{(x,y)\to(x_0,y_0)}f(x,y)=A \quad \text{或} \quad \lim_{\substack{x\to x_0\\y\to y_0}}f(x,y)=A$$

应当注意的是,在一元函数 $y=f(x)$ 的极限定义中,点 x 只是沿 x 轴趋于点 x_0,而在二元函数极限的定义中,要求点 $P(x,y)$ 以任意方式趋于点 P_0。如果点 P 只取某些特殊方式,例如,沿平行于坐标轴的直线或沿某一曲线趋于点 P_0,即使这时函数趋于某一确定值,也不能断定函数的极限就一定存在。因此,如果点 P 沿不同路径趋于点 P_0 时,函数趋于不同的值,那么函数的极限一定不存在。

例 4 求极限 $\lim\limits_{\substack{x\to 0\\y\to 0}}\dfrac{x^2+y^2}{\sqrt{1+x^2+y^2}-1}$。

解 $\lim\limits_{\substack{x\to 0\\y\to 0}}\dfrac{x^2+y^2}{\sqrt{1+x^2+y^2}-1}=\lim\limits_{\substack{x\to 0\\y\to 0}}\dfrac{(x^2+y^2)(\sqrt{1+x^2+y^2}+1)}{(\sqrt{1+x^2+y^2}-1)(\sqrt{1+x^2+y^2}+1)}$

$=\lim\limits_{\substack{x\to 0\\y\to 0}}(\sqrt{1+x^2+y^2}+1)=1+1=2$

例 5 考察函数 $g(x,y) = \begin{cases} \dfrac{xy}{x^2+y^2}, & x^2+y^2 \neq 0 \\ 0, & x^2+y^2 = 0 \end{cases}$，当 $(x,y) \to (0,0)$ 时的极限是否存在。

解 当点 (x,y) 沿 x 轴趋向于原点，即当 $y=0$，而 $x \to 0$ 时，有

$$\lim_{\substack{x \to 0 \\ y \to 0}} g(x,y) = \lim_{x \to 0} g(x,0) = \lim_{x \to 0} 0 = 0$$

当点 (x,y) 沿 y 轴趋向于原点，即当 $x=0$，而 $y \to 0$ 时，有

$$\lim_{\substack{x \to 0 \\ y \to 0}} g(x,y) = \lim_{y \to 0} g(0,y) = \lim_{y \to 0} 0 = 0$$

但是，当点 (x,y) 沿直线 $y = kx (k \neq 0)$ 趋向于点 $(0,0)$，即当 $y = kx$，而 $x \to 0$ 时，有

$$\lim_{\substack{x \to 0 \\ y=kx}} g(x,y) = \lim_{x \to 0} g(x,kx) = \lim_{x \to 0} \frac{kx^2}{x^2+k^2x^2} = \frac{k}{1+k^2}$$

随着 k 的取值不同，$\dfrac{k}{1+k^2}$ 的值也不同，故极限 $\lim\limits_{\substack{x \to 0 \\ y \to 0}} g(x,y)$ 不存在。

2. 二元函数极限的四则运算法则

如 $\lim\limits_{\substack{x \to x_0 \\ y \to y_0}} f(x,y) = A$，$\lim\limits_{\substack{x \to x_0 \\ y \to y_0}} g(x,y) = B$，则

$$\lim_{\substack{x \to x_0 \\ y \to y_0}} [f(x,y) \pm g(x,y)] = A \pm B$$

$$\lim_{\substack{x \to x_0 \\ y \to y_0}} [f(x,y) \cdot g(x,y)] = A \cdot B$$

$$\lim_{\substack{x \to x_0 \\ y \to y_0}} \frac{f(x,y)}{g(x,y)} = \frac{A}{B} (B \neq 0)$$

例 6 求 $\lim\limits_{\substack{x \to 2 \\ y \to 1}} (x^2 + xy + y^2)$。

解 $\lim\limits_{\substack{x \to 2 \\ y \to 1}} (x^2 + xy + y^2) = \lim\limits_{\substack{x \to 2 \\ y \to 1}} x^2 + \lim\limits_{\substack{x \to 2 \\ y \to 1}} xy + \lim\limits_{\substack{x \to 2 \\ y \to 1}} y^2 = 4 + 2 + 1 = 7$

例 7 求 $\lim\limits_{\substack{x \to 0 \\ y \to 2}} \dfrac{\sin(xy)}{x}$。

解 $\lim\limits_{\substack{x \to 0 \\ y \to 2}} \dfrac{\sin(xy)}{x} = \lim\limits_{\substack{x \to 0 \\ y \to 2}} \dfrac{\sin(xy)}{xy} \cdot y = \lim\limits_{\substack{x \to 0 \\ y \to 2}} \dfrac{\sin(xy)}{xy} \cdot \lim\limits_{\substack{x \to 0 \\ y \to 2}} y = 1 \times 2 = 2$

例 8 求 $\lim\limits_{\substack{x \to 0 \\ y \to 0}} \dfrac{2xy^2}{x^2+2y^2}$。

解 对任意的 $(x,y) \neq (0,0)$，有 $2y^2 \leqslant x^2 + 2y^2$，即 $\dfrac{2y^2}{x^2+2y^2} \leqslant 1$，故 $(x,y) \to (0,0)$ 时，$\dfrac{2y^2}{x^2+2y^2}$ 为有界函数；又因为 $\lim\limits_{\substack{x \to 0 \\ y \to 0}} x = 0$，所以当 $(x,y) \to (0,0)$ 时，x 为无穷小。由无穷小的性质可知

$$\lim_{\substack{x \to 0 \\ y \to 0}} \frac{2xy^2}{x^2+2y^2} = \lim_{\substack{x \to 0 \\ y \to 0}} \frac{2y^2}{x^2+2y^2} \cdot x = 0$$

四、二元函数的连续

定义 3 设函数 $z=f(x,y)$ 在点 $P_0(x_0,y_0)$ 的某邻域 $U(P_0,\delta)$ 内有定义,如 $\lim\limits_{\substack{x\to x_0\\y\to y_0}}f(x,y)=f(x_0,y_0)$,则称函数 $z=f(x,y)$ 在点 $P_0(x_0,y_0)$ 处**连续**。

如果函数 $f(x,y)$ 在区域 D 内每一点都连续,则称函数 $f(x,y)$ 在区域 D 内连续,此时,又称函数 $f(x,y)$ 是 D 内的连续函数;如果函数 $f(x,y)$ 又在边界 ∂D 上每一点连续,则称函数 $f(x,y)$ 在闭区域 D 上连续,此时,又称函数 $f(x,y)$ 是 D 上的连续函数。

与一元连续函数相似,二元函数连续也有以下特点。

(1) 求极限:当 $P_0(x_0,y_0)$ 属于函数的定义域时,有 $\lim\limits_{\substack{x\to x_0\\y\to y_0}}f(x,y)=f(x_0,y_0)$。

(2) 有界闭区域上的二元连续函数必有界,也必有最大值和最小值。

例 9 求 $\lim\limits_{\substack{x\to 1\\y\to 2}}\dfrac{xy}{x+y}$。

解 因为 $f(x,y)=\dfrac{xy}{x+y}$ 在点 $(1,2)$ 处连续,所以 $\lim\limits_{\substack{x\to 1\\y\to 2}}\dfrac{xy}{x+y}=\dfrac{1\times 2}{1+2}=\dfrac{2}{3}$。

例 10 求 $\lim\limits_{\substack{x\to 1\\y\to 1}}\dfrac{2x-y^2}{x^2+y^2}$。

解 因为 $f(x,y)=\dfrac{2x-y^2}{x^2+y^2}$ 在点 $(1,1)$ 处连续,所以 $\lim\limits_{\substack{x\to 1\\y\to 1}}\dfrac{2x-y^2}{x^2+y^2}=\dfrac{2\times 1-1^2}{1^2+1^2}=\dfrac{1}{2}$。

思 考 题

1. 一元函数与二元函数的概念有何区别与联系,图像是否一样?
2. 一元函数与二元函数的极限有何区别与联系?
3. 对于极限 $\lim\limits_{\substack{x\to 0\\y\to 0}}\dfrac{xy}{x+y}$,判断下列解法是否正确,并说明理由。

解法 1 $\lim\limits_{\substack{x\to 0\\y\to 0}}\dfrac{xy}{x+y}=\lim\limits_{\substack{x\to 0\\y\to 0}}\dfrac{1}{\dfrac{1}{y}+\dfrac{1}{x}}=0$;

解法 2 令 $y=kx$,则 $\lim\limits_{\substack{x\to 0\\y\to 0}}\dfrac{xy}{x+y}=\lim\limits_{x\to 0}x\cdot\dfrac{k}{1+k}=0$。

习题 6-1

1. 求下列各函数的值。

(1) $f(x,y)=xy+\dfrac{x}{y}$,求 $f(1,1)$;

(2) $f(x,y)=\dfrac{2xy}{x^2+y^2}$,求 $f\left(1,\dfrac{y}{x}\right)$;

(3) $f(x,y)=x^2+y^2$,求 $f(x+y,xy)$;

(4) $f(x-y,x+y)=xy$,求 $f(x,y)$。

习题讲解视频 6-1

2. 设 $F(x,y)=\ln x\ln y$,证明:$F(xy,uv)=F(x,u)+F(x,v)+F(y,u)+F(y,v)$.

3. 求下列函数的定义域。

(1) $z=\sqrt{xy}+\arcsin\dfrac{y}{2}$;

(2) $z=\dfrac{1}{\sqrt{x+y}}+\dfrac{1}{\sqrt{x-y}}$;

(3) $z=\sqrt{x-\sqrt{y}}$;

(4) $z=\ln(y-x)+\dfrac{\sqrt{x}}{\sqrt{1-x^2-y^2}}$;

(5) $z=\arcsin\dfrac{x^2+y^2}{4}+\arccos(x^2+y^2)$;

(6) $u=\sqrt{R^2-x^2-y^2-z^2}+\dfrac{1}{\sqrt{x^2+y^2+z^2-r^2}}(R>r>0)$。

4. 求下列各极限。

(1) $\lim\limits_{\substack{x\to 0\\ y\to 1}}\dfrac{x^2 y}{x^2+y^2}$;

(2) $\lim\limits_{\substack{x\to\infty\\ y\to a}}\left(1+\dfrac{1}{xy}\right)^{\frac{x^2}{x+y}}$;

(3) $\lim\limits_{\substack{x\to 0\\ y\to 0}}\dfrac{2-\sqrt{xy+4}}{xy}$;

(4) $\lim\limits_{\substack{x\to 2\\ y\to 0}}\dfrac{\tan(xy)}{y}$。

5. 证明下列极限不存在。

(1) $\lim\limits_{\substack{x\to 0\\ y\to 0}}\dfrac{x-y}{x+y}$;

(2) $\lim\limits_{\substack{x\to 0\\ y\to 0}}\dfrac{x^2 y^2}{x^2 y^2+(x-y)^4}$。

第二节 偏 导 数

一、二元函数的偏导数

1. 偏导数的定义

在研究一元函数时,我们从研究函数的变化率引入了导数概念。对于多元函数,同样需要讨论它的变化率,但多元函数的自变量不止一个,因变量与自变量的关系要比一元函数复杂得多。本节我们首先考虑多元函数关于其中一个自变量的变化率。以二元函数 $z=f(x,y)$ 为例,如果只有自变量 x 变化,而自变量 y 固定(即看作常量),那么它就是 x 的一元函数,这个函数对 x 的导数称为二元函数 $z=f(x,y)$ 对于 x 的偏导数。

定义 4 设函数 $z=f(x,y)$ 在点 $P_0(x_0,y_0)$ 的某邻域 $U(P_0,\delta)$ 内有定义,固定 $y=y_0$,在点 (x_0,y_0) 处给 x 以增量 Δx,得函数 $f(x,y)$ 在点 (x_0,y_0) 处关于 x 的**偏增量**

$$\Delta_x f(x_0,y_0)=f(x_0+\Delta x,y_0)-f(x_0,y_0)$$

如果

$$\lim_{\Delta x\to 0}\dfrac{\Delta_x f(x_0,y_0)}{\Delta x}=\lim_{\Delta x\to 0}\dfrac{f(x_0+\Delta x,y_0)-f(x_0,y_0)}{\Delta x}$$

存在,则称该极限值为函数 $f(x,y)$ 在点 (x_0,y_0) 处关于自变量 x 的**偏导数**,记为

$$f'_x(x_0,y_0),\quad \left.\dfrac{\partial f}{\partial x}\right|_{\substack{x=x_0\\ y=y_0}},\quad z'_x(x_0,y_0),\quad \left.\dfrac{\partial z}{\partial x}\right|_{\substack{x=x_0\\ y=y_0}}$$

即

$$f'_x(x_0,y_0)=\lim_{\Delta x\to 0}\dfrac{\Delta_x f(x_0,y_0)}{\Delta x}=\lim_{\Delta x\to 0}\dfrac{f(x_0+\Delta x,y_0)-f(x_0,y_0)}{\Delta x}$$

类似地,若函数 $f(x,y)$ 在点 (x_0,y_0) 处关于自变量 y 的偏增量为

$$\Delta_y f(x_0, y_0) = f(x_0, y_0 + \Delta y) - f(x_0, y_0)$$

如果
$$\lim_{\Delta y \to 0} \frac{\Delta_y f(x_0, y_0)}{\Delta y} = \lim_{\Delta y \to 0} \frac{f(x_0, y_0 + \Delta y) - f(x_0, y_0)}{\Delta y}$$

存在,则称该极限值为函数 $f(x,y)$ 在点 (x_0, y_0) 处关于自变量 y 的偏导数,记为

$$f_y'(x_0, y_0), \quad \left.\frac{\partial f}{\partial y}\right|_{\substack{x=x_0\\y=y_0}}, \quad z_y'(x_0, y_0), \quad \left.\frac{\partial z}{\partial y}\right|_{\substack{x=x_0\\y=y_0}}$$

注意 求多元函数对一个自变量的偏导数时,只需将其他的自变量视为常数,用一元函数求导法求导即可。

若函数 $z = f(x,y)$ 在区域 D 内每一点 $P(x,y)$ 处有关于 x 的偏导数,则这个偏导数仍是 x, y 的函数,称为函数 $z = f(x,y)$ 关于自变量 x 的偏导函数,也简称为关于自变量 x 的偏导数,记为

$$f_x'(x,y), \quad \frac{\partial f}{\partial x}, \quad z_x', \quad \frac{\partial z}{\partial x}$$

类似地,可定义函数 $z = f(x,y)$ 在区域 D 内关于自变量 y 的偏导函数,也简称为关于自变量 y 的偏导数,记为

$$f_y'(x,y), \quad \frac{\partial f}{\partial y}, \quad z_y', \quad \frac{\partial z}{\partial y}$$

例 11 求函数 $f(x,y) = x^2 + 3xy + y^2$ 在点 $(1,2)$ 处的偏导数。

解 方法 1 $f_x'(1,2) = \left.\frac{\mathrm{d}f(x,2)}{\mathrm{d}x}\right|_{x=1} = (2x+6)|_{x=1} = 8$

$f_y'(1,2) = \left.\frac{\mathrm{d}f(1,y)}{\mathrm{d}y}\right|_{y=2} = (3+2y)|_{y=2} = 7$

方法 2 $f_x'(x,y) = 2x + 3y, f_y'(x,y) = 3x + 2y$
$f_x'(1,2) = 8, f_y'(1,2) = 7$

例 12 求函数 $f(x,y) = \arctan\frac{y}{x}$ 的偏导数。

解
$$\frac{\partial f}{\partial x} = \frac{1}{1+\left(\frac{y}{x}\right)^2} \cdot \left(\frac{y}{x}\right)_x' = \frac{1}{1+\left(\frac{y}{x}\right)^2} \cdot \left(\frac{-y}{x^2}\right) = \frac{-y}{x^2+y^2}$$

$$\frac{\partial f}{\partial y} = \frac{1}{1+\left(\frac{y}{x}\right)^2} \cdot \left(\frac{y}{x}\right)_y' = \frac{1}{1+\left(\frac{y}{x}\right)^2} \cdot \left(\frac{1}{x}\right) = \frac{x}{x^2+y^2}$$

例 13 求函数 $z = x^y (x > 0)$ 的偏导数。

解
$$\frac{\partial z}{\partial x} = yx^{y-1}, \quad \frac{\partial z}{\partial y} = x^y \ln x$$

例 14 求函数 $u = \sin(x + y^2 - \mathrm{e}^z)$ 的偏导数。

解
$$\frac{\partial u}{\partial x} = \cos(x + y^2 - \mathrm{e}^z)$$

$$\frac{\partial u}{\partial y} = 2y\cos(x + y^2 - \mathrm{e}^z)$$

$$\frac{\partial u}{\partial z} = -\mathrm{e}^z \cos(x + y^2 - \mathrm{e}^z)$$

在学习一元函数的导数时,如果 $y = f(x)$ 在点 x_0 处可导,则必在点 x_0 处连续。但是,对于二元函数此结论不成立,即函数 $z = f(x,y)$ 的偏导数存在,不能保证函数连续。

例如,函数

$$f(x,y)=\begin{cases} \dfrac{xy}{x^2+y^2}, & x^2+y^2\neq 0 \\ 0, & x^2+y^2=0 \end{cases}$$

因为 $\lim\limits_{\Delta x\to 0}\dfrac{f(0+\Delta x)-f(0,0)}{\Delta x}=\lim\limits_{\Delta x\to 0}\dfrac{\frac{\Delta x\cdot 0}{(\Delta x)^2+0^2}}{\Delta x}=0$,所以 $f'_x(0,0)=0$。

同理,$f'_y(0,0)=0$,而第一节中已表明极限不存在,说明此函数在点 $(0,0)$ 处偏导数存在,但不连续。

2. 偏导数的几何意义

一元函数 $y=f(x)$ 在点 x_0 处的导数 $f'(x_0)$ 的几何意义是曲线 $y=f(x)$ 在 (x_0,y_0) 处切线的斜率,即切线与 x 轴正向夹角的正切值。

二元函数 $z=f(x,y)$ 在点 (x_0,y_0) 处的偏导数 $f'_x(x_0,y_0)$ 实质上是一元函数 $z=f(x,y_0)$ 在点 $x=x_0$ 处的导数,所以 $f'_x(x_0,y_0)$ 在几何上仍表示曲线的切线的斜率,只不过它表示的是空间曲线 $\begin{cases}z=f(x,y)\\y=y_0\end{cases}$ 在点 $P_0(x_0,y_0,f(x_0,y_0))$ 处切线的斜率,即 $\tan\alpha$(α 为切线与 x 轴正向的夹角),如图 6-4 所示。同理,$f'_y(x_0,y_0)$ 表示的是空间曲线 $\begin{cases}z=f(x,y)\\x=x_0\end{cases}$ 在点 $P_0(x_0,y_0,f(x_0,y_0))$ 处切线的斜率,即 $\tan\beta$(β 为切线与 y 轴正向的夹角),如图 6-5 所示。

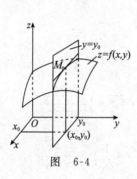

图 6-4

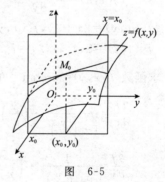

图 6-5

二、高阶偏导数

一般地,如果函数 $z=f(x,y)$ 的偏导数 $\dfrac{\partial z}{\partial x},\dfrac{\partial z}{\partial y}$ 的偏导数存在,则称函数 $f(x,y)$ 具有二阶偏导数,有以下四种形式:

$$\dfrac{\partial}{\partial x}\left(\dfrac{\partial z}{\partial x}\right)=\dfrac{\partial^2 z}{\partial x^2}=f''_{xx}(x,y)=z''_{xx}, \quad \dfrac{\partial}{\partial y}\left(\dfrac{\partial z}{\partial x}\right)=\dfrac{\partial^2 z}{\partial x\partial y}=f''_{xy}(x,y)=z''_{xy}$$

$$\dfrac{\partial}{\partial x}\left(\dfrac{\partial z}{\partial y}\right)=\dfrac{\partial^2 z}{\partial y\partial x}=f''_{yx}(x,y)=z''_{yx}, \quad \dfrac{\partial}{\partial y}\left(\dfrac{\partial z}{\partial y}\right)=\dfrac{\partial^2 z}{\partial y^2}=f''_{yy}(x,y)=z''_{yy}$$

其中 $f''_{xy}(x,y),f''_{yx}(x,y)$ 称为函数 $f(x,y)$ 的**二阶混合偏导数**。

类似地,可以定义三阶及三阶以上的高阶偏导数,二阶及二阶以上的偏导数统称为高阶偏导数。

例15 求函数 $z=x^3y^2-3xy^3-xy$ 的二阶偏导数。

解 $\dfrac{\partial z}{\partial x}=3x^2y^2-3y^3-y$, $\dfrac{\partial z}{\partial y}=2x^3y-9xy^2-x$

$\dfrac{\partial^2 z}{\partial x^2}=6xy^2$, $\dfrac{\partial^2 z}{\partial x\partial y}=6x^2y-9y^2-1$

$\dfrac{\partial^2 z}{\partial y\partial x}=6x^2y-9y^2-1$, $\dfrac{\partial^2 z}{\partial y^2}=2x^3-18xy$

可以证明，$z=f(x,y)$ 的两个混合偏导数 $f''_{xy}(x,y)$，$f''_{yx}(x,y)$ 在区域 D 内连续，那么，在区域 D 内必有 $f''_{xy}(x,y)=f''_{yx}(x,y)$。

例16 验证函数 $z=\ln\sqrt{x^2+y^2}$ 满足方程 $\dfrac{\partial^2 z}{\partial x^2}+\dfrac{\partial^2 z}{\partial y^2}=0$。

解 因为 $z=\ln\sqrt{x^2+y^2}=\dfrac{1}{2}\ln(x^2+y^2)$

$\dfrac{\partial z}{\partial x}=\dfrac{x}{x^2+y^2}$, $\dfrac{\partial z}{\partial y}=\dfrac{y}{x^2+y^2}$

所以 $\dfrac{\partial^2 z}{\partial x^2}=\dfrac{(x^2+y^2)-x\cdot 2x}{(x^2+y^2)^2}=\dfrac{y^2-x^2}{(x^2+y^2)^2}$

$\dfrac{\partial^2 z}{\partial y^2}=\dfrac{(x^2+y^2)-y\cdot 2y}{(x^2+y^2)^2}=\dfrac{x^2-y^2}{(x^2+y^2)^2}$

因此 $\dfrac{\partial^2 z}{\partial x^2}+\dfrac{\partial^2 z}{\partial y^2}=\dfrac{y^2-x^2}{(x^2+y^2)^2}+\dfrac{x^2-y^2}{(x^2+y^2)^2}=0$

思 考 题

1. 一元函数的导数与二元函数的偏导数有何区别与联系？
2. 比较一元函数的二阶导数与二元函数的二阶偏导数的区别与联系。

习题 6-2

习题讲解视频 6-2

1. 求下列函数在指定点处的偏导数。

   (1) $f(x,y)=x+y-\sqrt{x^2+y^2}$，求 $f'_x(3,4)$；

   (2) $f(x,y)=\arctan\dfrac{y}{x}$，求 $f'_x(1,1)$，$f'_y(1,1)$；

   (3) $f(x,y)=\mathrm{e}^{xy}\sin(\pi y)+(x-1)\arctan\sqrt{\dfrac{x}{y}}$，求 $f'_x(x,1)$，$f'_x(1,1)$。

2. 求下列函数的偏导数。

   (1) $z=x^3y-y^3x$; (2) $s=\dfrac{u^2+v^2}{uv}$;

   (3) $z=\arctan\dfrac{x+y}{1-xy}$; (4) $z=\sin(xy)+\cos^2(xy)$;

   (5) $u=\sin(x+y^2+\mathrm{e}^z)$; (6) $u=\arctan(x-y)^z$;

   (7) $z=\ln(x+\ln y)$; (8) $z=\sqrt{\ln(xy)}$;

   (9) $z=x\ln(xy)$; (10) $z=(1+x^2y)^y$;

(11) $z = \ln(x + \sqrt{x^2 + y^2})$; (12) $z = \dfrac{1}{x^2 + y^2} e^{xy}$;

(13) $u = e^{xy^2 z^3}$。

3. 求下列函数的二阶偏导数。

(1) $z = x^3 + 3x^2 y + y^4 + 2$; (2) $z = \sin^2(ax + by)$ (a, b 是常数);

(3) $z = \arctan \dfrac{y}{x}$。

4. 设 $z = \ln\sqrt{(x-a)^2 + (y-b)^2}$ (a, b 为常数),求证：$\dfrac{\partial^2 z}{\partial x^2} + \dfrac{\partial^2 z}{\partial y^2} = 0$。

5. 设 $z = xy + x e^{\frac{y}{x}}$,证明：$x \dfrac{\partial z}{\partial x} + y \dfrac{\partial z}{\partial y} = xy + z$。

第三节 全 微 分

一、全微分的概念

由偏导数的定义知道,二元函数对某个自变量的偏导数表示当另一个自变量固定时,因变量相对于该自变量的变化率。根据一元函数微分学中增量与微分的关系,可得

$$f(x + \Delta x, y) - f(x, y) \approx f'_x(x, y) \Delta x, \quad f(x, y + \Delta y) - f(x, y) \approx f'_y(x, y) \Delta y$$

上面两式的左端分别叫作二元函数对 x 和对 y 的偏增量,而右端分别叫作二元函数对 x 和对 y 的偏微分。

在实际问题中,有时需要研究多元函数中各个自变量都取得增量时因变量所获得的增量,即所谓全增量的问题。下面以二元函数为例进行讨论。

设函数 $z = f(x, y)$ 在点 $P(x, y)$ 的某个邻域内有定义,$P_1(x + \Delta x, y + \Delta y)$ 为该邻域内的任意一点,则称这两点的函数值之差 $f(x + \Delta x, y + \Delta y) - f(x, y)$ 为函数在这两点的全增量,记为 Δz,即

$$\Delta z = f(x + \Delta x, y + \Delta y) - f(x, y)$$

一般来说,计算全增量 Δz 比较复杂。与一元函数的情形一样,我们希望用自变量的增量 $\Delta x, \Delta y$ 的线性函数近似地代替函数的全增量 Δz,从而引入如下定义。

定义 5 如果二元函数 $z = f(x, y)$ 在点 (x_0, y_0) 的某个邻域内有定义,在点 (x_0, y_0) 处的全增量

$$\Delta z = f(x_0 + \Delta x, y_0 + \Delta y) - f(x_0, y_0)$$

可表示为 $\Delta z = A \Delta x + B \Delta y + o(\rho)$,其中 A, B 不依赖于 $\Delta x, \Delta y$,而仅与 x_0, y_0 有关；$\rho = \sqrt{(\Delta x)^2 + (\Delta y)^2}$,则称函数 $z = f(x, y)$ 在点 (x_0, y_0) 处可微,称 $A \Delta x + B \Delta y$ 为函数 $z = f(x, y)$ 在点 (x_0, y_0) 的全微分,记为 $dz|_{(x_0, y_0)}$,即

$$dz|_{(x_0, y_0)} = A \Delta x + B \Delta y$$

如果函数在区域 D 内各点处都可微分,那么称这个函数在 D 内可微。

在学习一元函数的微分时,我们曾得到,函数在某一点处可微,则在该点一定连续且可导,二元函数也有类似的性质,即有如下定理。

定理 1 (可微的必要条件)如函数 $z = f(x, y)$ 在点 (x, y) 可微,则函数在该点的偏导

数 $\frac{\partial z}{\partial x}, \frac{\partial z}{\partial y}$ 必存在，且 $A = \frac{\partial z}{\partial x}, B = \frac{\partial z}{\partial y}$，从而函数 $z = f(x,y)$ 在点 (x,y) 处的全微分为

$$dz = \frac{\partial z}{\partial x}\Delta x + \frac{\partial z}{\partial y}\Delta y$$

定理 2 （可微的充分条件）如果函数 $z = f(x,y)$ 的偏导数 $\frac{\partial z}{\partial x}, \frac{\partial z}{\partial y}$ 在点 $P(x,y)$ 处连续，则函数在该点可微。

以上关于二元函数全微分的定义及可微的必要条件和充分条件，可以类似地推广到三元和三元以上的多元函数。

习惯上，我们将自变量的增量 $\Delta x, \Delta y$ 分别记为 dx, dy，并分别称为自变量 x, y 的微分。这样，函数 $z = f(x,y)$ 的全微分就可写为

$$dz = \frac{\partial z}{\partial x}dx + \frac{\partial z}{\partial y}dy$$

如三元函数 $u = f(x,y,z)$ 可微分，那么它的全微分就等于它的三个偏微分之和，即

$$du = \frac{\partial u}{\partial x}dx + \frac{\partial u}{\partial y}dy + \frac{\partial u}{\partial z}dz$$

例 17 求 $z = x^2 y$ 在点 $(1, -2)$ 处当 $\Delta x = 0.02, \Delta y = -0.01$ 时的全增量与全微分。

解 全增量 $\Delta z|_{(1,-2)} = (x_0 + \Delta x)^2 (y_0 + \Delta y) - x_0^2 y_0$
$= (1 + 0.02)^2 \times (-2 - 0.01) + 2 = -0.091\,204$

因为 $\frac{\partial z}{\partial x}\Big|_{\substack{x=1\\y=-2}} = 2xy\Big|_{\substack{x=1\\y=-2}} = -4$，$\frac{\partial z}{\partial y}\Big|_{\substack{x=1\\y=-2}} = x^2\Big|_{\substack{x=1\\y=-2}} = 1$

所以 $dz|_{(1,-2)} = \frac{\partial z}{\partial x}\Big|_{\substack{x=1\\y=-2}} \cdot \Delta x + \frac{\partial z}{\partial y}\Big|_{\substack{x=1\\y=-2}} \cdot \Delta y = -4 \times 0.02 + 1 \times (-0.01) = -0.09$

例 18 求 $z = \ln\sqrt{x^2 + y^2}$ 的全微分。

解 因为 $\frac{\partial z}{\partial x} = \frac{x}{x^2 + y^2}$，$\frac{\partial z}{\partial y} = \frac{y}{x^2 + y^2}$

所以 $dz = \frac{\partial z}{\partial x}dx + \frac{\partial z}{\partial y}dy = \frac{xdx + ydy}{x^2 + y^2}$

二、全微分在近似计算中的应用

全微分是全增量的近似值，因此可进行近似计算：如果函数 $z = f(x,y)$ 的偏导数 $f'_x(x,y), f'_y(x,y)$ 在点 (x_0, y_0) 处连续，那么当 $|\Delta x|, |\Delta y|$ 都较小时，有

$$\Delta z \approx dz = f'_x(x_0, y_0)\Delta x + f'_y(x_0, y_0)\Delta y$$

或 $f(x_0 + \Delta x, y_0 + \Delta y) \approx f(x_0, y_0) + f'_x(x_0, y_0)\Delta x + f'_y(x_0, y_0)\Delta y$ （$|\Delta x|, |\Delta y|$ 很小时）

例 19 求 $(1.04)^{2.02}$ 的近似值。

解 设函数 $f(x,y) = x^y$，取 $x_0 = 1, y_0 = 2, \Delta x = 0.04, \Delta y = 0.02$。因为 $f'_x(x,y) = y \cdot x^{y-1}, f'_y(x,y) = x^y \ln x$ 在点 $(1,2)$ 处连续，且 $f'_x(1,2) = 2, f'_y(1,2) = 0, f(1,2) = 1$，所以

$$(1.04)^{2.02} \approx 1 + 2 \times 0.04 + 0 \times 0.02 = 1.08$$

例 20 有一个圆柱体，受压后发生变形，它的半径由 20cm 增大到 20.05cm，高度由 100cm 减少到 99cm。求此圆柱体体积变化的近似值。

解 设圆柱体的半径、高和体积依次为 r, h, V，则有

$$V = \pi r^2 h$$

记 r, h, V 的增量依次为 $\Delta r, \Delta h, \Delta V$，则有

$$\Delta V \approx dV = \frac{\partial V}{\partial r}\Delta r + \frac{\partial V}{\partial h}\Delta h = 2\pi rh\Delta r + \pi r^2 \Delta h$$

将 $r=20, h=100, \Delta r=0.05, \Delta h=-1$ 代入，得

$$\Delta V \approx 2\pi \times 20 \times 100 \times 0.05 + \pi \times 20^2 \times (-1) = -200\pi (\text{cm}^3)$$

即此圆柱体在受压后体积约减少了 $200\pi \text{cm}^3$。

思 考 题

1. 一元函数的微分与二元函数的全微分有何区别与联系？
2. 偏导数、全微分与偏导数连续之间的关系如何？

习题 6-3

习题讲解视频 6-3

1. 求函数 $z = x^4 + y^4 - 4x^2y^2$ 在点 $(1,1)$ 处的全微分。
2. 求函数 $z = 2x^2 + 3y^2$ 当 $x=10, y=8, \Delta x=0.2, \Delta y=0.3$ 时的全微分和全增量。
3. 求函数 $z = e^{y(x^2+y^2)}$ 当 $x=1, y=1, \Delta x=0.2, \Delta y=0.1$ 时的全微分。
4. 求下列函数的全微分。

(1) $z = \arctan\dfrac{y}{x}$；

(2) $z = \ln(3x - 2y)$；

(3) $z = \dfrac{x+y}{x-y}$；

(4) $u = \ln(x^2 + y^2 + z^2)$；

(5) $z = \sin(xy) + \cos^2(xy)$；

(6) $z = x^2 + xy^2 + \sin(xy)$。

5. 计算 $(1.97)^{1.05}$ 的近似值（$\ln 2 \approx 0.693$）。
6. 当正圆锥体变形时，它的底面半径由 30cm 增大到 30.1cm，高由 60cm 减少到 59.5cm，求正圆锥体体积变化的近似值。

第四节 复合函数的求导法则

多元复合函数的求导法则是一元复合函数求导法则的推广。由于多元复合函数的构成比较复杂，因此要分不同的情形讨论。

一、二元复合函数的求导法则

1. 复合函数的中间变量均为一元函数的情形

定理 3 如果函数 $u = \varphi(x), v = \psi(x)$ 均在 x 处可导，函数 $z = f(u,v)$ 在对应点 (u,v) 处具有连续偏导数，则复合函数 $z = f[\varphi(x), \psi(x)]$ 在 x 处可导，且有

$$\frac{dz}{dx} = \frac{\partial z}{\partial u} \cdot \frac{du}{dx} + \frac{\partial z}{\partial v} \cdot \frac{dv}{dx}$$

$\dfrac{dz}{dx}$ 称为**全导数**。

同理，由 $z = f(u, v, w), u = \varphi(x), v = \psi(x), w = \omega(x)$ 复合而得复合函数 $z = f[\varphi(x),$

$\psi(x), \omega(x)]$ 的导数为

$$\frac{dz}{dx} = \frac{\partial z}{\partial u} \cdot \frac{du}{dx} + \frac{\partial z}{\partial v} \cdot \frac{dv}{dx} + \frac{\partial z}{\partial w} \cdot \frac{dw}{dx}$$

例 21 设 $z = uv, u = e^x, v = \cos x$,求 $\dfrac{dz}{dx}$。

解 $\dfrac{dz}{dx} = \dfrac{\partial z}{\partial u} \cdot \dfrac{du}{dx} + \dfrac{\partial z}{\partial v} \cdot \dfrac{dv}{dx} = v \cdot e^x + u(-\sin x) = e^x \cos x - e^x \sin x = e^x(\cos x - \sin x)$

例 22 设 $z = uv + \sin t$,其中 $u = e^t, v = \cos t$,求 $\dfrac{dz}{dt}$。

解 令 $u = e^t, v = \cos t, t = t$,则有

$$\frac{dz}{dt} = \frac{\partial z}{\partial u} \cdot \frac{du}{dt} + \frac{\partial z}{\partial v} \cdot \frac{dv}{dt} + \frac{\partial z}{\partial t} \cdot \frac{dt}{dt}$$
$$= ve^t + u(-\sin t) + \cos t = e^t \cos t - e^t \sin t + \cos t = (1 + e^t)\cos t - e^t \sin t$$

2. 复合函数的中间变量均为二元函数的情形

定理 4 如果函数 $u = \varphi(x, y), v = \psi(x, y)$ 在点 (x, y) 处都具有偏导数 $\dfrac{\partial u}{\partial x}, \dfrac{\partial u}{\partial y}, \dfrac{\partial v}{\partial x},$
$\dfrac{\partial v}{\partial y}$,函数 $z = f(u, v)$ 在对应点 (u, v) 处具有连续偏导数 $\dfrac{\partial z}{\partial u}, \dfrac{\partial z}{\partial v}$,则复合函数 $z = f[\varphi(x, y), \psi(x, y)]$ 在点 (x, y) 处的两个偏导数存在,且有

$$\frac{\partial z}{\partial x} = \frac{\partial z}{\partial u} \cdot \frac{\partial u}{\partial x} + \frac{\partial z}{\partial v} \cdot \frac{\partial v}{\partial x}, \frac{\partial z}{\partial y} = \frac{\partial z}{\partial u} \cdot \frac{\partial u}{\partial y} + \frac{\partial z}{\partial v} \cdot \frac{\partial v}{\partial y}$$

例 23 设 $z = \ln(u^2 + v), u = e^{x+y^2}, v = x^2 + y$,求 $\dfrac{\partial z}{\partial x}, \dfrac{\partial z}{\partial y}$。

解 $\dfrac{\partial z}{\partial x} = \dfrac{\partial z}{\partial u} \cdot \dfrac{\partial u}{\partial x} + \dfrac{\partial z}{\partial v} \cdot \dfrac{\partial v}{\partial x} = \dfrac{2u}{u^2 + v} \cdot e^{x+y^2} + \dfrac{1}{u^2 + v} \cdot 2x$

$$= \frac{2}{u^2 + v}(ue^{x+y^2} + x) = \frac{2(e^{2(x+y^2)} + x)}{e^{2(x+y^2)} + x^2 + y}$$

$\dfrac{\partial z}{\partial y} = \dfrac{\partial z}{\partial u} \cdot \dfrac{\partial u}{\partial y} + \dfrac{\partial z}{\partial v} \cdot \dfrac{\partial v}{\partial y} = \dfrac{2u}{u^2 + v} \cdot e^{x+y^2} \cdot 2y + \dfrac{1}{u^2 + v} \cdot 1$

$$= \frac{4uye^{x+y^2} + 1}{u^2 + v} = \frac{4ye^{2(x+y^2)} + 1}{e^{2(x+y^2)} + x^2 + y}$$

例 24 设函数 $z = f(u, y) = y + 2u, u = x^2 - y^2$。证明:$y\dfrac{\partial z}{\partial x} + x\dfrac{\partial z}{\partial y} = x$。

证 因为 $\dfrac{\partial z}{\partial x} = \dfrac{\partial z}{\partial u} \cdot \dfrac{\partial u}{\partial x} = 2 \times 2x = 4x$

$$\frac{\partial z}{\partial y} = \frac{\partial z}{\partial u} \cdot \frac{\partial u}{\partial y} + \frac{\partial z}{\partial y} \cdot \frac{dy}{dy} = 2 \times (-2y) + 1 = 1 - 4y$$

所以 $y\dfrac{\partial z}{\partial x} + x\dfrac{\partial z}{\partial y} = 4xy + x - 4xy = x$

二、二元隐函数的求导法则

(1) 由方程 $F(x, y) = 0$ 所确定的隐函数 $y = f(x)$ 的求导公式为

$$\frac{dy}{dx} = -\frac{F'_x}{F'_y}$$

例25 设方程 $y-\frac{1}{2}\sin y=x$ 确定隐函数 $y=f(x)$，求 $\frac{dy}{dx}$。

解 设 $F(x,y)=y-\frac{1}{2}\sin y-x$，由于 $F'_x=-1$，$F'_y=1-\frac{1}{2}\cos y$，所以得

$$\frac{dy}{dx}=-\frac{F'_x}{F'_y}=-\frac{-1}{1-\frac{1}{2}\cos y}=\frac{2}{2-\cos y}$$

(2) 由方程 $F(x,y,z)=0$ 所确定的隐函数 $z=f(x,y)$ 的求导公式为

$$\frac{\partial z}{\partial x}=-\frac{F'_x}{F'_z},\quad \frac{\partial z}{\partial y}=-\frac{F'_y}{F'_z}$$

例26 设 $z^3+3xyz=a^3$，求 $\frac{\partial z}{\partial x},\frac{\partial z}{\partial y}$。

解 令 $F(x,y,z)=z^3+3xyz-a^3$，则 $F'_x=3yz,F'_y=3xz,F'_z=3z^2+3xy$，所以当 $z^2+xy\neq 0$ 时，有

$$\frac{\partial z}{\partial x}=-\frac{F'_x}{F'_z}=-\frac{yz}{z^2+xy},\quad \frac{\partial z}{\partial y}=-\frac{F'_y}{F'_z}=-\frac{xz}{z^2+xy}$$

例27 设方程 $F(x,y,z)=0$ 能够确定一个变量是其余两个变量的隐函数，且偏导数存在，证明：$\frac{\partial x}{\partial y}\cdot\frac{\partial y}{\partial z}\cdot\frac{\partial z}{\partial x}=-1$。

证 由隐函数的偏导数公式，有

$$\frac{\partial z}{\partial x}=-\frac{F'_x}{F'_z},\quad \frac{\partial x}{\partial y}=-\frac{F'_y}{F'_x},\quad \frac{\partial y}{\partial z}=-\frac{F'_z}{F'_y}$$

所以

$$\frac{\partial x}{\partial y}\cdot\frac{\partial y}{\partial z}\cdot\frac{\partial z}{\partial x}=\left(-\frac{F'_y}{F'_x}\right)\cdot\left(-\frac{F'_z}{F'_y}\right)\cdot\left(-\frac{F'_x}{F'_z}\right)=-1$$

思 考 题

1. 求隐函数的偏导数常用方法有几种？举例说明。
2. 一元隐函数的求导法则与二元隐函数的求导法则有何区别与联系？

习题 6-4

习题讲解视频 6-4

1. 设 $z=f(x,u),u=\varphi(x,y)$，其中 f 具有连续偏导数，φ'_x,φ'_y 存在，求 $\frac{\partial z}{\partial x},\frac{\partial z}{\partial y}$。

2. 设 $z=x^2y$，而 $x=\cos t,y=\sin t$，求 $\frac{dz}{dt}$。

3. 设 $z=\arctan(xy)$，而 $y=e^x$，求 $\frac{dz}{dx}$。

4. 设 $z=\ln(e^u+v)$，而 $u=xy,v=x^2-y^2$，求 $\frac{\partial z}{\partial x},\frac{\partial z}{\partial y}$。

5. $z=u^2\ln v,u=\frac{x}{y},v=3x-2y$，求 $\frac{\partial z}{\partial x},\frac{\partial z}{\partial y}$。

6. $z=e^{uv},u=\ln\sqrt{x^2+y^2},v=\arctan\frac{y}{x}$，求 $\frac{\partial z}{\partial x},\frac{\partial z}{\partial y}$。

7. 设 $e^{xy}-xy^2=\sin y$，求 $\frac{dy}{dx}$。

8. 设 $\ln\sqrt{x^2+y^2}=\arctan\dfrac{y}{x}$,求 $\dfrac{\mathrm{d}y}{\mathrm{d}x}$。

9. 设 $e^{xy}-\arctan z+xyz=0$,求 $\dfrac{\partial z}{\partial x},\dfrac{\partial z}{\partial y}$。

10. 设 $\dfrac{x}{z}=\ln\dfrac{z}{y}$,求 $\dfrac{\partial z}{\partial x},\dfrac{\partial z}{\partial y}$。

11. 设 $x^2+y^2+z^2-4z=0$,求 $\dfrac{\partial z}{\partial x},\dfrac{\partial z}{\partial y}$。

12. 设二元函数 $z=f\left(xy,\dfrac{x}{y}\right)$,其中 $f(u,v)$ 有二阶连续偏导数,求 $\dfrac{\partial^2 z}{\partial x^2},\dfrac{\partial^2 z}{\partial x\partial y}$。

13. 设 $z=\arctan\dfrac{x}{y}$,而 $x=u+v,y=u-v$,验证 $\dfrac{\partial z}{\partial u}+\dfrac{\partial z}{\partial v}=\dfrac{u-v}{u^2+v^2}$。

第五节　二元函数的极值与最值

有些实际问题往往可归结为多元函数的最大值或最小值的问题,而多元函数的最大(小)值又与极大(小)值有密切的联系。与一元函数类似,我们可以利用偏导数来讨论多元函数的极大(小)值和最大(小)值。本节主要讨论二元函数的有关问题。

一、二元函数的极值

1. 二元函数极值的概念

定义 6　设函数 $z=f(x,y)$ 在点 (x_0,y_0) 的某一邻域内有定义,如果对于该邻域内异于点 (x_0,y_0) 的任何点 (x,y),恒有

$$f(x,y)<f(x_0,y_0) \quad 或 \quad f(x,y)>f(x_0,y_0)$$

成立,则称函数 $f(x,y)$ 在点 (x_0,y_0) 处取得**极大值**或**极小值** $f(x_0,y_0)$,点 (x_0,y_0) 称为 $f(x,y)$ 的**极大值点**或**极小值点**。

极大值和极小值统称为极值,极大值点和极小值点统称为极值点。

例 28　函数 $z=\sqrt{x^2+y^2}$ 在点 $(0,0)$ 取得极小值 0,如图 6-6 所示;而函数 $z=2-\sqrt{x^2+y^2}$ 在点 $(0,0)$ 取得极大值 2,如图 6-7 所示;函数 $z=x+y$ 在点 $(0,0)$ 处没有极值,因为在点 $(0,0)$ 处函数值等于 0,而在点 $(0,0)$ 的任一邻域内,总有正的和负的函数值。

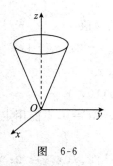

图 6-6　　　　　图 6-7

2. 极值存在的必要条件

定理 5　设函数 $f(x,y)$ 在点 (x_0,y_0) 处的一阶偏导数存在,且在该点取得极值,则

必有
$$f'_x(x_0, y_0) = 0, \quad f'_y(x_0, y_0) = 0$$

使 $f'_x(x_0, y_0) = 0, f'_y(x_0, y_0) = 0$ 同时成立的点 (x_0, y_0) 称为函数 $f(x, y)$ 的稳定点（或驻点）。

具有偏导数的函数的极值点必为稳定点，但稳定点未必是极值点。如函数 $z = xy$ 在点 $(0,0)$ 处的一阶偏导数都等于 0，但函数在点 $(0,0)$ 没有极值，因为在点 $(0,0)$ 处的函数值 $f(0,0) = 0$，而在点 $(0,0)$ 处的任一邻域内，总有使函数值为正或为负的点存在。

3. 极值的判定定理

定理 6 （极值的充分条件）设函数 $f(x, y)$ 在点 (x_0, y_0) 的某邻域内连续，其二阶偏导数连续，点 (x_0, y_0) 是函数 $f(x, y)$ 的稳定点，令 $A = f''_{xx}(x_0, y_0), B = f''_{xy}(x_0, y_0), C = f''_{yy}(x_0, y_0)$，则

(1) 当 $B^2 - AC < 0$ 时，$f(x_0, y_0)$ 必为极值，且 $A > 0$，则 $f(x_0, y_0)$ 为极小值，$A < 0$，则 $f(x_0, y_0)$ 为极大值；

(2) 当 $B^2 - AC > 0$ 时，$f(x_0, y_0)$ 一定不是极值；

(3) 当 $B^2 - AC = 0$ 时，$f(x_0, y_0)$ 可能是极值，也可能不是极值。

要求二元函数的极值，首先要求出该函数的稳定点及偏导数不存在的点，然后求极值。一般步骤如下。

(1) 解方程组 $f'_x(x, y) = 0, f'_y(x, y) = 0$，求得一切实数解，即求得一切驻点。

(2) 对于每一个驻点 (x_0, y_0)，求出二阶偏导数的值 A, B 和 C。

(3) 确定 $B^2 - AC$ 的符号，由定理 6 的结论判定是极大值还是极小值。

例 29 求 $f(x, y) = x^3 + y^3 - 3x^2 - 3y^2$ 的极值。

解 由 $\begin{cases} f'_x(x, y) = 3x^2 - 6x = 0 \\ f'_y(x, y) = 3y^2 - 6y = 0 \end{cases}$ 得 $f(x, y)$ 的稳定点为 $(0,0), (0,2), (2,0), (2,2)$，又因为 $f''_{xx}(x, y) = 6x - 6, f''_{xy}(x, y) = 0, f''_{yy}(x, y) = 6y - 6$，所以

在点 $(0,0)$ 处：$B^2 - AC = -36 < 0$，且 $A = -6 < 0$，故点 $(0,0)$ 为极大值点，极大值 $f(0,0) = 0$。

在点 $(0,2)$ 处：$B^2 - AC = 36 > 0$，故点 $(0,2)$ 不是极值点；同理 $(2,0)$ 也不是极值点。

在点 $(2,2)$ 处：$B^2 - AC = -36 < 0$，且 $A = 6 > 0$，故点 $(2,2)$ 是极小值点，极小值 $f(2,2) = -8$。

例 30 讨论函数 $f(x, y) = (y - x^2)(y - 2x^2)$ 的极值。

解 由 $\begin{cases} f'_x(x, y) = -2x(y - 2x^2) - 4x(y - x^2) = -2x(3y - 4x^2) \\ f'_y(x, y) = (y - 2x^2) + (y - x^2) = 2y - 3x^2 = 0 \end{cases}$

得 $f(x, y)$ 的唯一稳定点 $(0,0)$。

在点 $(0,0)$ 处：$B^2 - AC = 0$，不能用定理来判定，用极值定义进行讨论。

由于当 $x^2 < y < 2x^2$ 时，$f(x, y) < 0$；当 $y > 2x^2$ 或 $y < x^2$ 时，$f(x, y) > 0$，且 $f(0, 0) = 0$，如图 6-8 所示，由极值的定义知，函数 $f(x, y)$ 不可能在点 $(0, 0)$ 处取得极值，又因为该函

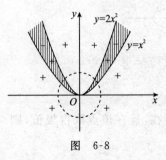

图 6-8

数没有偏导数不存在的点,所以无任何极值存在。

二、二元函数的最值

1. 二元函数最值的存在性

如果所讨论的是实际问题,那么最值的存在与否由实际意义而定;当函数 $f(x,y)$ 在有界闭区域 D 上连续时,其在 D 上必定能取到最大值和最小值。

二元函数取得最大值和最小值的点可能在 D 的内部,也可能在 D 的边界上,若在内部则可能是稳定点或偏导数不存在的点。

2. 求二元函数的最值的步骤

(1) 求出 D 内所有的稳定点及偏导数不存在的点。

(2) 求出边界上函数取得最大值和最小值的点。

(3) 比较上述各点处的函数值,其中最大的即为 $f(x,y)$ 在闭区域 D 上的最大值,最小的即为 $f(x,y)$ 在闭区域 D 上的最小值。

例 31 求函数 $f(x,y)=3x^2+3y^2-x^3$ 在区域 $D: x^2+y^2\leqslant 16$ 上的最小值。

解 因为 $D: x^2+y^2\leqslant 16$ 为有界闭区域,函数 $f(x,y)$ 在闭区域 D 上连续,所以必有最值,由
$$\begin{cases} f'_x(x,y)=6x-3x^2=0 \\ f'_y(x,y)=6y=0 \end{cases}$$
得稳定点 $(0,0),(2,0)$。

在 D 的边界 $x^2+y^2\leqslant 16$ 上,函数
$$f(x,y)=3x^2+3y^2-x^3=3(x^2+y^2)-x^3\leqslant 48-x^3$$

由于 $\dfrac{\mathrm{d}(48-x^3)}{\mathrm{d}x}=-3x^2\leqslant 0$,所以 $48-x^3$ 是 $[-4,4]$ 上的减函数,当 $x=4$ 时,该函数值最小。故 $f(x,y)$ 在边界 $x^2+y^2=16$ 上的最小值为 $(48-x^3)|_{x=4}=-16$。比较 $f(0,0)=0, f(2,0)=4, f(4,0)=-16$ 知函数 $f(x,y)$ 在闭区域 D 上的最小值为 -16,且在 D 的边界上的点 $(4,0)$ 处取到。

在解决实际问题时,如果根据问题的性质已能判断偏导数存在的函数是在区域 D 的内部取得最值,而此时函数在区域 D 的内部又只有一个稳定点 (x_0,y_0),那么该稳定点处的函数值 $f(x_0,y_0)$ 即为所求的最值。

例 32 造一个容积为 V_0 的长方体无盖水池,问应如何选择水池的尺寸才能使用料最省?

解 用料最省即表面积最小,设水池长为 x,宽为 y,则高为 $\dfrac{V_0}{xy}$。由题意得水池表面积为
$$S(x,y)=xy+2\left(y\cdot\dfrac{V_0}{xy}+x\cdot\dfrac{V_0}{xy}\right), \quad x>0, \quad y>0$$

由 $\begin{cases} S'_x=y-\dfrac{2V_0}{x^2}=0 \\ S'_y=x-\dfrac{2V_0}{y^2}=0 \end{cases}$ 得 $S(x,y)$ 的稳定点为 $(\sqrt[3]{2V_0},\sqrt[3]{2V_0})$。

由实际意义知,可微函数 $S(x,y)$ 在开区域 $D=\{(x,y)|x>0,y>0\}$ 内必有最小值,且为稳定点,而稳定点又唯一,所以此点必是函数的最小值点,故当水池长、宽均为 $\sqrt[3]{2V_0}$,高为 $\dfrac{1}{2}\sqrt[3]{2V_0}$ 时表面积最小,也即用料最省。

三、条件极值与拉格朗日乘数法

上述求二元函数 $f(x,y)$ 极值的方法中,两个自变量 x 与 y 是相互独立的,但在许多实际问题中,x 与 y 不是相互独立的,而是满足一定的条件 $\varphi(x,y)=0$,称这类极值问题为**条件极值**,$\varphi(x,y)=0$ 称为**条件方程**或**约束方程**,$f(x,y)$ 称为**目标函数**。为了与前面的极值区别开,前面所述的极值问题称为**无条件极值**。

条件极值的解法有以下两种。

(1) 从条件方程中解出一个变量,代入目标函数中,使之成为无条件极值问题,如上述例 32。

由于从条件方程中求解一个变量有时并不容易,如要从 $xy+e^{x+y}=1$ 中求出 $y=y(x)$ 或 $x=x(y)$ 都是不可能的,所以有如下的求条件极值的另一种方法。

(2) 拉格朗日乘数法。

① 作拉格朗日函数 $L(x,y,\lambda)=f(x,y)+\lambda\varphi(x,y)$,其中变量 λ 称为拉格朗日乘数。

② 求 $L(x,y,\lambda)=f(x,y)+\lambda\varphi(x,y)$ 的稳定点 (x_0,y_0,λ_0),即求解方程组

$$\begin{cases} L'_x = f'_x(x,y)+\lambda\varphi'_x(x,y)=0 \\ L'_y = f'_y(x,y)+\lambda\varphi'_y(x,y)=0 \\ L'_\lambda = \varphi(x,y)=0 \end{cases}$$

③ 点 (x_0,y_0) 就是函数 $z=f(x,y)$ 在约束条件 $\varphi(x,y)=0$ 下的可能极值点,是否为极值点视具体情况而定。

由于函数 $f(x,y)$ 的极值点只可能是点 (x_0,y_0),所以在求 $L(x,y,\lambda)$ 的稳定点 (x_0,y_0,λ_0) 时,有时也可不必求出 λ_0。

例 33 用拉格朗日乘数法求解例 32。

解 设水池长为 x,宽为 y,高为 z,则约束方程为 $xyz=V_0$。

目标函数为 $S=xy+2(yz+zx)$

故拉格朗日函数为 $L(x,y,z,\lambda)=xy+2(yz+xz)+\lambda(xyz-V_0)$

由 $\begin{cases} L'_x = y+2z+\lambda yz=0 \\ L'_y = y+2z+\lambda xz=0 \\ L'_z = 2y+2x+\lambda xy=0 \\ L'_\lambda = xyz-V_0=0 \end{cases}$ 解得 $x_0=y_0=2z_0=\sqrt[3]{2V_0}$,即 S 的可能极值点为 $\left(\sqrt[3]{2V_0}, \sqrt[3]{2V_0}, \frac{1}{2}\sqrt[3]{2V_0}\right)$,这是唯一可能的极值点。由实际意义知条件最小值一定存在,所以 S 必在点 $\left(\sqrt[3]{2V_0}, \sqrt[3]{2V_0}, \frac{1}{2}\sqrt[3]{2V_0}\right)$ 处取得最小值。

思 考 题

1. 一元函数的极值、最值与二元函数的极值、最值有何异同?它们的求法是否一样?
2. 二元函数的极值与条件极值的几何意义是什么?若二元函数无极值,是否一定无条件极值?举例说明。

习题 6-5

1. 求下列函数的极值。

(1) $f(x,y)=x^2+xy+y^2+x-y+1$;   (2) $f(x,y)=(6x-x^2)(4y-y^2)$;

(3) $f(x,y)=e^{2x}(x+y^2+2y)$;　　　(4) $f(x,y)=x^3+y^3-3(x^2+y^2)$。

2. 求下列函数的条件极值。

(1) $z=xy$,条件方程为 $x+y=1$;　　　(2) $z=x^2+y^2$,条件方程为 $\dfrac{x}{a}+\dfrac{y}{b}=1$。

3. 在 xOy 面上求一点,使它到直线 $x=0,y=0$ 和 $x+2y-16=0$ 的距离的平方和最小。

4. 求抛物线 $y^2=4x$ 上的点,使它与直线 $x-y+4=0$ 相距最近。

5. 某工厂准备生产两种型号的机器,其产量分别为 x 台和 y 台,总成本函数 $C(x,y)=6x^2+3y^2$(单位:万元)。根据市场预测,共需这两种机器 18 台,问这两种机器各生产多少台时,才能使总成本最少?最少成本是多少?

第六节　二元函数积分学

多元函数积分学一般包括重积分、曲线积分和曲面积分,它们都是定积分概念的推广。定积分是某种确定形式的和式的极限,这种和式的极限概念推广到定义在区域、曲线及曲面上多元函数的情形,便得到重积分、曲线积分及曲面积分的概念。本节仅介绍二重积分的概念、性质和计算。

一、二重积分的概念

1. 实例分析

例 34　(曲顶柱体的体积)设函数 $z=f(x,y)$ 在有界闭区域 D 上连续,且 $z=f(x,y)\geqslant 0$。以函数 $z=f(x,y)$ 所表示的曲面为顶,以区域 D 为底且以 D 的边界曲线为准线,而母线平行于 z 轴的柱面为侧面的立体叫作**曲顶柱体**(见图 6-9)。现在我们讨论如何计算它的体积 V。

由于柱体的高 $f(x,y)$ 是变动的,且在区域 D 上连续,所以在小范围内它的变动不大,可以近似地看成不变,依此,就可用类似于求曲边梯形面积的方法,即采取"分割、取近似、求和、取极限"的方法(以后简称"四步求积法")来求曲顶柱体的体积 V。

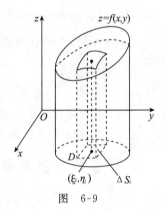

图 6-9

为此,我们用一组曲线网把区域 D 分割成 n 个小区域 $\Delta\sigma_1$, $\Delta\sigma_2,\cdots,\Delta\sigma_n,\Delta\sigma_i(i=1,2,\cdots,n)$,同时表示它们的面积。以每个小区域 $\Delta\sigma_i$ 为底作 n 个母线平行于 z 轴的小柱体,又在小区域 $\Delta\sigma_i$ 上任取一点 $(\xi_i,\eta_i)(i=1,2,\cdots,n)$,以 $f(\xi_i,\eta_i)$ 为高、$\Delta\sigma_i$ 为底的小平顶柱体体积 $f(\xi_i,\eta_i)\Delta\sigma_i$ 作为小柱体体积的近似值,于是 n 个平顶柱体体积的和

$$\sum_{i=1}^{n}f(\xi_i,\eta_i)\Delta\sigma_i$$

就是所求曲顶柱体体积的一个近似值。令 n 个小区域 $\Delta\sigma_i$ 的直径中最大值(记为 λ)趋向 0,取上述和式的极限便得所求曲顶柱体的体积,即

$$V = \lim_{\lambda \to 0} \sum_{i=1}^{n} f(\xi_i, \eta_i) \Delta \sigma_i$$

上述问题把所求量归结为和式的极限。由于在物理、力学、几何和工程技术中,许多物理量与几何量都可归结为这种和式的极限,所以有必要研究这种和式极限,并抽象出下述二重积分的定义。

2. 二重积分的定义

设 $f(x,y)$ 定义在有界闭区域 D 上,任给一组曲线网将 D 分成 n 个小闭区域 $D_1, D_2, \cdots, D_n$,对应面积分别为 $\Delta\sigma_1, \Delta\sigma_2, \cdots, \Delta\sigma_n$,直径分别为 $\lambda_1, \lambda_2, \cdots, \lambda_n$;在每个 D_i 上任取点 (ξ_i, η_i),作和式 $\sum_{i=1}^{n} f(\xi_i, \eta_i) \Delta\sigma_i$,令 $\lambda = \max_{1 \leqslant i \leqslant n} \{\lambda_i\}$,若 $\lim_{\lambda \to 0} \sum_{i=1}^{n} f(\xi_i, \eta_i) \Delta\sigma_i$ 存在,则称 $f(x,y)$ 在 D 上二重可积(简称"可积")并称此极限值为 $f(x,y)$ 在 D 上的二重积分,记为 $\iint_D f(x,y) \mathrm{d}\sigma$,即

$$\iint_D f(x,y) \mathrm{d}\sigma = \lim_{\lambda \to 0} \sum_{i=1}^{n} f(\xi_i, \eta_i) \Delta\sigma_i$$

其中,$f(x,y)$ 称为**被积函数**,闭区域 D 称为**积分区域**,x 与 y 称为**积分变量**,$\mathrm{d}\sigma$ 称为**面积微元**,$\iint$ 称为**二重积分号**。

3. 二重积分的物理意义及几何意义

当 $f(x,y) \geqslant 0$ 时,$\iint_D f(x,y) \mathrm{d}\sigma$ 的物理意义为面密度为 $f(x,y)$ 的平面薄板的质量;几何意义是表示 $z = f(x,y)$ 为曲顶、D 为底、母线平行于 z 轴的曲顶柱体体积。当 $f(x,y) \equiv 1$ 时,$\iint_D \mathrm{d}\sigma$ 在数值上表示 D 的面积。

4. 可积条件

(1) 若 $f(x,y)$ 在有界闭区域 D 上可积,则 $f(x,y)$ 在 D 上必有界。
(2) 有界闭区域 D 上的连续函数必可积。
(3) 有界闭区域 D 上只有有限条间断线的有界函数必可积。

二、二重积分的性质

(1) (线性)设 $f(x,y), g(x,y)$ 在 D 上可积,$(x,y) \in D$,k 为常数,则

$$\iint_D kf(x,y) \mathrm{d}\sigma = k \iint_D f(x,y) \mathrm{d}\sigma$$

$$\iint_D [f(x,y) \pm g(x,y)] \mathrm{d}\sigma = \iint_D f(x,y) \mathrm{d}\sigma \pm \iint_D g(x,y) \mathrm{d}\sigma$$

(2) (区域可加性)设 $f(x,y)$ 在 D 上可积,$D = D_1 \cup D_2$,且 D_1 与 D_2 仅有公共边界,则

$$\iint_D f(x,y) \mathrm{d}\sigma = \iint_{D_1} f(x,y) \mathrm{d}\sigma + \iint_{D_2} f(x,y) \mathrm{d}\sigma$$

(3) (不等式性)设 $f(x,y), g(x,y)$ 在 D 上可积,且 $f(x,y) \leqslant g(x,y)$,$(x,y) \in D$,则

$$\iint_D f(x,y) \mathrm{d}\sigma \leqslant \iint_D g(x,y) \mathrm{d}\sigma$$

特别地,当 $m \leqslant f(x,y) \leqslant M, (x,y) \in D$ 时,有 $m\sigma \leqslant \iint\limits_D f(x,y)\mathrm{d}\sigma \leqslant M\sigma$ (其中 σ 为 D 的面积),此不等式称为二重积分的估计不等式。

(4) (绝对可积性)设 $f(x,y)$ 在 D 上可积,则 $|f(x,y)|$ 在 D 上也可积,且有
$$\left| \iint\limits_D f(x,y)\mathrm{d}\sigma \right| \leqslant \iint\limits_D |f(x,y)|\mathrm{d}\sigma$$

(5) (积分中值定理)设 $f(x,y)$ 在有界闭区域 D 上连续,则至少存在一点 $(\xi,\eta) \in D$,使得
$$\iint\limits_D f(x,y)\mathrm{d}\sigma = f(\xi,\eta)\sigma \quad (其中 \sigma 为 D 的面积)$$

例 35 试比较积分 $\iint\limits_D (x+y)^2 \mathrm{d}\sigma$ 与 $\iint\limits_D (x+y)^3 \mathrm{d}\sigma$ 的大小。D 由 $x+y=1, x=1, y=1$ 围成,如图 6-10 所示。

解 因为 D 内任意一点 (x,y) 都满足 $x+y \geqslant 1$,所以 $(x+y)^3 \geqslant (x+y)^2$,则
$$\iint\limits_D (x+y)^3 \mathrm{d}\sigma \geqslant \iint\limits_D (x+y)^2 \mathrm{d}\sigma$$

例 36 估计二重积分 $\iint\limits_D \dfrac{1}{100+\cos^2 x + \sin^2 y} \mathrm{d}x\mathrm{d}y$ 的值,其中 D 由 $x+y=\pm 10, x-y=\pm 10$ 围成,如图 6-11 所示。

解 因为在 D 上任意一点 (x,y) 处,有 $100 \leqslant 100+\cos^2 x + \sin^2 y \leqslant 102$,所以
$$\frac{1}{102} \leqslant \frac{1}{100+\cos^2 x + \sin^2 y} \leqslant \frac{1}{100}$$

而 D 是边长为 $10\sqrt{2}$ 的正方形,其面积为 $\sigma = (\sqrt{2} \times 10)^2 = 200$,所以
$$\frac{200}{102} \leqslant \iint\limits_D \frac{1}{100+\cos^2 x + \sin^2 y} \mathrm{d}\sigma \leqslant 2$$

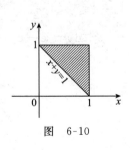

图 6-10

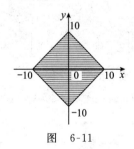

图 6-11

三、二重积分的计算

在实际问题中,直接通过二重积分的定义与性质来计算二重积分一般是困难的。计算二重积分时,先将其转化为二次定积分(即累次积分或二次积分),然后利用定积分的计算方法进行计算。

1. 直角坐标系下二重积分的计算

(1) 矩形区域上的二重积分。

最简单的积分区域是矩形区域,对于矩形区域上的二重积分按如下方法计算。

设函数 $f(x,y)$ 在矩形区域 $D: a \leqslant x \leqslant b, c \leqslant y \leqslant d$ 上连续,则

$$\iint_D f(x,y)\mathrm{d}x\mathrm{d}y = \int_a^b \mathrm{d}x \int_c^d f(x,y)\mathrm{d}y = \int_c^d \mathrm{d}y \int_a^b f(x,y)\mathrm{d}x$$

例 37 计算 $\iint_D x^2 y \mathrm{d}x\mathrm{d}y$,其中 D: $0 \leqslant x \leqslant 1, 1 \leqslant y \leqslant 2$。

解 如图 6-12 所示,有
$$\iint_D x^2 y \mathrm{d}x\mathrm{d}y = \int_0^1 \mathrm{d}x \int_1^2 x^2 y \mathrm{d}y = \int_0^1 \left.\frac{x^2 y^2}{2}\right|_1^2 \mathrm{d}x = \int_0^1 \frac{3}{2}x^2 \mathrm{d}x = \frac{1}{2}$$

(2) X 型区域上的二重积分。

X 型区域 D: $\varphi_1(x) \leqslant y \leqslant \varphi_2(x), a \leqslant x \leqslant b$,如图 6-13 所示。

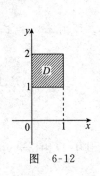
图 6-12

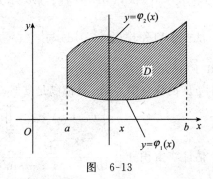
图 6-13

其特点是:穿过 D 内部且平行于 y 轴的直线与 D 的边界相交不多于两点。则
$$\iint_D f(x,y)\mathrm{d}x\mathrm{d}y = \int_a^b \mathrm{d}x \int_{\varphi_1(x)}^{\varphi_2(x)} f(x,y)\mathrm{d}y$$

例 38 计算 $\iint_D e^{x+y} \mathrm{d}\sigma$,其中 D: $|x|+|y| \leqslant 1$。

解 积分区域 D 如图 6-14 所示,$D = D_1 + D_2$。
$$D_1: \begin{cases} -1 \leqslant x \leqslant 0 \\ -x-1 \leqslant y \leqslant x+1 \end{cases}, \quad D_2: \begin{cases} 0 \leqslant x \leqslant 1 \\ x-1 \leqslant y \leqslant 1-x \end{cases}$$

所以
$$\iint_D e^{x+y}\mathrm{d}\sigma = \int_{-1}^0 \mathrm{d}x \int_{-x-1}^{1+x} e^{x+y}\mathrm{d}y + \int_0^1 \mathrm{d}x \int_{x-1}^{1-x} e^{x+y}\mathrm{d}y = e - e^{-1}$$

(3) Y 型区域上的二重积分。

Y 型区域 D: $\psi_1(y) \leqslant x \leqslant \psi_2(y), c \leqslant y \leqslant d$,如图 6-15 所示。

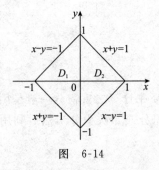
图 6-14

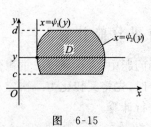
图 6-15

其特点是:穿过 D 内部且平行于 x 轴的直线与 D 的边界相交不多于两点。则
$$\iint_D f(x,y)\mathrm{d}x\mathrm{d}y = \int_c^d \mathrm{d}y \int_{\psi_1(y)}^{\psi_2(y)} f(x,y)\mathrm{d}x$$

例 39 计算 $\iint\limits_{D}(2x-y)\mathrm{d}x\mathrm{d}y$，其中 D 由直线 $y=x, y=2x, x=2$ 围成。

解 方法 1 D 如图 6-16 所示，D 为 X 型区域：$x \leqslant y \leqslant 2x, 0 \leqslant x \leqslant 2$，所以

$$\iint\limits_{D}(2x-y)\mathrm{d}x\mathrm{d}y = \int_0^2 \mathrm{d}x \int_x^{2x}(2x-y)\mathrm{d}y = \int_0^2 \left(2xy - \frac{y^2}{2}\right)\bigg|_x^{2x} \mathrm{d}x$$

$$= \int_0^2 \left(4x^2 - 2x^2 - 2x^2 + \frac{x^2}{2}\right)\mathrm{d}x = \frac{x^3}{6}\bigg|_0^2 = \frac{4}{3}$$

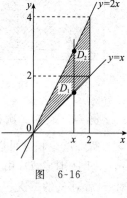

图 6-16

方法 2 D 为 Y 型区域，分为两部分 D_1, D_2，则

$D_1: \frac{y}{2} \leqslant x \leqslant y, 0 \leqslant y \leqslant 2$，$D_2: \frac{y}{2} \leqslant x \leqslant 2, 2 \leqslant y \leqslant 4$ 都是 Y 型区域，有

$$\iint\limits_{D}(2x-y)\mathrm{d}x\mathrm{d}y = \iint\limits_{D_1}(2x-y)\mathrm{d}x\mathrm{d}y + \iint\limits_{D_2}(2x-y)\mathrm{d}x\mathrm{d}y$$

$$= \int_0^2 \mathrm{d}y \int_{\frac{y}{2}}^y (2x-y)\mathrm{d}x + \int_2^4 \mathrm{d}y \int_{\frac{y}{2}}^2 (2x-y)\mathrm{d}x$$

$$= \int_0^2 (x^2 - xy)\bigg|_{\frac{y}{2}}^y \mathrm{d}y + \int_2^4 (x^2 - xy)\bigg|_{\frac{y}{2}}^2 \mathrm{d}y$$

$$= \frac{y^3}{12}\bigg|_0^2 + \left(4y - y^2 + \frac{y^3}{12}\right)\bigg|_2^4 = \frac{4}{3}$$

显然方法 1 比方法 2 简单，因此选择恰当的区域类型，即选择合适的积分顺序，是使积分计算简便的关键。

例 40 求 $\iint\limits_{D} x^2 \mathrm{e}^{-y^2}\mathrm{d}x\mathrm{d}y$ 的值，其中 D 由直线 $x=0, y=1, y=x$ 围成。

解 D 如图 6-17 所示，故 D 既是 X 型区域也是 Y 型区域。

若 D 是 X 型区域，则有 $D: x \leqslant y \leqslant 1, 0 \leqslant x \leqslant 1$，于是

$$\iint\limits_{D} x^2 \mathrm{e}^{-y^2}\mathrm{d}x\mathrm{d}y = \int_0^1 \mathrm{d}x \int_x^1 x^2 \mathrm{e}^{-y^2}\mathrm{d}y$$

由于 e^{-y^2} 关于 y 的积分无法计算，所以该二重积分不能用先对 y 后对 x 的二次积分来计算。

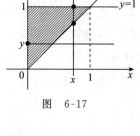

图 6-17

若 D 是 Y 型区域，则有 $D: 0 \leqslant x \leqslant y, 0 \leqslant y \leqslant 1$，于是

$$\iint\limits_{D} x^2 \mathrm{e}^{-y^2}\mathrm{d}x\mathrm{d}y = \int_0^1 \mathrm{d}y \int_0^y x^2 \mathrm{e}^{-y^2}\mathrm{d}x = \int_0^1 \left(\frac{x^3}{3}\mathrm{e}^{-y^2}\right)\bigg|_0^y \mathrm{d}y$$

$$= \frac{1}{3}\int_0^1 y^3 \mathrm{e}^{-y^2}\mathrm{d}y = \frac{1}{6}\int_0^1 y^2 \mathrm{e}^{-y^2}\mathrm{d}y^2$$

$$= \frac{1}{6}\left[-y^2 \mathrm{e}^{-y^2}\bigg|_0^1 + \int_0^1 \mathrm{e}^{-y^2}\mathrm{d}(y^2)\right]$$

$$= \frac{1}{6}\left(-\frac{1}{\mathrm{e}} - \mathrm{e}^{-y^2}\bigg|_0^1\right) = \frac{1}{6}\left(1 - \frac{2}{\mathrm{e}}\right)$$

此例表明，选择不同的积分次序，不仅会影响二重积分的计算速度与难易程度，而且关系到积分能否算出的问题。

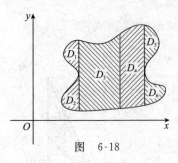

图 6-18

(4) 一般有界闭区域上二重积分的计算。

设 D 为 xOy 平面上的一般有界闭区域,当 D 既不是 X 型区域又不是 Y 型区域时,可作有限条平行于坐标轴的辅助线,将 D 分割成有限个小闭区域,使每个小闭区域都是 X 型区域或 Y 型区域,如图 6-18 所示,于是 D 上 $f(x,y)$ 的二重积分就可以利用公式及二重积分的积分区域可加性进行计算。

例 41 交换二次积分 $\int_0^1 dx \int_0^x f(x,y)dy + \int_1^2 dx \int_0^{2-x} f(x,y)dy$ 的积分次序。

解 这个积分可以看成区域 $D = D_1 + D_2$ 上的二重积分,其中 D_1 由直线 $y=0, y=x, x=1$ 所围成,D_2 由直线 $y=0, y=2-x, x=1$ 所围成,如图 6-19 所示。现将它化成先对 x、后对 y 的二次积分,此时 $D: 0 \leqslant y \leqslant 1, y \leqslant x \leqslant 2-y$,于是

$$\int_0^1 dx \int_0^x f(x,y)dy + \int_1^2 dx \int_0^{2-x} f(x,y)dy = \int_0^1 dy \int_y^{2-y} f(x,y)dx$$

例 42 交换积分次序计算二重积分 $\int_0^1 dx \int_x^1 e^{-y^2} dy$。

解 这个积分可以看成区域 $D: 0 \leqslant x \leqslant 1, x \leqslant y \leqslant 1$(见图 6-20)上的二重积分,现将它化成先对 x、后对 y 的二次积分,此时 $D: 0 \leqslant y \leqslant 1, 0 \leqslant x \leqslant y$,于是

$$\int_0^1 dx \int_x^1 e^{-y^2} dy = \int_0^1 dy \int_0^y e^{-y^2} dx = -\frac{1}{2} e^{-y^2} \Big|_0^1 = \frac{1}{2}\left(1 - \frac{1}{e}\right)$$

由此可见,若不交换积分次序,就无法算得二次积分的结果。

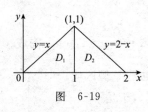

图 6-19

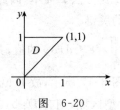

图 6-20

2. 极坐标系下二重积分的计算

在计算二重积分时,根据被积函数的特点和积分区域的形状选择适当的坐标,会使计算变得简单,二重积分也可用极坐标来计算。

直角坐标系下的二重积分 $\iint_D f(x,y)d\sigma$ 可用下面的方法变换成极坐标系下的二重积分。

(1) 通过变换 $x = r\cos\theta, y = r\sin\theta$ 将被积函数 $f(x,y)$ 化为 r, θ 的函数,即
$$f(x,y) = f(r\cos\theta, r\sin\theta) = F(r,\theta)$$

(2) 将区域 D 的边界曲线用极坐标方程 $r = r(\theta)$ 来表示。

(3) 将面积元素 $d\sigma$ 表示成极坐标系下的面积元素 $rdrd\theta$,于是就得到二重积分的极坐标表示式

$$\iint_D f(x,y)d\sigma = \iint_D f(r\cos\theta, r\sin\theta)rdrd\theta$$

例 43 计算 $\iint_D e^{x^2+y^2} d\sigma$,其中 D 是圆域 $x^2 + y^2 \leqslant 9$。

解 引进极坐标变换 $\begin{cases} x=r\cos\theta \\ y=r\sin\theta \end{cases}$，则积分区域 $D \to D'$: $0 \leqslant r \leqslant 3, 0 \leqslant \theta \leqslant 2\pi$，被积函数 $e^{x^2+y^2} \to e^{r^2}$，面积微元 $d\sigma \to rdrd\theta$，于是有

$$\iint_D e^{x^2+y^2} d\sigma = \iint_{D'} e^{r^2} rdrd\theta = \int_0^{2\pi} d\theta \int_0^3 re^{r^2} dr = \frac{1}{2} \int_0^{2\pi} e^{r^2}\Big|_0^3 d\theta = \pi(e^9-1)$$

例 44 计算 $\iint_D \sqrt{x^2+y^2} d\sigma$，其中 D 是第一象限由圆 $x^2+y^2=a^2$，$x^2+y^2=b^2(a<b)$ 及 x 轴，y 轴围成的区域。

解 D 为如图 6-21 所示的阴影部分，引进极坐标变换 $\begin{cases} x=r\cos\theta \\ y=r\sin\theta \end{cases}$，则边界 $x^2+y^2=a^2 \to r=a$，$x^2+y^2=b^2 \to r=b$，故有积分区域 $D \to D'$: $a \leqslant r \leqslant b, 0 \leqslant \theta \leqslant \frac{\pi}{2}$，则有

$$\iint_D \sqrt{x^2+y^2} d\sigma = \iint_{D'} r^2 drd\theta = \int_0^{\frac{\pi}{2}} d\theta \int_a^b r^2 dr = \frac{\pi(b^3-a^3)}{6}$$

例 45 计算 $\iint_D \sqrt{4-x^2-y^2} d\sigma$，其中 D 由曲线 $x^2+y^2=2x$ 围成。

解 D 为如图 6-22 所示的阴影部分，引进极坐标变换 $\begin{cases} x=r\cos\theta \\ y=r\sin\theta \end{cases}$，则边界曲线为 $x^2+y^2=2x \to r=2\cos\theta$，故积分区域 D': $0 \leqslant r \leqslant 2\cos\theta, -\frac{\pi}{2} \leqslant \theta \leqslant \frac{\pi}{2}$，于是

$$\iint_D \sqrt{4-x^2-y^2} d\sigma = \iint_{D'} \sqrt{4-r^2} rdrd\theta = \int_{-\frac{\pi}{2}}^{\frac{\pi}{2}} d\theta \int_0^{2\cos\theta} \sqrt{4-r^2} rdr$$

$$= \int_{-\frac{\pi}{2}}^{\frac{\pi}{2}} \left(-\frac{1}{2} \times \frac{2}{3}(4-r^2)^{\frac{3}{2}}\Big|_0^{2\cos\theta}\right) d\theta = \frac{1}{3}\int_{-\frac{\pi}{2}}^{\frac{\pi}{2}} (8-8|\sin\theta|^3) d\theta$$

$$= \frac{16}{3} \int_0^{\frac{\pi}{2}} (1-\sin^3\theta) d\theta = \frac{16}{3}\left[\theta\Big|_0^{\frac{\pi}{2}} + \int_0^{\frac{\pi}{2}}(1-\cos^2\theta) d\cos\theta\right]$$

$$= \frac{16}{3}\left(\frac{\pi}{2}-1+\frac{1}{3}\right) = \frac{8}{3}\left(\pi-\frac{\pi}{3}\right)$$

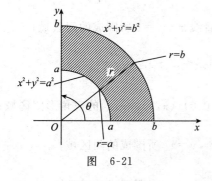

图 6-21

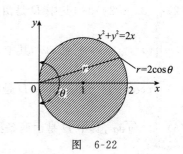

图 6-22

思 考 题

1. 一元函数的定积分与二元函数的二重积分有何异同？
2. 二重积分可以在直角坐标系下计算，也可以在极坐标系下计算，二者如何转换？

什么情况下用极坐标计算二重积分比较方便？

习题 6-6

1. 母线平行于 z 轴的曲顶柱体，顶面为 $z=x^2+y^2$，底为圆的区域 $D: x^2+y^2 \leqslant 4$，试用二重积分表示出该柱体的体积。

2. 利用二重积分的性质，不经计算直接给出二重积分的值。

(1) $\iint\limits_{D} d\sigma$，$D: |x|\leqslant 1, |y|\leqslant 1$；　　(2) $\iint\limits_{D} d\sigma$，$x^2+y^2 \leqslant 4$。

3. 比较下列积分的大小。

(1) $\iint\limits_{D}(x+y)^2 d\sigma$ 与 $\iint\limits_{D}(x+y)^3 d\sigma$，其中积分区域 D 是由圆周 $(x-2)^2+(y-1)^2=2$ 所围成；

(2) $\iint\limits_{D}\ln(x+y) d\sigma$ 与 $\iint\limits_{D}\ln^2(x+y) d\sigma$，其中积分区域 D 是三角闭区域，三顶点分别为 $(1,0),(1,1),(2,0)$。

4. 估计下列积分的值。

(1) $I=\iint\limits_{D} xy(x+y) d\sigma$，其中 $D=\{(x,y)\,|\,0\leqslant x\leqslant 1, 0\leqslant y\leqslant 1\}$；

(2) $I=\iint\limits_{D} \sin^2 x \sin^2 y d\sigma$，其中 $D=\{(x,y)\,|\,0\leqslant x\leqslant \pi, 0\leqslant y\leqslant \pi\}$。

5. 交换下列积分次序。

(1) $\int_0^1 dx \int_x^{2-x} f(x,y) dy$；　　(2) $\int_0^1 dy \int_0^y f(x,y) dx$；

(3) $\int_0^1 dx \int_0^{x^2} f(x,y) dy + \int_1^2 dx \int_0^{\sqrt{2x-x^2}} f(x,y) dy$。

6. 计算下列二重积分。

(1) $\iint\limits_{D} x^2 y^2 d\sigma$，其中 $D=\{(x,y)\,|\,|x|\leqslant 1, |y|\leqslant 1\}$；

(2) $\iint\limits_{D}(3x+2y) d\sigma$，其中 D 是由两坐标轴及直线 $x+y=2$ 所围成的闭区域；

(3) $\iint\limits_{D}(x^3+3x^2 y+y^3) d\sigma$，其中 $D=\{(x,y)\,|\,0\leqslant x\leqslant 1, 0\leqslant y\leqslant 1\}$；

(4) $\iint\limits_{D} x\cos(x+y) d\sigma$，其中 D 是顶点分别为 $(0,0),(\pi,0),(\pi,\pi)$ 的三角形闭区域；

(5) $\iint\limits_{D} x\sqrt{y} d\sigma$，其中 D 是由两条抛物线 $y=\sqrt{x}, y=x^2$ 所围成的闭区域；

(6) $\iint\limits_{D}\left(\dfrac{x}{y}\right)^2 dx dy$，其中 D 是由直线 $x=2, y=x, xy=1$ 所围成的闭区域。

7. 利用极坐标计算下列二重积分。

(1) $\iint\limits_{D} e^{x^2+y^2} dx dy$，其中 $D=\{(x,y)\,|\,x^2+y^2\leqslant 1, x\geqslant 0, y\geqslant 0\}$；

(2) $\iint\limits_{D} \sqrt{1-x^2-y^2}$,其中 D 是圆心在原点的单位圆的上半部分;

(3) $\iint\limits_{D} \dfrac{\sin\sqrt{x^2+y^2}}{\sqrt{x^2+y^2}} d\sigma$,其中 D: $\dfrac{\pi^2}{4} \leqslant x^2+y^2 \leqslant \pi^2$;

(4) $\iint\limits_{D} \ln(1+2x^2+2y^2) d\sigma$,其中 D: $y=x, y=-x, x^2+y^2=1$ 围成在 x 轴上方的扇形。

第七节 应 用

一、平面图形面积

平面图形面积公式为
$$S = \iint\limits_{D} d\sigma$$

二、空间立体体积

$z=f(x,y)(z\geqslant 0)$ 为曲顶,xOy 平面上的有界闭区域 D 为底,母线平行于 z 轴的曲顶柱体体积为
$$V = \iint\limits_{D} f(x,y) d\sigma$$

若立体有上、下两曲面,上曲面 $z=f_2(x,y)$,下曲面 $z=f_1(x,y)$,则该立体体积为
$$V = \iint\limits_{D} [f_2(x,y) - f_1(x,y)] d\sigma$$

三、平面薄板质量

平面薄板 D 的质量 $m = \iint\limits_{D} \rho(x,y) d\sigma$,其中 $\rho(x,y)$ 为面密度,$\rho \geqslant 0$。

四、平面薄板重心

平面薄板 D 的面密度 $\rho(x,y)$,则重心坐标为
$$\bar{x} = \dfrac{M_y}{M} = \dfrac{\iint\limits_{D} x\rho(x,y) d\sigma}{\iint\limits_{D} \rho(x,y) d\sigma}, \quad \bar{y} = \dfrac{M_x}{M} = \dfrac{\iint\limits_{D} y\rho(x,y) d\sigma}{\iint\limits_{D} \rho(x,y) d\sigma}$$

例 46 计算半径为 R 的圆的面积。

解 设所求面积为 S,圆域为 D: $x^2+y^2 \leqslant R$,则 $S = \iint\limits_{D} d\sigma$,引进极坐标变换 $\begin{cases} x=r\cos\theta \\ y=r\sin\theta \end{cases}$,则 $D \to D'$: $0 \leqslant r \leqslant R, 0 \leqslant \theta \leqslant 2\pi$,于是
$$S = \iint\limits_{D} r\, dr\, d\theta = \int_0^{2\pi} d\theta \int_0^R r\, dr = \pi R^2$$

例47 求区域 $D: x^2+y^2 \leqslant 2, x \leqslant y^2$ 的重心。

解 由对称性可得 $\bar{y}=0$

$$\bar{x}=\frac{\iint_D x\mathrm{d}\sigma}{\iint_D \mathrm{d}\sigma}=\frac{\int_{-\sqrt{2}}^0 \mathrm{d}x\int_{-\sqrt{2-x^2}}^{\sqrt{2-x^2}}x\mathrm{d}y+2\int_0^1 \mathrm{d}x\int_{\sqrt{x}}^{\sqrt{2-x^2}}x\mathrm{d}y}{\int_{-\sqrt{2}}^0 \mathrm{d}x\int_{-\sqrt{2-x^2}}^{\sqrt{2-x^2}}\mathrm{d}y+2\int_0^1 \mathrm{d}x\int_{\sqrt{x}}^{\sqrt{2-x^2}}\mathrm{d}y}=-\frac{44}{45\pi-10}$$

重心坐标为 $\left(-\dfrac{44}{45\pi-10}, 0\right)$。

例48 求由三个坐标平面与平面 $x+2y+z=1$ 围成的立体体积。

解 如图 6-23 所示，顶面为 $z=1-x-2y$，其在 xOy 面上投影为 X 型区域 $D: 0\leqslant y\leqslant\dfrac{1-x}{2}, 0\leqslant x\leqslant 1$，故所求体积为

$$V=\iint_D (1-x-2y)\mathrm{d}\sigma=\int_0^1 \mathrm{d}x\int_0^{\frac{1-x}{2}}(1-x-2y)\mathrm{d}y=\int_0^1(y-xy-y^2)\Big|_0^{\frac{1-x}{2}}\mathrm{d}x$$

$$=\int_0^1\left(\frac{1}{4}-\frac{x}{2}+\frac{x^2}{4}\right)\mathrm{d}x=\frac{1}{12}$$

例49 xOy 右半平面内有一钢板 D，其边界曲线由 $x^2+4y^2=12$ 及 $x=4y^2$ 组成，D 内点 (x,y) 处面密度与横坐标 x 成正比，比例系数为 $k(k>0)$，求钢板质量。

解 如图 6-24 中阴影部分所示，由 $\begin{cases}x^2+4y^2=12\\x=4y^2\end{cases}$ 解得交点为 $A\left(3,-\dfrac{\sqrt{3}}{2}\right)$，$B\left(3,\dfrac{\sqrt{3}}{2}\right)$，视 D 为 Y 型区域：$4y^2\leqslant x\leqslant\sqrt{12-4y^2}$，$-\dfrac{\sqrt{3}}{2}\leqslant y\leqslant\dfrac{\sqrt{3}}{2}$，则

$$m=\iint_D kx\mathrm{d}\sigma=k\int_{-\frac{\sqrt{3}}{2}}^{\frac{\sqrt{3}}{2}}\mathrm{d}y\int_{4y^2}^{\sqrt{12-4y^2}}x\mathrm{d}x=\frac{k}{2}\int_{-\frac{\sqrt{3}}{2}}^{\frac{\sqrt{3}}{2}}(12-4y^2-16y^4)\mathrm{d}y=\frac{23k}{5}\sqrt{3}$$

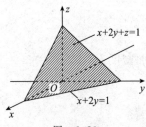

图 6-23

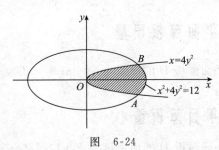

图 6-24

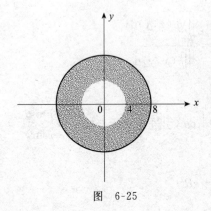

图 6-25

例50 一个圆环薄片由半径为 4 和 8 的两个同心圆围成，其上任一点处的面密度与该点到圆心的距离成反比，已知在内圆周上各点处的面密度为 1，求圆环薄片的质量。

解 如图 6-25 所示，区域 $D: 4^2\leqslant x^2+y^2\leqslant 8^2$，圆环薄片的质量 m 为

$$m=\iint_D \rho(x,y)\mathrm{d}\sigma$$

因为 $\rho(x,y)=\dfrac{k}{\sqrt{x^2+y^2}}$，且 $\dfrac{k}{4}=1$，所以 $k=4$，$\rho=$

$\dfrac{4}{\sqrt{x^2+y^2}}$,故所求质量

$$m = \iint_D \frac{4}{\sqrt{x^2+y^2}}\,d\rho = \int_0^{2\pi}d\theta\int_4^8 \frac{4}{r}r\,dr = 32\pi$$

五、其他应用

1. 人口数量问题

某城市 1990 年的人口密度近似为 $p(r)=\dfrac{4}{20+r^2}$,其中 $p(r)$ 表示距市中心 $r\mathrm{km}$ 处的人口密度,单位是 10 万人$/\mathrm{km}^2$,试求距市中心 $2\mathrm{km}$ 区域内的人口数量。

分析 设距市中心 $2\mathrm{km}$ 区域内的人口数量为 P,该问题与非均匀的平面薄板的质量问题类似。利用极坐标计算,得

$$P = \iint_D p(r)r\,dr\,d\theta = \iint_D \frac{4r}{20+r^2}\,dr\,d\theta$$

$$= \int_0^{2\pi}d\theta\int_0^2 \frac{4r}{20+r^2}\,dr \approx 22.9(\text{万人})$$

即距市中心 $2\mathrm{km}$ 区域内的人口数量为 22.9 万人。

2. 火山喷发后高度变化问题

一个火山的形状可以用曲面 $z=he^{-\frac{\sqrt{x^2+y^2}}{4h}}$ ($z>0$, h 为火山的高度)来表示,在一次喷发中有体积为 V 的熔岩粘附在山上,使其具有和原来同样的形状,求火山高度变化的百分比。

分析 该问题使曲面问题具体化、形象化,实际上是计算曲顶柱体的体积,计算时火山底面理解为无穷大,设喷发后火山的高度为 h_1。利用极坐标计算,得

$$\text{火山原始体积} = \iint_D he^{-\frac{\sqrt{x^2+y^2}}{4h}}\,dx\,dy = \iint_D he^{-\frac{r}{4h}}\,dr\,d\theta$$

$$= \int_0^{2\pi}d\theta\int_0^{+\infty} he^{-\frac{r}{4h}}r\,dr = 32\pi h^3$$

火山喷发后的体积为 $32\pi h_1^3$。

由已知 $32\pi h_1^3 - 32\pi h^3 = V$ 得

$$h_1 = \sqrt[3]{\frac{V+32\pi h^3}{32\pi}}$$

所以火山高度变化百分比为

$$\left(\sqrt[3]{\frac{V+32\pi h^3}{32\pi h^3}}-1\right)\times 100\%$$

习题 6-7

1. 计算由四个平面 $x=0, y=0, x=1, y=1$ 所围成的柱体被平面 $z=0$ 及 $2x+3y+z=6$ 截得的立体的体积,如图 6-26 所示。

2. 求球面 $x^2+y^2+z^2=25$ 被平面 $z=3$ 所截上半部分曲面的

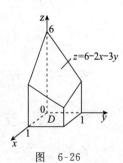

图 6-26

面积。

3. 设平面薄板 D 由曲线 $y=x^2$ 与 $x=y^2$ 围成，其上质量分布均匀，求其重心。

4. 设圆盘的圆心在原点上，半径为 R，而面密度 $\rho=x^2+y^2$，求该圆盘的质量。

【本章典型方法与范例】

例 6-1 求函数 $z=\arcsin 2x+\dfrac{\sqrt{4x-y^2}}{\ln(1-x^2-y^2)}$ 的定义域。

解 要使函数有意义，必须满足

$$\begin{cases} |2x|\leqslant 1 \\ 4x-y^2\geqslant 0 \\ 1-x^2-y^2>0 \\ 1-x^2-y^2\neq 1 \end{cases}$$

解得

$$\begin{cases} \dfrac{y^2}{4}\leqslant x\leqslant \dfrac{1}{2} \\ 0<x^2+y^2<1 \end{cases}$$

所以函数的定义域为

$$\left\{(x,y)\mid \dfrac{y^2}{4}\leqslant x\leqslant \dfrac{1}{2}, 0<x^2+y^2<1\right\}$$

例 6-2 已知 $f(x+y,x-y)=3x^2-4xy+5y^2$，求 $f(x,y)$。

解 利用变量替换法，设 $u=x+y, v=x-y$，解得

$$x=\dfrac{1}{2}(u+v), y=\dfrac{1}{2}(u-v)$$

代入表达式，得

$$f(u,v)=3\left(\dfrac{u+v}{2}\right)^2-4\cdot\dfrac{u+v}{2}\cdot\dfrac{u-v}{2}+5\left(\dfrac{u-v}{2}\right)^2$$
$$=u^2-uv+3v^2$$

所以

$$f(x,y)=x^2-xy+3y^2$$

例 6-3 判断下列二元函数是否存在极限。

(1) $\lim\limits_{(x,y)\to(1,0)}\dfrac{\sin(xy)}{x}$；　　(2) $\lim\limits_{(x,y)\to(0,0)}\dfrac{xy^2}{2(x^2+y^2)}$；

(3) $\lim\limits_{(x,y)\to(0,0)}(1+x^2y^2)^{\frac{1}{x^2+y^2}}$；　　(4) $\lim\limits_{(x,y)\to(0,0)}\dfrac{1-\cos(x^2+y^2)}{(x^2+y^2)x^2y^2}$。

解 (1) $\lim\limits_{(x,y)\to(1,0)}\dfrac{\sin(xy)}{x}=\lim\limits_{(x,y)\to(1,0)}\dfrac{\sin(xy)}{xy}\cdot y=1\times 0=0$

(2) $\lim\limits_{(x,y)\to(0,0)}\dfrac{xy^2}{2(x^2+y^2)}=\lim\limits_{(x,y)\to(0,0)}\dfrac{xy}{2(x^2+y^2)}\cdot y$

由于 $\left|\dfrac{xy}{2(x^2+y^2)}\right|\leqslant \dfrac{1}{4}$，且 y 是无穷小量，所以

$$\lim_{(x,y)\to(0,0)}\frac{xy^2}{2(x^2+y^2)}=0$$

(3) $\displaystyle\lim_{(x,y)\to(0,0)}(1+x^2y^2)^{\frac{1}{x^2+y^2}}=\lim_{(x,y)\to(0,0)}(1+x^2y^2)^{\frac{1}{x^2y^2}\cdot\frac{x^2y^2}{x^2+y^2}}$

由于

$$\lim_{(x,y)\to(0,0)}\frac{x^2y^2}{x^2+y^2}=\lim_{(x,y)\to(0,0)}\frac{xy}{x^2+y^2}\cdot xy=0$$

所以

$$\lim_{(x,y)\to(0,0)}(1+x^2y^2)^{\frac{1}{x^2+y^2}}=\lim_{(x,y)\to(0,0)}(1+x^2y^2)^{\frac{1}{x^2y^2}\cdot\frac{x^2y^2}{x^2+y^2}}=\lim_{(x,y)\to(0,0)}\left[(1+x^2y^2)^{\frac{1}{x^2y^2}}\right]^{\frac{x^2y^2}{x^2+y^2}}=e^0=1$$

(4) 因为当 $x=y$ 时，$\displaystyle\lim_{\substack{x\to 0\\ y=x}}\frac{1-\cos(x^2+y^2)}{(x^2+y^2)x^2y^2}=\lim_{x\to 0}\frac{1-\cos 2x^2}{2x^6}$

$$=\lim_{x\to 0}\frac{2\sin^2 x^2}{2x^6}=\lim_{x\to 0}\left(\frac{\sin x^2}{x^2}\right)^2\cdot\frac{1}{x^2}$$

$$=\lim_{x\to 0}\frac{1}{x^4}=\infty$$

所以 $\displaystyle\lim_{(x,y)\to(0,0)}\frac{1-\cos(x^2+y^2)}{(x^2+y^2)x^2y^2}$ 不存在。

例 6-4 设 $z=u\arctan(uv), u=x^2, v=ye^x$，求 $\dfrac{\partial z}{\partial x},\dfrac{\partial z}{\partial y}$。

解 $\dfrac{\partial z}{\partial x}=\dfrac{\partial z}{\partial u}\cdot\dfrac{\partial u}{\partial x}+\dfrac{\partial z}{\partial v}\cdot\dfrac{\partial v}{\partial x}$

$$=\left[\arctan(uv)+\frac{uv}{1+u^2v^2}\right]\cdot 2x+\frac{u^2}{1+u^2v^2}\cdot ye^x$$

$$=\frac{u(2xv+uye^x)}{1+u^2v^2}+2x\arctan(uv)=\frac{x^3ye^x(2+x)}{1+x^4y^2e^{2x}}+2x\arctan(x^2ye^x)$$

$\dfrac{\partial z}{\partial y}=\dfrac{\partial z}{\partial u}\cdot\dfrac{\partial u}{\partial y}+\dfrac{\partial z}{\partial v}\cdot\dfrac{\partial v}{\partial y}$

$$=\left[\arctan(uv)+\frac{uv}{1+u^2v^2}\right]\cdot 0+\frac{u^2}{1+u^2v^2}\cdot e^x$$

$$=\frac{u^2e^x}{1+u^2v^2}=\frac{x^4e^x}{1+x^4y^2e^{2x}}$$

例 6-5 计算 $\displaystyle\iint_D(x^2-y^2)\mathrm{d}x\mathrm{d}y$，其中 D 是由直线 $y=x, y=-x, y=1$ 围成的。

解 画出区域 D 的图形，如图 6-27 所示，由图可知
$D=\{(x,y)\mid -y\leqslant x\leqslant y, 0\leqslant y\leqslant 1\}$ 为 Y 型区域，所以

$$\iint_D(x^2-y^2)\mathrm{d}x\mathrm{d}y=\int_0^1\mathrm{d}y\int_{-y}^y(x^2-y^2)\mathrm{d}x$$

$$=\int_0^1\left(\frac{1}{3}x^3-xy^2\right)\Big|_{-y}^y\mathrm{d}y$$

$$=-\int_0^1\frac{4}{3}y^3\mathrm{d}y=-\frac{1}{3}y^4\Big|_0^1=-\frac{1}{3}$$

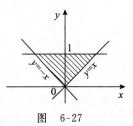

图 6-27

例 6-6 计算 $\iint_D \ln(1+x^2+y^2)d\sigma$,其中 D 是由圆周 $x^2+y^2=4$ 与坐标轴所围成的第一象限内的闭区域。

解 根据被积函数和积分区域的特点,选择极坐标计算二重积分。积分区域 D 用极坐标表示为 $D=\left\{(r,\theta)\,\Big|\,0\leqslant\theta\leqslant\dfrac{\pi}{2},0\leqslant r\leqslant 2\right\}$,所以

$$\iint_D \ln(1+x^2+y^2)d\sigma = \int_0^{\frac{\pi}{2}} d\theta \int_0^2 \ln(1+r^2)rdr$$

$$= \frac{\pi}{2} \times \frac{1}{2} \times \int_0^2 \ln(1+r^2)d(1+r^2)$$

$$= \frac{\pi}{4}(1+r^2)\ln(1+r^2)\Big|_0^2 - \frac{\pi}{4}\int_0^2 (1+r^2) \cdot \frac{2r}{1+r^2}dr$$

$$= \frac{\pi}{4}(5\ln 5 - 4)$$

本章知识结构

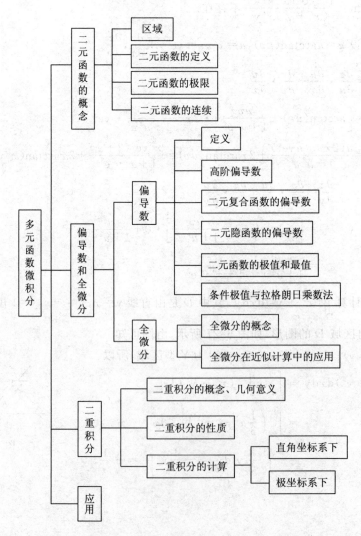

复习题六

1. 判断题。

(1) 设 $f(u,v)=u^2+v^2$,则 $f(\sqrt{xy},x+y)=xy+(x+y)^2$。 ( )

(2) $z=\dfrac{1}{\sqrt{x-y}}+\dfrac{1}{y}$ 的定义域为 $\{(x,y)|y\neq 0,y\leq x\}$。 ( )

(3) 设 $f_x'(x_0,y_0)=2$,则 $\lim\limits_{\Delta x\to 0}\dfrac{f(x_0-\Delta x,y_0)-f(x_0,y_0)}{\Delta x}=2$。 ( )

(4) 设 $z=x^y$,则 $\dfrac{\partial z}{\partial y}=x^y\ln x$。 ( )

(5) 设 D 为 $\{(x,y)|x^2+y^2\leq 2\}$ 所围成的闭区域,则 $\iint\limits_D \mathrm{d}x\mathrm{d}y=4\pi$。 ( )

(6) $\iint\limits_D(x+y)^2\mathrm{d}\sigma\leq\iint\limits_D(x+y)^3\mathrm{d}\sigma$,其中 D:由 x 轴、y 轴与直线 $x+y=1$ 所围成的闭区域。 ( )

(7) 交换积分次序 $\int_0^1\mathrm{d}x\int_x^1 f(x,y)\mathrm{d}y=\int_0^1\mathrm{d}y\int_0^y f(x,y)\mathrm{d}x$。 ( )

(8) 矩形铁板 D:$0\leq x\leq a$,$0\leq y\leq b$,其面密度为 $\rho=3x^2$,用二重积分表示 D 的质量为 $\int_0^b\mathrm{d}y\int_0^a 3x^2\mathrm{d}x$。 ( )

(9) 设 $x^2+y^2+z^2=1$,则 $\dfrac{\partial z}{\partial x}=\dfrac{x}{z}$。 ( )

(10) $z=xy$,$x=1$,$y=2$,$\Delta x=0.1$,$\Delta y=0.2$,则 $\mathrm{d}z=0.4$。 ( )

2. 填空题。

(1) 设 $f(x+y,x-y)=x^2+y^2$,则 $f(x,y)=$ _____。

(2) 函数 $f(x,y)=\dfrac{\sqrt{4x-y^2}}{\ln(1-x^2-y^2)}$ 的定义域为_____。

(3) $\lim\limits_{(x,y)\to(0,1)}\dfrac{\arctan(x^2+y^2)}{1+e^{xy}}=$ _____。

(4) 若 $f(x,y)=\sqrt{xy+\dfrac{x}{y}}$,则 $f_x'(2,1)=$ _____,$f_y'(2,1)=$ _____。

(5) 设 $z=(1+x)^{xy}$,则 $\dfrac{\partial z}{\partial y}=$ _____。

(6) 设 $z=e^{y(x^2+y^2)}$,则 $\mathrm{d}z=$ _____。

(7) 已知 $x\ln y+y\ln z+z\ln x=1$,则 $\dfrac{\partial z}{\partial x}\cdot\dfrac{\partial x}{\partial y}\cdot\dfrac{\partial y}{\partial z}=$ _____。

(8) 交换积分 $\int_0^1\mathrm{d}x\int_0^{1-x}f(x,y)\mathrm{d}y$ 的次序为_____。

(9) 设 D 是由直线 $x+y=1$,$x-y=1$ 及 $x=0$ 所围成的闭区域,则 $\iint\limits_D \mathrm{d}x\mathrm{d}y=$ _____。

(10) 设 D 是由圆环 $2\leq x^2+y^2\leq 4$ 所确定的闭区域,则 $\iint\limits_D \mathrm{d}x\mathrm{d}y=$ _____。

3. 选择题。

(1) 函数 $z=\ln(xy)$ 的定义域为( )。

A. $x\geqslant 0, y\geqslant 0$ B. $x\geqslant 0, y\geqslant 0$ 或 $x\leqslant 0, y\leqslant 0$
C. $x<0, y<0$ D. $x>0, y>0$ 或 $x<0, y<0$

(2) 设 $f(x,y)=\begin{cases}\dfrac{xy^2}{x^2+y^4}, & x^2+y^4\neq 0\\ 0, & x^2+y^4=0\end{cases}$，则 $\lim\limits_{(x,y)\to(0,0)}f(x,y)$ ( )。

A. 存在   B. 不存在   C. 不确定   D. 无法判别

(3) 设 $z=f(x,y)$ 在点 (x_0, y_0) 处的偏导数存在，则 $\lim\limits_{h\to 0}\dfrac{f(x_0+2h, y_0)-f(x_0-h, y_0)}{h}=$ ( )。

A. 0   B. $f_x'(x_0, y_0)$ C. $2f_x'(x_0, y_0)$ D. $3f_x'(x_0, y_0)$

(4) 若 $D=\{(x,y)|(x-2)^2+(y-1)^2\leqslant 1\}$，$I_k=\iint\limits_D (x+y)^k d\sigma (k=1,2,3)$，$I_1, I_2, I_3$ 的大小顺序为( )。

A. $I_1<I_2<I_3$ B. $I_2<I_1<I_3$ C. $I_2<I_3<I_1$ D. $I_3<I_2<I_1$

(5) 若 $f_x'(x_0, y_0)=0, f_y'(x_0, y_0)=0$，则 $f(x,y)$ 在点 (x_0, y_0) 处( )。

A. 有极值   B. 无极值
C. 不一定有极值   D. 有极大值

(6) 下列各点中，是二元函数 $f(x,y)=x^3-y^3-3y-9x$ 的极值点的是( )。

A. $(-3,-1)$ B. $(3,1)$ C. $(-1,1)$ D. $(-1,-1)$

(7) 如果 $\iint\limits_D dxdy=1$，则其中区域 D 是由( )所围成的闭区域。

A. $y=x+1, x=0, x=1$ 及 x 轴   B. $|x|=1, |y|=1$
C. $2x+y=2$ 及 x 轴、y 轴   D. $|x+y|=1, |x-y|=1$

(8) 设 D 是由 $|x|=2, |y|=1$ 所围成的闭区域，则 $\iint\limits_D xy^2 dxdy=$ ( )。

A. $\dfrac{4}{3}$ B. $\dfrac{8}{3}$ C. $\dfrac{16}{3}$ D. 0

(9) 设 D 是由 $0\leqslant x\leqslant 1, 0\leqslant y\leqslant \pi$ 所围成的闭区域，则 $\iint\limits_D y\cos(xy)dxdy=$ ( )。

A. 2   B. 2π C. $\pi+1$ D. 0

(10) $\iint\limits_{x^2+y^2\leqslant a^2}(x^2+y^2)dxdy=8\pi$，则 $a=$ ( )。

A. $\sqrt{2}$ B. $2\sqrt{2}$ C. 1   D. 2

4. 求下列函数的偏导数。

(1) $z=xe^{-xy}$；   (2) $z=(x+2y)^x$；   (3) $z=\arctan\sqrt{x^y}$；   (4) $e^z=xyz$。

5. 证明题。

(1) 设 $z=x^2 f\left(\dfrac{y}{x}\right)$，其中 f 为可微函数，证明：$x\dfrac{\partial z}{\partial x}+y\dfrac{\partial z}{\partial y}=2z$；

(2) 设 $u=y+f(v)$，其中 $f(v)$ 可微，且 $v=x^2+y^2$，证明：$x\dfrac{\partial u}{\partial y}-y\dfrac{\partial u}{\partial x}=x$；

(3) 设 $f(x)$ 连续,a,m 为常数,求证:
$$\int_0^a dy \int_0^y e^{m(a-x)} f(x) dx = \int_0^a (a-x) e^{m(a-x)} f(x) dx$$

6. 求下列各函数的全微分。

(1) $z = y^{\sin x}$;

(2) $u(x,y,z) = x^y y^z z^x$。

7. 求由方程 $\cos^2 x + \cos^2 y + \cos^2 z = 1$ 确定的函数 $z = f(x,y)$ 的全微分 dz。

8. 求下列各函数的极值。

(1) $f(x,y) = 4(x-y) - x^2 - y^2$;

(2) $f(x,y) = e^{2x}(x + y^2 + 2y)$。

9. 求函数 $f(x,y) = x + 2y$ 在条件 $x^2 + y^2 = 5$ 下的极值。

10. 计算下列二重积分。

(1) $\iint\limits_D xy \, dx dy$,其中 D 是由 $x = \sqrt{y}, x = 3 - 2y, y = 0$ 所围成的闭区域;

(2) $\iint\limits_D \dfrac{x+y}{x^2+y^2} dx dy$,其中 D 是由 $x^2 + y^2 \leqslant 1, x + y \geqslant 1$ 所围成的区域。

11. 在斜边长为 c 的一切直角三角形中,求有最大周长的直角三角形。

12. 设一矩形的周长为 2,现让它绕其一边旋转,求所得圆柱体积最大时矩形的面积及圆柱体积。

阅读材料六

数学家高斯

卡尔·弗里德里希·高斯(1777—1855)生于布伦瑞克,卒于哥廷根,是德国著名数学家、物理学家、天文学家、大地测量学家。高斯被认为是极其重要的数学家之一,并有"数学王子"的美誉。

1788 年,11 岁的高斯进入文科学校,他在学校里所有的功课都极好,古典文学、数学尤为突出。经过巴特尔斯等人的引荐,布伦兹维克公爵召见了 14 岁的高斯。这位朴实、聪明但家境贫寒的孩子赢得了公爵的同情,公爵提出愿意资助高斯,让他继续学习。

布伦兹维克公爵在高斯的成才过程中起了举足轻重的作用,他一直资助高斯进入哥廷根大学学习。在高斯获得博士学位后,他为高斯承担了长篇博士论文的印刷费用,送给他一幢公寓,又为他印刷了《算术研究》,使该书得以在 1801 年问世,还负担了高斯的所有生活费用。所有这一切,令高斯十分感动。他在博士论文和《算术研究》中写下了情真意切的献词——"献给大公","你的仁慈,将我从所有烦恼中解放出来,使我能从事这种独特的研究。"

1806 年,公爵在抵抗拿破仑统帅的法军时不幸身亡,这给高斯以沉重打击。慷慨、仁慈的资助人去世了,高斯必须找一份合适的工作以维持一家人的生计。由于高斯在天文学、数学方面的杰出工作,他的名字从 1802 年起就已传遍欧洲。彼得堡科学院不断暗示他,自从欧拉于 1783 年去世后,欧拉在彼得堡科学院的位置一直在等待着高斯这样的天才。

为了不使德国失去伟大的天才,德国著名学者洪堡联合其他学者和政界人物为高斯争取到了享有特权的哥廷根大学数学和天文学教授职称,及哥廷根天文台台长的职位。1807年,高斯赴哥廷根就职,全家迁居于此。

高斯年幼时就表现出超人的数学天赋。9岁时,他用很短的时间完成了小学老师布置的任务:对自然数从1到100求和。他所使用的方法是对50对构造成和为101的数列$(1+100,2+99,3+98,\cdots)$求和,得到的结果是5 050。

高斯在11岁时发现了二项式定理,17岁时发明了二次互反律,18岁时发明了正十七边形的尺规作图法,解决了两千多年来悬而未决的难题,他也视此为生平得意之作,还交代要把正十七边形刻在他的墓碑上(后来他的墓碑上并没有刻上十七边形,而刻上了十七角星,因为负责刻碑的雕刻家认为,正十七边形和圆太像了,大家一定分辨不出来)。他还发现了质数分布定理、算术平均、几何平均。

1801年出版的《算术研究》以拉丁文写成,原来有八章,由于钱不够,只好印了七章。这本书除了第七章介绍代数基本定理外,其余内容都是关于数论的,可以说是关于数论的第一本有系统的著作。高斯第一次介绍同余的概念,二次互逆定理也在其中。

24岁开始,高斯放弃纯数学研究,做了几年天文学研究。当时的天文学界正在为火星和木星间庞大的间隙烦恼不已,认为火星和木星间应该还有行星未被发现。1801年,意大利的天文学家Piazzi发现在火星和木星之间有一颗新星,并将其命名为谷神星。现在我们知道它是火星和木星之间小行星带中的一颗星,但当时天文学界争论不休,有人说这是行星,有人说这是彗星,但是Piazzi只能观察到它的9度轨道,后来它便隐身到太阳后面去了,因此无法知道它的轨道,也无法判定它是行星还是彗星。高斯对这个问题产生了兴趣,他决定解决这个捉摸不透的星体轨迹问题。高斯独创了只要观察三次,就可以计算星球轨道的方法。他可以极准确地预测行星位置,果然,谷神星准确无误地在高斯预测的地方出现。这个方法(虽然他当时没有公布)就是最小平方法。

参 考 文 献

[1] 刘群,杜瑞燕.经济数学:微积分[M].北京:清华大学出版社,2011.
[2] 朱泰英.高等数学学习指导(经管类)[M].上海:复旦大学出版社,2009.
[3] 张国珮.高等数学学习指导[M].北京:机械工业出版社,2003.
[4] 何英凯,郑佳,张奎.应用数学:微积分[M].北京:中国商业出版社,2016.
[5] 郑佳,李秀玲.应用数学:微积分教学辅导书[M].北京:中国商业出版社,2016.